"코칭은 인간의 무한한 잠재력을 발휘할 수 있게 해주는 리더십 실천 도구다. 이 책은 코치뿐 아니라 코치 지망자, 리더십 전문가, 상담가에게 코칭의 진수와 실제적인 지침을 제시하며, 목회자와 평신도 리더들에게는 성경적인 코칭의 원리를 깨닫게 한다. 교인들을 위한 코칭, 지혜로운 자녀 교육, 가정과 직장에서의 원만한 대화, 개인적 성장을 원하는 사람들에게도 큰 도움이 될 것이다."

김경섭 한국리더십센터 회장, 한국코칭센터 회장

"「게리 콜린스의 코칭 바이블」은 코칭의 기초부터 적용까지, 코치 자신의 계발과 성장을 촉진하는 훌륭한 지침서다. 기독교적 관점으로 서술되었으나, 종교나 코칭 분야에 상관없이 누가 읽어도 코칭의 기본을 튼튼히 하고 코칭 역량을 강화하는 데 도움이 되는 책이다. 저명한 심리학자이자 코치인 저자는 풍부한 경험과 식견으로 코칭이 어떻게 변혁의 도구가 되는지를 입증해 보인다. 이 책은 그 자체로 코칭계의 귀한 자산이다. 자신과 고객의 변화를 위해 헌신하는 모든 코치들에게 일독을 권한다."

고현숙 코칭경영원 대표, 한국코치협회 부회장

"상담학자로 널리 알려진 「게리 콜린스의 코칭 바이블」은 한 마디로 코칭의 교과서다. 코칭에 필요한 원칙과 기준이 들어 있고, 적용 분야와 구체적인 방법까지 기술되어 있다. 이 한 권의 내용을 제대로 이해하고 적용할 수만 있다면, 개인의 삶이나 공동체의 문제들을 합리적으로 해결해 나갈 수 있는 통찰력과 방법론을 발견할 수 있다고 믿는다. 교회를 성장시키고자 하는 목회자와 사역자들에게는 코칭 리더십의 매뉴얼로, 또한 신학교에는 목회 코칭의 교재로 추천할 만큼 그 가치가 입증된 내용이기에 한국 교회의 질적 부흥과 성도들의 영적 성숙을 위해 본서를 적극 권한다."

김온양 아하코칭센터/아하가족성장연구소 대표, 한국코치협회 프로그램 인증심사위원

"코칭이란 살아 있는 모든 지체가 각기 목적을 가지고 전체를 위해 아름답게 창조되었다는 성경적 세계관을 바탕으로, 개인과 그룹에게 감추어져 있는 강점을 부각시켜 온전한 성장을 촉진하는 사역이다. 「게리 콜린스의 코칭 바이블」만큼 코칭 사역을 명확하고 친절하게 안내해 주는 책은 드물다. 시대적 요청에 부응하는 크리스천 리더로서 섬김의 도를 실천하고자 하는 사람이라면 누구라도 반드시 일독하기 바란다."

권수영 연세대 연합신학대학원 상담학과 교수, 연세대 상담·코칭지원센터 소장

"한국의 교사들은 교사 훈련 과정에서 교과 지식만 배울 뿐 학생들의 삶을 어떻게 이끌어 주어야 할지 훈련받지 못한 채로 교직에 나온다. 이 책은 교사가 되었지만 자신이 맡은 한 아이 한 아이의 삶을 어떤 관점에서 보고 어떻게 이끌어 주어야 할지 고민하는 교사들에게 실제적인 지침이 될 것이다. 코칭의 기본 개념부터 구체적인 기술까지 매우 상세하게 다루는데, 이 책에 나오는 '코치'를 '교사'로 바꾸어 읽고 적용한다면 교사들의 학생 생활 지도의 강력한 지침이 될 것이라 확신한다."

정병오 좋은교사운동 대표

"요즘처럼 리더십에 대한 관심이 많은 시대에 「게리 콜린스의 코칭 바이블」은 생수와 같은 책이다. 이미 2004년에도 수많은 사람들에게 도전과 감명을 주었던 저자는 최신 정보와 보다 실제적인 내용을 추가하여 완성도를 높였다. 이미 기존 책을 읽은 나에게도 이 책은 매우 새로운 느낌으로 다가온다. 다양한 독자들을 고려하여 이론부터 실제적인 실천 부분까지 쉽고도 일목요연하게 설명하고 있어, 가정과 교회에서 성경적인 리더십을 꿈꾸는 모든 사람에게 필독서로 권하고 싶다. 이 책을 읽는 사람들은 하나님께서 인도하시는 크리스천 코칭에 대해 충분히 배우고, 크리스천 리더로서 영향력을 발휘할 수 있게 될 것이다."

진재혁 지구촌교회 담임목사

"와우! 우리는 대단한 보물을 손에 넣었다. 세계는 지금 코칭 리더십 시대라 해도 과언이 아니다. 이 책을 통해 우리는 코칭의 세계로 들어가고, 코칭의 매력을 체감하며, 나 자신과 가정과 교회 그리고 세상의 희망을 발견하게 된다. 리더십과 소통의 부재로 고통스러워하는 이 나라와 기업과 교회에 필요한 진정한 리더십과 소통이 무엇인지를 이 책은 명쾌하게 보여 준다. 이 책을 들고 첫 장을 여는 순간 당신의 인생과 몸담고 있는 공동체에 새로운 전환이 시작될 것이다."

전경호 크리스천코칭사역센터(CCMC) 대표

"10년 전 가장 힘들었던 순간, 내 삶을 바꾼 것은 코치의 질문이었다. '무엇이 문제죠? 그게 왜 당신 자신으로 살아갈 수 없게 하나요?' 그 순간 하나님이 나를 만드신 목적을 깨달았고, 나는 코치가 되었다. 코치가 되길 꿈꾸는 많은 사람들이 내게 코칭이 무엇이고, 어떻게 코치가 될 수 있는지 묻는다. 이 책이 그 답이 될 것이다. 코칭은 복음이다. 세상에 영향력을 끼칠 건강한 리더로 살아가길 꿈꾸는 모든 분들께 이 책을 추천한다."
전효실 브라이트스마일코치센터 대표, 「다시 한 번」의 저자

"이 책은 코칭 기술을 주로 다루는 다른 책들과는 달리, 코칭받는 사람이 하나님의 주권을 인정하면서 삶의 목적, 내적인 힘, 미래의 비전을 찾게 하고, 힘든 장애 요소를 스스로 극복하게 한다. 이 책은 궁극적으로 예수 그리스도의 헌신된 제자가 되기를 바라는 리더들에게 진정한 코칭 지침서가 될 것이다."
유제필 JP Consulting 소장, 한국리더십센터 전문위원

"이 책은 저자가 자신의 일생을 통해 축적한 지식과 지혜로 독자들에게 강렬한 인상과 영감을 주고 있다. 코칭의 진정한 의미와 구체적인 방법에 대해 이보다 더 명쾌하게 설명한 책은 없을 것이다."
한정화 한양대학교 경영대학 교수, 한국인사조직학회 회장

"게리 콜린스는 코칭의 모든 필수 요소들을 가져다가 한 권의 귀중한 책으로 엮었다. 이 책은 그리스도인들만이 아니라 다른 사람들의 삶에 변화를 일으키고자 하는 모든 사람이 반드시 읽어야 할 책이다."
켄 블랜차드 켄블랜차드컴퍼니 회장, 「칭찬은 고래도 춤추게 한다」의 저자

게리 콜린스의
코칭 바이블

IVP(InterVarsity Press)는
캠퍼스와 세상 속의 하나님 나라 운동을 지향하는
IVF(InterVarsity Christian Fellowship)의 출판부로
생각하는 그리스도인을 위한 문서 운동을 실천합니다.

This edition issued by contractual arrangement with NavPress,
a division of The Navigators, U.S.A.
Originally published by NavPress in English as
CHRISTIAN COACHING, SECOND EDITION (REVISED AND UPDATED).
Copyright ⓒ September 15, 2009 by People Helper's International, Inc.
All rights reserved.

This Korean Edition Copyright ⓒ 2011 by Korea InterVarsity Press, Seoul, Republic of Korea.
This Korean Edition is translated and used by arrangement of NavPress,
a division of The Navigators through rMaeng2, Republic of Korea.

이 한국어판의 저작권은 알맹2 에이전시를 통하여 NavPress와
독점 계약한 한국기독학생회출판부에 있습니다.

게리 콜린스의
코칭 바이블

게리 콜린스 지음
양형주·이규창 옮김

차례

서문 11
한국어판 서문 13
역자 서문 17

1부 코칭의 기초
　1장. 코칭이란 무엇인가 23
　2장. 좋은 코치의 조건 47
　3장. 코칭은 변화를 일으킨다 71
　4장. 코칭은 리더십을 혁신한다 93

2부 코칭의 기술
　5장. 코칭 관계 111
　6장. 코칭의 기술: 경청, 질문, 반응 131
　7장. 코칭 모델과 문제들 151

3부 평가: 우리는 지금 어디에 있는가
　8장. 현재를 파악하기 169
　9장. 사람을 파악하기 191

4부 비전: 우리가 가고자 하는 곳은 어디인가
　10장. 비전을 명료화하기 215
　11장. 사명을 지니고 나아가기 239

5부 전략, 행동, 장애물: 어떻게 목적지에 도달할 것인가
　12장. 실행을 위한 코칭: 목표 설정과 전략 259
　13장. 장애물 통과하기 279

6부 코칭의 전문 분야

14장. 과도기 코칭과 라이프 코칭　　301

15장. 관계 코칭과 결혼 코칭　　319

16장. 경력 코칭　　329

17장. 임원 코칭과 비즈니스 코칭　　341

18장. 교회, 영성 그리고 코칭　　359

7부 코칭의 실제

19장. 직업과 사업으로서의 코칭　　379

20장. 다문화 상황에서 코칭하기　　397

21장. 코칭의 도전　　415

22장. 코칭의 미래　　427

부록 A. 인생 그래프　　441
부록 B. 코칭 가능성 평가　　443
부록 C. 코칭 설명서　　445
부록 D. 코칭 계약서　　450
부록 E. 개인 정보 양식　　453
부록 F. 가치관 파악하기　　456
부록 G. 은사 파악하기　　458
부록 H. 사명 선언서를 명료화하기　　461
부록 I. 10년 후 편지 쓰기　　463
부록 J. 에너지를 소진시키는 것들　　465
부록 K. 코치 찾기　　468

주　　471
찾아보기　　497

서문

약 40년 전, 나는 생애 첫 번째 책을 출간했다. 「진실을 찾아서: 심리학과 그리스도인」(*Search for Reality: Psychology and the Christians*)이라는 209쪽짜리 심리학 개론서였는데, 심리학과 성경과 교회 사역이 어떻게 연관되는지를 다루었다. 가격은 1.95달러였다.

생애 대부분 나는 열정적으로 책을 읽고 끊임없이 글을 써 왔다. 출판사에서 내 첫 원고를 받고 또 다른 원고를 부탁했을 때 나는 깜짝 놀랐다. 내가 무엇인가를 출판할 것이라고는 결코 예상하지 못했기 때문이다. 그 이후로 나는 계속해서 책과 논문을, 그리고 정기 간행물에 기고문을 써 왔다. 대부분 새로운 것을 썼지만, 때로는 이전에 출간했던 책을 수정해 개정판을 내기도 했다. 내가 보기에 개정이란 이전에 출간했던 책을 재빠르게 살짝 변경하는 것이 아니다. 개정이란 이전 원고를 완전히 재평가하고, 주를 최신 것으로 바꾸고, 많은 문장을 다시 쓰고, 새로운 장(章)을 추가하고, 원래 책의 기본 개념을 재검토하는 것이다. 지금 당신이 손에 들고 있는 책은 이 책의 초판인 「크리스천 코칭」(2004년 IVP 역간)에 기초하여 일부 동일한 개념을 다루고 있지만 여러 면에서 완전히 새로운 책이다. 최신 정보를 수렴했고, 확장하고 수정했으며, 이전에 나온 책보다 더 실제적인 내용을 수록했다.

긴 세월이 흘러도 변하지 않는 것이 있다. 함께한 많은 사람들에게 감사하는 마음이다. 그들은 내가 이런저런 글쓰기 작업에 몰두할 때마다 격려하고 통찰을 주고 기도로 함께해 주었다. 이름을 언급하는 것은 조심스럽다. 누군가를 실수로 빠뜨릴 수 있기 때문이다. 그러나 위험을 감수하고서라도 그들의 이름을 언급하며 감사를 표하려 한다. 그들의 지원이 없었다면 이 책은 이전보다 나아질 수 없었을 것이다.

내 아내 줄리는 단연 최우선이다. 오랜 세월 동안 그녀는 나의 가장 가까운 친구였고 가장 훌륭한 격려자였다. 나는 그녀의 사랑과 인내에 감사한다. 그녀는 즐거이 나와 생을 함께하고 내가 글쓰기 작업을 할 때마다 기꺼이 동반자가 되어 주었다.

또한 여기 이름을 드는 모든 친구들에게 개인적으로 감사한다. 이들이야말로 이 책에 중요한 공헌을 한 사람들임을 독자들에게 밝힌다. 누구인지는 스스로 알고 있을 것이다. 그러나 실제로 얼마나 큰 도움을 주었는지는 잘 모를 것이다. 진 크리스토프 비슬라, 잰 콜린스, 존 에버트, 마르셀 헨더슨, 티나 스톨츠퍼스 호스트, 프랜 라마티나, 린과 로빈 맥앨리스터 부부, 크리스토퍼 맥클러스키, 조시 맥기니스, 린다 밀러, 크르지스토프 폴루시오, 마이크 론시스밸, 주디 산토스, 케일럽 실링, 티아 스타우퍼, 리사 스타이너, 토니 스톨츠퍼스, 크리스토퍼 왓슨, 수잔 브리튼 휘트컴, 제프 윌리엄스, 에릭 월그무스, 게리 우드, 이들 모두에게 감사한다.

다른 누구보다 하나님께 감사드린다. 하나님은 나에게 건강과 생명과 능력과 창의성을 주셨고, 계속해서 전진할 수 있는 동기를 주셨다. 하나님께 영광을 돌린다.

한국어판 서문

매주 서너 번씩 나는 아직 어둠이 걷히지 않은 이른 아침에 일어나 피트니스 클럽에 간다. 거기서 한 시간 정도 걷기나 근육 운동 등 여러 가지 운동을 하며 체력을 관리하기 위해 노력한다. 그리고 주기적으로 한 사람을 만나 내가 하는 운동을 점검받고, 현재의 체력 상태에서 도달하고 싶은 미래의 상태로 나아가려면 어떤 운동을 어떻게 해야 할지 조언을 듣는다. 이런 조언을 해주는 사람을 피트니스 코치라고 부른다. 그는 내가 하고 있는 운동을 살펴보고, 자세히 관찰도 하고, 질문하고, 새로운 운동이 필요할 때 방법을 가르쳐 준다.

코칭은 본래 스포츠계에서 시작된 것인데, 지금은 수많은 종목에서 코치들이 개인 선수나 팀을 위해 새로운 목표를 설정하고 그것을 성취하도록 돕고 있다. 경영 코칭이라는 말이 생겨난 것은 불과 수십 년 전이다. 그러나 지금은 이미 전 세계에서, 기업을 이끄는 리더들이 더 나은 경영자, 리더, 대표가 되기 위해 코치들에게 도움을 받고 있다. 자산 관리에 조언이 필요한 사람들을 돕기 위해 재정 관리 코치들이 일하고 있다. 경력 코치들은 직업을 바꾸거나 진로를 변경하려는 사람들을 돕고 있다. 라이프 코치들이 등장하여 살아온 인생을 돌아보며 방향을 정립하고 소명을 추구하도록 사람들을 격려하고 있는 것도 놀라운 일이 아니다. 이제는 노래나 대중 강연을 더 잘하도록 도와주는 보이스 코치도 등장했다.

코칭은 스포츠계나 비즈니스계에 처음 도입될 때부터 큰 인기를 끌었고 훌륭한 결과를 낳았다. 교계에서도 점점 더 많은 교회가 코칭을 도입하여 교인들과 리더들이 지닌 잠재력을 계발하고 있다. 미국 애틀랜타에 있는 한 교회의 목사 앤디 스탠리는 이렇게 말했다.

우리는 혼자서 할 때보다 누군가에게 코칭을 받을 때 더 멀리, 더 빨리 나아갈 수 있다.…어떤 분야에서든 코칭 없이는 당신이 지닌 잠재력을 극대화할 수 없을 것이다. 그것은 혼자서는 불가능하다. 당신은 이미 잘하고 있을 수도 있다. 남들보다 뛰어날 수도 있다. 그러나 외부에서 오는 도움 없이는 당신이 이룰 수 있는 최선의 모습이 될 수 없다.…당신이 될 수 있는 최선의 리더가 되기 위해서는 리더십 코치가 필요하다.

나는 아주 큰 규모의 상담가 협회를 설립한 공동 설립자였고, 수년간 그 조직의 회장으로 있었다. 사임할 무렵에는 회원 수가 무려 15,000명에 이를 만큼 성장했다. 그런데 그 조직을 떠난 직후 나는 깜짝 놀랄 만한 일들을 겪었다. 회장이라는 직함이 없어지자 갑자기 나를 강사로 불러 주는 곳도 없어졌다. 몇몇 출판사에서 내 원고를 거절했는데, 그들은 나를 완전한 퇴물이나 죽은 사람 정도로 여기는 듯했다. 내가 지녔던 영향력이 사라지자, 나는 순식간에 정체성까지 잃어버리고 말았다.

그런 나날을 보내던 중에 한 친구를 만나 점심 식사를 했다. 알고 보니 그는 훈련받은 코치였다. 그는 내가 인생과 경력을 돌아보며 현재 어디쯤 와 있는지를 살피도록 도와주었다. 그는 나를 격려하며 남은 삶을 어떻게 살기 원하는지 생각해 보게 했다. 그의 도움으로 나는 삶의 새로운 목적과 방향을 발견할 수 있었다. 그리고 나는 코치가 되고자 다시 공부를 시작했다. 강의를 들었고, 훈련을 받았으며, 「크리스천 코칭」이라는 책을 썼다.

그로부터 몇 년 후, 나는 당신이 손에 들고 있는 이 책을 썼다. 이 책은 처음 쓴 책을 고치려던 데서 시작되었지만, 훨씬 새로운 결실을 맺었다. 나는 과거에 쓴 것을 한 문장 한 문장 다시 검토했고, 이후에 나온 코칭에 관한 새로운 연구들을 가능한 한 모두 찾아 읽어 보았다. 주들은 모두 새로운 정보로 고쳤고, 본문의 어떤 내용은 다시 썼고, 새로운 내용을 많이 추가했으며, 몇 개의 장을 덧붙였다. 이름난 전문 코치들을 인터뷰한 내용과, 다른 사람을 코칭하면서 얻은 나 자신의 경험도 책에 담았다. 처음 책에 있던 몇 가지 생각들을 이번 책에도 담았지만, 여러 모로 이 책은 완전히 새로운 책이다. 새로운 정보를 실었고, 내용을 확장하거나 고쳐 썼으며, 경험을 바탕으로 한 보다 실제적인 내용을 담고 있기 때문이다. 첫 책과 마찬 가지로 기독교적인 관점을 견지했는데, 당신도 책을 펼치면 그런 내용을 볼 수 있을 것이다. 한편 독자들은 이 책이 이전 책을 훨씬 넘어선다는 사실도 알 수 있을 것이다. 이 책의 목표는 코칭의 기본 원리를 소개하고 실제적으로 제시하는 것인데, 코칭의 원리는 기독교인이든 아니든 상관없이 모두에게 적용되는 원리다.

모든 저자, 모든 개인, 그리고 모든 코치는 삶을 살아가고 일을 하는 방식에 영향을 미치는 어떤 관점을 지니고 있다. 어떤 저자는 자신의 세계관과 가치와 신념을 감추고 글을 쓰지만, 나는 독자들에게 내가 어떤 관점으로 말하고 있는지를 드러내는 것이 더 낫다고 생각한다. 또한 나는 독자들이 어떤 신념을 지녔든지 코치로서 일할 때 이 책의 내용을 적용하여 유익을 얻기를 바란다.

여러 책을 집필하던 지난 수년 동안 많은 사람들이 격려와 통찰과 기도라는 선물을 베풀어 주었다. 그들 모두에게 감사의 말을 전하고 싶다. 내 책들을 읽고 그 속에 담긴 원리들을 실천해 준 한국의 많은 독자들에게도 감사드린다. 내 글을 번역하고 출판해 준 분들, 내가 열다섯 차례 정도 한국을 방문하여 강연했을 때 통역을 맡아 준 분들, 환대해 준 분들, 한국 문화를 가르쳐 준 분들, 하나님이 한국 교회와 사회를 어떻게 이끌고 보호하고 축복해 주셨는지 알려 주신 분들에게 감사드린다.

위대한 코치가 되어 가는 과정에 있는 당신이, 이 책을 통해 무엇인가를 배우고, 당신에게 꼭 필요한 유익을 얻게 되기를 바란다.

2011년 12월
게리 콜린스

역자 서문

2008년 늦가을, 강남의 한 교회에서 열린 코칭 세미나에서 게리를 처음 만났다. 칠순이 넘은 노신사는 이틀 동안 꼬박 단상에 서서 강의했다. 휴식 시간에는 자신의 책을 들고 줄지어 선 이들에게 사인해 주고 카메라 앞에서 포즈를 취해 주었다. 사람들을 향한 미소와 유머는 자상하고 따뜻했다. 그때 한국코치협회 부회장의 명함을 건넨 내게 "한국의 기업과 교회에서 코치들이 어떻게 활동하고 있는지 듣고 싶다"고 했다. 지난 반세기 고속 성장 과정에서 누적된 많은 문제를 해결하는 데 코칭이 담당해야 할 몫이 크다고도 했다.

그가 한국을 다녀간 후 10개월 만에 「게리 콜린스의 코칭 바이블」이 출간되었다. 그의 명저「크리스천 코칭」이 나온 지 8년 만에 개정되어 나온 것이다. '그래 봐야 얼추 비슷하지 않겠느냐'는 통념은 적어도 이 책에 관한 한 맞지 않는다. 「크리스천 코칭」이 생기발랄한 묘목이었다면, 신작 「게리 콜린스의 코칭 바이블」은 굵은 줄기와 무성한 이파리로 성장한 거목이라 할 만하다. 그 나무 위에 올라 보면 코칭의 정의, 철학부터 코칭 각 분야의 현황과 전망까지 아우르는 큰 그림이 한 눈에 들어온다. 상담심리학의 대가였던 그가 환갑의 나이에 코칭에 입문한 것도 사건이었는데, 불과 10년여 만에 이렇게 큰 나무로 우뚝 섰다는 것이 믿어지지 않는다. 그의 열정과 지혜에 놀라고 이런 책을 나오게 만든 코칭계 전반의 눈부신 발전에 다시 한 번 놀란다.

최근 들어 우리나라에서도 혁신과 소통의 급물살을 타고 코칭이 한껏 기세를 떨치고 있다. 이미 대다수 대기업들이 코칭을 임직원 교육의 필수 과정으로 도입했다. 정부와 지방자치단체, NGO 등에서도 혁신의 인프라로 코칭을 학습하고 있다. 또한 각 급 학교의 교사와 학생, 학부모들이 코칭을 배우고 있으며, 상당수 대학에서 학생들의 학습 능력 개발과 취업 및 진로 지도에 코칭을 적극 활용하고 있다. 능력 있는 전문 코치에 대한 수요를 감당하지 못할 만큼 시장이 급성장하고 있다.

하지만 우리 코치들에게는 남부끄러운 고민이 있었다. "코칭을 제대로 소개한 책을 한 권만 추천해 달라"는 요청을 수도 없이 받으면서도 어색하게 손만 비빌 수밖에 없었던 것이다. 서가에 수십 권의 코칭 서적이 꽂혀 있지만 선뜻 손이 가는 책이 없었다. 그러나 「게리 콜린스의 코칭 바이블」을 읽는다면 한 가지 확신을 갖게 될 것이다. 누구든지 코칭에 관한 단 한 권의 책을 원한다면 두말없이 이 책을 강추하리라. 독실한 기독교인인 게리 콜린스는 기독교적 가치를 염두에 두고 이 책을 썼다. 그러나 비기독교인들도 코칭 일반의 원리와 구체적인 사례들을 이해하고 활용하는 데 전혀 무리가 없을 만큼 자상하고 따뜻하다. 마치 기독교인들이 주야로 성경을 음미하듯, 코치들은 이 바이블을 곁에 두고 지혜와 경륜을 구하게 될 것이다.

코칭이 무엇인지 궁금한 사람은 "2장, 좋은 코치의 조건"부터 읽어 보길 권한다. 좋은 코치는 자신을 잘 알고 다른 사람들에 대해 민감한 사람이다. 그는 사람들을 신뢰하고 지지하며, 돕는 자의 관점으로 견지하려고 노력한다. 좋은 코치는 상대방에게 도움이 된다면 그가 회피하고 싶어 하는 문제를 드러내 직면하게 하는 일도 마다하지 않는다. 코치는 말하기보다 듣고자 하며, 질문을 통해 영혼을 깨우고 참 지혜를 얻게 한다. 끊임없이 지지하고 격려하며, 인정과 칭찬으로 지친 심신에 활력을 불어넣는다. 좋은 코치란 이런 존재(Being)다. 그와 나누는 변화 지향적 대화가 코칭이다.

좋은 코치와 마주 앉으면 깨끗한 거울을 보는 것 같다. 거울은 내 모습을 있는 그대로 비춰 준다. 가르치려 들지 않고 비판하지도 않는다. 거울을 보면 사람들은 스스로 고친다. 잘못된 것을 바로잡고 아름답게 만든다. 정확하게 알고 깊이 깨달으면 그때부터 변화가 시작된다. 코칭은 단지 비춰 주는 것으로 끝나지 않는다. 변화의 주체가 목표에 도달할 때까지 그 여정에 동참한다. 갈림길에서는 함께 고민하고, 싸움이 벌어지면 동지가 되어 주고, 게으름을 피울 때는 경종을 울리며 함께 간다. 이렇게 코칭은 '개인과 조직이 현재 지점에서 목표 지점까지 가도록 도와주는 파트너십'이며, 가장 현대적인 의미의 리더십이기도 하다.

지금 세계는 리더십의 일대 전환기를 맞고 있다. 난공불락을 자랑하던 권위주의적 정권들이 속속 붕괴되고 통제와 일방향에 익숙했던 과거의 리더십이 하루아침에 무력해지는 현상을 매일 목격한다. 이제 어설픈 눈가림으로 변화의 질풍노도를 막을 수 없다는 것을 모두 알고 있다. 문제는 새로운 리더십이 무엇이냐는 것이다. 구체적 대안이 없으면 변화의 발걸음은 느려지게 마련이다. 이제 거장 게리 콜린스의 어깨에 올라 코칭 리더십의 새 물결이 도래하는 장관을 경험해 보자.

이규창

1부
코칭의 기초

코칭이란 무엇인가 | 좋은 코치의 조건 | 코칭은 변화를 일으킨다 | 코칭은 리더십을 혁신한다

1장 ·· 코칭이란 무엇인가

플라야 탐보르는 태평양 연안에 있는 코스타리카의 산호세에서 북쪽으로 잠시 비행하면 도착하는 외딴 휴양지다. 내가 그곳에서 생일을 보내고 싶어 하는 이유는 오직 아내만이 알고 있었다. 그곳은 편안한 휴양지다. 그러나 더 중요한 것은 그곳이 고립된 지역이고 전화와 축하 카드를 보내고 파티를 벌이고 싶어 하는 친구들에게서 수백 킬로미터나 떨어져 있다는 사실이다. 60대를 눈앞에 둔 나는 이 새로운 이정표가 될 만한 사실을 직면하고 싶지 않았다.

그곳에서 맞은 첫 아침, 나는 베티 프리단(Betty Friedan)이 쓴 670쪽짜리 책을 버겁게 들고 해변으로 갔다. 그 책은 베티 프리단 자신이 노후에 경험한 일들을 기록한 것이다. 나는 처음 몇 마디에 곧바로 공감했다.

내 친구들이 예순 살 생일에 깜짝 파티를 열어 주었을 때, 나는 그들을 모두 죽이고 싶을 정도였다. 그들이 축배할 때 적개심이 느껴졌다. 친구들은 내게 예순이 되었다는 것을 공개적으로 인정하라고 주장하면서, 마치 경주에서 탈락한 것처럼 나를 인생에서 끌어내리는 것 같았다. 직업적, 정치적, 개인적, 성적인 모든 면에서. 서른, 마흔, 쉰 살인 그들은 나와 거리를 두었다. 내 자녀들조차, 나를 사랑하기는 했지만, 나에게 고통을 주려고 작정한 것 같았다. 나는 친구들에게 살다 보면 그들도 머지않아 예순이 될 것이라 장담하며 조소 어린 반응을 보였다. 그러나 생일 잔치 후 몇 주 동안 그들 모두에게서 멀어진 것 같아 의기소침해 있었다. 나는 예순이 된다는 사실을 직면할 수 없었다.[1]

끝내 책을 다 읽지는 못했지만, 집에 도착해서 한 친구에게 그 이야기를 했다. 조지 캘런다인은 전에 내가 가르쳤던 학생으로, 기업과 교회 리더들에게 컨설팅을 해주고 있었다. 그는 과도기를 무사히 통과해 인생에서 또한 직업에서 정상 궤도를 되찾을 수 있도록 고객들을 도왔는데, 내게도 그 과정을 밟을 것을 제안했다. 나는 크게 환영했다. 그것은 내게 무엇보다 필요했던 생일 선물이었다.

몇 달간 우리는 함께 나의 영적 은사들과 역량 그리고 관심사를 살펴보았다. 나를 잘 아는 사람들에게 설문지를 보내 그들의 견해를 알아보았다. 친구의 친절한 안내에 따라 나는 내 목표, 경력, 삶의 자리, 가치관, 열정, 일하는 방식 그리고 미래에 대한 소망을 정직하게 바라보았다. 늙어 가는 것에 대한 나의 염려와, 끊임없이 나를 창조적이고 도전적이 되도록 격려했던 젊은 친구들이 내가 나이 들면 나를 저버릴지도 모른다는 비합리적인 두려움에 대해서도 충분히 논의했다. 몇 주 동안 나는 사명 선언서를 작성하느라 씨름했다. 그것은 인생의 목적을 명확하게 하고 장래에 나의 결정과 활동을 인도하는 여과 장치가 되어 줄 것이었다. 이 모든 과정을 거치면서 그 친구는 결코 나에게 무엇을 강요하거나 충고하지 않았다. 해야 할 일을 말해 주지도 않았다. 그는 부드럽게 내 생각을 새로운 방향으로 자극했고, 미래의 목표를 좁히도록 도왔다. 또 하나님께서 내 인생의 남은 기간 동안 무엇을 하기 원하시는지에 계속해서 초점을 맞추도록 했다. 때로는 내가 피하고 싶어 하는 문제들을 생각해 보도록 밀어붙였다. 목표를 설정하면 그는 내가 계속해서 책임감을 갖고 거기에 도달할 수 있도록 격려했다. 내가 그에게 미래의 막연한 꿈에 대해 말하면, 그는 내가 의도했던 것을 명확히 하도록 돕고자 여러 가지 질문을 했다. 이 모든 과정 중에 캘런다인은 끊임없이 나를 격려해 주었다. 그는 나를 상담한 것이 아니었다. 컨설팅한 것도 아니었다. 이제 보니 나는 **코칭을 받고** 있었던 것이다.

코칭이란 무엇인가

1500년대에는 **코치**란 사람들을 현재 있는 곳에서 가고 싶은 곳으로 실어다 주는 마차를 가리키는 단어였다. 오랜 세월이 지난 후 좌석이 여러 줄 배치된 커다란 버스를 코치라고 불렀다. 목적은 같았다. 사람들을 가고 싶은 곳으로 데려다 주는 것이다. 어떤 이들은 고대 스포츠계에서 목표가 이와 비슷했다고 시사한다. 거기서 코치는 재능 있는 선수들과 팀을 도와 최고의 역량을 발휘하여 올림픽 게임에서 승리하는 목표를 달성하도록 했다.[2] 1880년대에 이르러 이 단어는 케임브리지의 캠 강에서 대학생들에게 노 젖는 것을 지도하는 사람을 지칭하는 데 사용되었는데, 어떤 이들은 1880년대 전까지 **코치**란 단어는 운동과 상관없는 것이었다고 주장한다. 그 기원이 무엇이든 이 단어는 고착되었고, 코치는 운동선수를 한 지점에서 다른 지점으로 나아가도록 돕는 사람으로 알려지게 되었다. 시간이 지나면서 이 단어는 음악가와 대중 연설가와 배우들과도 연관되어 사용되었는데, 그들은 코치에게 의지하여 기술을 향상시키고 장애물을 극복하고 지속적으로 집중하여 목표한 수준에 도달하고자 한다. 마이애미 돌핀스의 코치를 지낸 돈 슐라(Don Shula)는 코치에게 승복할 각오를 하고 팀으로 찾아오는 숙련되고 재능 있는 선수들에 대해 쓴 적이 있다. 코치가 하는 일은 그들을 가르치고 훈련하고 자신이 할 수 있다고 생각하는 것보다 더 잘할 수 있도록 사기를 고무하는 것이다.[3] 코치는 각 선수들을 코칭하여 자신감을 증대하고, 명확한 목표를 갖게 하며, 그들이 상상하지 못한 더 위대한 성취를 달성하게 한다.

20-30년 전에 기업계로 넘어오지 않았다면 코칭은 여전히 스포츠계와 연예

계의 영역에 머물러 있었을 것이다. 급격한 변화의 충격, 빠른 기술의 진보, 정보의 홍수 속에 요동치며 밀려오는 파도에 직면하여 기업 리더들은 어느 누구도 혼자 모든 것을 다 해낼 수 없다는 것을 깨닫게 되었다. CEO가 세세한 것까지 관리하는 것은 구식이다. 이제 더 이상 윗자리에서 일이 진행되는 모든 상황을 파악하고 모든 사람에게 해야 할 일을 지시하는 상명하달 식으로 경영할 수 없다. 리더십 재능과 관리 기술을 갖춘 숙련된 기업 임원들은 사람을 다루는 문제와 마주친다. 즉 의사 소통과 관계 단절, 높은 이직률과 결근률, 낮은 생산성, 동기부여와 헌신도 같은 문제들이다. 크고 작은 기업에서 모든 직급 사람들이 지나치게 분주한 생활방식 그리고 증가하는 스트레스와 싸우면서 변화에 직면하는 방법, 새로운 관리 방식을 발전시키는 방법, 현명한 결정을 내리는 방법, 보다 효과적으로 대처하는 방법 등을 배워야 했다. 어떤 이들은 자신의 인생 계획과 생활 관리 문제를 다루기 원했다. 직원들을 리더와 결정권자들처럼 생각하고 행동하도록 훈련해야 했다. CEO나 다른 임원들은 마치 내 젊은 친구가 60대의 과도기를 헤쳐나갈 수 있도록 나를 코칭했던 것처럼, 누가 그들을 이 새로운 세계로 인도해 주기를 원했다. 운동선수와 공연 예술가들이 여러 해 동안 활용했던 코칭 원리들을 기업계에 적용하게 되었다. 개인 코칭은 헬스클럽을 넘어 회사 사무실과 작업장으로 진출했다. "포춘"(Fortune) 지에 따르면 코칭은 경영 분야에서 "가장 인기 있는 주제"가 되었다.[4]

> 코치는 다른 사람을 안내하여 역량을 증대시키고,
> 더 깊이 헌신하게 하며, 자신감을 키우도록 훈련받고 헌신한 사람이다.
> _ 프레드릭 허드슨(Frederic Hudson), 「코칭 핸드북」(Handbook of Coaching)의 저자

현대 코칭 운동은 경영 분야에서 시작되어 초기에 성장을 이루었지만, 오늘날 코칭은 어디서나 뜨거운 관심을 받고 있다. 사람들은 영양 관리 코치, 운동

코치, 재정 코치, 대중 연설 코치에게 도움을 받는다. 또 인생과 경력 면에서 초점과 방향을 찾도록 돕는 라이프 코치에게 도움을 요청한다. 어떤 사람들은 결혼 코치, 부모 역할 코치, 영적 여정을 위한 코치, 시간 관리 코치, 인생 과도기를 돕는 코치를 찾는다. 이런 코치들은 사람들이 인생의 도전을 헤쳐나가고 변화의 와중에 자신감을 갖고 전진할 수 있도록 곁에서 안내해 준다.

1990년대 이래로 코칭 분야는 비약적으로 성장했다. 1992년, 국제 코치 연맹(International Coach Federation)이 설립되었고, 이제는 약 90개 나라에 회원이 수천 명에 이르는 단체로 성장했다. 국제 코치 연맹은 이제 "기업과 개인 코칭을 위한, 세계에서 가장 큰 자원"으로 자리 잡았다.[5] 오늘날 많은 코칭 조직들이 있다. 인기 있는 코치빌(Coachville), 영국에 본부를 둔 코칭 협회(Association for Coaching), 유럽 멘토링과 코칭 협회(EMCC), 그리고 크리스천 코치 네트워크(Christian Coaches Network) 등 여러 조직이 활동한다. 1990년대에는 훈련 프로그램이 아주 적었지만, 한 보고서에 따르면 오늘날은 300개 이상 존재한다.[6] 60개가 넘는 단체가 코치를 인증하는 프로그램을 시작했고, 수많은 대학과 대학원에서 코칭 과목과 학위 과정을 개설했다. 어떤 책에서는 이 모든 현상을 가리켜 "코칭 혁명"이라고 일컬었다.[7] 이는 결코 잦아들 기미가 보이지 않는 혁명이다.

이런 성장과 폭발적인 인기에도 불구하고 코칭이란 것이 존재하는지 들어 보지도 못한 사람에게 코칭은 여전히 낯설고 당황스러운 것이다. 내 서재에 있는 코칭 책들은 모두 제각각 정의를 내리고 있다. 어떤 것은 그 정의가 길다. 명확하기보다는 오히려 혼란스럽다. 그러나 코칭의 핵심은 사람들을 구비시켜 현재 있는 곳에서 그들이 바라는 더 유능하고 성취감 있는 곳으로 가게 하는 데 있다. 간략히 말해서 **코칭은 개인이나 집단을 현재 있는 지점에서 그들이 원하는 지점으로 갈 수 있도록 인도하는 기술이자 행위다**. 코칭은 사람들이 자신의 비전을 확장하고, 자신감을 갖고, 잠재력과 기술을 개발하고, 목표를 향해 실천적인 발걸음을 내디딜 수 있도록 돕는다. 상담이나 심리 치료에 비해 코칭은 덜 위협적이며, 문제 해결에 대한 관심이 덜하고, 사람들이 자신의 잠재력을 최대한 발휘할 수 있도록 도우려는 경향이 보다 강하다.

장래에는 코치가 아닌 사람은 승진하지 못할 것이다.

_ 잭 웰치(Jack Welch), GE의 전 회장이자 CEO

코칭은 과거의 파괴적이고 고통스러운 영향력을 극복하기 위해 심리 치료가 필요한 사람들을 위한 것이 아니다. 코칭은 비교적 안정된 사람이 비전을 세우고 미래를 향해 앞으로 나아가도록 하기 위한 것이다. 코칭은 수동적으로 과거를 돌아보는 것이 아니라 주도적으로 앞을 바라보는 것이다. 코칭은 치유에 관한 것이 아니라, 성장에 관한 것이다. 코칭은 약점을 극복하는 데 초점을 맞추기보다, 기술과 힘을 기르는 데 초점을 맞춘다. 일반적으로 코칭은 치료자-환자 관계보다 덜 형식적이며 대등한 두 사람 사이의 파트너십에 가깝다. 코치는 타인을 도울 수 있는 기술과 경험과 관점을 지닌 동역자라 할 수 있다.

코칭은 상담과 어떻게 다른가

상담가는 사람들이 우울증, 불안, 내적 혼란, 타인과의 갈등과 같은 문제들에 대처하도록 돕는다. 어떤 사람은 슬픔, 죄책감, 불안정, 패배 의식, 분노 조절 장애, 중독, 또는 성적 고민과 같은 문제로 상담을 받는다. 이런 문제들은 인생에서 무엇인가가 잘못되었고 결핍되어 바로잡아야 한다는 것을 의미한다. 이는 정신 건강 상담가들과 연구자들이 오랜 세월 동안 연구한 주제이기도 하다. 또한 목회 상담가들의 사역과 집필의 주요 주제이기도 하다. 이 모든 주제들은 이른바 **부정심리학**(Negative Psychology)과 연관된다. 대개 상담의 목적은 고객을 부정적인 경험과 어려움에서 끌어내어 그에 제대로 대처하고, 보다 긍정적으로 문제에 휘둘리지 않는 온전한 삶을 영위하도록 인도하는 것이다.

이런 문제들은 그 정도가 저마다 다르기에, -1에서 -10까지 가상의 저울에 놓고 측정하는 것이 도움이 된다. 여기서 -10은 최악의 상태다. 이를테면 결혼 문제는 그다지 심각하거나 파괴적이지 않을 수 있지만(-2 또는 -3), 폭력을 수반하는 큰 갈등으로 번질 수도 있다(-9 또는 -10). 상담가는 그 정도가 얼마든지 부정심리학의 주제를 이해하고 그것을 극복할 수 있게 돕도록 훈련받는다. 그리스도인 상담가는 그리스도의 종으로서 문제의 원인을 다루고, 증상에서 벗어나게 하며, 내적 평안을 찾고 정신적·영적 치유를 경험하도록 돕는 역할을 한다. 상담의 목표는 내담자를 저울 눈금의 영점 상태로 되돌리는 것이다. 이는 안정감으로 나타난다.

20세기 말, 몇몇 일반 심리학자들과 전문 상담가들은 **긍정심리학**(positive psychology)이라고 알려진 것에 대해 말하고 책을 쓰기 시작했다. 그들은 전통 심리학이 지나치게 부정적인 인생의 문제를 다루다 보니 희망, 창의성, 낙관주의, 용기, 책임감, 용서와 같이 인생을 가치 있게 만드는 보다 긍정적인 주제들을 무시했다고 주장했다. 이 새로운 운동의 창시자들에 따르면, 긍정심리학은 심리학의 초점을 "인생에서 최악의 상태를 고치는 데만 몰두하던 것에서 긍정적인 내적 자질들을 세우는 것으로 바꾸었다."[8] 몇 년 지나지 않아 긍정심리학은 그 영향력과 인기, 그리고 연구 성과에 있어서 괄목할 만한 성장을 이루었다.

긍정적인 자질들은 가상의 저울에 놓고 +1에서 +10까지 측정할 수 있는데, 여기서 +10은 가장 바람직하고 긍정적인 상태다. 우리는 직업, 결혼, 영적 생활, 성생활에 +1이나 +2를 줄 수 있다. 여기에는 큰 문제도 없고 상담받을 필요도 없어 보인다. 그렇다고 큰 성취감이나 깊은 만족도가 있는 것도 아니다. 이를테면 개인은 자기 일에 +2 정도를 줄 수 있지만, +8이나 +9에 이를 만큼 자신에게 의미 있고 중요한 일을 하고 싶을 수도 있다.

상담이 부정심리학을 다루고 사람들을 도와 문제 영역에서 안정 지점으로 갈 수 있도록 돕는다면, 코칭은 긍정심리학을 다루고 사람들이 보다 높은 수준의 성취감을 맛보도록 돕는다. 상담은 문제에 초점을 맞추고 종종 과거를 다룬다. 코칭은 가능성에 초점을 맞추고 사람들이 미래에 가고자 하는 곳을 바라보게 한다. 코치의 과제는 아래 눈금자 어딘가에 위치한 사람을 만나 화살표 방향을 따라 더 앞으로 나아갈 수 있도록 하는 것이다.

-10 -9 -8 -7 -6 -5 -4 -3 -2 -1 0 +1 +2 +3 +4 +5 +6 +7 +8 +9 +10

상담	코칭
부정심리학	긍정심리학
문제에 초점을 맞추고, 갈등, 불안감, 영적 싸움, 우울증, 불안, 분노와 같은 감정의 문제를 다룬다	성취, 성과 향상, 팀 세우기, 비전 설정, 직업적 성장, 목표와 꿈에 도달하는 데 초점 맞춘다
잘못된 것을 고친다	목표에 도달하도록 구비시킨다
과거에 일어난 문제의 원인과 치유와 안정을 주는 데 초점을 맞춘다	현재와 미래, 가능성, 목표에 도달하는 것, 자유롭게 하는 것, 꿈을 현실로 바꾸는 것에 초점을 맞춘다
상담가는 환자를 다루고 치유와 처방을 제공하는 전문가다	코치와 고객은 변화를 일으키기 위해 함께 작업하며 서로 평등하다
심리학, 정신병리학, 치료요법 등 전문 지식이 있어야 한다	최고의 코칭은 경청, 질문, 격려와 같은 코칭 기술을 훈련받는 것으로 가능하다

멘토링, 제자 훈련, 컨설팅과는 어떻게 다른가

최근에 나는 이메일을 하나 받았다. 거기에는 "**코칭**이라는 용어는 개인적인 멘토링에 사용되는 것이고, 크리스천 코칭은 용어 외에는 일대일 제자 훈련과 크게 다르지 않다"고 쓰여 있었다. 메일을 쓴 사람은 '코칭'이라는 용어를 버리고 '제자 훈련'이라는 용어를 사용할 것을 제안했다. 다른 이들은 코칭이 '컨설팅'에 사용하는 새로운 단어이고 모델링, 영적 지도, 영혼 돌봄 혹은 단기 전략적 치료(brief-strategic therapy)와 같은 용어로 대체해도 무방하다고 제안했다.

어떤 젊은 목사는 주중에 열린 어느 조찬 모임 때 내게 또 다른 용어를 제안했다. "제게는 아버지가 필요한 것이 아닙니다. 이미 좋은 아버지가 계시니까요. 상담가가 필요한 것도 아닙니다. 상담가가 필요하다면 어디서든지 상담가를 찾을 수 있습니다. 저에게는 함께 여행할 사람, 인생길을 저보다 조금 더 오래 걸은 사람이 필요합니다. 저는 당신과 함께 매주 한 시간씩 함께하고 싶습니다. 삶에 대해 이야기하고, 당신의 경험에서 배우고, 또 당신에게 도움을 받아 길 위에 움푹 파인 함정을 피하고 싶습니다." 그때부터 우리는 이 만남을 "**여행** 시간"으로 불렀다.

우리가 다른 용어를 사용하는 것이 문제가 되는가? 물론 코칭은 컨설팅, 멘토링, 제자 훈련과 겹치는 부분이 있다. 이것들은 모두 최소한 한 사람 이상이 인생 여정에서 신뢰받는 역할 모델이 되어 기꺼이 다른 이들과 함께하며 안내하는 관계를 포함한다. 이 모든 용어는 책임, 격려, 성장을 향한 헌신을 포함한다. 비록 겹치는 부분이 있다 하더라도 이 책은 코칭이 코칭 기술을 포함해 독특한 과정이며 다른 것들과는 다르다고 전제한다.

컨설팅과 코칭. 코칭은 여러 가지 면에서 최근 기업과 교계에서 인기 있는 컨설팅과 매우 유사하다. 보통 컨설턴트들은 상황을 분석하고 전문적인 안내와 조언을 해주고 보수를 받는다. 나는 한때 더는 확장할 장소가 없을 정도로 급성장한 교회에 다니고 있었다. 상황을 분석하고 교회가 해야 할 일들을 제언받기 위해 유급 컨설턴트를 고용했다. 그는 컨설팅료를 받고 교회 리더들과 이야기를 나누고 교인들에게 상세한 설문지를 돌리고 공동체를 주의 깊게 관찰한 다음 상황을 분석하여 여러 가지를 제언했다. 때때로 우리는 이런 전문가가 필요하다. 아프면 의사에게 가서 몸 상태와 치료법에 대해 컨설팅을 받는다. 비즈니스에서 컨설턴트는 현존하는 문제들과 관행들을 분석하고, 더 나은 마케팅과 사업 전략을 제안하고, 기업의 생산성을 향상시키고 미래 청사진을 계발하는 것을 돕는다. 컨설턴트는 분석하고 제안하는 전문가다.

개인 지도와 일방적 교육을 통해 정보 전달을 강조하는 것과는 대조적으로, 코칭은 한 사람이 잠재력을 발휘하여 생산성을 극대화하게 하는 것이다.
_ 존 휘트모어(John Whitmore), 「성과 향상을 위한 코칭 리더십」(Coaching for performance)의 저자

이와는 대조적으로 코칭은 개인 또는 집단이 스스로 판단하고 결정하라고 자극한다. 코칭은 진단과 충고를 하지 않는다. 코치는 코칭하는 분야에 전문가일 필요가 없다. 대신 코치는 경청하고, 이해하고, 통찰력 있는 질문을 하고, 들은 것을 요약하고, 코칭받는 이들이 자신의 상황을 둘러보고 무엇을 할지 결론 내리고 행동하려 할 때 가능한 한 비지시적으로 안내할 수 있는 능력만 있으면 된다. 이런 과정에서 코치는 격려하는 사람이자 치어 리더이며 도전하는 사람이고 책임감 있는 파트너지만, 결코 전문적인 충고나 지시를 내리는 사람은 아니다.

멘토링과 코칭. 테드 잉스트롬(Ted Engstrom)은 멘토링에 관해 쓴 책에서 멘토는 "역할 모델을 제시하고, 특별한 프로젝트를 면밀히 감독하며, 개인적인 도움을 주는" 사람이라고 정의한다.[9] 여기에는 격려, 교정, 직면시키기, 책임과 같은 것들이 포함된다. 잉스트롬에 따르면 멘토는 그 영역에서 숙련된 연구와 경험의 성과를 바탕으로 권위를 얻는다. 멘토는 후배의 성장과 발전을 돕는 관계에 기꺼이 시간과 정력을 투자할 용의가 있는 사람이다.

멘토링이란 개념은 분명 호머의 「오디세이」에서 왔다. 여기서 오디세우스 왕은 가정과 어린 아들 텔레마쿠스를 멘토르라는 지혜롭고 분별력 있는 교사에게 돌보도록 부탁하고 전쟁에 나간다. 왕이 21년간 전쟁터에 나가 있었던 것을 보면, 그는 분명히 집으로 돌아오는 것을 서두르지 않았다. 그가 돌아왔을 때, 어린 왕자는 멘토르를 모범 삼고 그의 지도로 지혜를 배워 유능한 리더이자 고결한 인격을 갖춘 사람이 되어 있었다. 여러 세기에 걸쳐 도제(apprenticeship) 개념은 이와 유사하게 나이와 경험이 더 많은 사람이 대개 미숙하고 어린 사람에

게 지식을 전수하고 기술을 가르치며 지도하는 것을 의미했다.

최근 들어 멘토링이 그리스도인들 사이에서 인기를 얻게 되었지만, 오늘날의 인기는 비즈니스계에서 자리 잡고 성공한 리더들이 후배들을 성장시키기 위해 안내해 주면서 시작되었다. 내가 갓 대학원을 졸업하고 가르치기 시작했을 때, 한 선임 교수는 젊은 교수인 나를 그의 날개 아래 감싸고 친절히 학문의 길로 인도해 주었다. 우리는 결코 이 용어를 사용하지 않았지만 그녀는 직업과 경력 면에서 내가 보다 능숙해질 수 있도록 도와준 멘토였다.

멘토링은 여전히 많은 일터에서 활용되고 있지만 점차 그 인기가 시들고 있다. 노스웨스턴 대학교 켈로그 경영 대학의 한 교수에 따르면 멘토링 제도는 대체로 실패했다. 변화 관리와 전략적 계획 수립에 의존하고 집중하는 조직에서는 멘토링을 할 시간이 없다. 조직들은 성과에 대해 보상하지 다른 사람을 발전시키는 데 시간을 들인 것에는 보상하지 않는다. 그 결과 경영진과 관리자들은 회사와 직장 밖에서 코치를 찾는다.[10]

> 멘토는 경험 많은 선임자로서 하나님이 주신 것(지혜, 기회, 분별력)을
> 후임자에게 나누어 주는 사람이다. 동일한 상황에서 코치는 체계적으로 질문을 던져
> 깊이 생각하게 함으로써 고객의 의사 결정 능력을 세워 준다. 코치는 하나님이
> 사람에게 심어 놓으신 능력을 끌어낸다. …나는 멘토링을 할 때는 사람을 가르치되
> 나에게서 또는 나의 경험에서 배우게 한다. 코칭을 할 때는
> 그 사람이 지니고 있는 자원과 경험을 이끌어 내고자 자극한다.
> 코칭은 가르치기보다 스스로 배우도록 돕는 것이다.
> _ 토니 스톨츠퍼스(Tony Stoltzfus), 「리더십 코칭」(Leadership Coaching)의 저자

코칭은 분명 직업적인 문제를 다루지만 초점이 더 넓다. 멘토가 직업이나 영적인 문제에 대한 사례를 제시하고 전문 지식을 나눈다면, 코치는 고객의 관심

영역에 대한 전문 지식이나 특정 정보를 동원하지 않는다. 코치는 코칭받는 사람 곁에서 미래의 방향을 그리도록 돕고, 목표 설정을 안내하고, 실천할 수 있도록 격려한다. 코치는 충고나 구체적인 제안을 피한다. 오히려 예리한 질문을 던짐으로써 격려하고 도전한다. 또한 인생의 방향을 명확하게 하고 확신을 갖고 지속적으로 정진하여 원하는 곳으로 나아갈 수 있도록 동기부여 한다. 여러 해 동안 멘토링은 그 영역을 확장해 점점 코칭과 유사해졌다. 그러나 중요한 차이점은 멘토가 전문가로서 활동한다면, 코치는 고객[11]이 방향을 찾아 나아가는 데 필요한 최고의 능력을 갖고 있다고 전제한다는 것이다.

> 상담이나 치료 요법은 주로 과거와 정신적 충격을 다루고 치유한다.
> 컨설팅은 주로 문제를 다루고 정보, 전문 지식, 조언, 전략, 문제 해결 방법을 제공한다.
> 멘토링은 주로 전임자의 일을 계승하는 훈련을 다루고,
> 멘토와 같은 일을 하는 사람을 돕는다.
> 코칭은 주로 현재를 다루고 보다 바람직한 미래로 안내한다.
> _ 패트릭 윌리엄스(Patrick Williams), 다이앤 메넨데즈(Diane S. Menendez), 라이프 코치 훈련 연구소 (Institute for Life Coach Training)

제자 훈련과 코칭. 제자 훈련은 멘토링이나 코칭보다 초점이 더 좁다. 제자 훈련은 새신자나 성숙이 필요한 신자에게 성경의 진리와 영적 지침들을 가르치는 데 집중한다. 제자 훈련에 접근하는 다양한 방법이 있지만, 대부분 일련의 학습 과정이 제한된 시간 안에 맞추어져 있고 교사—학생 유형의 관계를 이룬다.

앞서 나는 어떤 그리스도인 리더에게서 **크리스천 코칭**과 **제자 훈련**은 동일한 것을 일컫는 다른 용어라고 주장하는 편지를 받았다고 말했다. 이에 대답하자면 다음과 같다. 유사점이 있는 것은 인정하지만 제자 훈련과는 달리 코칭은 영적 성장을 돕는 것이 **주된** 관심사가 아니다. 물론 그것이 코칭의 일부일 수는

있다. 코칭은 직업에 있어서 자기 발전, 미궁에서 빠져나오는 것, 회사와 개인의 목표를 발전시키고 달성하는 것, 갈등을 다루는 것, 인생의 과도기를 헤쳐 나가는 것, 비전을 명료하게 하는 것, 좋은 관계를 가꾸어 나가는 것 등에 관심을 갖는다. 이런 것들은 제자 훈련의 주요 목표가 아니다.

크리스천 코칭을 하는 사람들 중에 크리스천 코칭이 개인적·실천적 제자 양육과 같다고 말하는 사람은 없을 것이다. 코칭이 제자 훈련의 목표를 달성하는 데 효과적인 일련의 기술과 방법을 대표한다고 해도, 코칭 기술은 예수 그리스도의 성숙한 제자를 양성하는 목표에 초점 맞추는 것보다 더 넓게 사용된다.

코칭이 인기 있는 이유

탁월한 상담 치료사인 내 친구는 상담과 관련된 활동을 왕성하게 하고 있다. 대학에서 박사 과정 학생들을 가르치고 상담 훈련을 지도하며, 많은 심리학 학술지를 읽는다. 그는 이 책의 초판을 읽고 내 코칭 강좌에 참석했고, 나를 그의 수업에 초대해 강의하게 했다. 그러나 내 친구는 코칭에 대해 매우 회의적이었다. 그는 열린 마음과 온화한 태도를 지니고 있었지만, 코칭이 전문적인 심리 치료 훈련을 받지 않은 사람들이 할 수 있는 상담의 한 형태라는 것에 대해서는 의구심을 품었다. 그는 코칭이 효과적인지에 대해 의문을 제기했고, 코칭이 정말 전문 직업인지 의심했다. 또한 코칭 분야에 규정이 없는 것을 우려했고, 코칭은 언젠가 사라질 유행이라고 생각했다.

코칭에 대해 회의적인 사람은 상담을 전공한 그 친구만이 아니었다. 많은 코치들이 이런 우려가 타당하다는 것을 인식했다. 그래서 학문적 연구자들은 각 문제들을 다루고, 분석한 것을 전문 학술지에 실었다. 기업가들도 주의 깊게 살펴보았다. 회사가 투자한 것이 높은 수익으로 돌아오지 않는다면 계속해서 임직원들에게 비용을 지불할 이유가 없기 때문이다. 교회와 선교단체 조직들은 목회자 코칭과 소그룹 리더, 당회, 선교 행정가들을 위한 코칭 훈련에 역량을 집중했다. 경력 코칭, 임원 코칭, 앞으로 집중적으로 다룰 라이프 코칭과 리더십 코칭과 같은 분야에서 점점 더 정교한 훈련 및 실습 프로그램들이 개발되고 있다. 너무 많은 자격 인증 프로그램이 있다는 점은 인정한다. 그러나 국제 코치 연맹과 다른 단체들은 많은 독립된 단체들이 우열을 다투며 뛰어넘어야 하는 엄격한 기준을 세워 놓고 있다. 신중하게 개발된 코칭 윤리 기준이 마련되었고, 결국에는 코칭이 정착된 직업으로 규정될 것이다. 이런 추세가 계속되면서 많은 코치들은, 잠재적인 고객들이 코치 자격증에는 별 관심이 없지만, 코치가 어디서 훈련받았고 다른 고객들에게 얼마나 성공적으로 코칭했는지를 알고 싶어 한다는 것을 알았다. "유에스 뉴스 앤 월드 리포트"(U.S. News & World Report)는 코칭을 가장 성장하는 직업군 상위 10위 안에 선정했고, 경영 컨설팅 다음으로 큰 컨설팅 사업으로 지정했다.[12] 앞서 언급한 코칭 혁명이 분명 계속되고 있다.[13]

크리스천 코칭

내가 처음 코칭을 받을 때 나를 도운 이는 크리스토퍼 맥클러스키라는 상담가다. 그가 심리 치료사로서 개인 상담을 했던 초창기에 그의 상담소에 오는 사람들은 대개 상담가를 필요로 하지 않았다. 그들은 위기 상황에 있지도 않았고 해결할 수 없을 것 같은 문제로 씨름하지도 않았다. 오히려 그들은 삶에서 무엇인가 중요한 것이 빠져 있는 것 같은 독특한 느낌을 안고 있었다. 그들은 객관적이고 신뢰할 만하고 숙련된 경청 기술을 갖고 정직하게 반응해 줄 수 있는 누군가에게 도움을 얻고 싶어 했다. 그들은 신앙 생활에서 보다 큰 평화와 기쁨을 발견하도록 돕는 안내자를 원했다. 라이프 코치를 찾고 있었던 것이다.[14]

맥클러스키는 대담한 발걸음을 내디뎠다. 코치가 되는 훈련을 받은 후, 그는 플로리다에 있는 상담소 문을 닫고 가족과 함께 미조리에 있는 농장으로 이사 갔다. 맥클러스키는 자신의 고객과 동료들에게 그가 이사했고 코칭을 시작했으며 전화, 팩스, 이메일 등을 통해 이용할 수 있다고 편지를 보냈다. 오늘날 그는 크리스천 코칭 분야에서 활동하고 있다. 크리스천 코칭에 대해서는 이 책의 뒷부분에서 살펴볼 것이다. 맥클러스키에게 코칭은 단순한 직업이 아니다. 사역이다. 코칭은 사람들을 도와 그들의 삶을 향한 하나님의 비전을 발견하고 그에 따라 사는 법을 배우도록 하는 방편이다.

코칭 훈련 프로그램이나 코칭에 대한 책이나 학술 논문들은 종종 가치와 영성에 대해 언급한다. 그러나 대개 그런 자료들과 훈련 프로그램들은 기독교적인 것에 대해 언급하지 않고 일반 시장을 겨냥한 것들이다. 뉴에이지나 동양의 영성에 대해 언급한 것은 흔히 볼 수 있다. 어떤 코칭 훈련 과정에는 "우주가 결정한 것" 또는 "우주가 예정한 것"이라는 언급이 있는데, 이는 하나님의 이름을 사용하거나 그분의 존재를 인정하는 것을 피하기 위한 것으로 보인다. 이런 경향과 코칭이 여전히 많은 기독교 공동체에 낯설다는 사실에도 불구하고, 예수님이 공생애 사역 중 사람들과 관계 맺는 방식의 중심에 코칭이 있다는 점은 논의해 볼 만하다.[15]

예수님은 사람들에게 하나님을 드러내고, 영원하고 보다 충만하고 풍요로운 삶을 누리는 법을 보여 주기 위해 오셨다.[16] 크리스천 코치는 삶을 향상시키는 방법을 꿈꾸도록 돕는다. 코치는 사람들이 직장, 가정, 하나님과 동행하는 삶 그리고 세상에서 보다 나은 변화를 이룰 수 있도록 함께한다. 다른 모든 코치와 마찬가지로, 크리스천 코치는 사람들을 도와 그들이 현재 있는 지점에서 가고 싶어 하는 지점에 이르도록 돕는다.

그러나 크리스천 코칭은 보다 원대하고 고상하고 영원한 목적을 갖는다. 핵심을 말하자면, **크리스천 코칭은 개인 또는 집단을 도와 그들이 현재 있는 지점에서 하나님이 원하시는 지점으로 옮겨 갈 수 있도록 안내하고 힘을 북돋아 준다.** 사람의 목표, 꿈, 열망과 재능들을 도외시해서는 안 된다. 이런 것들은 종종 하나님이 주시는 것이다. 크리스천 코치는 사람들을 격려하여 자신의 삶을 향한 하나님의 비전을 찾고, 자기 일만 쫓아다니던 데서 하나님의 목적을 추구하는 삶으로 옮겨 가게 한다.[17]

릭 워렌이 쓴 「목적이 이끄는 교회」(The Purpose-Driven Church, 디모데 역간)에는 집 근처 바다에서 파도타기 하는 사람에 대한 언급이 나온다. 누구도 파도를 만들려 시도하지 않는다. "파도타기는 하나님이 만든 파도를 타는 기술이다. 파도는 하나님이 만드신다. 파도 타는 사람은 단지 파도를 탈 뿐이다.…파도 타는 사람은 좋은 파도를 보면 이를 최대한 이용하려 한다. 심지어 풍랑 한가운데서도 말이다.…교회 리더로서 우리가 해야 할 일은 파도 타는 사람들이 하는 것과 같이 하나님의 성령의 파도를 알아차리고 타는 것이다."[18] 이것은 크리스천 코치가 하는 일이기도 하다. 크리스천 코치는 하나님이 세상과 자신의 삶에서 하시는 일이 무엇인지 분별하도록 사람들을 돕는다. 코치는 개인 혹은 집단과 함께 하면서 하나님이 만드신 파도를 타고, 하나님의 거룩한 과업의 일부로서 자신의 소명을 발견하도록 돕는다.

크리스천 코치는 어떻게 사람들을 도와 하나님의 역사와 은총을 보게 하고, 그 파도를 타게 할까? 코치는 생각을 자극하는 강력한 질문을 던짐으로써 고객을 도와 우리가 사는 시대를 형성하는 세력들에 민감해지도록 돕는다. 코칭은 하나님이 공동체, 교회, 개인의 삶에서 무엇을 하고 계시는지 인식시킨다. 코칭을 통해 개인이나 조직은 하나님이 주시는 은사와 기회를 알아차릴 수 있다. 크리스천 코치는 기독교적 가치와 신념에 깊이 뿌리박고 있다. 그들은 하나님을 더 알고 그분의 음성을 듣는 데 시간을 쏟는다. 베뢰아 지역의 너그러운 사람들처럼 크리스천 코치는 메시지가 하나님에게서 왔는지 주의 깊게 듣고, 진리를 분별해 주는 성경 말씀을 탐구한다.[19] 코치는 다른 사람들과 함께 일하면서 그들을 도와 소명을 명확하게 하고, 비전을 발견하며, 하나님이 주신 삶의 목표에 도달하는 걸음을 내디딜 수 있게 한다.

코칭은 개인과 집단이 현재 있는 지점에서 원하는 지점으로 이동할 수 있도록 구비시키는 기술이자 실천이다.

크리스천 코칭은 개인과 집단이 현재 있는 지점에서 하나님이 원하시는 지점으로 이동할 수 있도록 구비시키는 기술이자 실천이다.

크리스천 코치는 일반 코치들이 사용하는 방법들을 많이 사용한다. 어떤 크리스천 코치는 신자들만 코칭한다. 그러나 다른 코치들은 그리스도를 따르기로 헌신하지 않은 개인, 단체, 그리고 회사 전체와도 효과적으로 일한다. 어디서 일하든 크리스천 코치들은 여러 가지 면에서 독특하다.

가장 중요한 첫 번째 특징은 크리스천 코치는 코칭 관계를 맺으면서 성경적 세계관을 사용한다는 것이다. 시중에 나온 많은 코칭 관련 책들을 잠깐만 훑어봐도 알 수 있듯, 대다수 저자들이 코칭을 받는 고객이 코치의 안내를 받아 자신의 내면을 살피고 가치와 목적이 무엇인지 내면의 소리를 듣고 깊은 곳에 감추어져 있는 비전을 발견할 수 있는 능력이 있음을 강조한다. 또한 내면의 강점에 초점을 맞추고, 그들의 열정과 인생의 목적을 발견할 수 있다는 점을 강조한다. 이런 사고에는 절대적인 기준이 없고, 원칙 또한 거의 없다. 하나님은 어디서도 찾아볼 수 없다.

이에 반해 그리스도인들은 사람이 하나님의 형상대로 창조되었다는 것을 믿는다. 우리는 죄로 타락했으나, 예수 그리스도의 피로 구속받았다. 그분은 우리에게 용서와 구원의 선물을 주셨다. 우리는 이 구원의 선물을 무시할 수 있다. 그러나 그분이 거저 주시는 선물인 현세의 풍성한 삶과 사후에 주어질 영원한 생명을 받아들일 수도 있다.[20] 그리스도인은 하나님이 온 땅을 다스리시고 그의 백성을 알고 계시며 기꺼이 그의 자녀들을 인도하시고 능력을 부어 주심을 인식하며 살고 있다. 다른 사람들과 마찬가지로 우리는 열정, 인생의 목적, 내면의 강점, 그리고 미래의 비전을 발견하고 싶어 한다. 그러나 그리스도인은 이런 것들이 하나님이 주신 것이며, 우리가 하나님의 계획에 따라 살 때만 궁극적으로 성취할 수 있다는 것을 깨닫는다. 크리스천 코치에게는 사람의 재주가 아니라 하나님이 코치의 존재 중심에 계시고, 모든 코칭 과정의 안내자가 되신다.

> 우리가 믿는 것은 우리의 존재에 영향을 미치고,
> 그 결과 우리가 하는 모든 것에 영향을 미친다.

둘째, 크리스천 코칭에 또 다른 독특함을 부여하는 것은 바로 코치의 인격이다. 당신이 예수의 발자취를 따르고 싶어 하는 그리스도인이라면, 삶의 모든 측면을 이 관점에서 접근할 것이다. 그리스도를 향한 헌신은 결혼 생활, 부모 역할, 생활방식, 가치관, 지출, 시간 관리, 소명, 코칭하는 관점 등 모든 것에 영향을 미칠 것이다. 우리가 믿는 것은 우리 존재에 영향을 미친다. 그 결과 우리가 하는 모든 것에 영향을 미친다. 그러지 않는다면 그리스도와의 관계에 무엇인가 결여된 것이 있기 때문이다. 헌신의 강도를 약화시키는 무엇이 있거나, 우리의 영적 생활에서 놓친 무엇이 있다. 우리는 반쪽짜리 마음으로 그리스도께 헌신하고 여전히 코치로서 활동할 수 있다. 그러나 이런 코칭은 코치가 성령께 고객과의 관계를 인도하시도록 내어 드릴 때 주시는 능력과 영향력을 놓친다.

셋째, 크리스천 코치는 누구도 완벽하게 중립적일 수 없다는 것을 안다. 코치의 목표 가운데 하나는 사람들이 가치를 찾고 명료화하는 데 도움이 되는 질문을 하는 것인데, 이 때 코치가 할 일을 고객에게 떠넘기는 것을 피해야 한다. 코치는 사람들이 해야 할 일을 조언하거나 말하지 않는다. 코치는 사람들이 자신의 목표와 방향을 설정하고, 비전을 명료화하며, 사명 선언서를 작성하고 실천 계획을 세우도록 격려한다.

그럼에도 크리스천 코치는 예수님이 자신을 따르는 자들에게 주셨던 '제자 삼으라'는 명확하고 최종적인 명령을 무시하지 말아야 한다. 우리가 살펴봤던 것처럼 코칭은 제자 훈련이 아니다. 그러나 우리는 코칭하는 사람들을 위해 기도하고 그들이 궁극적으로 예수 그리스도께 온전히 헌신하고 그분을 따르는 사람들이 되기를 소망한다. 이러한 주장은 코칭이 비지시적이고 코치의 역할은 중립적이라는 것을 확고하게 붙잡았던 많은 전문 코치들에게 도전이 된다. 크리스천 코칭은 물론이고 코칭의 핵심 개념은, 사람은 충고를 받거나 할 일을 지시받을 때와는 달리 자신이 스스로 결정했을 때 더욱 확고하게 결심을 지키고 효과적으로 추진한다는 것이다. 코치는 고객들을 격려하여 스스로 할 일을 설정하고 자신의 결론에 도달하게 하며, 자신에게 맞는 실천 계획을 세우도록 한다. 코치는 중립적인 위치를 지키도록 노력해야 한다.

그러나 어떤 코치도 완벽하게 중립적일 수 없다. '비지시적 상담'의 주창자였던 심리학자 칼 로저스(Carl Rogers)조차도 이 용어를 '사람 중심적 상담'으로 바꾸었는데, 총체적 중립성을 지키며 지시 없이 상담하는 것은 신화에 불과하다는 연구 결과가 명백하게 나타났기 때문이다. 코치가 자신의 가치와 관점을 철저하게 숨기려고 해도, 사람들이 코치 자신의 가치와 일치하는 방향으로 움직일 때는 내면에서 환호하고 멀어질 때면 실망한다. 모든 상담가들은 자신의 가치와 신념을 깊이 숨기려고 노력해도 무심코 튀어나온다는 것을 안다. 코치가 코칭하는 사람의 독립성과 결정을 진지하게 존중하고 중립을 지키려고 노력한다 해도, 코치는 나름의 가치와 관점이 있다. 이것이 우리가 말하는 것에 영향을 미치고 다른 사람에게 영향을 미친다는 사실을 받아들이는 것이 더 정직하지 않을까?

넷째, 크리스천 코치가 헌신적으로 배우고 또 이 책에서 제시하는 검증된 코칭 기술을 헌신적으로 적용해도, 고객을 위해, 특히 코치와 유사한 세계관과 가치관을 지닌 그리스도인과 함께 코칭을 할 때, 정기적으로 기도하고 영적인 주제를 토론하는 것을 어색해하지 않아야 한다. 코치가 고객 개인의 고유한 특성을 존중하고, 고객이 자신의 삶을 비기독교적인 가치 위에 세울 수 있는 권리가 있음을 충분히 인정해도, 크리스천 코치의 삶에 스며든 기독교적 가치는 코칭으로 흘러나온다. 예수님은 자기 재산을 팔아 그리스도를 따르기를 머뭇거리는 한 젊은 부자 관원과 대화하셨다(막 10:17-23). 예수님은 자신의 믿음을 감추지 않으셨으나, 그 청년이 변화할 것을 강요하지도 않으셨다. 그 청년은 최선의 것으로 자신의 삶을 세우는 것과는 거리가 멀었지만, 자신이 원하는 것으로 삶을 세울 수 있는 자유가 있었다. 때때로 코치는 고객에게 이 같은 자유를 허용해야 한다.

왜 사람들은 코칭을 원하는가

내 친구 하나는 빠르게 다가오는 마감 시한 내에 간결하고 완벽한 보고서를 쓰는 일을 하고 있다. 그가 초안을 완성해 내게 보내 주면, 나는 빨간색 펜으로 그 위에 편집상의 제안들을 적어 놓는다. 친구는 잠시 후 내게 전화를 걸어 초안에 대해 나와 논의한다. 우리는 한 시간도 넘게 대화를 나눈다. 나는 그에게 무엇을 고쳐야 할지 말하지 않고, 다만 몇 가지 문법적 실수, 논리적 모순, 혼동스런 구절들을 알려 주고 보다 낫게 고치는 방법을 제안한다. 이 모든 것은 그가 작업한 것과 글쓰기에 대한 그의 열정을 격려하고 진심으로 그를 인격체이자 작가로 인정하면서 나눈 것이다. 우리가 대화하는 동안 내 딸 잰이 방에서 내 컴퓨터를 쓰고 있었다.

딸은 내 책상 위에 쌓인 코칭 책들을 보고 있었다. 전화를 끊자 그녀는 방금 통화한 것이 코칭이었냐고 물었다. 친구와 통화할 때 코칭을 하고 있다는 생각을 한 것은 아니지만, 내가 한 것은 바로 코칭이었다. 친구는 보다 나은 보고서를 쓰고자 내가 도와주기를 원했고, 나는 질문을 하고 작가이자 편집자였던 내 경험에 근거하여 안내해 주었다. 친구는 최종 보고서에 대해 다소 불안해하기도 했지만, 나는 보고서가 훌륭한 이유를 함께 생각하며 그를 격려했다. 친구는 비판받는다고 느끼지 않았다. 또한 내가 보고서를 수정할 책임이 있거나 그에게 해야 할 일을 충고한다고 느끼지도 않았다. 그 대신 그는 코칭을 받고 있었다.

사람들이 코칭을 받으러 오는 이유는 무엇인가 달라지기 원하기 때문이다. 달라지기 원하는 것은 글을 수정하는 것처럼 간단한 것일 수도 있고, 삶을 재편하는 것과 같이 복잡한 것일 수도 있다. 그러나 모든 코칭은 변화를 일으키는 것과 관련이 있다. 코치와 코칭받는 사람은 미래가 달라지기 원한다면 우리가 현재 하는 일들을 변화시켜야 한다는 것을 안다. 때로 이런 변화는 내가 친구의 보고서에 덧붙이는 교정에 대한 논평과도 같다. 대개 변화는 태도, 생각, 인식과 행동의 전환을 수반한다. 코칭을 받으려는 사람들은 많은 변화의 잠재력과 목표들을 가지고 온다. 어떤 주제들은 반복적으로 나타나는데, 이는 다음과 같다.

- 운동, 음악, 재정 관리, 대중 연설, 부모 역할, 리더십과 같은 영역에서 필요한 기술을 개발하기
- 열정을 발견하고 계발하기
- 삶의 목적 찾기
- 구체적인 목표를 설정하고 도달하기
- 미래에 대한 명확한 비전 세우기
- 인생, 사업, 사역에 대한 사명 선언서 만들기
- 변화를 효과적으로 관리하는 법 배우기
- 사람들과 효과적으로 관계 맺는 법 배우기
- 명확한 가치관 발견하기
- 의사 소통 기술 습득하기
- 업무 능력 평가하기
- 난관 헤쳐나가기, 정체에서 벗어나기, 그리고 전진하기
- 다르게 생각하고 보는 법 배우기
- 실행력 확장하기

- 머뭇거리게 하는 행동과 파괴적인 혼잣말을 떨쳐 버리기(이를테면, "난 할 수 없어", "아무 일도 못할 거야", "아무도 내 말을 듣지 않을 거야", "성공하지 못할 텐데 할 필요 없어" 등)
- 더 좋은 팀 꾸리기(운동선수가 등에 적힌 자기 이름이 아니라 가슴에 적힌 팀을 위해 뛰도록 하는 것과 유사하다)
- 자신감 세우기
- 하고 있는 일에서 의미 찾기
- 위험을 감수하는 용기 갖기
- 책임지는 것 배우기
- 보다 많이 성취하는 데 필요한 도구, 지원, 책임감 계발하기
- 보다 집중하고 보다 유능해지고 보다 빨리 목표에 도달하는 역량 갖추기
- 하나님과 친밀하게 동행하는 법 계발하기

이상의 목록 가운데, 코치는 코칭받는 사람이 지속적인 도움 없이도 스스로 변화를 일으키고 앞으로 나아갈 수 있도록 하는 것을 목표로 삼는다.

기업 코치인 제임스 플래허티(James Flaherty)는 이를 자신의 코칭 저서에서 "아메바 경영 이론"으로 기발하게 설명한다.[21] 고등학교 생물 시간에 아메바는 단세포 원생동물이라고 배웠다. 아메바는 적어도 두 가지 방법으로 움직일 수 있다. 찌르거나 설탕으로 유혹하여 움직이게 하는 것이다. 이는 행동심리학자들이 변화를 일으키는 가장 원초적인 방법으로 보는 자극-반응 방법이다. 코칭받는 사람이 아메바라면, 코치는 그를 말로 찌르거나 보상해 주고 나서 그가 움직이는 것을 관찰할 수 있다. 특히 변화를 요구하는 압력이 있을 때, 관리자, 교수, 목사, 심지어 상담가까지도 이 '찌르기-유혹하기'의 접근법을 이용한다. 이것은 종종 효과가 있으나 아주 잠시 동안 지속될 뿐이다.

자극이 멈추면 움직임도 멈추고 그 상태를 유지하기 어렵다. 상사의 요구, 부

모의 충고, 목사의 훈계 또는 교사의 회초리와 같은 외부 자극에 단순히 반응하는 경우, 행동을 변화시키고 가치를 재검토하며 개인의 목표를 설정하거나 열정을 발견하게 하는 자신의 동기는 사라진다. 그 대신 강요받을 때까지 기다리며 수동적이 되기 쉽다. 실제로 야망이나 목표 설정, 위험 감수, 창의성은 모두 억눌린다. 사람은 아메바보다 영리하므로 자극을 피하는 방법을 찾거나 행동하지 않고 보상을 받는 방법을 찾기도 한다. 매일 수많은 근로자들(그리고 수많은 학생들)이 일터에 가만히 앉아 자극을 받거나 강요받을 때까지 아무것도 하지 않은 채 좋은 것만 바라고 있다.

분명 이런 예는 수많은 연구에 근거한 행동심리학의 긍정적 측면에 비추어 볼 때 부당한 것일 수 있다. 그러나 이 예의 요점은, 코치가 다른 사람이 성장하는 것을 도우려면 자신의 고객을 알고 관계를 세워 가며 그의 현 상태가 어떤지 파악하는 데 시간을 들이고 목표를 명확하게 해야 한다는 것이다. 고객과 코치는 현재의 과업을 달성하고 현재 배운 것을 미래에 적용할 방법을 명료하게 하기 위해, 함께 파트너십을 갖고 작업해야 한다. 내 친구는 작성한 보고서를 나와 함께 검토한 후, 최종 보고서가 처음 것보다 훨씬 나아졌다고 평가했다. 게다가 예전에는 생각해 보지 못한 글쓰기 기법을 배웠다고 했다. 다음에 보고서를 쓸 때 그것이 큰 도움이 될 것이라고도 했다. 그야말로 좋은 코칭이었다. 현재 타인을 도와 그가 스스로 동기를 부여하고 미래에 더 나아지도록 준비시켰기 때문이다.

다음 장에서는 코치가 하는 일이 무엇이고, 코치는 어떻게 다른 사람의 삶과 일에 중요하고도 긍정적인 영향을 미치는지에 대한 종합적이고도 매우 실제적인 개관을 다룰 것이다. 물론 코칭의 목표와 방법들도 다뤄야 하지만, 바로 다루기에는 이르다.

조급하고 항상 허둥대며 환자들의 질문을 잘 듣지 않고 무관심한 의사를 만나 본 적이 있는가? 데미 박사는 그러지 않았다. 그가 처음 내 주치의가 되었을 때, 나는 그가 고도로 숙련된 의사임을 알아챘다. 직업상 스트레스에 시달릴 텐데 그는 심한 압박감에 시달릴 때도, 내 질문들에 답하고 나를 세심하게 돌보았으며 나와 맞장구치며 유머 감각을 보여 주었다. 나는 유능하고 박식한 의사에게 진료받기 원하지만, 또한 내 필요를 돌보고 직업적으로만이 아니라 인격적으로도 관계를 맺을 수 있는 의사를 만나고 싶다. 나는 감동적인 의사를 원한다. 코칭 고객 역시 그런 사람을 원한다. 당신의 실제적인 코칭 계발이 시작되는 지점이 바로 이 지점이다. 즉 좋은 코치의 조건이 무엇인가를 깊이 생각하는 것이다.

2장 ·· 좋은 코치의 조건

존 에버트는 훌륭한 운동선수였다. 소년 시절, 경기장에서 뛰는 것은 무엇이든 잘했다. 존은 대학 미식축구 팀에서 쿼터백을 맡았고 수많은 신기록을 세웠다. 체육 수업 시간에 팀원을 뽑을 때면, 그는 항상 첫 번째로 뽑혔다. 팀의 주장으로도 수없이 뽑혔다. 주장이 되어 팀 선수를 선발할 때면 항상 최고의 선수들을 뽑았다.

어느 날, 존의 아버지는 재미있는 제안을 했다. "가장 못하는 아이들로 팀을 꾸려 보는 것은 어떠니? 그들에게 관심을 보여 주렴. 그들을 먼저 뽑아 모두가 놀라게 해 봐. 그들에게 뛸 기회를 주고 더 잘할 수 있도록 가르치렴. 자신감을 갖도록 격려해 봐. 그 시간은 체육 수업 시간이지 선수권 대회가 아니잖니." 그것은 혁명적인 생각이었다. 내 친구는 시도했고, 팀은 많은 경기에서 일방적인 점수 차로 패했다. 그러나 아버지는 아들이 평생 잊지 못할 소중한 교훈을 가르쳤다. 바로, 사람들과 함께하고 그들을 코칭하는 것보다 더 흥분되는 일은 없다는 것이다. 그들은 배움을 열망했고, 승리하려는 동기부여가 되어 있었으며, 누군가가 그들을 믿고 있다는 사실로 한껏 고무되었다. 체육 시간에 항상 마지막에 뽑혔던 '패배자'들은 시간이 갈수록 훌륭한 선수들이 되었다. 그것은 훌륭한

코칭 덕분에 가능했다.[1]

코칭은 존재에 관한 것이다

대학원에 다닐 때, 나는 코칭에 대해 아무런 관심이 없었다. 훌륭한 심리 치료 전문가가 되는 데 필요한 온갖 기술을 배우는 데는 열심이었다. 나는 얼마 지나지 않아 중요한 사실을 깨달았다. 치료사들은 저마다 독특한 점이 있었지만, 최고의 치료사는 말로 표현할 수 없는, 방법론과 기술로는 도저히 익힐 수 없는 무엇인가가 있었다.

베이커 박사가 그런 치료사였다. 나는 그가 가르치는 로르샤흐 검사(스위스의 정신 의학자 로르샤흐가 고안한 것으로, 좌우 대칭인 잉크 얼룩을 보여 주고 그 반응에 따라 개인의 성격을 진단하는 방법—역주) 과목을 수강했다. 베이커 박사는 잉크 얼룩에 대한 반응을 보고 사람을 파악하는 비상한 재주가 있었다. 한번은 한 학생이 인근 정신 병원에 있는 환자에게 받은 검사 결과를 판독하고 있었다. 판독을 시작한 지 얼마 지나지 않아 베이커 박사는 곧바로 말했다. "이 사람은 자살할 가능성이 매우 높습니다. 자살을 막으려면 곧바로 조치를 취해야 합니다." 그 학생은 깜짝 놀라며 이 환자는 심각한 자살 시도로 인해 요양 시설로 왔고, 온 지 얼마 되지 않아 이 검사를 받았다고 대답했다. 어떻게 했는지는 모르지만, 베이커 박사는 곧바로 자살 성향을 찾아냈다. 수업을 듣는 학생들이 어떻게 그런 해석을 내렸느냐고 진지하게 질문했지만 그는 대답하지 못했다. 그도 어떻게 했는지 몰랐다. 단지 그렇게 했을 뿐이다. 그가 이런 능력을 갖기까지 수행한 많은 훈련과 임상 경험이 도움이 된 것은 의심의 여지가 없다. 그러나 베이커 박사는 방법과 기술을 넘어서는 임상적인 직관력과 내적 민감성을 지니고 있었다.

우리는 이런 사람들을 알고 있다. 스포츠계에도 유능한 선수가 되는 데 필요한 천부적 능력을 지닌 사람들이 분명 있다. 이런 능력은 그들에게 자연스럽게 주어진다. 다른 사람은 잡으려 해도 피해 간다. 어떤 사람은 타고난 교사처럼 보인다. 그러나 모두가 그런 것은 아니다. 실습과 훈련은 항상 도움이 되지만, 타고난 상담가, 호소력 있는 대중 연설가, 재주꾼, 재능 있는 음악가는 소수일 뿐이다. 이는 태어날 때 하나님이 주신 능력과 영적 은사, 그리고 유전자와 관련이 있다.

자신을 생각해 보라. 선천적으로 잘하는 것은 무엇인가? "아무것도 없다"고 대답하려 한다면, 당신을 잘 아는 다른 사람에게 물어 보라. 그가 더 나은 대답을 할 것이다. 고등학교 시절, 나는 주일학교에서 아홉 살 반을 맡아 가치에 대해 이야기하고 아이들의 생활을 코칭해 주었다. 아이들을 멘토링해 주었던 것이다. 그 이후로 나는 계속해서 그와 비슷한 일을 하고 있다. 그 아이들과는 연락이 끊겼고, 지금 내가 코칭하는 사람들은 훨씬 나이가 많지만, 코칭은 내가 자연스럽게 할 수 있는 것이다. 이것은 나의 일부다. 라이프 코칭이란 말을 듣기 훨씬 전부터 나는 코칭을 하고 있었던 것이다.

> 유능한 라이프 코치가 되는 데 많은 기술과 오랜 경험이 필요한 것은 아니다. 중요한 것은 당신이 얼마나 헌신할 수 있는가다. 헌신은 기술이나 경험으로 얻는 것이 아니다. 당신 존재의 깊이에서 오는 것이다.
> _ 데이브 엘리스(Dave Ellis), 「라이프 코칭」(Life Coaching)의 저자

그러나 훌륭한 코치가 되려면 천부적 자질이 있어야 한다거나 아니면 그런 것은 없다고 단정 짓지 않기를 바란다. 코칭에 천부적 재능이 있는 사람도 있지만, 우리는 누구나 훌륭한 코치가 되는 법을 배울 수 있다. 이는 기술이 아니라 훌륭한 코치의 성품을 이해하고 그것을 우리 삶에 세우는 것으로 시작한다. 그렇다. 코칭은 행동을 다루지만, 그보다 중요한 것은 우리의 인격이 어떠하고 우리가 어떤 존재가 되어 가고 있는가다. 만일 당신이 그리스도인이라면, 코칭은 또한 예수 그리스도를 따르는 사람으로서 당신의 됨됨이에 관한 것이다.

코칭은 성품을 중시한다

기업이나 기관, 교회나 대학은 새로운 리더를 어떻게 선발하는가? 일반적으로 선발 위원회가 잠재 후보 명단을 작성하고, 지원서를 검토하고, 후보들을 만나 보고 나서 최종적으로 그 일에 가장 적합한 사람을 추천한다. 이 과정 초기에 위원회는 새로운 리더가 갖추어야 할 특성, 경험, 능력을 명시한 목록을 작성하기도 한다. 어떤 경우 이런 목록은 길고 상세한데, 성실성, 융통성, 헌신, 자기 절제, 겸손, 타인에 대한 민감성, 결단력, 확신, 영감을 고취시키는 능력, 높은 도덕적 기준, 배움과 성장에 대한 지속적인 헌신 등 훌륭한 성품을 포함한다.

이러한 목록에 찬성하지 않을 사람은 없을 것이다. 코치나 조직의 새 리더들은 물론 누구라도 지니면 좋은 특성들이다. 그러나 이런 목록의 가치는 제한적이다. 이것들은 기억하기에는 너무 길고 또 어떤 특성들은 서로 겹친다. 리더가 되기 위해 노력해야 할 것들에 초점 맞춘 것이지만, 이런 특성들은 측정하기 어렵고, 언제 이런 자질을 갖추었는지도 알기 어렵다. 안타깝게도, 이러한 특성이 없어 고민하는 사람들에게 일러 줄 확실하고 효과적인 방법을 아는 사람도 없다. 물론 어떤 특성들은 유전자 조합으로 타고나기도 하지만, 그런 것들마저도 배움을 통해 다듬어진다.

학습은 네 가지 방식으로 가능하다. 우리는 가르침을 받으면서, 다른 사람을 관찰하면서, 자신을 알아 가면서, 그리고 경험을 쌓아 가면서 배운다. 이런 방법들을 통해 우리는 더 나은 사람이 되고 좋은 코치가 되는 길을 배울 수 있다. 코칭에 대한 지식과 이해는 강의를 통하거나 과정을 밟거나 책을 읽으면서 얻을 수 있다. 또한 코치에게 질문하고 모방하고 함께 시간을 보내면서 배울 수 있다. 우리를 잘 아는 사람과 대화를 나누고, 문제 해결을 위해 씨름하고, 자신을 성찰하는 시간을 가지면서 우리 자신과 우리의 코칭 잠재력에 대해 배울 수 있다. 직접 해 보고 연습하면서 경험을 통해서도 배울 수 있다. 이 모든 것이 좋은 코치가 되기 위한 노력의 일환이지만, 또한 우리를 보다 좋은 배우자, 부모, 리더, 팀

표 2-1

훌륭한 코치의 특징

최고의 코치는
- 자신의 가치관을 인식하고 있다
- 자기 인식을 통해 성장한다
- 항상 배운다
- 진취적이다
- 현실적이며 낙관적이다
- 변화에 대한 열의가 있다
- 행동 지향적이다
- 융통성이 있다
- 직설적일 수 있는 용기가 있다
- 사람에게 민감하다
- 진정성을 지니고 돌본다
- 신뢰할 만하고 존경받는다
- 코치로서 자신의 역량을 평가하고 향상시키는 데 헌신한다

원 또는 학생이 되게 해줄 것이다.

인터넷이나 코칭 관련 서적이나 잡지 기사들을 찾아 보면 좋은 코치의 특징들을 나열한 목록이 나온다. 이런 목록은 대부분 유능한 코치와 그렇지 못한 코치를 비교한 연구를 토대로 한 것이 아니라 작성한 사람의 관찰을 반영한 것이다. 대다수 목록들이 이렇게 주관적임에도 몇 가지 특징들은 반복적으로 등장한다. 표 2-1에 실린 훌륭한 코치의 특징들과 다음에 열거하는 것들이 그것이다.

유능한 코치는 자신을 안다. 유능한 코치는 자신의 강점과 약점을 인식하고 있다. 자신이 가장 잘하는 것이 무엇인지 안다. 코치가 그리스도인이라면 자신의 영적 은사를 알고 있을 것이고, 이를 열심히 계발할 것이다. 자기 인식이 있는 사람은 자신의 삶을 돌아보고 하나님이 은총 베푸신 것을 살피는 시간을 갖는다. 이런 사람은 자신이 잘하는 것을 알고, 대부분 명확한 사명 선언서를 갖고 있다. 좋은 코치는 가치관이 다른 고객을 만나기 전부터 이미 자신의 핵심 가치

와 신념이 무엇인지 인식한다. 코치는 상담가와 마찬가지로 자신이 얼마나 쉽게 무의식적으로 대화를 고객의 관심에서 자신의 관심으로 옮기려 하는지 자각한다. 좋은 코치는 이런 내적 성향에 민감하고 저항할 수 있다.

어떤 사람은 상담을 통해 이런 자각을 배운다. 또 코칭을 받음으로써 배울 수도 있다. 그리스도인은 기도, 성경 읽기, 일기 쓰기, 경건의 시간, 개인 혹은 공동체 예배와 같은 활동을 통해 하나님과 함께 시간을 보낼 때 자기 인식이 성장한다. 또한 하나님이 인격적인 경험과 가장 가까운 친구가 주는 피드백을 통해 가르치신다는 것을 알고 있다.

몇 년 전, 나는 직업을 바꾸는 힘든 과도기를 보내며 가까운 친구와 정기적으로 대화를 나누고 있었다. 어느 날, 그는 내 눈을 정면으로 바라보며 말했다. "게리, 이것에 대해 왜 이렇게 부정적이지? 이 문제를 놓고 논의할 때마다 자네는 너무 날카로워져." 나는 그 말이 옳다는 것을 깨닫고 즉시 그가 제안한 것을 실천하겠노라 다짐했다. 다음 몇 주 동안 나는 거칠고 비판적인 말을 하려고 할 때마다 멈추었다. 물론 건설적인 비판의 여지가 없는 것은 아니었지만, 이번 경우는 달랐다. 내 친구가 나에게서 본 것을 정직하게 직면시키기 전까지, 내가 되풀이한 불평과 아픈 말들은 내 일부가 되어 가고 있었다. 그가 본 것은 나를 위해 정기적으로 중보하고, 비판적인 말에 대해 나 자신이 책임을 지는 데 도움이 되었다. 그 친구가 나에게 변화가 필요한 부분을 적나라하게 인식하도록 마음을 썼기에, 나는 더욱 경청하려 했고 다르게 행동하고자 스스로 동기부여 했다. 우리가 자신의 약점을 적극적으로 직면하고 자신을 명확하게 바라볼 때 다른 이들을 더 효과적으로 코칭할 수 있다.

유능한 코치는 사람에게 민감하다. 코칭은 관계이기에 사람들과의 관계가 좋지 않으면 코칭을 할 수 없다. 사람들에게 무관심하고 그들의 삶에 진지한 관심을 보여 주지 않고서는 관계를 맺기가 어렵다. 사람들의 울타리를 존중하고 허락받지 않은 삶의 영역을 캐묻지 않는 것은 중요하나, 사람에 대한 민감성은 자연스런 호기심을 유발한다.

좋은 코치는 상담가나 좋은 친구처럼 집중하고 존중하며 들을 줄 안다. 코치는 비록 완전하게 이해하지는 못해도 다른 사람의 고심에 공감한다. 코치는 냉정한 거리 두기를 하지 않는다. 코치는 자연스럽고 적절하게 감정을 표현한다. 코치는 행동할 것을 촉구하지만 강제하지 않는다. 코치는 파괴적이거나 사기를 꺾는 비판을 하지 않는다. 자신의 삶을 나누면서도 대화를 독점하려 하지 않고, 자신에게 초점 맞추지 않는다. 민감한 코치는 단지 사람에 대해 아는 것이 아니라 사람을 안다.

사람들은 신뢰하지 않는 사람은 따르지 않는다. 신뢰는 좋은 리더십을 갖추기 위한 기본 원칙이다. 좋은 코칭에 있어서도 마찬가지다. 신뢰는 강요할 수 없다. 신뢰는 강요하는 것이 아니라 얻는 것이고 시간이 걸린다. 코치들은 대부분 배신당한 경험이 있다. 자주 배신당하고 특히 그것이 파괴적인 경우 누구나 사람을 다시 신뢰하기를 거리낄 것이다. 신뢰는 한 사람을 오랜 시간 지켜보고 환경이 다양하게 변해도 여전히 믿을 만할 때에야 쌓을 수 있다. 신뢰할 만한 사람은 자신의 말을 지키며 자신이 믿는 바대로 살아간다. 믿을 만한 사람이라는 것이 명확하게 드러나면 또한 존경도 받는다. 당신이 코칭할 때 줄 수 있는 가장 큰 선물은 바로 당신이 신뢰할 수 있는 사람이라는 사실이다. 이런 신뢰와 관계를 배반하는 것은 거의 회복할 수 없는 심각한 해를 입힌다.[2]

유능한 코치는 사람을 믿는다. 내 딸은 대다수가 역기능 가정이고 노상 범죄가 만연한 빈민가 아이들을 돕고 있다. 많은 아이들이 사교성이 부족하고 자신의 행동이 어떤 결과를 초래할지 예상하지 못한다. 대개 가족에게 아무런 지원이나 격려도 받지 못하고, 달라지라는 희망도 전혀 갖지 못한다. 교외 지역에 사는 한 여성이, 비록 아이들은 그들 자신을 믿지 못했지만, 아이들을 믿고 그런 환경으로 들어갔다. 그녀는 그 지역에 살면서 그들과 함께하며 지속적으로 격려하며 자신의 믿음을 보여 주었다. 그녀는 아이들이 나아질 가능성이 있음을 믿었기에 그들에게 도전하는 것을 두려워하지 않았다.

「리더십 코칭」(Leadership Coaching)의 저자인 토니 스톨츠퍼스는 "사람을 믿어 주는 것은 피상적인 수준에서는 무익하다"고 말했다. "복도를 지나가다 아는 사람과 마주쳐서 그에게 격려하는 말을 한다고 믿음이 생기지 않는다. 사람들은 서로를 진실하게 알기 전에는 믿을 만하다고 느끼지 않는다. 믿음의 힘은 개방되고 진정성 있는 인격적인 관계의 통로를 통해서만 충분하게 흘러간다."[3]

코치는 고객이 필요나 고민이 있을 때 그를 믿어 주어야만 해결책을 찾도록 도울 수 있다고 확신한다. 크리스천 코치는 하나님이 항상 그분의 자녀들을 인도하시는 방법을 안다. 선명한 방향이나 해결책이 기적처럼 나타나지 않는다. 도리어 그가 어떤 행동을 취할 것인지 결정할 때 성령께서 인도하신다. 때로 이런 인도는 내적인 부담감이나 방향 감각을 자각할 때 찾아온다. 많은 경우 성령은 친구나 코치가 보내는 낙관적인 지지를 통해 역사하신다.

코치는 사람을 하나님의 관점에서 보도록 노력해야 한다. 하나님은 우리의 죄와 어리석음, 우리의 고뇌와 완악함을 알고 계시지만 포기하지 않으신다. 우리는 실패해도 하나님은 친히 창조하신 사람의 가능성을 믿으신다. 이런 관점을 가진 코치는 고객에게 커다란 변화를 일으킬 수 있다.

유능한 코치는 코칭하는 사람과 시너지를 낸다. 어느 작은 대학에서 가르치고 있었을 때, 나는 모든 학생과 강력한 신뢰 관계를 맺기 원했다. 오랜 시간이 지나지 않아, 나는 그럴 수 없으리라는 것을 깨달았다. 나는 곧 많은 학생들과 관계를 맺었지만, 다른 학생들은 캠퍼스 내의 다른 교수들과 유대 관계를 맺었다. 그들 학생과 교수들은 나와는 다른 부류였다.

우리는 함께 있으면 서로 생각이 같고 일치감이 느껴지는 사람들을 안다. 이것은 멋진 화학 반응, 친밀감, 신뢰, 친화력 등으로 부를 수 있다. 이런 인격적인 시너지는 정의하기가 어렵지만 일단 갖게 되면 느껴진다. 물론 일치감을 느끼지 않아도 의사 소통을 잘 할 수 있고, 그런 사람과도 코칭할 수 있다. 그러나 일반적으로 코치와 코칭받는 사람이 보다 부합하고 일치감을 느낄수록 코칭이 더 효과적일 가능성이 크다. 좋은 코치는 어떤 목표에 도달하기 위해 고객과 협력한다. 조화가 잘 될수록 협력도 잘 되고, 코칭이 성공할 가능성이 크다.

유능한 코치는 융통성이 있다. 시골 길에 파인 깊은 수렁에 빠진 개구리 이야기를 들어 본 적이 있는가? 지나가던 새가 개구리에게 왜 근처 연못가로 뛰어넘지 않느냐고 물었다. 개구리가 말했다. "말은 쉽지만, 나는 수렁을 빠져나갈 수가 없어." 며칠 후, 새는 개구리가 연못가에서 햇살을 받으며 행복하게 개굴거리는 것을 발견했다. 어떻게 수렁에서 빠져나왔냐고 묻자, 개구리는 초록 입가에 함박웃음을 머금은 채 대답했다. "큰 트럭이 나타나서 도망갈 방도를 찾아야 했거든."

코치는 꼼짝할 수 없어서 수렁에서 빠져나가려면 도움이 필요한 사람과 함께 일하는 것을 직업으로 삼는다. 대개 운동선수, 연기자, 부모나 코칭을 원하는 다른 사람들은 자신의 기술을 더 예리하게 가다듬고 나쁜 습관에서 벗어나게 하는 새로운 접근법을 원한다. 때로는 보다 충만한 삶을 원하고 스트레스를 다루는 데 도움을 받고 싶어 한다. 현재 가장 인기 있는 코칭 유형인 임원 코칭에서는 임원을 도와 생산성을 향상시키고 이력을 넓히며 조직의 어려운 문제를 해결하는 데 초점 맞춘다. 어떤 이들은 직업 면에서 절망적인 수렁 즉 곤경에 빠져 있어, 일상에서 뛰쳐나오거나 혁신적인 변화를 일으킬 창조적인 방법을 찾기 위해 코칭을 원한다.

코치는 변화를 일으키는 사람이기에 융통성이 있어야 한다. 코치는 결과 중심적이고, 낙천적이다. 또한 코치는 적극적으로 정직한 피드백을 주어야 한다. 코치가 될 사람이 비관적이고 위험 감수를 꺼리며 수렁을 편하게 여기고 고집한다면, 다른 사람을 효과적으로 돕지 못할 것이다. 최고의 코치는 다른 이들이 미래를 그리고 긍정적으로 생각하며 전혀 새로운 방식으로 일하는 것을 상상하게 만든다. 코치는 사람들이 사건을 새로운 관점으로 보도록 안내하며 격려하고 용기를 준다. 코치는 때때로 실패를 예상하지만 이런 혁신적인 사고방식으로 인해 사람들은 실수로부터 배우고 또 다시 도전한다. 그리고 더 나은 결과가 나오면 기뻐한다.

신중한 사람이라면 우선순위를 세우거나 화술을 배우는 것과 같은, 보다 예측 가능한 상황에서 충실히 코칭할 수 있다. 코치와 고객이 당면한 상황이 복잡하고 도전적일수록, 혁신적이고 융통성 있고 창의적으로 생각할 수 있는 자발성이 더욱 필요하다.

빌 하이벨스(Bill Hybels)는 교회 회중에게 사람은 이따금 "마지막 10퍼센트를 직면해야" 한다고 일깨운바 있다. 우리는 다른 사람에게 그의 약점을 일러 주지만, 말하기 쉽지 않은 마지막 10퍼센트의 문제는 좀처럼 언급하지 않는다. 그런 문제들은 십중팔구 관계를 심각하게 방해하고 훼손할 수 있으며, 심지어 관계를 파괴하기도 한다. 자칫 회중의 마음을 상하게 할 수 있기에, 목회자들은 강단에서 그런 문제들을 좀처럼 언급하지 않는다. 코치들은 그런 문제들을 언급하는 것이 불편하기에 피하고 싶은 유혹을 받는다. 예수님이 그런 문제들을 금하지 않으셨다는 사실은 흥미롭다. 예수님은 용기 있게 직면하셨고, 대중의 인기에 괘념치 않고 말씀하셨으며, 새로운 방식으로 정직하게 드러내셨다. 예수님의 본을 따르는 코치는 가족이나 친구나 부하 직원이 피하고 싶어 하는 문제를 꺼내 놓을 자격이 있다. 코치는 민감하고 긍휼히 여기는 심령으로 헌신을 요구하고 다루기 곤란한 질문을 하며 고객에게 도전하여, 고객이 더 멀리 도달하고 더 크게 생각하며 유연하게 변화를 수용할 수 있게 한다.

유능한 코치는 굳건한 확신을 지니고 나아간다. 마셜 골드스미스(Marshall Goldsmith)는 세계에서 가장 유명하고 성공하고 수입이 많은 코치다. 그가 쓴 책과 글은 영향력이 크고, 그는 여러 행사에 연사로 초대되고 컨설팅할 기회도 많았다. 골드스미스는 자신의 사명에 집중한다. 그의 사명은 "성공하는 리더를 도와 긍정적인 행동 변화를 이끌어내는 것인데, 이는 리더 자신을 위한 것이며 또한 리더와 함께하는 사람들과 팀을 위한 것이다." 그는 "내가 직업으로 하는 모든 일은 나의 사명과 관련 있다"고 말했다.[4] 골드스미스는 직업 생활의 목표가 성공하는 리더들에게 긍정적인 변화를 일으키는 것임을 확신하고, 자신에게 주어진 삶을 살되 현재 하는 일에 최선을 다하며 지속적으로 초점을 맞추기로 결단했다. 좋은 코치는 모든 사람을 코칭하려 하지 않는다. 자신에게 맞는 자리를 찾아 전문 영역 안에서 확신을 갖고 코칭한다.

> 좋은 코치라면 누구나 몇 가지 근본적인 진리를 믿는데,
> 이를 위해 확신을 갖고 싸울 정도다. 분명한 확신을 가진 리더는 결정 내리기가 보다 쉽다.
> 확신은 자신감을 키워 주고 의사 결정 능력을 향상시킨다.
> _ 대니얼 하커비(Daniel Harkavy), 「코칭 리더 되기」(Becoming A Coaching Leader)의 저자

그러나 확신은 자신에게 맞는 자리와 사명 선언서 이상이다. 확신은 가치, 열정, 세계관에 기초한다. 이것들이 명확하면 코치는 더욱 적극적으로 불편한 문제에 대해 말하고, 다른 사람들에게 도전을 주며, 자신의 신념과 일치하는 삶을 산다. 코치들은 고객이 변화할 수 있는 능력이 있음을 믿는다. 일반적으로 지속적인 변화는 고객이 스스로 자신의 비전을 찾고, 목표를 설정하고, 우선순위를 설정하고, 삶의 방향을 결정할 때 일어날 가능성이 크다. 코치는 이를 확신한다. 크리스천 코치는 이런 결정은 홀로 내릴 수 없으며 성령이 주시는 인도와 위임이 필요함을 안다. 때로는 코치와 같은 사람의 도움도 필요하지만, 궁극적인 변화는 고객이 주인 의식을 갖고 다른 사람이 강요하는 방향에 휘둘리지 않을 때 가능하다.

유능한 코치는 심리적으로 민감하다. 심리학과 상담학으로 훈련받은 사람이 최고의 코치가 되는가? 대답은 누구에게 묻는지에 따라 달라진다. 심리학 훈련을 받지 않은 코치는 전문적인 심리학적 인식이 필요 없다고 주장할 것이다. 많

은 경우 이런 이들은 비즈니스계에서 일하는 코치들이다. 비즈니스계에서는 사업 경력을 상담 문제나 정신 병리학에 대한 지식보다 더 가치 있게 여긴다. 반대로, 훈련받은 상담 치료사는 코칭의 효과를 극대화할 수 있는 대단한 기술과 훈련을 받았다고 믿는 경향이 있다.

코치(특히 라이프 코치)가 된 많은 이들이 치료사나 상담가의 경력이 있다. 이런 코치들은 경청/반응 훈련과 경험, 재구성하기(reframing)나 강력한 질문 던지기 등 임상에 기초한 기법들을 사용할 수 있는 능력, 인간 동기와 행동에 대한 심도 있는 이해 등 여러 가지 유리한 점이 있다. 치료사는 소통하고 대인 관계를 맺도록 사람들을 도울 수 있으며, 스트레스 관리에 대한 지식이 있고, 평가 도구 사용에 능숙하며, 내적 갈등이나 다른 심리적 문제의 징후를 보이는 태도나 행동을 감지하도록 훈련받았다.[5] 몇 년 전, "하버드 비즈니스 리뷰"(Harvard Business Review)에 "코칭의 어두운 면"이라는 통찰력 있는 기사가 실렸다. 코치가 기본적인 심리 역동에 대한 지식이 없을 때 고객에게 무심결에 해를 끼칠 수 있는 상황을 상세히 기록한 것이었다.[6]

코칭 과정에서 심리학 훈련이 어떻게 유용하게 쓰일까? 훈련받은 상담가는 적극적 경청과 강력한 질문을 던지는 기술, 예리한 관찰에 능숙하다. 이런 것들은 상담 기술이지만 배우고 발전시켜 코칭에 도입할 수 있다. 상담 훈련을 받지 않은 사람들도 사람에게 민감하고 세심할 수 있다. 상담 전문가가 아니더라도 다른 사람에 대한 세심함을 기반으로 위대한 코치들이 보여 주는 전문화된 관계 기술을 습득할 수 있다.

유능한 코치는 리더다. 코치와 코칭을 배우는 이들은 이런 견해에 반대한다. 그들은 사람들이 앞으로 나아가도록 돕기를 원하지만 리더십에는 관심이 없기 때문이다. 리더십 원리들에 대한 전문 지식 없이도 사람들을 코칭할 수 있는 것은 사실이지만, 코칭은 사람들이 현재 있는 곳에서 원하는 곳으로 갈 수 있도록 기술을 사용하는 것이다. 이것이 리더십이다. 코칭의 핵심에는 리더십이 있다.

코칭은 리더십을 함양한다

구약 성경의 모세가 코칭에 대해 들어 보았을 가능성은 없다. 그러나 이스라엘 지도자로 활동하던 사역 초기에 그는 코칭에 관한 것들을 배웠다. 모세의 전형적인 삶은 출애굽기 18:13에 기록된 것과 같다. 모세는 아침 일찍 백성의 재판관으로 섬기기 위해 자리에 앉는다. 모세 홀로 앉아 있고 백성들은 아침부터 저녁까지 그에게 조언을 구하기 위해 긴 줄을 서서 기다린다. 얼마 지나지 않아 모세의 장인 이드로는 모세의 일 처리가 허술하고 리더십이 서툰 것을 알아차린다. 이드로는 이렇게 말했다. "자네가 하는 일이 그리 좋지 않네. 이렇게 하다가는 자네뿐만 아니라 자네와 함께 있는 이 백성도 아주 지치고 말 걸세. 이 일이 자네에게는 너무 힘겨운 일이어서 자네 혼자서는 할 수 없네" (출 18:17-18).

그 후 모세는 짧은 코칭을 받았다. 자신이 지금처럼 하는 이유를 설명했지만, 이드로는 더 나은 방법을 제안했다. "새로운 리더 후보를 선정하게. 진실하고 능력을 갖추고 정직하고 하나님을 경외하는 사람을 찾아 주의 깊게 훈련시키게. 자네가 하는 일을 가르쳐서 작은 사건들을 맡아 처리하도록 하고, 자네에게는 큰 사건만 가져오도록 하게. 이렇게 하면 자네도 이 일을 감당할 수 있고 이 모든 백성도 집으로 평안히 갈 걸세."

이드로는 임원을 위한 코치도 아니었고 모세의 상관도 아니었다. 그들은 같은 회사에서 일하지도 않았다. 이드로는 체제의 비효율성을 비판하거나 정죄하지 않았다. 다만 그는 오늘날 코치들이 하는 일을 했다. 모세의 수행 능력을 관찰하고, 더 낳은 성과를 창출하는 대안적인 비전을 제시하고, 그의 삶을 소진시키는 장애물들을 제거하도록 도와주었다. 또한 새로운 방식이 자리를 잡아 가는 동안, 매일 또는 매주 모세를 지도하고 코칭할 만한 충분한 시간을 갖고 오랫동안 머물렀을 것이다.

조직을 이끄는 사람은 우리에게 익숙한 모습과는 다른 지도자일 것이다.

그들은 지배자(master)가 아닌 명지휘자(maestro)가 될 것이고,

사령관이 아닌 코치가 될 것이다.

_ 워렌 베니스(Warren Bennis), 저명한 리더십 전문가, 남캘리포니아 대학교 리더십 연구소 설립자

코칭은 사람들을 격려하고 도전하여 목표를 추구하고 잠재력을 실현하도록 하는, 섬기는 리더십의 한 형태다. 이는 기업이나 기관, 또는 교회의 가장 높은 자리에 앉아 명령을 내리는 낡은 리더십 유형이 아니다. 명령에 무조건 복종하거나 독재자에게 순응해야 할 때 사람들은 분개한다. 그런 리더십 아래서는 대개 최소한의 할 일만 할 뿐, 자신의 재능이나 역량을 발전시킬 동기를 찾지 못한다. 그러나 코칭받고 격려받으면, 사람들은 보다 열정적이 되고, 성장할 가능성이 커지고, 더 자주 스스로 동기를 부여할 수 있다.[7]

예수님이 제자들에게 코칭을 활용하셨다고 생각하는가? 그분은 제자들과 신뢰 관계를 형성하셨고, 역할 모델이 되어 주셨고, 가야 할 길을 보여 주셨으며, 발전을 지켜보셨고, 오해를 바로잡아 주셨고, 스스로 헤쳐나가도록 부드럽게 격려하셨다. 여느 훌륭한 코치와 마찬가지로 그분은 제자들에게 피드백을 주셨고, 성과를 재평가하셨다. 예수님은 제자들을 격려하셨지만 바로잡을 필요가 있을 경우 방향을 제시하셨다.

예수님은 팀을 세우셨지만, 팀의 합의를 이끌어 내는 것 이상의 목표를 갖고 계셨음을 주목하라. 오늘날 어떤 리더십 분야에서는, 사람들을 모아 서로 수용할 만한 목표와 방법에 도달할 때까지 토론하도록 자극하는 것을 주로 강조하는 것 같다. 토론에 참여하는 이들이 비전을 갖고 있고, 창의적이고, 도달하고 싶은 지점에 대한 생각이 있고, 그곳에 도달하는 새로운 방법을 찾는 데 열려 있다면 이는 유용할 것이다. 그러나 구성원 안에 지표가 되는 목적과 포괄적인 비전이 없으면, 팀의 합의를 이끌어 내는 접근법은 그다지 효과가 없을 것이다. 이

런 집단은 평범한 상태로 머물거나 예전에 해 왔던 구태의연한 방식을 모두의 합의 아래 계속하다 끝난다. 팀의 합의를 이끌어 내는 집단은 주도하기 좋아하는 말 많은 한 사람이 장악하면 한계에 부딪힌다. 강한 사람의 의견이 다른 사람들을 압도하여 혁신을 억누를 가능성이 있다.

예수님은 비전과 목표가 있었지만 지배하지 않으셨고 팀의 합의를 이끌어 내려 하지도 않으셨다. 그분은 제자 각각의 개성, 잠재적 영향력, 그리고 실패 가능성에 대해 놀라울 정도로 잘 알고 계셨다. 그분은 유능한 농구 코치와 같이 그들의 강점을 극대화하고, 격려하고, 다양한 경험을 하도록 하고, 제자들이 성숙해 감에 따라 지도 방식을 수정하며 팀을 이끄셨다. 그분은 제자들의 고유한 특성에 민감했기에 각각을 조금씩 다른 방식으로 코칭하셨다. 때로는 그들이 오해하거나 실패할 것을 아셨다. 종국에 모두가 승리하지는 않을 것을 아셨다. 제자들 중에는 유다가 있었다. 그러나 남은 제자들은 예수님이 가신 후에도 지속해 나가도록 코칭받았고, 성공적인 리더가 되도록 다른 사람들을 코칭했다. 좋은 코칭은 이와 같다. 좋은 코칭은 교회나 기업 리더, 배우자, 가장, 교사들을 세우고, 그들도 다른 이들을 코칭하도록 한다.

코칭은 전진하게 한다

코칭이 처음 기업에 도입되기 시작했을 때, 그다지 열렬한 환영을 받지는 못했다. 회사에서 승진하고 싶어 하는 임원이 코치를 만나지 않은 사람은 다가오는 승진 심사에서 기회가 없을 것이라는 방침을 듣고 어땠겠는가? 사장이 보내거나 회사가 고용한 코치를 어느 누가 진정으로 신뢰할 수 있을까? 대다수 사람들은 사장실에 불려간 것처럼 느낄 것이다. 관리자가 직원에게 명령을 대리는 대신 코칭을 활용하도록 훈련받고 나자 이런 의심은 기업의 낮은 계층으로 이동했다. 일부 직원들은 코칭을 기반으로 한 새로운 방법과 의도를 미심쩍어했다.

이제 코칭에 대한 반감은 훨씬 줄어들었고 보다 뜨거운 관심이 생겼다. 이는 주로 코치가 하는 일을 보다 잘 이해하게 되었기 때문이다. 코치는 상담하고, 직접 충고하고, 비판하고, 위협하고, 누가 승진할 것인지를 결정하고, 판단하고, 다른 사람의 지위를 빼앗기 위해 존재하지 않는다. 코치는 미리 결정한 사항을 통보하거나 사람들이 자신의 의지를 꺾고 생각을 바꾸도록 강요하는 사람이 아니다(물론 압력이 약간 필요할 때도 있다).

방향을 지시하거나 자신에 대해 말하거나 다른 사람이 성공한 이야기를 해주고 싶은 유혹이 있지만, 유능한 코치는 대화를 독점하거나 목적 없이 표류하지 않는다. 그렇다면 좋은 코치는 무엇을 하는가?

코칭은 전방(前方)에 초점을 둔다.
코칭은 항상 코칭받는 이가 앞으로 나아가는 것에 초점 맞춘다.
_ 프랭크 브레서(Frank Bresser)와 캐럴 윌슨(Carol Wilson), 「탁월한 코칭」(Excellence in Coaching)에서

존 휘트모어는 자동차 경주 프로레이서였다. 젊은 시절 몇몇 선수권 대회에서 우승했고, 이후 경영 컨설턴트와 코치로서 다른 사람을 훈련하는 일로 돌아섰다. 그는 다음과 같이 썼다. "코칭은 어떤 규정된 상황에 곧바로 융통성 없이 적용하는 단순한 기술이 아니다. 코칭은 관리하고, 사람을 다루고, 사고하고, 존재하는 한 방식이다." 휘트모어는 코칭에 두 가지 기본적인 목적이 있다고 믿는다. 인식을 일깨우고 책임을 자극하는 것이다.[8]

인식 일깨우기. 고객들은 흔히 자신의 삶에 무엇인가 빠져 있다는 것을 깨닫지만 그것이 무엇인지 모르는 경우가 많다. 불만족을 야기하는 것이 무엇인지 인식하지 못하면 발전을 기대하기 어렵다. 코치가 해야 할 첫 번째 일 가운데 하나는 코칭받는 사람이 인식하도록 돕는 것이다. 우리를 통제하고 괴롭히는 것이 무엇인지 알면 어떤 조치를 취할 수 있다. 그러나 인식 없이는 통제가 어렵다. 이러한 인식은 고객이 삶을 돌아보고, 코치의 강력한 질문에 대답할 때 얻을 수

있다. 주의 깊게 작성한 질문 목록을 정확한 심리 측정 도구가 아니라 통찰력을 얻기 위한 도구로 사용하면 도움이 된다. 코치는 때로 고객의 일터로 가서 무슨 일이 벌어지고 있는지 외부 관찰자의 눈으로 살펴본다. 아직까지는 코치가 서두르지 않고 경청하고, 함께 있어 주고, 때로는 예리한 질문을 하고, 보다 큰 통찰로 이끄는 관찰과 피드백을 부드럽게 제공하는 것이 고객을 도와 자아 인식을 갖도록 하는 가장 일반적인 방법이다.

표 2-2

훌륭한 코치가 최선을 다하는 것

- 자신의 가치, 신념, 편견 등을 인식하고 있다
- 신뢰할 만하고, 언제든지 도울 준비가 되어 있고, 정직하고, 성실하다
- 고객에게 존중, 민감성, 따스함, 진정성, 집중력 등을 보여 주며 온전히 함께한다
- 산만하지 않고 주의 깊게 경청한다
- 고객이 스스로 코칭 주제를 설정하도록 한다
- 강력하고 열린 질문을 던져 문제를 명확하게 하고, 생각을 자극하며, 개인의 경험, 열망, 목표를 평가한다
- 개인의 영성과 하나님과 동행하는 정도를 고려하여 신중하게 대화를 이끌어 간다
- 사람들을 고취시켜 미래를 계획하고, 사명을 명확하게 하며, 기술을 향상시키고, 목표에 도달할 수 있도록 코칭한다
- 대화를 독점하고 자기 이야기를 하고 충고하려는 유혹을 물리친다
- 인식, 책임, 변화를 자극한다
- 과거가 아니라 현재와 미래에 초점 맞춘다
- 대화 중간에 주기적으로 코칭 주제를 재진술하고 대화를 요약해 주며, 요청받을 때 피드백을 한다
- 격려하고, 낙관적인 태도를 보여 준다
- 사랑 안에서 진실을 말하고, 믿을 만한 피드백을 주며, 정기적으로 도전한다
- 고객을 도와 행동을 구체화하고, 목표를 설정하고, 행동 계획을 세우며 한 걸음씩 나아가도록 한다
- 필요할 경우, 책임을 진다
- 협력과 원활한 의사 소통을 목표로 한다
- 비밀을 지킨다
- 코칭을 마친 후 필요한 후속 조치를 취한다
- 코칭은 코치와 고객 사이에 오가는 반응, 즉 상호 신뢰와 존중, 코칭 역량과 비밀 엄수에 달려 있음을 항상 명심한다

책임감 자극하기. 개인이나 집단이 세상에 대한 깊은 통찰과 자기 인식을 얻게 되었다 하더라도, 상황을 변화시키려는 책임을 느끼지 않는다면 어떤 변화도 일어나지 않을 것이다. 상담가들은, 불평을 늘어놓고 문제의 탓을 다른 사람에게 돌리며 아무것도 하지 않는 것은, 쉽고 위험 부담이 적은 일이라는 것을 알고 있다. 고객은 민감한 코치 앞에서 아무것도 하지 않는 것에 대해 변명을 늘어놓을 때조차, 자기 이야기를 하는 것을 즐길 수 있다. 그러나 유능한 코치는 그런 상황이 계속되도록 놓아 두지 않는다. 좋은 코칭은 보다 깊은 인식을 얻게 하고 행동에 초점을 맞추어 자극하기 때문이다. 코치는 변화에 대한 책임감을 일깨워 앞으로 나아갈 수 있도록 돕는다. 목표를 명확하게 하는 것, 실현 가능한 계획을 세우는것, 격려하는 것, 고객이 행동에 대한 책임을 지려 할 때 지도해 주는 것 등을 통해서다.

코칭은 행동하게 한다

사람들이 코칭을 원하는 이유는 무엇인가? 대규모 컴퓨터 부품 제조 회사에서 엔지니어로 근무하는 홀의 경우를 생각해 보자. 그는 안정된 수입이 보장된 좋은 직장에서 일한다. 그는 몇 차례 승진했고 미래는 밝아 보였다. 이제 서른여덟 살인 홀은 크게 성공하여 신분 상승을 꾀하는 젊은 전문직 종사자들이 모여 사는 살기 좋은 교외 지역에서 단란한 가정을 꾸리고 있다. 가족들은 모두 어린이 프로그램이 잘 되어 있고 찬양이 생동감 있고 설교가 탁월한 어느 좋은 교회에 열심히 다니고 있다. 홀은 최근 교회 집사로 선임되었고, 아내와 함께 주일학교에서 계속 가르치고 있다.

그러나 한편 홀은 비참하다. 그에게는 여가 시간이 없다. 낮과 밤을 온갖 활동으로 빡빡하게 채우고도 모자랄 지경이다. 매일 아침 일찍 일어나 간단히 조깅을 하고는 서둘러 직장으로 달려가 쉴 새 없이 일한다. 저녁 식사를 하러 집에 들를 때가 바쁜 활동을 멈추고 휴식할 수 있는 유일한 시간이다. 혼자 있는 시간도, 긴장을 풀 시간도, 홀로 하나님과 함께 있는 시간도 없다. 홀과 아내는 둘 다 삶의 암울한 무게를 느끼지만 탈출구는 보이지 않는다.

홀은 내가 만들어 낸 가상 인물이다. 그러나 그는 실존한다. 지난 수년간, 나는 고객들과 몇몇 가까운 친구들을 코칭했는데, 이 내용을 읽고 자신의 이야기라고 생각할 만한 사람들이 있다. 그들은 모두 홀의 모습과 들어맞는다. 나 또한 인생 대부분을 홀처럼 살아왔기에 이해한다. 주의하지 않으면 나도 옛날의 일상적인 틀로 쉽게 되돌아간다.

홀과 같은 대다수 사람들에게 필요한 것은 상담이 아니다. 물론 상담은 이토록 쫓기며 사는 이유를 이해하는 데 많은 도움이 된다. 그러나 그들에게 필요한 것은, 자신의 삶과 경력을 관리하도록 도와주는 것이다. 그들 가운데 어떤 사람은 테니스 경기, 골프, 투자, 재테크 등을 더 잘하기 위해 이미 코칭을 받고 있다. 코치가 과중하고 시간에 쫓기는 삶을 통제하는 방법을 말해 줄 수는 없다. 그러나 코칭은 결정을 내리고, 생활양식을 평가하고, 매일 일상생활에 새로운 경계선을 긋고, 하나님과 다시 관계를 맺으며, 소망을 회복하도록 도울 수 있다. 오늘날 우리 문화에서 이보다 더 절실하고 중요한 사역은 없다.

오늘날 사람들이 코치를 찾는 이유, 즉 코칭이 인기 있는 이유는 여러 가지가 있다.

코치는 삶의 과도기를 거치는 사람과 동행한다. 새로운 사업을 시작하고, 직장을 옮기거나 승진하고, 이사하고, 결혼하고, 이혼하고, 불치병에 걸리거나 사랑하는 이와 사별하고, 은퇴하는 등, 삶의 중대한 변화에 맞닥뜨릴 때마다 우리는 불확실성에 직면하고 새로운 상황에 재적응해야 한다. 그럴 때 친구와 가족, 그리고 교회는 항상 격려해 주고 인도해 준다. 그러나 과도기는 짧지 않고, 상담 이상의 중요한 결단이 필요하다. 노련한 코치는, 그들이 삶의 목표를 재평가하고, 새로운 직업을 선택하고, 생활양식을 바꾸고, 훈련받고, 재정 상태를 재평가하고, 지혜롭게 결정하고자 정보를 찾을 때 안내해 줄 수 있다.

코치는 기술을 훈련한다. 운동 코치가 하는 일이 바로 이런 일이다. 그 원리는 스포츠계에만 적용되는 것이 아니다. 좋은 코칭은 사람들이 될 수 있는 모습을 기대하게 하고, 자신에게 걸림돌이 되는 습관과 불안을 극복하고, 관계를 유지하고, 계속해서 발전할 수 있는 효과적인 방법을 훈련하도록 돕는다. 코칭받는 사람은 옛 방식을 바로잡고 새로운 능력을 개발하는 데 도움이 필요하다. 영적 코치는 사람들을 도와 영적 훈련을 실천하고, 다른 핵심 가치들과 조화를 이루며 살도록 돕는다.

> 코칭은 사람들의 수행 능력을 관찰하여 발전한 점을 칭찬하고,
> 엉뚱한 방향으로 노력할 때 수정해 준다.
> _ 켄 블랜차드, 빌 하이벨스, 필 하지스(Phil Hodges), 「성경에 나오는 리더십」(Leadership by the Book)의 공저자

코치는 성과 향상을 자극한다. 이는 성과가 기업의 성공과 깊게 연관된 비즈니스계에서 특히 중요하다. 코칭은 CEO들과 최상위 관리자들의 리더십과 대인 관계를 향상시키고, 모든 직급의 관리자들을 도와 보다 잘 관리할 수 있도록 하고, 낮은 직급의 직원들을 구비하여 맡겨진 과업을 보다 효과적으로 완수할 수 있도록 한다. 어떤 코치는 직원을 평가하고, 훈련하고, 관계를 발전시킬 수 있도록 안내한다. 운동선수를 코칭해서 경기력을 향상시킬 수 있는 것처럼, 라이프 코칭과 임원 코치는 목사, 연주자, 기업가와 같은 이들이 역량과 기량을 최대한 발휘하게 하여 성과를 향상시킨다.[10]

코치는 팀을 만든다. 마이클 조던이 시카고 불스에서 황금기를 보낼 때, 나는 시카고에서 살았다. 초창기에 조던은 뛰어난 실력과 농구 영웅다운 행동으로 팀을 이끌었다. 그러나 시간이 지나면서 팀워크를 세우는 데 초점을 맞추었다. 그의 탁월한 실력과 뛰어난 리더십은 결코 녹슨 적이 없었다. 마이클 조던은 팀

코치인 필 잭슨과 함께 동료 선수들에게 하나의 팀으로 뛰는 법을 가르쳤다. 오늘날 개인이 혼자 힘으로 모든 일을 성사시키기는 불가능하다. 사람들이 함께 힘을 모을 때라야 의미 있는 성취가 따른다. 교회의 코치인 목회자와 가정의 코치인 부모를 포함하여, 코치는 그런 과정을 가능하게 한다.

코치는 의사 소통을 원활하게 하고 더 나은 관계를 증진시킨다. 때로 코치의 역할은 사람들을 도와 불화와 긴장을 해소하며, 잘못된 의사 소통과 그로 인한 오해를 해결하고, 신뢰를 구축하고, 같은 팀 안에서 구성원들 간의 무분별한 경쟁을 넘어서도록 하는 것이다. 교회 위원회, 이사회, 사업 동업, 프로젝트 등에서 함께 일하는 사람들은 모두 코칭에서 유익을 얻을 수 있다. 특히 참여자들이 자원하는 마음으로 서로의 관계를 향상시키고 함께 일할 수 있는 능력이 있을 때는 더욱 그러하다. 관계 코치는 사람들이 더 큰 조화를 이루고 원활하게 의사 소통할 수 있도록 돕는 전문가다.

코치는 비전을 고취시킨다. 나는 많은 교회들이 아무런 비전이 없는 데 놀란다. 교회들은 무엇인가 달라지리라는 기대를 하지 않은 채 큰 변화 없이 여러 해 동안 해 오던 일을 계속한다. 물론 어떤 사람은 다른 사람에 비해 비전이 있다. 계속해서 미래에 대해 창의적으로 생각하고, 일을 성사시킨다. 우리 대다수는 그러지 않는다. 비전은 제한되어 있고, 너무 분주하여 미래를 멀리 내다보려 하지 않는다. 코치는 개인이나 조직이 현재를 뛰어넘어 미래를 내다보고, 그에 도달하는 방법을 찾도록 효과적으로 도울 수 있다. 비전이 명확하고 간결하다 하더라도 "현재 다급하고 정당한 필요가 생기면 미래에 **이루어질** 일에 헌신한 마음은 갑자기 사라진다."[11] 코치는 개인, 리더, 팀장이 계속해서 비전을 키워 가고, 나누고, 실행할 방도를 찾도록 돕는다.

비전이 없으면 미래도 없다.

_ 레너드 스윗(Leonard Sweet), 「영혼의 쓰나미」(*SoulTsunami*)의 저자

코치는 목표를 설정하고 성취하게 한다. 코칭은 장단기 목표 설정을 돕는다. 코치는 난제를 해결하고 미궁에서 빠져나와 새로운 단계에 이를 수 있는 혁신적인 계획을 세우도록 돕는다. 계획을 세우고 목표를 설정하는 것 외에도 코치는 격려하고, 동기부여 하고, 도전하고, 고객이 한 걸음씩 전진할 때 책임지고 돕는다.

코치는 리더십을 향상시킨다. 이것이 리더십 코치가 하는 일이다. 리더십 코치는 리더십 원칙을 이해하고, 그것을 리더에게 잘 적용하여 리더 위치에 있는 사람들이 보다 효과적으로 역할을 수행할 수 있게 한다. 코치는 리더들을 구비시켜 그를 따르는 구성원들이 미래를 더욱 잘 전망하고, 장애물을 극복하고, 팀을 세우고, 전진하고, 목표에 도달하여 스스로 리더가 될 수 있도록 안내하게 한다. 리더십 코치가 가장 크게 공헌하는 점은 리더를 훈련시켜 그가 코치가 될 수 있도록 하는 것이다. 이들은 리더십 원칙을 활용해 지도력을 발휘하는 법을 배운다.

코치는 사랑 안에서 진실을 말한다. 좋은 코치는 사람들에게 해를 입히거나 그들의 삶을 거북하게 만들고 싶어 하지 않는다. 그러나 유능한 코치는 때로 긍정적인 변화를 일으키는 최고의 방법은, 직면하고 주의를 기울여야 할 유해한 행동 유형이나 현실을 외면하지 않는 것임을 알고 있다. 코치는 고객의 태도와 편견, 해로운 행동 등에 강직하고도 정중하게 도전한다.

코치를 간절히 찾는 사람들은 이미 산을 오르기 시작한 것이다.

그들의 눈은 위를 향해 정상을 바라보고 있다. 그들은 발전할 기회를 엿보고 있다. …

이때 코치는 다가가서 그들이 보다 많은 가능성을 바라보도록 돕는다.

코치는 더 많은 변화를 일으키도록 돕는다. … 코치는 사람들에게 적절한 질문을 하고 그들 스스로 확신하는 것을 명확하게 해줄 것이다. … 이는 결과적으로 사람들이 자신의 습관을 바꾸어 보다 성공적이고 목적 지향적이 되도록 돕는다.

_ 대니얼 하커비, 「코칭 리더 되기」의 저자

코치는 더 나은 변화를 증진시킨다. 이는 앞서 말한 모든 것의 요약이라 할 수 있다. 코치는 사람들이 변화에 압도당하지 않고, 개인과 조직이 더 나은 방향으로 변화하도록 돕는다.

코치는 영적 여정 중인 그리스도인들을 인도한다. 많은 신자들이 앞서 언급했던 홀처럼 살아간다. 믿음의 기본 도리를 이해하지만 훈련받고 싶어 하지는 않는다. 어떤 이들은 오랫동안 교회를 다니면서 조직화된 종교에 환멸을 느끼기도 한다. "예수님은 좋아하지만 교회는 싫어한다."[9] 이런 이들은 오랫동안 영적 여정을 한 사람과 집중적인 시간을 갖고 싶어 한다. 바로, 명확한 신념을 갖고 그리스도의 형상을 닮아, 공허한 영성과 종교에 대한 불신이 가득한 시대에 정보의 홍수와 급격한 변화 가운데서도 코칭할 수 있는 사람이다.

코칭은 기독교 공동체에서 성장하고 있다. 여전히 코칭을 모르는 곳이 많고 혹은 유행으로 치부하지만, 그럼에도 코칭 운동(movement)은 점점 커지고 분명 그 영향력을 확장하고 있다. 기독교 지도자, 정신 건강 전문가, 사업가, 교육자, 또한 코칭이 기독교 지도자와 평신도 모두를 일깨우고 움직이도록 하는 중요한 섬김이라는 것을 아는 사람들에게 코칭은 하나의 도구가 되어 가고 있다. 개인적인 삶의 문제를 다루든, 회사나 교회의 상황을 다루든, 크리스천 코칭은 고객과 함께하며 그들의 걱정을 경청하고 꿈과 비전과 목표를 드러내 준다. 코치는 고객이 성령의 인도와 기도를 지원받으며 앞으로 나아가는 동안 명료하고 새로운 관점을 얻도록 지원한다. 사람들은 이런 방식으로 도움을 받아 하나님이 주신 잠재력을 깨닫고 하나님이 원하시는 사람이 되기 위해 전력투구한다. 코칭은 예수님이 그분을 따르는 사람들에게 "제자 삼으라"고 하신 지상 명령에 신선한 접근을 시도한다. 영적 코칭은 이미 교회 안에 깊이 들어와 있는데, 이는 침체된 교회를 살아나게 하고 타성에 젖은 그리스도인들을 깨우기 위해 성령께서 사용하시는 거룩한 방법이다.

다음 장에서는 신선하고 깊이 있고 흥미로운 관점으로 코칭을 살펴볼 것이다. 코칭의 실제적인 측면에 초점을 맞추어 다음과 같은 물음을 논의할 것이다. 어떻게 좋은 코치가 될 수 있는가? 계발해야 할 코칭 기술은 무엇인가? 사람들이 코칭할 수 있도록 어떻게 훈련할 수 있는가? 효과적인 코칭을 위해 극복해야 할 장애물은 무엇인가? 코칭에 위험 요소는 없는가? 코칭의 다른 형태에는 무엇이 있는가? 어디에 코칭을 적용할 수 있는가?

모든 사람이 준수해야 할 일련의 코칭 공식 같은 것은 없다. 그러나 원칙은 존재한다. 원칙은 무엇인가? 구체적으로 그것을 어떻게 삶과 사역과 직장에 적용할 수 있는가?

해답을 찾기 위해 출발할 시간이다. 사람은 어떻게 변화하는지, 코치가 지속적인 변화를 일으킬 목표를 갖고 개인이나 팀과 함께 일할 때 어떻게 효과적인 변화의 동인이 될 수 있는지를 살피며 시작해 보자.

3장 ·· 코칭은 변화를 일으킨다

대통령이 되기 전, 버락 오바마는 몇 달 동안 한 가지 주제에 초점을 맞춰 선거 전략을 세웠다. 그것은 바로 '변화'였다. 미국 전역에서 수많은 사람들이 모여 오바마의 이름과 '변화'라는 구호가 함께 적힌 푯말을 흔들며 환호했다. 얼마 지나지 않아 대선 경쟁자들도 오바마의 구호를 집어들었고, 어느 후보가 변화를 일으키는 주자로 가장 적합한지가 선거 토론의 핵심 쟁점이 되었다. 선거 윤곽이 드러난 당일 저녁, 시카고에서 대통령 당선자와 그의 가족은 100만 명이 넘는 지지자들 앞에서 선언했다. "변화가 이미 왔습니다!"

정치인들만이 변화의 주역은 아니다. 코치가 하는 일도 모두 변화에 대한 것들이다. 코치는 사람들을 격려하고 인도하며 다른 삶을 살기 원하는 사람들과 동행한다. 코치는 사람들을 격려하여 새로운 직장을 찾고, 과도기를 헤쳐나가게 하며, 성과를 향상시키고, 보다 나은 관계를 세워 가며, 현명한 결정을 내리고, 기업과 교회를 변화시키고, 새로운 영적 단계에 이르도록 한다.

그러나 코치는 그 이상의 역할도 한다. 코치는 끊임없이 변화하는 시기에도 일관된 삶을 살아가는 데 무엇이 필요한지 결정하는 것을 돕는다. 코치는 사람들을 격려하여 자신의 핵심 가치와 내재된 강점, 지속적인 관계, 기본적인 신념,

자신의 삶을 든든히 지켜 주고 안정적인 기반을 제공하는 윤리적 원칙들을 주의 깊게 살펴보게 한다.

> 코치는 변수인 동시에 상수 요인이다. 코치는 사람들을 도와
> 변화에 필요한 것이 무엇인지, 변함없이 지켜야 할 것은 무엇인지 보게 한다.
> _ 리처드 라이더(Richard J. Leider), 경력 개발 코치, 「목적의 힘」(The Power of Purpose)의 저자

분명한 사실을 짚고 시작하자. 변화는 어렵다. 사람들과 함께 변화를 헤쳐나가는 것은 큰 도전이지만 때때로 소진되는 일이다. 계속적인 변화를 시도하는 것은 더더욱 어렵다. 대다수 사람들은 변화에 저항한다. 변화의 필요성을 알고, 반드시 변화가 일어나야 한다고 믿고 있을 때조차 그렇다. 몇 년 전 정기검진을 받고 심장 주변 관상동맥이 심각하게 막혀 있는 것을 발견했다. 나는 대체로 아주 건강한 편이었다. 헬스클럽에서 거의 매일 아침 운동을 하면서 어떤 징후도 발견하지 못했다. 태어났을 때를 제외하곤 한 번도 병원에 입원한 적이 없었다. 그러나 의사의 진단을 받은 지 며칠 후, 수술실에 실려가 4중 바이패스 수술(관상동맥이 막혔을 때 막힌 부분을 우회해 다른 혈관을 이식하는 것-역주)을 받았다. 나중에 나는 미국에서만 매해 약 60만 명이 관상동맥 수술을 받고, 130만 명이 혈관 확장 수술을 받는다는 것을 알았다. 퇴원 전에 환자들은 생활습관과 식습관을 고치고 건강을 관리하라는 조언을 듣는다. 변화를 이뤄 낸다면 완벽하게 회복할 것이고, 변화하지 않는 경우보다 더 오래 살 가능성이 높다. 나 자신을 포함하여 이런 환자들은 죽느냐 사느냐 하는 선택의 기로에 서 있다. 지금 변하지 않는다면 조만간 죽을 것이다.

이런 선택의 기로에 서 있다면 당신은 변화를 선택할 것인가? 대다수 심장병 환자들은 처음에는 열정적으로 변화를 시작한다. 그러나 앨런 도이치먼(Alan Deutschman)의 책 「변하지 않으면 죽는다」(Change or Die, 황금가지 역간)에 요약된

조사 결과에 따르면 10명 중 1명만이 지속적인 변화를 이어 간다.[1] "심장 바이패스 수술을 받은 사람 중 90퍼센트는 죽을 위험에 처해도 생활습관을 바꾸지 않는다. 이렇게 볼 때 비즈니스에서 가장 큰 도전이 행동을 바꾸는 것임은 놀랄 만한 일이 아니다."[2] 이는 정치에 있어서도 도전이다. 코칭, 상담, 사역, 훈련 프로그램을 통해서도 바꾸기 어렵다. 식습관, 영적 훈련, 중독적인 행동, 남용하는 행위, 현실 자각에 있어서도 변화하려는 노력은 힘든 도전이다. 마음을 변화시키는 것은 어렵다. 이를테면 우리가 배우기를 멈추면 두뇌의 변화 역량은 점점 저하된다. 정신력을 새롭게 회복하지 않으면 여든다섯 살이 될 때까지 노인성 치매에 걸릴 확률은 50퍼센트나 된다. "심장병 환자에게 '죽느냐 사느냐'가 중요한 것처럼, 모든 사람들의 문제는 '변화하느냐 잊어버리느냐'다. 변화 역량을 습득하는 것은 건강에 필수적이다."[3]

코치로서 자신을 변화를 돕는 조력자이며 변화를 일으키는 사람으로 생각하라. 코치는 사람들이 변화를 받아들이게 하고, 또한 변화를 불편해할 때라도 그들을 친절하게 격려하여 변화를 일으켜야 한다. 언젠가 내 친구가 "코치는 변화를 이해하고 변화를 일으키는 전문가"라는 기사를 썼다. 그에게 변화 전문가가 된 이유를 물었지만 대답하지 못했다. 내 친구는 변화에 대해 한 번도 연구한 적이 없었고, 심지어 어떻게 사람이 변하고 왜 어떤 사람은 변화를 거부하는지에 관한 책이나 기사를 읽어 본 적도 없었다. 코치가 고객을 도와 변화를 촉구하거나 스스로 변화 전문가로 자처하기 전에, 지속적인 변화를 일으키거나 저해하는 요소를 다룬 방대한 연구와 문헌들을 간략하게나마 살피는 것이 좋다.

이런 연구 결과들은 흥미진진하고 상당히 실제적이다. 이를테면, 변화가 점진적이고 익숙한 환경에서 시작될 경우, 보다 나은 반응이 나타나고 사람들은 이를 쉽게 수용한다. 변화가 너무 빠르고 갑작스러우면 저항하기 쉽다. 「변화의 리더십」(Leading Change)에서 제임스 오툴(James O'Toole)은 프랭클린 루즈벨트와 동시대에 활동했던 공산당 지도자들을 비교한다.[4] 루즈벨트가 급진적인 개혁을 성공시킨 것은 사람들에게 익숙한 전통과 체계와 신념을 바탕으로 삼았기 때문이다. 반대로 공산당 지도자들은 사람들이 갖고 있는 전통과 가치에 견주어 볼 때 너무 생소하고 완전히 새로운 체제를 세우려다 결국 실패하고 말았다.

또 다른 공산당 지도자인 미하일 고르바초프는 변화를 위한 담대한 비전을 갖고 있었다. 그러나 그 역시 가능성에 비하면 그다지 성공적이지 못했다. 사람들의 신념과 관심을 무시했기 때문이 아니다. 변화의 필요를 이해하고 고르바초프 자신의 창의적이고 새로운 아이디어를 실현할 간부들을 양성하는 데 실패했기 때문이다.

위협 아래서 사람들은 그들이 소유하고 있는 것과 현재에 집착하며 저항한다.
또한 그들의 생각과 감정에 보다 고착된다.
_ 패터슨(C. H. Patterson), 전문 상담 개척자

코치는 위협 요소를 줄이고 변화 과정을 서두르지 않고 전통적 가치(특히 성경적 가치)를 존중할 때, 그리고 고객 또는 코칭받는 사람이 변화하도록 지원받는다고 느낄 때 가장 잘 도울 수 있다. 변화를 일으키는 방법에는 실제적인 지침들이 있다.

변화를 직면하기

사람들이 변화에 반응하는 방식에는 네 가지 범주가 있다.

- **혁신가**: 변화를 소중하게 여기고 변화가 일어나도록 노력한다.
- **포용가**: 변화를 잘 이루어내고 열정적으로 받아들인다. 때로는 깊이 고려하지 않고 받아들인다.
- **수용가**: 보통 처음에는 저항하지만 점차 변화를 수용하는데, 이는 대안이

없기 때문이다.

- **저항가**: 변화로부터 자신을 보호하거나, 변화가 일어나는 것을 미연에 방지하려 한다. 이들은 변화를 알아차리지 못한다. 변화가 없거나 중요하지 않은 것처럼 고의적으로 무시하기도 한다. 때로는 변화가 일어날 가능성에 압도되어 알려고도 하지 않는다. 어떤 이들은 변화의 필요성을 부인하고, 생각 바꾸기를 완고하게 거부한다.

사람들은 대개 각자의 성격과 경험에 따라 네 범주 중 하나에 속한다. 일부 교회에서 일어나는 음악에 대한 갈등을 생각해 보자. 새로운 음악 형태를 예배에 사용한다면, 그것은 보통 혁신가가 내린 결정이다. 포용가는 열정적으로 참여한다. 그러나 곧 저항가도 나타난다. 그들은 변화가 내키지 않아 논쟁할 수 있다. 저항가가 변화를 싫어하는 것은 통제할 수 없거나 위협적으로 느껴지는 불편함 또는 현 상태를 유지하고 싶은 바람 때문이다. 수용가는 변화를 받아들이기 전에 일단 기다려 보는 태도를 취한다. 때로는 마지못해 받아들이기도 한다.

성격과 경험의 차이에도 불구하고 각 상황은 개인이 변화를 다루는 방식을 형성한다. 나는 포용가이자 혁신가이고 싶지만, 때로 마지못해 받아들이기도 하고 저항하기도 한다. 이런 사실은 같은 집에 20년 넘게 살다가 이사 갈 때에야 깨달았다. 이사가 필요한 것을 알고 있었고 당연히 자발적으로 이사 갈 결심을 했지만 나는 옛집을 떠나기가 싫었다. 새 보금자리에 정착한 후에야 비로소 새 집을 열렬하게 수용했다. 이사 기간 동안 포용가이고 혁신가였던 나는 잠시 저항가가 되었고, 그러고 나서야 수용가가 되었다. 만일 화재나 압류로 어쩔 수 없이 이사 가야 하는 상황이라면 반응이 달랐을까?

우리는 모르는 것을 두려워하기에 변화에 저항하려는 경향이 있다.
자신에 대해서도, 자신의 역량에 대해서도 확신이 없다.

그래서 우리가 누려 왔던 좋은 부분에만 집착한다.

이따금씩 우리는 배 밖으로 발을 내디딘 베드로처럼 하나님을 의심한다.

변화를 성공적으로 다루는 데는 진정성이 필요하다.…자신이 어떻게 느끼는지에 정직하되, 변화가 초래하는 감정들에 취해서는 안 된다.

_ 주디 산토스(Judi Santos), 크리스천 코치 네트워크 설립자

당신이나 코칭 고객이 예상치 못하게 집이나 직장이나 건강을 잃었을 때 적어도 초기에는 저항한다. 이 모든 것은 갑작스럽게 일어난다. 변화가 우리의 안락했던 세계에 부딪쳐 들어올 때 우리는 일어난 사건을 부인하고 무시하고 변화를 중단시키려 한다. 직장이나 교회 조직에서 변화가 일어날 때, 표 3-1에 요약되어 있는 변화 저항 대화는 유용하게 쓰일 수 있다. 일어난 사건을 받아들이고 반응하는 것은 나중에야 가능하다. 그것도 때로는 코치의 도움으로 가능하다.

고객이 경험하는 저항을 코치가 몇 마디 말로 다 설명할 수 있으리라 가정해선 안 된다. 저항하는 사람도 변화를 원할 수 있지만, 미지의 것에 대한 두려움,

표 3-1

변화에 저항하는 사람과의 대화[5]

고객이 변화에 저항할 때 어떻게 말할 수 있는가? 그들의 말에 귀 기울이라. 고객은 다음과 같은 표현들을 사용할 것이다. 각 표현에 이어지는 문장과 비슷한 말로 반응하라.

- "위험해 보이는데요." 대개 변화는 위험하다. 그러나 위험 없이는 발전도 없다. 위험은 감수할 가치가 있다. 위험을 감수하지 않겠다는 생각에 내포된 것은 무엇인가?
- "우리는 이런 식으로 해 본 적이 없어요." 오래된 방식을 고수하면 더 나은 결과를 얻을 수 있는 일을 억누르고 미궁에 빠뜨린다.
- "과거에는 예전 방식이 좋은 결과를 냈어요." 과거의 성공에 기대면 변화를 가로막고 안주에 빠지며 엉뚱한 결과를 초래하여 미래의 성공을 짓밟게 된다.
- "옛날 방식이 더 성경적인데요." 이런 말은 방어하기 힘든 상투적인 표현이다. 새로운 방식도 얼마든지 성경적일 수 있고 옛 방식보다 더 성경적일 수 있다.

오래되고 익숙한 것을 포기하는 것에 대한 불안, 위험 감수에 대한 거리낌을 느낄 수 있다. 때로 관계를 잃어버리거나 새로운 환경에 대처할 수 없을 것 같은 불안감이 몰려올 때가 있다. 변화에 저항하는 것은 미지의 것으로부터 자신을 보호하는 수단이다.

코치 혹은 변화를 일으키는 사람은 고객이 변화를 현실적으로 직면하고 받아들일 수 있도록 이런 불안과 저항을 알고 있어야 한다. 이런 과정 없이 새로운 방식으로 생각하고 행하라고 압박하면, 코칭 고객은 익숙한 옛 방식으로 돌아가기 쉽다.

사람은 어떻게 변화하는가

변화가 주는 유익이 안주할 때 얻는 유익보다 크다고 생각하지 않으면, 우리는 변하지 않는다. 앞서 이야기한 회복 중인 관상동맥 수술 환자의 경우를 보자. 모든 여건이 나아지면 수술 후에 필요한 변화를 이어 가기보다는 익숙했던 옛 습관으로 돌아가려 한다. 이런 환자들은 식습관을 바꾸거나 규칙적인 운동습관을 들이는 데 소극적이다. 다른 생활습관도 그다지 바꾸고 싶어 하지 않는다. 과거에도 자신은 건강했고, 습관을 바꾸는 것이 그다지 효과가 없어 보인다고 생각하기 때문이다.

자발적으로 코칭을 받으러 오는 사람들은 대부분 변화에 대해 동기부여 된 상태. 그들은 흔히 과거 문제나 내적 혼란이나 감정적 장애와 같은 상담 거리를 안고 있지만, 그로 인해 움츠러들지 않는다. 코칭 고객들은 겉보기에는 잘 지내지만 삶의 어떤 부분은 막혀 있다. 그들은 변화를 원하지만 무엇을 해야 할지 모른다. 새로운 것을 시도하지만 계속 실패한다. 변화 과정의 안내자인 코치는 이런 사람들에게 큰 도움을 줄 수 있다.

앨런 도이치먼은 심장병 환자들과 변화가 어려워 보이는 사람들을 연구한 후, 자주 사용되지만 별 효과가 없는 세 가지 접근법이 있다고 결론 내렸다. 이는 사실(facts), 두려움(fear), 강제력(force)으로 대표되는 부정적인 3요소다. 각 요소는 즉각적인 효과를 가져올 수도 있다. 그러나 심장병 환자들이 퇴원 전에 생활습관을 바꿔야 한다는 **사실**을 알아도 변하지 않는 것처럼, 사실을 안다고 해도 영구적인 변화는 좀처럼 일어나지 않는다. **두려움**도 효과가 없다. 두려움도 행동 변화를 일으키지 못한다. 만취 상태로 운전하다가 죽은 사람의 사진을 보여 준다고 해서 겁에 질려 정신을 차리고 술을 끊는 사람은 없을 것이다. 가장 효과 없는 것은, 변화를 원치 않는 사람을 **강제**로 변화시키려는 것이다. 코칭을 통해 변화를 이끌어내고 싶다면 사실이나 두려움이나 강제력에 의존하지 말아야 한다.

그렇다면 우리가 할 수 있는 것은 무엇인가? 변화를 일으키는 데 가장 효과적인 것은 무엇인가? 도이치먼은 그것을 긍정적인 3요소라 부른다. 바로, 관계를 맺고(relate), 반복하고(repeat), 관점을 새롭게 하는 것이다(reframe). 첫째, 좋은 코치는 고객과 정서적인 **관계**를 맺고, 희망을 품게 하고, 영감을 불어넣어야 한다. 다이어트를 해 본 사람은 주위 사람들의 도움이 중요함을 잘 안다. 누군가가 지지해 주고 변화될 능력이 있다고 믿어 주고 격려할 때 쉽게 체중을 줄일 수 있다. 격려는 도움이 된다.

> 많은 경영자들이 영감을 불어넣어 주는 누군가와 새로운 관계를 맺기 전까지는 완고하게 변화에 저항한다.
> _ 앨런 도이치먼, 「변하지 않으면 죽는다」의 저자

둘째, 변화를 일으키고 유지하려면 교사나 코치에게 가르침받는 것 이상이 반드시 필요하다. 그것은 바로 **반복**이다. "새로운 행동 양식이 자동적으로 나오고 그것이 자연스럽게 여겨지려면, 심지어 새로운 행동 방식이 의식하기 전에 나오려면 수많은 반복이 필요하다.…변화는 단지 가르침을 '전달하는 것'이 아

니다. 변화는 '훈련'을 요구한다."⁶⁾ 이는 고객뿐 아니라 코치들에게도 시사하는 바가 있다. 좋은 코치가 되려면 계속해서 연습해야 하고, 새로운 습관을 만들고, 새로운 기술을 숙련하고, 끊임없이 코칭을 실천해야 한다. 기본적인 것들을 반복해 연습하여 새로운 코칭 기술들이 형성되면, 갓 시작하는 초보 코치라도 훌륭한 코치가 된다.

변화를 위한 세 번째 핵심 요소는 **관점을 새롭게 하는 것**이다. 상담가들은 이 개념에 익숙할 것이다. 같은 사진이라도 다른 각도에서 찍으면 모든 것이 다르게 보인다. 코칭을 통해 사람을 변화시키려면, 상황을 새로운 눈으로 보도록 도와야 한다. 이런 일은 나도 경험했는데, 과거에 나는 나이가 예순이 넘으면 영향력 있는 일을 하기 어렵다고 생각했다. 그러나 내 코치는 이 관점에 도전했고, 예순이 넘은 사람이 지닌 잠재력과 가능성을 볼 수 있도록 도와주었다. 이것은 긍정적인 사고방식을 갖는 것 이상이었다. 그는 나이에 대한 나의 편견을 드러내 주었고, 내 인생을 새로운 기회로 가득한 무대로 보게 해주었다. 또 내가 할 수 있는 일을 찾도록 도와주었고, 나의 활동을 멘토링해 주었다. 이 문단을 쓰고 나니, 나이에 대한 새로운 관점 때문에 내가 변화되었다는 사실이 더 분명하게 느껴진다. 이 모든 것이 코치의 안내 덕분이다.

도이치먼에 따르면, 변화는 우리가 "관계 맺고, 반복하고, 새로운 관점을 가질 때 일어난다. 새로운 희망, 새로운 기술, 그리고 새로운 생각…이 모든 것은 우리가 변화를 일으키는 사람으로서 또한 코치로서 출발할 때 필요한 것들이다."⁷⁾ 변화는 사실, 두려움, 강제력과 같은 부정적 3요소를 피하고, 긍정적 3요소를 도입하는 것보다 분명 더 복잡하다.⁸⁾ 그러나 세 가지 긍정적 요소와 부정적 요소는 코치가 코칭을 시작할 때 깊이 명심하여 언제나 떠올릴 기초다.

변화의 단계들

많은 경우 변화는 의식적인 노력 없이도 자연스럽게 일어난다. 매해 봄마다 반복되는 연례 행사를 생각해 보라. 수컷 개구리는 연못 둘레에 앉아 암컷 짝을 매혹시키려고 자신만의 독특한 연가를 부른다. 젤리 같은 알들이 긴 가닥을 이루어 수면 위로 떠오르고, 얼마 지나지 않아 올챙이들이 연못에서 헤엄치며 수초나 더 작은 올챙이들을 먹는 것이 보이면, 개구리는 연례 행사에 성공한 것이다. 얼마 후 시간이 지나면 놀라운 변화가 일어난다. 작은 다리가 나타나고 꼬리가 짧아지다가 사라진다. 머지않아 이 생물은 개구리가 되고 크기와 힘이 점점 자라 이듬해에 있을 '봄의 연례 행사'를 기다린다. 작은 유충이 알에서 부화했을 때에도 유사한 변화가 일어난다. 유충은 빠르게 자라 번데기가 되고, 허물을 벗고 나와 아름다운 나비가 된다.

초등학생들은 자연에서 일어나는 이런 변화에 대해 배운다. 학생들은 이런 변화를 묘사하는 단어를 하나 배우는데 바로 변태(meta·mor·pho·sis)다. 메리암 웹스터(Merriam-Webster) 온라인 사전에 따르면 변태를 변혁(transformation), "특히 초자연적인 수단"에 의한 외형, 형태, 구조의 충격적인 변화로 정의한다.[9] 잠시만 인터넷을 검색해 봐도 이 단어가 음악, 건축, 문학, 지질학, 심지어 치료 요법에서조차 보다 나은 중대한 변화를 묘사한다는 것을 알 수 있다. 신약 성경 로마서의 저자 바울은 헬라어 단어 '메타모르포시스'를 하나님이 자신의 생각과 성품을 변화시키기를 소원하는 사람에게 허락하시는 변화를 묘사하는 데 사용했다. "너희는 이 세대의 행위와 관습을 본받지 말고 오직 너희 생각을 새롭게 하여 새 사람으로 변화를 받아 선하시고 기뻐하시고 온전하신 하나님의 뜻이 무엇인지 분별하라."[10]

이러한 사례를 염두해 어떤 코치들은 '변혁을 일으키는 코칭'(transformational coaching)이라는 명칭을 붙이고 이를 중심으로 통전적인 접근 체계를 세웠다.[11] 때로 코칭은 유충이 나비로 변하거나 올챙이가 개구리로 변하는 것과 같은 급진적이고 변혁적인 변화를 일으킨다. 변화가 이보다 덜할 때도 있는데, 이는 고객이 어떤 구체적인 목표에 도달하거나 문제에서 빠져나오거나 갈등을 해소하거나 결정을 내리기 위해 도움을 요청할 때다. 그들이 가진 문제가 작아 보일지라도 코칭받는 많은 고객들은 충격적인 변화를 경험한다. 이는 더 나은 결과를 낳는 중대하고도 영속적인 변화이기도 하다. 성령께 인도받고 하나님이 그 과정을 이끌어 주시기를 갈망하며 코칭을 진행한다면, 그 코칭은 참으로 커다란 변화를 일으킨다.

몇 년 전, 연구자들은 변혁적인 변화가 어떻게 일어나는지를 연구하기 시작했다. 초점이 딱히 코칭에 있지는 않았지만, 연구에서 새롭게 발견한 점들은 변화를 바라거나 다른 이들의 변화를 돕고 싶은 사람이라면 누구나 적용할 수 있는 것들이다. 연구 팀은 해로운 습관에서 벗어나고 싶어 하는 사람들을 연구하여, 변화 과정에서 두드러지는 여섯 단계를 확인했다.[12] 이것들을 어떻게 자신과 고객에게 적용할 수 있을지 생각해 보라.

> 지난 10년간 고객들을 비공식적으로 관찰한 결과,
> 변화 중인 사람들은 모두 장기적으로 이런 단계들을 거치고 있었다.
> 각 단계를 아는 것은, 특정 고객이 지금 어느 곳에 위치하고
> 다음에는 어디로 나아가야 할지를 코치들이 이해하는 데 도움을 준다.
> 각 단계는 다음 단계로 나아가는 데 필요한 교훈과 동기를 부여한다.
> _ 대니얼 화이트(Daniel White), 「코칭 리더」(Coaching Leader)의 저자

1. 무관심 단계. 사람들이 변화에 무관심하고 변화의 필요성을 아직 인식하지 못하는 단계다. 상급자 등 주변 사람들이 코칭을 추천해도 이 단계에서는 스스로 코칭을 받으려 하지 않는다. 이 단계에서 사람들은 변화의 필요성을 부인하고, 변화가 필요한 상황에 직면하는 것을 두려워한다. 코치는 이 지점에서 신뢰를 쌓고, 고객을 안심시키고, 장래의 고객이 변화의 필요성을 깨닫도록 도와야 한다.

예전에 나는 리더십 훈련 프로그램에 등록한 경영자 두 명을 코칭해 달라고 부탁받았다. 그들은 유능하고 창의력 있는 리더들로, 직업 면에서 성공적이었고 코칭받아야 할 긴박한 이유가 없었다. 그중 하나는 결코 나를 만나려 하지 않았다. 또 다른 경영자는 리더십 훈련의 일환으로 코칭에 참여하는 것은 동의했지만, 특별히 변화의 필요성을 느끼지는 않았다. 바로 이 지점에서 코칭을 시작했다. 우리는 그의 삶과 리더십이 어느 지점에 있는지에 대해 이야기하며 시간을 보냈다. 그가 자신의 현재 모습에 충분히 만족했다면 코칭을 하지 않아도 될 뻔했다. 그러나 한두 차례 코칭을 한 후, 새 고객은 나와 함께 몇 달간 생산적인 코칭 관계를 계속 발전시켜 나갔다. 발단은 그가 작성한, 부록 A에 나온 간단한 인생 목록 그래프였다. 인생 목록 그래프를 작성하고 보니, 그는 자신이 일정을 통제할 수 없다는 생각이 들었다. 그는 너무 바쁜 생활을 어떻게 관리해야 할지 몰랐다. 내 고객은 그 때문에 더 좋은 리더가 되지 못한다는 것을 인식했다. 그것을 깨닫자마자 그는 어느덧 변화의 두 번째 국면으로 접어들었다.

2. 심사숙고 단계. 코칭은 보통 여기서 시작된다. 코칭은 본격적으로 실천하지는 않아도, 변화가 필요하고 유익하다는 것을 인식하면서부터 시작된다. 이 때쯤이면 변화에 대한 두려움이 수면 위로 떠오른다. 옛 방식을 버리고 새로운 시도를 할 것인지 고심한다. 코치는 이런 갈등과 저항을 경청하고 이해하며, 탐색하는 질문을 하고, 변화가 필요한 이유와 필요 없는 이유를 탐구한다. 코치는 이 단계에서 낙관적으로 다가가야 한다. 또한 가능성 있는 비전을 자극하고 희망을 불어넣는 노력을 해야 한다.

3. 준비 단계. 사람들은 이 단계에서 구체적으로 어떤 행동을 해야 하는지는 잘 몰라도, 실천과 변화를 결심한다. 이는 계획 단계로, 사람들은 목표를 확정하고, 행동을 결정하고, 정보를 모은다. 내가 진행한 코칭 수업에서 한 학생은 운동에 관심이 없고 헬스클럽에 가는 것을 싫어했지만 규칙적인 운동 프로그램에 참여하고 싶은 의욕을 내비친 적이 있다. 우리는 함께 즐겁고 꾸준히 운동할 수

있는 방법을 탐색했다. 그 학생은 매주 두세 시간씩 도보 여행을 가는 친구들에 대해 말했다. 그는 어떻게 친구들에게 연락을 하고, 도보 여행을 가고, 필요한 신발을 사고, 이 활동을 일정표에 넣을지에 대해 이야기했다. 여기서는 간단해 보이지만 운동을 꾸준히 하고 싶어도 어떻게 해야 할지 모르는 사람에게는 큰 발걸음을 내딛는 것이다. 고객은 코칭을 통해 목표에 도달할 수 있는 계획을 세우고, 코치는 고객이 계획을 충실히 따라가도록 책임 있게 붙잡아 준다.

중요한 변화가 일어날 때, 이런 준비는 시간을 소모할 수 있다. 그러나 두려움과 불안이 뒤섞인 흥분과 열정의 시간이기도 하다. 어떤 새로운 것을 시작하기로 결단하고 모든 것을 그에 맞추어 실행하려 할 때, 우리는 대개 시작할 시간이 다가올수록 점점 더 불안해지고 의심이 일어난다. 이 단계에서 코치는 사람들이 계속해서 목표에 집중하고, 지혜롭고 현실적으로 자신의 개성과 가치관대로 행동하도록 돕는다.

4. 실행 단계. 이 단계는 준비 단계에 기초하여 실제적으로 무엇을 시작하는 단계다. 대개 이 단계는 열정적으로 시작하지만, 이전과 다르게 실행하다 보면 자신의 행동을 다시 생각하게 되고, 불확신이나 불안을 느끼거나 이전의 익숙한 방식으로 돌아가고 싶은 유혹을 받는다. 매해 1월이면 헬스클럽에서 이런 장면을 본다. 새로 가입한 회원들은 살을 빼고 몸매를 가꾸리라 결심하고 새해를 시작한다. 그러고는 마침내 행동으로 옮긴다. 심지어 어떤 사람은 개인 트레이너를 고용해 운동 일정을 짠다. 그러나 지루한 겨울을 지내는 동안 헬스클럽에 다니는 사람들은 점점 줄어든다. 옛 습관이 다시 수면 위로 떠오른다. 운동을 거르는 것이 점점 쉬워진다. 빡빡한 생활은 그토록 긍정적으로 시작했던 결심을 가로막는다. 코치는 새로운 행동이 몸에 배지 않은 이와 같은 초기 단계에 고객을 지지해 주고 격려해야 한다. 코칭 고객은 자신의 목표와 변화의 이유를 계속해서 상기시켜 줄 사람이 필요하다. 고객이 퇴보하고 옛 행동 습관으로 돌아가려 할 때, 그것을 상기시키고 격려하는 일은 특히 중요하다.

5. 유지 단계. 마침내 새로운 행동에 돌입한다. 새로운 습관과 사고방식이 삶에 스며들기 시작한다. 그러나 새로운 행동방식은 이전 행동에 비해 굳건하지 못하다. 이는 신경학적으로 설명할 수 있다. 행동이 수년간 반복되면 뇌에 신경 회로가 형성되고, 자극이 이 잘 발달된 고속도로를 통해 전달된다. 습관을 바꾸는 것은 새로운 뇌 회로를 개척하는 것이다. 두뇌는 뭔가 잘못된 것을 알아차리고 이전에 형성된 회로로 돌아가려 한다. 두뇌에 할 일을 지시하면 자동으로 되돌아간다.[13]

격려와 설득과 보상은 새로운 행동을 형성하는 데 많은 도움이 된다. 그러나 굳어 버린 습관과 사고방식을 바꾸는 데는 수많은 반복과 주의가 필요하다. 이런 변화들은 다른 사람들이 독려하지 않고는 지속하기 어렵다. "리더, 관리자, 치료사, 트레이너, 코치 등이 행동을 변화시킬 수 있는 이유는 사람들이 구체적인 생각에 가까이, 자주, 충분한 시간을 두고 집중하도록 유도하기 때문이다. 행동을 변화시키려면 새로운 행동을 규정하고 만들어 가는 데 집중하라. 이렇게 실천하다 보면 시간이 지나면서 뇌에 주요 도로가 형성될 것이다. 이는 조언보다는 스스로 성찰할 수 있도록 하는 해결 중심의 질문 접근법을 통해 가능하다."[14] 개인이 끊임없이 변화를 일구는 데 집중한다면 신경 도로망이 재배치될 가능성이 더 높아진다. "집중력은 두뇌의 신경망을 계속해서 재형성한다.…매일 자신의 강점을 실천하는 사람은 다른 신경망을 갖고 있으므로, 강점을 실천하지 않거나 계속해서 변화를 일구는 데 집중하지 않는 사람에 비해 그 생각이 완전히 다르다."[15]

6. 종료 단계. 이 단계에 이르면 새로운 행동과 사고가 잘 자리 잡아 더 이상 코칭이 필요하지 않다. 코칭을 진행하다 보면 어떤 고객은 한 번에 한 가지 이상의 변화를 시도하는 경우도 있음을 기억해야 한다. 그 결과 일정 기간 동안 서로 다른 단계들이 나타나고, 다른 목표들을 성취한다.

코치는 각 단계를 고객의 필요에 따라 충분히 다루어야 하며
고객이 최종적으로 확실히 성공할 수 있다는 것을 주지하고
각 단계를 헤쳐나가는 동안 인내해야 한다.

_ 패트릭 윌리엄스, 다이앤 메넨데즈, 「전문 라이프 코치가 되는 법」(Becoming a Professional Life Coach)의
 공저자

지속적인 변화를 일으키려면

컨퍼런스에 가서 한껏 고무되어 자료들을 구입하고, 무엇인가 달라지리라는 큰 기대를 품고 집에 돌아온 적이 있는가? 그 좋은 의도로 인해 한동안 변화를 경험할지 모르지만, 곧 해야 할 일들의 무게에 짓눌리게 된다. 얼마 지나지 않아 결심했던 변화는 해야 할 다른 일들 속에 파묻혀 컨퍼런스는 기억 속으로 사라지고 만다. 컨퍼런스가 끝나면 참가자들 중 극소수만이 실제적인 변화를 경험한다. 이는 컨퍼런스, 설교, 또는 코칭에 지속하도록 하는 가치가 있는지 의구심을 제기한다. 이런 경험들은 유익한 정보와 영감을 제공하지만, 명확한 후속 조치 지침이 없다. 변화를 결단하기는 쉽고, 단기간 변화를 유지하기도 어렵지 않다. 그러나 지속적인 변화는 훨씬 어렵다.

심리학자 제프리 코틀러(Jeffrey Kottler)는 이런 사실을 발견하고, 일상을 벗어나 영속적인 변화를 일으키는 것이 무엇인지 깊이 있게 연구했다. 심리 치료사로서 코틀러는 수많은 사람들이 자신의 상담실에서 다르게 실천해 보리라 결심하지만 실패하는 사례들을 목격했다. 그들 중 어떤 사람들은 입으로 말은 했지만 아직 변화에 대한 동기부여가 되지 않았다. 다른 사람들은 장애물에 걸려 앞으로 나아가지 못했다. 코틀러와 상담한 어떤 내담자들은 변화가 가능하다는 것을 믿지 않았다. 주변 사람들의 격려가 부족해서 현재 상태에 머무는 것이 낫겠다고 결론 내리고, 낡은 행동을 버리고 다르게 행동하려는 노력을 포기했다.

이런 문제들을 연구하고 글을 쓰기 위해 코틀러는 잠시 아이슬란드를 방문

했는데, 거기서 방해받지 않고 연구할 수 있었다. 그는 현지 언어를 몰랐고, 머물던 새로운 공동체에는 친구가 없었다. 낯선 환경에 적응하고 연구에 성과를 내려면 태도와 생활방식에 변화가 필요했다. 코틀러는 자기 삶에 필요한 변화를 일으키는 법을 터득하고 변화에 대한 주목할 만한 책을 썼으며, 지속적인 변화를 일으키는 지침들을 발견했다. 각 지침은 코치가 지속적인 변화를 원하는 사람과 코칭할 때 유용하다.[16)]

1. 헌신. 지속적인 변화를 일으키는 데 가장 중요한 요소다. 헌신은 얼마나 간절히 변화를 원하고, 한번 일어난 변화를 지속하는 데 얼마나 동기부여 되어 있는지와 관련이 있다. 변화하기를 기대할 때, 변화를 확신할 때, 지속적인 변화에 필요한 것은 무엇이든 기꺼이 하려 할 때, 잠깐이 아니라 오랫동안 달리려 할 때, 변화는 지속될 것이다.

> 변화에 대한 저항을 극복하는 기술은, 좋은 아이디어를 가진 수많은 사람들과 실제로 그것을 실행할 수 있는 소수의 리더들을 구분함으로써 얻을 수 있다.
> _ 제임스 오툴, 「변화의 리더십」의 저자

2. 성취 가능한 목표. "비현실적이고 성취 불가능한 목표를 세우는 것처럼 변화의 노력을 무력화하는 것도 없다."[17)] 성취 가능한 목표는 막연하지 않고 구체적이다. 이런 목표는 일관되고 정확한 피드백이 주어지기만 하면 보다 오랫동안 지속될 수 있다.

모든 코치는 고객이 변화를 결심하지만 끝까지 가지 못하고 실패하는 것을 본다. 새해 결심과 같은 결심들은 고상하고 영감을 불러일으키지만, 결심을 성취 가능한 목표로 바꾸어 현실적인 계획을 세우지 않으면 대부분 실패한다. 그렇다면 마음의 결심을 지속적이고 구체적인 결과로 바꾸기 위해 어떻게 고객을 도와야 하는가? 해야 할 것은 정확히 무엇인지, 언제 어디서 어떻게 그것을 실천할 것인지를 결정하라. "수많은 연구에 따르면, 시간을 쏟아 해야 할 일을 언제 어디서 해야 하는지 정확하게 시각화하면 목표를 성취할 수 있다."[18] 변화를 원할 때 계획한 것을 공적으로 선언하고, 누가 책임질 것인지를 드러내는 것도 큰 도움이 된다. 공식적으로 알리고 동료들에게 압력을 받으면 강력한 동기부여가 된다. 격려하는 사람들과 성취하려는 동기부여가 된 사람들 사이에 둘러싸여 있는 것도 큰 도움이 된다. 타인에 대한 무관심은 전염성이 있다. 타인에 대한 열정은 특히 성취해야 할 구체적인 목표가 있을 때 강력한 동기를 부여한다.[19]

3. 퇴보 방지. 어떤 변화에든지 퇴보는 일반적이다. 퇴보를 확인하고 방지하는 세 가지 방법이 있다.[20] 첫째, 코칭 고객이 고위험 상황이 무엇인지를 확인하고 유혹에 대처하는 방법을 배우도록 격려하라. 둘째, 어떤 대처 기술로 문제를 피할 수 있는지 알아내라. 셋째, 고객이 유혹을 이기고 옛 행동으로 돌아가지 않는 생활방식을 발전시키도록 도우라.

4. 연습. 새로운 행동이 자동적으로 나올 때까지 연습하면, 이를 지속할 가능성이 크다.[21] 연습은 그 행동이 나오는 실제 상황과 비슷할 때 더 효과적이다. 매해 12월과 1월이 되면 미식축구 팀은 챔피언 결정전을 치른다. 어떤 경기는 덮개가 있는 실내 경기장에서 열리는데, 실내 온도가 따뜻하고 쾌적하다. 다른 경기는 매우 추운 실외 경기장에서 열린다. 연습 경기는 선수들이 실제 경기할 곳과 비슷한 조건에서 실시해야 가장 효과적이다.

5. 기대. 지속적인 변화는 그것을 기대하고 지속될 것으로 가정할 때 일어날 가능성이 크다. 이 사실은 놀랄 만한 일이 아니다. 언젠가 시험해 보라. 코칭 고객에게 변화가 지속될 가능성을 1부터 10까지의 등급으로 물어 보라(1은 지속적인 변화가 거의 없고, 10은 거의 절대적으로 변화가 일어남을 의미한다). 등급이 높을수록 성공 가능성이 크다. 이것이 고객에게 적용되는지 살펴보라. 기대가 클수록 퇴보할 가능성이 적다.

6. 지원 체계. 변화의 지속성은 대부분 책임 있게 격려해 주는 파트너나 지원

체계에 달려 있다. 가장 효과적인 지원 체계는 필요할 때 이용 가능한 체계다. 이들은 보다 큰 목표에 도달하는 과정 도중의 단기적인 승리를 확인하고 축하하며 지원한다.

> 눈에 보이고, 시의 적절하며, 모호하지 않고, 다른 이들에게도 의미 있는 충분한 성취가 없다면, 변화의 노력은 틀림없이 심각한 문제로 치닫는다.
> _ 제프리 코틀러, 「지속적인 변화 일으키기」(Making Change Last)의 저자

7. 하나님의 개입. 코틀러의 결론 외에 크리스천 코치들은 다른 방법으로는 결코 불가능했을 지속적인 변화를 가져오는 하나님의 놀라운 능력을 지각했다. 사도 바울은 "그의 영광의 풍성함을 따라 그의 성령으로 말미암아 너희 속사람을 능력으로 강건하게 하시오며"라고 기도했다.[22] 바울 자신의 삶에 급진적이고도 지속적인 변화를 일으키는 힘이 바로 그것이었다. 바울은 인간의 노력은 한계가 있지만 그리스도의 도움으로 모든 것을 할 수 있다는 것을 알았다. 그리스도는 우리에게 필요한 힘과[23] 지속적인 변화를 일으키도록 사람들을 코칭하는 데 필요한 지혜를 끊임없이 공급하신다.

성경에 나타난 변화의 사례

지속적인 변화의 가장 강력하고 교훈적인 예는 성경에서 찾을 수 있다. 시몬 베드로를 생각해 보라. 그는 신약 성경에 나타나는 변화 사례 중 가장 흥미로운 인물이다. 그의 미래와 가능성을 보시고 예수님은 그를 반석이라 부르셨다. 그러나 제자들은 그를 실없는 사람이라고 불렀을지도 모른다. 베드로는 호수 한가운데서 풍랑이 일 때 배 바깥으로 뛰어내릴 정도로 충동적이었다. 겟세마네 동산에서 그는 잘 훈련받은 로마 군병들에게 칼을 휘두를 정도로 성급했다. 베드로는 예수님이 무엇이라 예언하시든 결코 주님을 부인하지 않겠노라 확신

있게 선언하면서 스승에게 도전했다. 제자들의 발을 씻기실 때 베드로는 안 된다고 말한 유일한 제자였다. 법정에서 한 천한 여종의 고발에 예수님을 부인했지만, 예수님이 부활하신 후 베드로를 용서하시고 장래 일을 맡기실 때, 요한이 할 일에 더 관심을 보였다. 베드로는 비교가 가장 자기 파괴적인 것임을 알지 못했다.

그러나 사도행전을 읽어 보면 얼마 지나지 않아 베드로에게 어떤 일이 일어났음을 알 수 있다. 그의 삶을 송두리째 뒤흔든 충격적인 사건 이후, 사사건건 저항했던 베드로에게 중요한 변화가 일어났다. 대제사장의 뜰에서 불을 쬐며 몸을 녹이던 소심한 제자가 강력하고 용기 있는 설교자가 되었다. 둔감하고 자기중심적으로 그리스도를 따르던 그가 성숙하고 인정 많고 그리스도를 높이는 사도요 지도자가 되었다. 베드로는 고난을 견디며 박해받는 교회에 세심한 편지를 보내 격려하기도 했다.

무엇이 베드로를 변화시켰는가? 베드로후서 1장은 우리에게 해답의 실마리를 제공한다. 예수님의 **성품**이 베드로를 변화시켰다. 베드로는 예수님과 시간을 보내며 자신에게 이미 변화가 시작되었다는 것을 모른 채 변화되고 있었다. 베드로후서 1장 첫 두 절에는 예수님의 영향력이 세 차례나 언급되어 있다. 베드로를 변화시킨 것은 또한 하나님의 **능력**이었다(3절을 보라). 그가 저항을 멈추고 성령께서 삶을 인도하시도록 맡겼을 때, 하나님의 능력이 임하여 모든 믿는 자에게 허락하신 힘과 지혜를 공급했다. 게다가 베드로는 보호와 인도에 대한 하나님의 **약속**을 알고 있었다(4절을 보라). 이는 분명 힘들어서 옛 습관으로 돌아가고 싶은 유혹에 빠질 때도 베드로를 지탱해 주었다.

사도행전이나 베드로가 쓴 서신서들을 읽어 보면 베드로는 매우 열정적인 사람이다. 그는 복음 전파에 대한 확고한 결단으로 초기 교회를 형성하고, 위협적인 변화의 시기를 거치면서도 초점을 잃지 않고 일관되게 동료 신자들을 돕고 이끌었다. 베드로에게는 사람들을 강건케 하고 그들이 변화에 직면해서도 효과 없고 열매 없는 상태가 되는 것을 방지하는, 하나님이 주신 **계획**이 있었다(5-9절을 보라). 무엇보다 베드로에게는 건강한 **관점**이 있었다(12-15절을 보라). 그는 삶이 계속되지 않으리라는 것을 알고, 섬길 수 있는 힘과 기회가 있을 동안 신실하게 많은 열매를 맺으리라 결심했다. 베드로는 성령의 능력에 힘입어 이 땅과 영원을 바라보며 변화를 거부하려는 충동을 이겨냈다.

코치는 사람들이 이와 같이 하도록 돕는다. 변화에 대한 저항을 다루는 것이 코칭의 주된 도전이지만, 수용적인 사람이나 혁신적인 사람들도 코칭이 필요하다. 이런 사람들은 변화를 열망하지만 종종 자기 주장이 강하고, 열정적이지만 자기 파괴적인 행동이 야기하는 부정적 영향력을 깨닫지 못한다. 이런 사람들은 변화가 바라는 것보다 시간이 오래 걸릴 수 있음을 예상하고 신중하게 실행하는 것이 중요함을 깨달아야 한다.

코치는 위협 요소를 줄이고, 변화 과정을 서두르지 않고, 전통적인 가치관(특히 성경적 가치관)을 존중하고, 고객이 지원받고 있다고 느끼고, 변화를 일으키게 하는 실제적인 지침이 있을 때 변화를 겪는 사람들을 가장 잘 도울 수 있다. 이는 베드로가 겪은 또 다른 사건에 잘 나타나 있다.

예수님이 승천하신 후, 기독교의 메시지는 확산되고 초기 교회는 성장하고 있었다. 그러나 유대인들 사이에서만 그랬다. 예수님이 주신 이 좋은 소식이 유대인들뿐 아니라 이방인들을 위한 것이라고 생각한 신자들은 거의 없었던 것 같다. 그래서 하나님은 스스로 변화의 촉매제가 되어 유대인들의 사고에 자극을 주기로 결심하셨다. 하나님은 이방인 군인과 베드로에게 역사하셨다. 그들은 모두 예수님을 믿고 정통 유대교의 규례를 행하고 있었다. 사도행전 10장과 11장에 기록된 사건은 습관이나 행동의 변화보다 더 중요하다. 하나님은 세상을 영원히 바꿀 중요한 패러다임 변화를 시작하셨다. 하나님이 어떻게 이 겸손한 두 사람을 통해 결정적인 변화를 이루셨는지 생각해 보라. 이 사건은 특히 집단 내에 변화를 일으키는 한 가지 모델을 제시한다.[24]

사람들이 있는 곳에서 시작하고, 작게 시작하는 것을 주저하지 말라. 한 천사가 고넬료에게 나타났다. 베드로는 환상을 보았다. 두 사람 모두 수용적이었다. 또한 기도하는 사람들이었다. 그들은 다음에 무엇이 펼쳐질지 전혀 예측할 수 없었지만 새로운 가능성에 열려 있었다. 성경의 역사를 알고 있다면 하나님이 어떻게 아브라함, 느헤미야, 에스더, 모르드개, 요나단, 요셉과 같은 수많은 인물들을 사용하셨는지 기억할 것이다. 모두 평범한 사람들이었지만 하나님이 변화를 일으키는 리더로 사용하셨다.

> 크고 극적인 변화보다 작은 변화가 더 쉽다. 큰 변화는 어려울 뿐 아니라 변화가 필요한 사람의 다른 영역에 심각한 혼란을 초래할 수 있다.
> _ 빌 오한론(Bill O'Hanlon), 「변화 101: 삶과 치료에 변화를 일으키기 위한 실제적 지침」(Change 101: A Practical Guide to Creating Change in Life or Therapy)의 저자

사람들에게 변화를 생각하고 도전하게 하라. 베드로는 환상을 보고 저항했지만 하나님은 메시지를 반복해서 들려주셨다.[25] 장애물을 무시하거나 최소화하려 하면 변화는 더 어려워진다. 하나님은 베드로의 저항이라는 장애물을 직접 다루셨다.[26] 며칠 후 베드로는 고넬료의 집에 모인 사람들을 설득하는 역할을 했다.[27] 다시 한 번 하나님은 이를 승인하셨다.

변화 과정을 서두르지 말라. 베드로와 고넬료가 겪은 사건은 빠르게 일어났다고 항변할지 모르겠다. 그러나 유대인 신자들이 이방인들도 하나님의 말씀을 받았다는 것을 받아들이기까지는 상당한 시간이 걸렸다. 베드로는 비판받았다. 베드로는 회의적인 유대 그리스도인들에게 상황을 설명할 시간이 필요했다. 그들에게 실제 일어난 일들을 증언했을 때 장애물은 사라졌고, 그들은 변화를 일으키신 하나님을 찬양했다.[28]

모든 코치, 진취적인 리더, 장래를 전망하며 나아가는 목회자, 그 외 변화를

일으키는 사람들은, 예루살렘에 있는 신자들이 베드로와 욥바에 배웅 나온 사람들을 받아들이는 데 시간이 걸렸던 것처럼, 변화를 받아들이는 것이 빠르지도 쉽지도 않다는 것을 알고 있다.

이 장을 시작할 때 언급했던 것을 다시 한 번 짚고 넘어가자. 변화는 어렵다. 사람들과 변화의 과정을 거치는 것은 도전적이고 때로는 소진되는 일이다. 그러나 코칭에서 변화는 가장 중요하다. 새로운 비전을 붙들고 기꺼이 변화를 시도하며 전진하기 위해 실천하는 것처럼 중요한 것은 없다.

20년 후 당신은 시도했던 것보다는 시도하지 않은 일들로 인해 더 많이 실망할 것이다.

그러므로…안전한 항구를 떠나 멀리 항해하라. 바람을 타고 항해하라.

_ 마크 트웨인, 소설가

4장 ·· 코칭은 리더십을 혁신한다

나는 가끔 열렬한 리더십 신봉자라는 생각을 한다. 리더십에 관한 책을 읽고, 리더들과 어울려 다니거나 그들을 코칭하는 것을 좋아한다. 가끔 리더십 컨퍼런스에 가서 영감을 주는 리더들의 강연을 듣고, 리더들과 앞으로 리더가 되고자 하는 이들을 만나며, 리더십 관련 신간을 소개받기도 하고, 실용적인 리더십 개발 도구들을 습득하며, 열정을 재충전하여 집에 돌아온다.

 이 모든 활동들을 통해 나는 컨퍼런스 연사들이나 책에서 거의 언급하지 않는 몇 가지를 발견했다. 이를테면, 하나님이 반드시 리더가 되는 법을 배우기 위해 큰 컨퍼런스에 참석하는 사람을 리더로 선택하시지는 않는다는 것을 지적하는 연사는 단 한 명도 없었다. 하나님이 모세를 선택하셨을 때, 그는 리더십 따위는 별로 생각하지 않고 살았던 80대 늙은 양치기였다. 사무엘이 이스라엘의 새로운 왕에게 기름 부으러 갈 때 다윗을 떠올린 사람은 아무도 없었을 것이다. 심지어 그의 아버지조차 일곱 아들을 선지자 앞에 세우면서도 막내 아들이자 장차 왕이 될 다윗은 양떼와 함께 들판에 두었다.[1] 니느웨 성을 치고자 했을 때 하나님은 요나를 리더로 삼으셨다. 비록 선택받은 리더가 처음 한 일은 도망치는 것이었지만.[2] 하나님은 이방인 세상에 복음을 전할 리더로 다소의 사울을 택하셨는데, 오늘날로 치면 탈레반 단원에게 그 일을 맡긴 것처럼 황당한 선택이었다.

물론 하나님이 리더로서 능력이 없는 자를 택하실 리 없으나 성경과 교회 역사를 들여다보면 최적임자로 보이지 않는 이들을 리더로 택하시는 경우가 많아 보인다. 그들 대다수는 사람들을 이끌기에 적합한 위치에 있지 않았다. 아예 관심 자체가 없는 사람들도 있었다. 하나님은 리더 역할을 거부하는 사람을 택하시는가 하면, 당신처럼 리더십에 대한 내용을 예상하지 않고 그저 코칭에 관한 책을 집어 읽기 시작한 이들을 택하시기도 한다. 그렇지만 하나님이 택하시는 리더는 모두 하나님의 음성에 민감하고, 궁극적으로 그분의 지시에 마음을 열고 따르게 된다.

리더십 관련 서적과 컨퍼런스를 통해 발견한 또 한 가지 사실은, 대부분 목회자, 청년 리더, 기업 임원, 교단이나 조직의 임원 등 이미 리더십 위치에 있는 사람들을 대상으로 한다는 점이다. 리더십 컨퍼런스 참석자 대다수가 그런 사람들이므로 당연히 그들에게 초점을 맞추는 것이 합리적일 수 있다. 하지만 이미 리더인 사람들에게 초점을 맞추는 것은, 진정한 리더가 되려면 어느 회사나 기관이나 교회의 우두머리가 되거나 팀을 이끌거나 어떤 리더십 지위를 차지해야 한다는 인상을 준다.

나도 몇 년 동안 이런 리더십 지위에 있었다. 바로 미국 기독교 상담가 협회(Americn Association of Christian Counselors, AACC) 회장직이었다. 수백 명 규모의 상담가 모임으로 시작된 이 협회는 내가 회장 자리에서 떠날 즈음에는 1만 5천여 회원을 거느린 단체가 되었다. 헌신적인 직원들로 이루어진 작은 팀의 지원을 받으며 나와 내 동역자는 이 단체가 힘과 명성과 영향력을 갖추게 되기까지 몇 년간 거의 무보수로 열심히 일했다. 마침내 때가 되자 나는 신임 회장에게 업무를 인계하고 다른 일들을 하기 위해 회장직을 내려놓았다.

자발적인 결정으로 떠난 것이었는데도 이 결정은 나의 생활뿐 아니라 리더십에 대한 이해에 큰 충격을 남겼다. 나는 새로운 경영진에 자리를 내주고 물러나야 했다. 그러나 거의 10년간이나 AACC의 리더를 맡아 왔던 내가 더 이상 의사 결정에 참여하지 않는 것이 쉬운 일은 아니었다. 결국 어떤 조직에서도 리더의 지위나 역할을 맡고 있지 않기 때문에 나는 더 이상 리더가 아니라고 생각하게 되었다.

그러던 어느 날, 한 호텔 앞에서 번쩍거리는 안내판에서 이런 글귀를 읽었다. **리더십은 지위가 아니라 행위다.** 누가 나와 함께 있었다면 내가 얼마나 큰 충격을 받았는지 알았을 것이다. 그 충격을 설명할 수는 없지만, 마치 내 몸 안에 희망의 전류가 채워져 흐르는 듯한 기분이었다. 맞는 말이다. 그 조직의 직위를 내려놓은 후에도 나는 리더일 수 있었다. 어느 조직이나 어떤 지위와 상관 없이도 나는 리더가 될 수 있었다. 지금이라면 너무 명확한 사실이지만, 당시 나에게는 이것이 강력한 통찰이었다. 사무실이나 비서나 대중 앞에 설 기회나 리더로서의 지위나 직함이 없어도 리더가 될 수 있다.[3] 처음으로 나는 집필, 강연, 가르침, 양육, 일대일 멘토링 등을 통해 리더 역할을 할 수 있다는 것을 깨달았다. 우리는 우리가 사는 방식을 통해 리더가 될 수 있고, 또 분명히 코칭을 통해 리더의 역할을 수행하고 있다. 당신이 코치라면 이미 리더다. 이 둘은 뗄 수 없는 관계다.

리더십으로서의 코칭

코칭과 리더십의 연관성은 스포츠 분야에서 가장 확실히 나타난다. 운동선수와 코칭받는 사람은 모두 어떤 목표를 달성하거나 문제 해결에 도움을 얻고자 코칭을 받는다.[4] 스포츠 코치가 전문가로서 방향을 제시하고 명령을 내린다면, 임원 코칭 또는 라이프 코칭을 하는 코치는 행동을 자극하는 질문을 하고 피드백을 준다. 두 분야 모두 코칭은 이끄는 것을 포함한다. 이 두 유형의 코치는 비전 제시, 목표 설정, 성과 향상에 헌신하고, 의구심 제거, 자신감 제고, 기술 확립, 이상을 향해 나아가는 것을 돕는다.

남캘리포니아 대학교 리더십 연구소의 창립 의장인 워렌 베니스는 세계적으로 저명한 리더십 전문가다. 반세기 동안 리더들을 관찰하고 그들에 관해 글을 써 온 베니스는, 그들이 모두 한 가지 특성을 공유하고 있다고 결론지었다. 그들은 모두 하나의 일관된 목적과 모든 것을 아우르는 비전을 갖고 있다. 베니스는 "리더들은 개인적으로 그리고 직업적으로 자신이 무엇을 원하는지를 분명하게 알고 있다. 그들은 난관에 봉착하거나 실패를 겪어도 계속 나아갈 수 있는 힘이 있으며, 자신이 어디로 왜 가고 있는지를 안다"고 썼다.[5]

리더들은 또한 도덕성이 있어서 그들의 말은 믿을 수 있다. 그들이 하겠다고 약속한 것은 반드시 해낼 것이라고 믿어도 좋다. 그들은 마음으로 무엇이 옳은지를 결정하며 일관되게 행동한다. 그들은 자신의 도덕관이나 행동방식을 구구절절 설명하는 일이 거의 없다. 굳이 그럴 필요가 없기 때문이다. 그들은 자신이 옳다고 생각하는 대로 산다. 가장 절친한 친구들과 가족들을 비롯해 모두가 이 사실을 안다.

사람들은 도덕성이 없는 리더에 대해, 가끔은 그들의 헌신을 고마워하지만 결코 신뢰하거나 존경하지는 않는다. 기본적인 신용이 없기 때문이다. 프로 미식축구 코치 돈 슐라는 말했다. "신용 있는 자라야 리더십을 발휘할 수 있다. 내 생각에 신용이란 사람들이 내 말을 거리낌 없이 믿고 따를 수 있는 것이다."[6] 이는 단순히 신용의 문제가 아니라 도덕성에 관한 문제다.

리더십의 다른 특징으로는 능력, 존경, 신뢰, 용기 등이 주로 제시되고 가끔 겸손도 거론된다. 위대한 리더들은 자신이 중요한 인물로 대우받을 때라도 우쭐거리거나 오만하게 행동하지 않는다. 컨퍼런스 연사들은 리더의 헌신과 집중력, 목표 달성 능력과 그 과정에 다른 사람들을 참여시키는 능력에 대해 자주 이야기한다. 일부 리더들이 자기 홍보를 효과적으로 해서 출셋길을 닦는다는 연구 조사가 있기는 하지만, 최고의 리더는 임무를 완수하고 유능한 팀을 만들어내며 조직의 목표를 달성하는 능력을 갖춘 이들이다.[7]

이런 리더들은 대량 생산되지 않는다. 아무리 독서를 많이 한다 해도, 좋은 컨퍼런스에 아무리 자주 참가한다 해도 이런 리더가 된다는 보장은 없다. 리더십 과정을 이수하거나 리더십 지위에 선출되거나 회사, 교회, 팀 내에서 리더십 책임을 부여받았다고 해서 리더가 되는 것이 아니다. 열정이 넘치고 성품이 좋다고 해서 훌륭한 리더가 되는 것도 아니다. 훌륭한 리더는 생각하는 법, 상황을 명료하게 읽는 법을 터득한 사람이며, 창조적이면서도 유연하게 사고할 수 있는 사람이다. 리더로서의 궁극적인 성공은 새로운 리더들을 배출하고 그들이 혼자서도 효과적으로 업무를 수행할 수 있게 만드는 능력에 있다.

> 리더십 코치는 당신의 삶 속으로 들어가 함께 동행하며
> 피드백과 신선한 관점을 제시하고
> 적당한 때에 당신의 옆구리를 찔러 앞으로 나아가게 하는 사람이다.
> _ 앨런 넬슨(Alan Nelson), 코치 겸 "레브"(Rev!) 지 편집자

훌륭한 코칭은 훌륭한 리더들을 길러 내는 데 필수적인 요소다. 코치는 리더십 관련 서적 독자나 리더십 개발 전문가가 아닐 수도 있다. 코칭받는 사람이 개인 또는 조직의 목표를 달성하도록 코칭 기술을 활용할 줄 아는 사람들이 바로 최고의 코치들이다. 코칭은 급격히 부상하는 매우 중요한 리더십 유형이며 리더십 훈련이다. 리더가 될 생각이 없다면 코치가 될 생각도 접으라.

코칭을 통한 리더 육성

스티브 오그네(Steve Ogne)와 팀 로엘(Tim Roehl)은 리더십 코치로서 파릇파릇하고 포스트모던한 신세대 리더들을 육성하는 일에 헌신하고 있다. 이들은 젊은 세대 리더들에게 더 많은 권한과 책임을 부여하고 그들이 또 다른 이들을 이끌고 권한을 위임할 수 있도록 돕는다. 오그네와 로엘은 대개 코칭이 성과, 생산

성, 효과에 지나치게 초점을 맞추고 있다고 결론을 내렸다. 기업 환경에서는 이런 요소들이 중요하지만, 성공과 성과만을 강조하면 목회와 리더십 육성이 설 자리가 없어지게 된다. 오그네와 로엘은 리더들이 인격적으로 변화해야 할 네 가지 핵심 영역에 초점을 맞추는데, 이 영역들은 리더의 **소명**, **성품**, **공동체** 참여, 세속 **문화**와의 관계다.

목회에 대한 확실한 소명을 가진 리더는 다른 사람들을 목회로 불러들이는 데 뛰어난 자질이 있다. 성품이 강인한 리더는 다른 사람들의 성품을 개발하는 데 적합하다. 제대로 된 공동체에서 경험을 쌓은 리더는 다른 사람들이 그런 공동체를 만드는 것을 도울 수 있다. 사람들과 진실한 교제를 나누고 봉사함으로써 세속 문화와 지속적으로 관계를 맺어 온 리더는 다른 사람들도 그렇게 하도록 이끌어 줄 수 있다. 코치는 이 네 가지 영역, 즉 리더들이 **소명을 명확히 하고**, **성품을 함양하며**, **공동체를 만들고**, **문화와 관계 맺는** 것을 돕는 데 초점을 맞춰야 한다. 코칭할 때 이런 영역들을 한 번에 한 가지씩 다룰 수도 있지만, 모든 코칭 관계에서 이 영역들을 골고루 다루는 것이 중요하다.[8]

이는 리더십 코칭으로 알려진 영역을 보는 한 가지 관점이다. 리더십 코칭이라는 용어는 널리 쓰이기는 하지만 자주 혼란을 일으킨다. 어떤 저자들은 리더십 코칭을 일반적인 코칭과 동의어로 사용한다. 그들은 코칭은 강조하지만 리더십은 간과한다. 수많은 코치들이 리더십 코칭을 임원 코칭이나 기업 코칭, 즉 기업과 비즈니스 리더들에 대한 일반적인 코칭과 같은 것으로 간주하는 것 같다.[9] 일부 저자들은 리더십 코칭을 리더를 육성하는 한 방편으로 보기도 한다.[10] 이 책에서 리더십 코칭은, 더 좋은 리더가 되게 하는 것과 다른 이들을 이끄는 방법으로 코칭을 활용하도록 돕는 것, 이 두 가지 목표를 두고 리더와 잠재적 리더를 코칭하는 것을 말한다.

> 리더십 코칭은 리더의 잠재력을 극대화하여
> 리더가 더 높은 산을 오를 수 있도록 돕는, 우리 시대에 새롭게 발견된 방법이다.
> _ 앨런 넬슨

몇 년 전, 한 기관에서 직원들의 리더십 계발을 도와 달라며 나를 찾아온 적이 있다. 그 기관의 리더들과 협력하여 두 가지 목적을 이루기 위한 프로그램을 개발해 달라는 것이었다. 첫 번째 목적은 전체 직원들 중 선발된 직원들을 코칭해서 더 나은 리더로 만드는 것이고, 두 번째 목적은 그 직원들이 코칭의 원리를 활용해 다른 사람들을 이끌 수 있도록 교육하는 것이었다. 우리는 참가자를 선발한 후 그 기관의 정기적인 리더십 세미나와 병행해 가며 그들을 한 사람씩 코칭했다. 직원들은 개인적인 문제와 직업에 관한 문제를 놓고 코칭을 받았으며, 코칭 방법을 활용해 부하 직원들을 이끄는 법을 배웠다. 우리가 거둔 성과를 체계적으로 계량화할 수 없어 아쉬웠지만 참가자들은 열광적인 반응을 보였다.

특히 흥미로웠던 것은 훈련을 받은 리더의 부하 직원들이 보인 즉각적인 반응이다. 한 여성 직원이 상사에 대해 말했다. "코칭을 배우신 후로 우리를 예전과 다르게 통솔하세요. 더 많이 경청하고 우리를 더 존중하며 전체 업무에 더 많이 참여시켜 주십니다." 코칭의 원리를 리더십에 적용하는 것은 분명 유익하다. 리더들이 코칭 기술을 사용하도록 교육받고 코칭도 받은 다른 곳에서도 같은 일이 벌어졌다. 코칭은 리더를 세우는 데 활용할 수 있고, 리더가 다른 이들을 이끌 때 활용할 수 있는 기술이다.

다시 스티브 오그네와 팀 로엘의 이야기로 돌아가 보자. 이들은 전통적인 기업 리더십이 아주 젊고 포스트모던한(두 단어가 동의어는 아니다) 세대의 관점이나 접근 방식과는 다르다는 것을 알고 있다. 그 차이에 대해서는 나중에 다시 논하겠지만, 포스트모던한 관점이 광범위하게 수용됨에 따라 우리가 이끌고, 가르치고, 목회를 하고, 삶을 영위하는 방식도 변화하고 있다. 우리는 기존 기업들과 전통적인 교회들에서 구시대적인 상명하달 식 리더십을 고집할 수 있다. 그러나 새롭게 등장하는 세대들은 다른 접근법을 필요로 할 뿐 아니라 그것을 강력히 요구하기까지 한다. 코칭을 활용해 가르치고 이끄는 것은 그들이 요구하는 접근법과도 잘 맞아떨어지는 측면이 있다.

> 성과 또는 생산성에 지나치게 초점을 맞추는 코칭 패러다임은
> 관계, 진정성, 공동체를 중요하게 생각하는
> 젊고 포스트모던한 리더들에게 의심받고 배척당한다.
> _ 스티브 오그네, 팀 로엘, 「목회 변화를 위한 코칭」(TransforMissional Coaching)의 공저자

들소와 기러기의 리더십 유형에 관해 들어본 적이 있을 것이다. 들소는 리더에 대한 충성심이 지극하다. 그들은 리더가 지시하는 대로 움직이고 리더가 가는 곳이면 어디든지 따라가며 리더가 나타나기를 기다리면서 서성거린다.[11] 서부 개척 시대의 초기 정착민들은 이 사실을 재빨리 간파했다. 앞에서 이끄는 들소를 죽이면 모든 들소 무리는 제자리에서 맴돈다. 리더를 잃고 어쩔 줄 몰라 하는 들소 무리를 도살하기는 식은 죽 먹기였다. 오랜 세월 동안 리더들은 들소 리더처럼 되라고 교육받았다. 리더의 임무는 비전을 제시하고 계획하며 명령하고 조직하고 지시를 내리며 완전한 통제권을 장악하는 것이라고 생각했다. 최고의 리더라면 가장 명료한 비전, 가장 뛰어난 계획, 가장 충성스러운 추종자들을 확보하고 있어야 한다고 생각했다. 리더는 권력과 명성을 가졌다. 더도 덜도 말고 그저 시키는 대로만 묵묵히 일하는 창조력 없는 추종자들에 둘러싸여 리더도 장시간 일했다. 이런 들소 유형의 리더들은 이제 매우 진부한 존재가 되어 버렸다. 그들은 별로 변화하지 않았고, 은퇴할 나이가 됐는데도 내려놓기를 거부했다. 그들은 권력을 내놓으려 하지 않았으며, 자신들을 대신할 만한 믿음직한 후배들도 훈련해 두지 않았다.

당신 주변에는 아직도 이런 들소 유형의 목사, 교수, 비즈니스 리더들이 있을 것이다. 그들 중 대다수는 더 이상 중요한 존재가 아니며, 혁신적이거나 진취적이지도 않다. 그들을 둘러싸고 있는 사람들은 대부분 노쇠해 가는 들소 유형의 순종적인 추종자들로서 평생 학습이나 창조적 사고에 그다지 관심이 없고 또 현 상태를 변화시키는 데도 별 관심이 없다. 아마 그 사람들은 코칭에도 그다지 관심이 없을 것이다.

이와는 대조적으로 오늘날 우리는 리더십에 대한 다른 접근법을 갖고 있다. 유능한 리더들은 들소보다 기러기에 가깝다. 기러기들을 유심히 본 적이 있다면, 그들이 지저분하고 시끄러우며 공격적인 동물임을 알 것이다. 그러나 그들은 하늘을 나는 법을 안다. V자 형 편대에는 항상 리더가 있지만, 이 리더는 수시로 바뀐다. 어느 기러기나 자신이 가고 싶은 곳으로 날아갈 수 있지만, 편대를 이루어 방향을 바꾸고 또한 리더를 바꿔 가며 비행한다. 기러기 유형의 리더들은 조직의 모든 구성원들이 리더의 자질을 갖추고 리더가 되는 경험을 할 수 있도록 독려한다. 그들은 변화와 창의성을 두려워하지 않으며, 앞으로 나아갈 때 권력과 통제를 유지하려고 전전긍긍하지 않는다. 그들은 책임감, 능력, 성품 계발, 주인 의식을 가르치는 데 더 열중한다. 조직의 리더 기러기가 휴가를 가거나 은퇴해도 언제나 그 뒤를 이을 능력과 에너지를 갖춘 다른 기러기들이 있다. 현대의 리더십은 기러기 유형의 리더십이다.[12]

리더십은 당신이 알고 있는 것이나, 당신이 아는 것을 다른 사람들에게 말해 주는 것이 아니다. 리더십은 팀을 구축하고, 혁신을 독려하며, 전략적으로 사고하고, 장애물을 제거하며, 비전을 창출하고, 위험을 감수하는 것이다. 리더십은 개인의 직함이나 지위와는 별 관계가 없다. 오히려 신뢰할 만하고 협력적이며 민감하고 세상 흐름을 잘 알면서, 기꺼이 새로운 일들을 시도하는 것과 관계가 있다. 심지어 당신의 제자나 추종자가 당신을 뛰어넘어 리더 자리에 오르는 것을 보고 박수를 쳐 줄 수 있어야 한다. 이 모든 것을 글로 쓰고 읽기는 쉬워도, 실행하기는 어렵다. 이럴 때 코칭이 필요하다. 코칭은 리더들이 기러기처럼 날고 또 다른 이들도 그렇게 할 수 있도록 가르치는 권한과 책임을 부여한다.

코칭으로 이끌기

매년 얼마나 많은 리더십 관련 서적이 나오고, 훈련 세미나와 컨퍼런스가 열리는지 정확히 아는 사람은 없을 것이다. 그 내용과 접근 방식은 달라도 목적은 비슷하다. 그것들은 모두 사람들의 리더십 역량을 향상시키기 위해 존재한다.

물론 리더십에 정해진 공식은 없다. 많은 것이 리더가 처해 있는 환경, 리더들과 추종자들의 성격과 스타일, 리더의 인생 단계, 그리고 리더들과 그들의 리더십을 형성하는 결정적인 사건들에 달려 있다. 워렌 베니스는 리더십에 관한 흥미로운 책에서 30세 이하(그는 그들을 '꼬마'라고 불렀다) 집단의 리더 및 추종자들과 70세 이상 노인('영감님') 집단의 리더 및 추종자들을 비교했다. 양 극단의 연령대에서, 한 가지 자질이 성공을 결정짓는 것으로 나타났다. 그것은 바로 적응력이었다. 베니스는, 적응력은 "인생의 불가피한 변화와 실패에도 불구하고 잘 살아갈 수 있는 능력을 갖춘 모든 사람이 지닌 결정적인 능력"이라고 정의한다. 이를테면 "가장 성공적으로 살아온 사람들은 과거에 눌러앉아 있기보다 열정과 낙관으로 끊임없이 새로운 것을 배우고 앞을 내다보는 엄청난 적응력을 지니고 있었다."[13] 적응력이 뛰어난 이런 사람들이 코칭에 가장 잘 반응하고, 사람들을 이끌 때 코칭 방법들을 활용하며, 또한 코칭을 이해하고 활용하는 리더들을 가장 잘 따랐던 것 같다.

> 리더를 양성하는 단 한 가지 최고의 방법은 그들을 안전한 환경,
> 이미 알고 있는 곳에서
> 끌고 나와 전혀 모르는 곳으로 던져 버리는 것이다.
> 그들의 생각을 뛰어넘을수록 좋다. 실제로 더 많이 도전해야 할수록,

더 큰 압박과 위험에 직면할수록 역동적인 리더가 나타날 가능성이 높아진다.

_ 브루스 윌킨슨(Bruce Wilkinson), 「꿈을 주시는 분」(The Dream Giver)의 저자

코칭의 영향력이 더 커지고 더 많은 사람들이 코칭에 관해 알수록, 코칭과 리더십이 더 긴밀하게 연관된다는 것을 우리는 어떻게 알 수 있는가? 다음의 몇 가지 내용을 살펴보자.

1. 코칭과 리더십은 경험에 관한 것이다. 사람들에게 코칭과 리더십을 가르치면서 나는 한 가지 중요한 핵심 원리를 알게 되었다. 코칭과 리더십은 경험과 연습을 통해 습득되는 기술이다. 다른 사람들이 우리에게 행하는 코칭과 리더십을 경험할 때마다 우리는 배울 수 있다. 배운 것을 연습해서 다른 사람들에게 적용해 볼 수 있다. 가끔, 적극적으로 참여하지 않고 시연이나 지켜보면서 강의를 듣거나 노트 필기하는 정도를 예상하고 오는 참가자들이 나에게 코칭 세미나를 해 달라는 부탁을 한다. 물론 이런 요청은 거의 대부분 거절한다. 훈련 세미나에서 정보를 제공하는 것도 필요하다. 그러나 훈련 효과를 극대화하려면 참가자들이 코칭 시연을 보고 코칭을 직접 경험한 후, 다른 사람에게 코칭 기술을 실습해 봐야 한다. 다양한 리더십 강좌를 이수한 한 친구는, 정보가 도움이 되기는 하지만 "리더가 되는 최고의 방법은 직접 리더가 되어 보는 것"이라고 결론지어 말했다. 코칭도 마찬가지다. 훈련도 더 없이 소중하고, 경험 많은 코치에게 코칭받는 것도 매우 중요하지만, 궁극적으로 코치가 되는 최선의 방법은 직접 코칭을 하는 것이다.

2. 코칭과 리더십은 관계에 관한 것이다. 코칭은 특별한 관계이며, 목적이 있는 파트너십이다. 정직과 존중, 신뢰, 상호 합의된 목표를 향해 나아가는 것이 이 관계의 특징이다. 훌륭한 코치는 예수님이 일생을 통해 보여 주셨고 마태복음 20:20-28에서 말씀하신 섬김의 리더십을 보여 준다. 훌륭한 리더도 마찬가지다. 그들은 사람들 위에 군림하거나, 강압적으로 권위를 행사하거나, 더 높은

자리를 차지하기 위해 아귀다툼을 하지 않는다. 위대한 리더는 위대한 코치가 그런 것처럼 위대한 종(servant)이다.

> 코칭은 사람들이 목표를 달성할 수 있도록 도와주는
> 섬김의 리더십에서 가장 중요한 요소다.
> _ 켄 블랜차드, 빌 하이벨스, 필 하지스, 「성경에 나오는 리더십」의 공저자

코칭은 섬김의 리더십의 가장 분명한 형태다. 코치는 마치 종처럼, 섬김받는 사람을 이해하고 도와주려고 한다. 그런 사람은 자신의 현재 상태에 대한 불만족과 앞으로 어떻게 나아가야 할지 모르는 불안감을 안고 찾아온다. 이런 욕구를 충족시키기 위해 코치는 그와 동행하면서 지속적으로 안내하는 관계를 맺고, 지식이 풍부하며 비전에 민감한 동반자가 되어야 한다. 당신이 좋은 리더가 되고 싶다면, 좋은 코치가 되는 법을 배우라. 당신이 좋은 코치가 되고 싶다면, 관계를 이해하고 만들어 가는, 섬기는 리더가 되는 법을 배우라.

3. 코칭과 리더십은 성품과 역량에 관한 것이다. 비즈니스계에는 매우 지적이고 노련한 임원들이 리더 자리에 올랐다가 실패하고 마는 이야기가 많이 있다. 이와는 대조적으로, 능력은 분명히 있지만 뛰어난 기교는 없는 사람들이 리더 자리에 올라서 승승장구하는 사례도 많다. 한 가지 중요한 차이라면 성공적인 리더들은 수준 높은 정서지능과 사회지능을 지니고 있다는 점이다.

이 분야에서 중요한 연구를 해 온 심리학자 대니얼 골먼에 따르면 **정서지능**은 우리 자신과 우리의 관계를 효과적으로 관리하는 능력이다. 그것은 네 가지 기본적인 역량, 즉 자기 인식 능력, 자기 관리 능력, 타인 인식 능력, 타인 관리 능력에 기반한다.[14] 약간 다르지만 중복되는 개념이 **사회지능**이다. 이 지능을 지닌 사람은 감정이입을 잘하고, 다른 사람의 생각과 감정에 맞추며, 조직을 잘 알고, 집단이나 개인에게 영향을 미치는 능력이 뛰어나다. 또 다른 사람들의 성

장에 헌신하며, 영감을 불러일으키고, 팀을 지원하며 바로 세우는 것을 일관되게 보여 준다. 아주 유능한 리더들을 보통 사람들과 비교해 보면, 최고의 리더들은 수준 높은 정서지능과 사회지능을 지니고 있다.[15]

골먼은 이런 특징들이 두뇌 회로와 연관되어 있음을 보여 주었다. 신경과학 연구 덕분에, 우리는 코치, 상담가, 리더가 감정이입과 순수한 관심을 보여 줄 때 다른 사람의 뇌에 어떤 일이 일어나는지 알 수 있다. 두 사람의 신경 회로 사이에 조율이 일어나면 그들의 두뇌 안에서 상호 연결 작용이 일어난다. 사회지능을 지닌 사람은 그들을 다른 사람들과 연결하는 인지 회로를 발전시킨다. 이 때문에 리더와 코치들은 자기 일에 더욱 효과적이고 유능해질 수 있다.[16]

특히 흥미로운 것은 정서지능과 사회지능이 어떤 사람에게는 있고 다른 사람은 결코 지닐 수 없는, 유전자적으로 정해져 있는 것이 아니라는 사실이다. 누구나 사회지능을 배우고 발전시킬 수 있으며, 뇌 속에 새로운 사회적 회로를 개발할 수 있다. 가장 좋은 방법 하나는 성공적으로 사회적 행동을 하는 살아 숨쉬는 모델, 즉 순수한 대인 관계 기술을 쉽고 편안하게 구사하는 사람과 함께 시간을 보내는 것이다. 사회지능이 반영된 대인 관계 기술을 갖춘 사람을 관찰하고 그것을 "직접 경험하고 내재화해서 궁극적으로 모방할 때" 성공적인 리더와 민감한 상담가로 성장할 수 있다.[17] 리더를 포함한 모든 사람이 정서지능과 사회지능을 키울 수 있는 가장 주요한 방법이 코칭이라는 것은 전혀 놀랄 일이 아니다. 결국 코칭은 효과를 높이고 인격을 함양하며 공동체 의식을 더 확장하는 데 기여하는 잠재력을 지니고 있다.

4. 코칭과 리더십은 공동체에 관한 것이다. 피터 드러커는 아마 자신을 코치라고 여기지는 않았을 것이다. 하지만 이 탁월한 리더십 전문가는 선견지명이 있어서 우리 가운데 누군가가 코칭에 대해 생각하기 훨씬 전부터 코칭이 빠른 속도로 부상할 것을 예견했던 것 같다. 다른 노인들이 창의성은 제쳐두고 은퇴해서 안락의자나 골프 카트에 몸을 맡긴 것과 달리, 드러커는 일선에서 물러나지

않았다. 90대라는 나이에도 더욱 왕성하게 활동했던 드러커는 리더십의 핵심 과제를 '독특한 사람들을 모아서 그들의 미래 목표를 정의하고 동반자 관계로 나아가면서 그 목표를 달성하게 만드는 것'이라고 설명했다.[18] 내가 보기에 이것은 코칭과 매우 비슷하다.

기업체를 연구하고 컨설팅하면서 드러커는 비즈니스계가 해결하지 못하는 사회의 근본적인 문제를 발견했다. 산업혁명 초기부터 기업과 산업계는 사람들을 공동체에서 끌어냈다. 재계와 비즈니스계는 효율성을 높였고, 생산성을 증대했으며, 품질 관리를 개선했지만 그 와중에 공동체는 파괴되었다. 오늘날 사람들은 함께 일하고 생산하며, 제품을 시장에 내놓고, 이윤을 창출한다. 하지만 대개 그들의 희망과 열정 그리고 가장 심오한 가치는 집에 두고 온다. 인력 축소, 외부 위탁, 가치 전환, 그리고 포스트모더니즘의 시대에, 그들은 직장에서 공동체 의식을 발견하지 못한다. 가정에서조차도 공동체 의식을 못 느낄 때가 많다. 진정한 공동체를 발견할 수 있는 곳은 오직 한 곳밖에 없다고 드러커는 주장했다. 그것이 바로 교회다. 대형이든, 중형이든, 소형이든 규모에 관계없이, 교회는 사람들을 끌어 모으고 섬길 수 있는 기회를 주며 서로 연결해 주기 때문에 강력한 영향력을 지닌다. 드러커가 말한 "목회적 교회"들은 변화하는 세계를 마뜩 찮아하거나 과거를 애도하는 데 시간을 허비하지 않는다. 오히려 이런 교회들은 변화와 심지어 절망까지도 사역과 더 나은 미래를 위한 기회로 본다. 기업체의 리더와 관리자들처럼, 교회에 속한 사람들도 한결같이 인간 세상의 현실에 대해 생생한 감각을 가진 사람들이다. 그들은 결과를 만들어 내지 못하는 이론들에는 거의 관심이 없다.[19]

당신이 대형 교회를 어떻게 생각하든 공동체 안에서 변화가 자주 일어난다는 데 동의할 것이다. 크리스천 코치들은 사람들이 개인적으로 자신의 삶을 그리스도께 헌신한다는 것을 알고 있다. 우리 각자는 성령의 인도를 받는 가운데 내적 변화를 경험한다. 그러나 우리는 공동체 안에서 그리고 공동체를 통해서 섬기고 그곳에서 가장 많이 자라며 가장 많은 도전을 받는다. 우리는 공동체 안에 있을 때 가장 큰 성장을 경험한다. 이런 현상은 상대적으로 숫자가 적고 때때로 세가 기울기도 하는 대형 교회들에서도 나타나지만, 또한 수천에 이르는, 더 작고 눈에 잘 띄지 않으며 사람들에게 민감한 교회에서도 일어나고 있다. 이들 중 최상의 교회는 그들이 무엇을 믿는지 정확하게 알고 있으며 성경적 기초 위에서 흔들리지 않는다. 그들은 또한 자신의 문화를 잘 인식하고, 그에 따라 사역과 전도에 대한 접근 방법을 조정한다. 그들은 현대인들이 공동체를 떠나서는 해결할 수 없는 문제들을 안고 있음을 알기에 긍휼의 손길을 내민다. 불과 몇 년 전만 해도 교회의 성장이 중요한 주제였지만, 지금은 교회의 건강이 더 나은 개념이라는 것을 우리는 알고 있다. 교회가 건강하고 다른 사람들이 건강해지도록 도울 때 성장도 일어난다.

> 코칭은 미래의 리더들을 위한 모델이 될 것이다.
> 코치는 가르치고 멘토링하고 능력을 부여한다.
> 나는 리더십은 학습될 수 있으며 탁월한 코치일수록…
> 학습이 더 잘 되게 돕는다고 확신한다.
> _ 워렌 베니스, 존경받는 리더십 전문가, 남캘리포니아 대학교 리더십 연구소 설립자

나는 목회 상담의 신봉자이며, 그리스도인들이 사람들을 돕는 자로 훈련될 수 있다고 믿는다. 모든 교회에는 민감하고 동정심이 많으며 다른 사람을 효과적으로 돌보는 기술을 타고난 사람들이 있다. 그러나 모든 사람을 이렇게 문제 중심적으로 돌봐야 하는 것은 아니다. 교회 안에서 어떤 이들, 특히 경험 많고 성숙한 사람들은 다른 이들을 격려하고 동기부여 하며 인생 여정을 안내하는 역할에 더 잘 맞는다. 코칭이 세상 속 사회에서 널리 받아들여진 것처럼, 언젠가는 '그리스도인을 코치로 훈련하기'라는 말이 교회 안에서 일반적으로 회자되

고, 또 그것이 가치 있는 사역이 될 것이다. 언젠가 교회 안의 사람들은 리더십과 코칭은 함께 가야 하며, 코치들이 진정한 리더라는 것, 가장 성공적인 크리스천 리더들은 코칭 기술을 보유하고 활용한다는 사실을 깨닫게 될 것이다.

리더십 코칭은 시간과 헌신과 에너지를 요구한다. 기업에서는 누구나 너무 바쁘고 결과를 내는 데 지나치게 치중하며 성공을 위한 경력 쌓기에 쫓겨 오직 자신에게만 초점을 맞추고, 다른 사람들이 잠재력을 발휘하도록 도와주는 데는 에너지와 관심이 거의 없기 때문에 코칭이 항상 효과를 내는 것은 아니다. 리더들은 다른 사람들에게 투자할 시간을 내야 하는 어려운 결정을 해야만 한다. 만일 당신이 기업이나 교회 혹은 다른 기관의 리더이거나, 가정을 관리하기에 분주하거나, 정신없이 바쁜 일에 몰두하고 있다면, 이러한 코칭의 사고틀을 개발하고 실천하기가 매우 어려울 것이다. 사실 성공적이고 에너지 수위도 높은 리더들이 성공적인 코치로 변화하기가 어렵다는 근거도 있다.[20] 그래서 완전히 새로운 직업이 부상하고 있다. 더 많은 경험과 객관성을 가진 사람들로부터 지침을 얻으려는 사람들에게 (보통은 돈을 받고) 코칭 서비스를 제공하는 것이다. 이런 전문 코치들에게 기업계 내부 사람들이 빈번하게 컨설팅을 요청한다. 이와 같은 비즈니스 코칭과 라이프 코칭이라는 폭넓은 주제는 엄청난 잠재력을 지니고 있다. 그것은 리더십이 상명하달 식 관리에서 탈피하여, 예수님이 몸소 실천하셨고 신세대들이 선호하는 코칭 스타일의 리더십으로 혁신하도록 도와줄 것이다.

2부
코칭의 기술

코칭 관계 | 코칭의 기술: 경청, 질문, 반응 | 코칭 모델과 문제들

한국 숲지도

5장 ·· 코칭 관계

오래전에 나는 잡지사를 시작해서 8-9년간 편집장을 맡았다.[1] 처음에는 창의성과 비전 그리고 혁신적인 사람들과 함께 일할 수 있는 기회들로 가득 찬 흥미진진한 벤처 회사였다. 우리는 신생 잡지사들이 대부분 실패한다는 것을 알고 있었지만 아무도 가지 않은 험난한 길을 향해 열정적으로 나아가기로 결심했다. 몇 주 지나지 않아 우리는 질 좋은 기사를 얻고, 광고주들을 유치하며, 구독자들을 유지하고, 멋진 디자인과 지면 구성을 하며, 마감 시간을 맞추고, 매호가 참신하다는 점을 알리는 일들이 어렵다는 것을 깨달았다. 최대 과제는 따분한 글을 쓰지 않는 필자를 찾는 것이었다. 그 즈음에 나는 한 대형 잡지사 편집장이 외부 원고를 걸러내는 데 대학생들을 동원한다는 말을 들었다. 첫 문장이 독자의 관심을 끌지 못하는 원고들은 대부분 사장되었다. 좋은 글(이를테면 이 책의 각 장과 같은)은 사람들의 마음을 끌고 관심을 사로잡아야 하며, 첫 문장부터 끝까지 독자들을 몰입시켜야 한다.

훌륭한 코칭도 마찬가지다. 코칭을 받고자 찾아오는 사람들 중 일부는 자신이 무엇을 기대하는지조차 분명치 않다. 어떤 사람은 코치와의 첫 대면에서 겁을 먹거나 잔뜩 긴장한다. 마치 글 쓰는 사람처럼 코치는 고객의 마음을 열고,

친밀감을 느끼게 하며, 굳건한 신뢰 관계를 구축하는 데 앞장서야 한다. 다음 장들에서 우리는 코치가 습득해야 할 기술들과 코칭 과정에 대해 논의할 것이다. 하지만 그 전에 관계 구축의 기초 작업부터 마쳐야 한다.

첫째, 코치는 고객을 계속 몰입하게 만드는 지속적인 **파트너십**을 형성하는 데 힘써야 한다. 둘째, 당신과 고객의 관계를 규정하는 **전제**들을 분명하게 해 두어야 한다. 코칭이란 무엇이며, 코칭이 아닌 것은 무엇인지 명확하게 밝히는 것이 여기에 포함된다. 전제가 불분명하거나 서로 다르면 당신이 앞으로 나아가려고 해도 코칭에 자주 제동이 걸리게 된다. 셋째, 코칭을 시작할 즈음, 고객이 논의하고 싶어 하는 **문제를 탐구**하는 것이 도움이 될 수 있다. 넷째, 이 모든 것을 통해서 당신은 고객과 함께 일하는 것의 장단점을 포함해 **고객을 평가**할 수 있게 될 것이다. 마지막으로, 어떤 경우에는 코칭을 어떻게 진행할 것인지에 대해 **계약**을 해야 할 것이다. 이 5가지 항목 모두가 코칭 관계의 핵심이 된다.

파트너십 구축하기

「상호 협력적 코칭」(*Co-Active Coaching*)은 널리 사용되고 있는 훌륭한 코칭 교재의 제목이다.[2] 이 제목과 책은 모두 코칭이란 "코치와 고객의 적극적이고 협력적인 참여와 관련된 것"[3]이며, 고객의 자기 발견, 꿈, 목표에 초점 맞추어 대화하면서 파트너로 함께 일하는 것이라고 말한다. 코칭이란 고객의 필요와 목표를 충족시키기 위해 존재하는 동등한 두 사람 간의 연합이다. 「상호 협력적 코칭」의 저자들에 따르면, 코칭은 코치의 전문성이나 조언이나 해결책에 관한 것이 아니다. 코치는 지혜를 전수하거나 방향을 제시하지 않는다. 코치가 하는 일은 "고객들의 꿈과 욕구와 열망을 잘 표현하게 도와주고, 그들의 사명과 목적과 목표를 명확히 하도록 도와주며, 그 결과를 성취하도록 도와주는 것이다."[4] 이와 같은 상호 평등하고 상호 협력적인 초점은 코칭을 상담, 멘토링, 컨설팅, 기타 상명하달 식 관계들과 확연히 구분 짓는다. 코칭은 상호 존중과 헌신에 근거한 신뢰 관계를 발전시키는 것으로 시작된다.

때때로 이런 관계들은 자연스럽고 신속하게 이루어진다. 처음부터 두 사람 사이에 친화력이 생긴다. 그들은 비슷한 생각을 하고, 유사한 관점을 가지며, 서로에 대한 신뢰를 빠르게 발전시켜 나간다. 대개 시간이 갈수록 관계는 확실히 발전하고 파트너십도 한층 성숙해진다.

도저히 통제가 안 될 만큼 빡빡한 일정 때문에 당신이 생활을 감당하기 어렵고 과로와 과부하 상태라고 상상해 보라. 당신이 처한 현실과 비슷할 수도 있으므로 이를 상상하기는 그다지 어렵지 않을 것이다. 당신은 경력 면에서 더 성장하기를 원하지만 현재의 생활방식에 사로잡혀 탈진 직전이라고 느끼고 있다. 그러던 어느 날, 한 동료가 자신은 코치에게 도움을 받았다면서 당신도 그렇게 해 보면 어떻겠느냐고 제안한다. 당신은 처음에는 이를 거부할 것이다. 비즈니스 잡지들에 실린 기사를 보면, 최소 자격 요건만 갖춘 코치들이 기업계로 몰려들어 사람들에게 당신들의 삶을 조직하고 경력을 새롭게 정비하며 당신들만의 꿈을 찾아내 단조로운 삶에서 벗어나도록 도와주겠다고 호언장담한다는 것이다.

당신은 코치를 만나는 것이 도움이 절실하게 필요한 상태임을 인정한다는 의미라고 생각한다. 그러나 비즈니스계에서는 그 반대가 옳을 가능성이 높다는 것을 당신은 모르고 있다. 흔히 코칭은, 성장과 승진에 필요한 확실한 잠재력을 갖추었지만 그것을 발휘하지 못하는 이들, 코칭 기술을 활용하면 시간 관리를 더 효율적으로 할 수 있고 업무 수행 방식을 예리하게 가다듬으며 가치관을 재평가하고 변화를 통해 앞서 나가며 자신의 관리 기술을 향상시키거나 리더로 성장하고 지속적인 변화를 받아들일 수 있는 이들에게 권장한다.

만일 당신이 이런 사람을 위한 코치라면, 특히 새로운 고객이 고집이 세거나 회의적이거나 우유부단하다면 처음 시작할 때부터 반드시 신뢰를 구축해야 한다. 자발적으로 코치를 찾아온 사람과 함께 일하는 것은 훨씬 수월하다. 그들은 긍정적인 기대와 기꺼이 협력하겠다는 마음을 품고 오기 때문이다. 만일 고용주가 보내서 왔거나 배우자가 권해서 온 사람이라면, 그들에게 코칭이 긍정적인 성장 경험이 될 수 있다는 것을 확신시키기 위해서 좀 더 열심히 일해야 한다. 코칭은 정신과 치료를 하지 않으며 강제적이지 않으며 판단을 위한 평가를 내리지 않는다는 점을 설명하라. 당신의 목표는 평생 멘토의 역할을 하는 것이 아니다. 코치로서 당신은 그 사람과 함께 보조를 맞춰 걸으며 그가 행동을 취하고 목표에 도달할 때까지 이끌어 주는 개인 트레이너와 더 비슷하다. 당신의 목표는 목적이 있는 파트너십이다. 대개 이런 메시지는 특히 관계가 발전해 갈 때 기꺼이 받아들여진다.

당신을 찾아온 이유가 무엇이든, 새 고객이 상황을 개선하기 위해 코칭 파트너십을 맺고 작업하는 것에 대해 당신이 존경과 헌신의 마음을 품고 있음을 느끼게 해주어야 한다. 당신이 친절하고 이해심 있고 긍정적인 마음으로 일관되게 지지해 준다면 이 관계는 더욱 강해질 것이다. 이 분야에 관한 초창기의 한 교재에 따르면, 지지는 코칭의 가장 확실한 특징 중 하나다. 특히 코칭을 시작할 때는 다른 어떤 특징보다 중요하다. 지지는 코칭 과정의 다른 모든 부분에도 적용된다.[5]

신중하게 초점을 맞춰 경청하는 것은 코치의 지지를 나타내며 코칭 관계를 끈끈하게 만드는 가장 좋은 방법이다. 당신이 상담 과정을 이수했다면, 경청이 다른 사람의 말을 듣고 이해하는 것 이상임을 알 것이다. 적극적으로 경청하면, 상대방이 신체 언어나 어조와 몸짓으로 전달하려는 것을 인식할 수 있다. 사람들이 자신을 열광시키는 주제를 다룰 때 얼마나 열정적으로 살아나는지 본 적이 있는가? 그들은 몸을 앞으로 기울이고 평상시보다 더 많은 몸짓을 하며, 더 많은 감정을 표현하고, 목소리를 높이거나 빠르게 말한다. 이런 변화에 주목하라. 또한 눈물을 보이거나 대화가 끊어지거나 좌절감을 표현하는 것을 잘 보라. 이런 것들이 무엇을 의미하는지 당신 자신에게 물어 보라. 당신이 관찰한 바를 말해 주거나 충고해 주고 싶은 충동을 자제하라. 오히려 의미를 분명하게 말하도록 주기적으로 요청하고, 앞뒤가 안 맞는 점에 대해 부드럽게 물어 보라. 당신이 들은 내용을 요약해 주라. 그러고 나서 당신이 이해한 것이 정확한지 물어 보라. 경청의 목표는 더욱 공고한 관계를 구축하는 것 외에도, 문제를 명료화하고 고객의 관심과 시각을 정확하게 이해하는 것이다.

이 모든 과정에 호기심을 보이라. 당신이 정보 수집 차원을 넘어서 호기심을 가지면, 고객이 좀 더 솔직하게 마음을 열 용기를 얻게 된다. 호기심 표현은 상대방이 생각하거나 원하거나 말하는 것뿐만 아니라 상대방이 정말 어떤 사람인지에 대한 당신의 순수한 관심을 드러낸다. 코칭에 있어서 호기심은 목적 없이 흘러가는 대화 이상이다. 호기심은 코치가 고객을 이해하도록 도와주며, 고객이 자신의 가치, 기대, 생활방식, 목표, 느낌, 관계에 대한 생각을 시작할 수 있게 만든다. 코치가 호기심을 표현할 때, 고객들은 대개 자신의 가장 큰 관심사로 주의를 돌린다.

> 코칭에서 호기심은 코칭 과정을 시작하는 특징이며 코칭을 진행시키는 에너지다.
> 가장 유능한 코치는 자연스럽게 호기심을 갖고
> 고객에게 문을 활짝 여는 방법으로 호기심을 개발한다.…
> 진정한 호기심은 관계 구축의 강력한 힘이다.
> _ 로라 휘트워스, 캐런 킴지하우스, 헨리 킴지하우스, 필립 샌달, 「상호 협력적 코칭」의 공저자

호기심을 보여 주는 최선의 방법은 질문하는 것이다. 당신은 "…가 궁금하네요"라는 말과 함께 몇 가지 질문을 통해 대화를 시작할 수 있다. 호기심 질문들은 다음과 같다.

- 당신은 무슨 일을 하고 있습니까?

- 당신이 과거에 성공적으로 했던 일은 무엇입니까?
- 제대로 되지 않았던 것은 무엇입니까?
- 당신이 현명한 결정을 했다는 것을 어떻게 알 수 있습니까?
- 당신이 목표를 성취했다면 그것은 어떤 모습일까요?
- 어떤 것이 당신에게 좋았습니까?
- 두려운 것은 무엇입니까?
- 당신이 흥미를 느끼는 것은 무엇입니까?
- 이 코칭 관계에서 무엇을 얻기를 바랍니까?

이것들은 고객의 직업이나 학력이나 경력 등에 대한 정보를 묻는 질문이 아니다. 이 질문들은 코치가 고객을 존중하고 이해하며 인정하고 경청하고 있다고 느끼게 하기 때문에 관계 구축에 관한 생각을 자극하는 것들이다. 호기심 질문을 할 때는 코치의 개인적 관심이나, 고객의 성적인 면 또는 재정 상태처럼 비즈니스와 무관한 개인적인 질문은 피해야 한다. 이 점을 명심하라. 당신이 꼬치꼬치 캐묻거나 비판하고 있다고 느끼지 않게 지지하는 입장을 견지하라.

당신이 최상의 노력을 기울였는데도 고객이 계속 방어적이거나 저항하는 태도를 지킨다면 어떻게 할 것인가? 코칭 초창기에 가장 흔하게 일어나는 이런 현상은 코칭받는 사람이 무엇을 기대해야 할지 모르거나 코칭받을 것을 강요당해서 신경이 날카로워졌을 때 발생한다. 저항을 무시하지 말되 그 때문에 당신의 집중력이 흩어지지 않도록 주의하라. 오히려 상대방의 걱정을 인정하고 그 문제를 다루려는 노력을 하라. 때때로 사람들은 코치에게 하는 말이 다른 사람에게 전달될까 봐 두려워한다. 따라서 비밀이 보장된다는 것을 확신시켜야 한다. 코치가 비판하거나 충고해 줄 것을 기대하는 사람들도 있다. 그럴 때는, 코칭이란 코치와 코칭받은 사람이 함께 문제를 명료화하고 해답을 찾아가는 팀 작업이라고 설명하라.

> 사람들은 변화에 저항하는 것이 아니라 변화당하는 것에 저항한다.
>
> _ 딘 오니시(Dean Ornish), 건강과 생활양식 변화에 관한 책을 쓰는 베스트셀러 작가

이렇게 친밀감을 형성하는 것이 초기에는 시간이 걸리겠지만, 장기적으로 더 유익한 코칭 관계를 만드는 기초가 된다.

전제를 명확하게 하기

대다수 사람들은 코칭하는 과정을 만끽하고 즐기는 것처럼 보인다. 코칭은 그들에게 바쁜 일상을 잠시 멈추고 휴식을 취하면서 자신에게 초점을 맞출 수 있는 기회를 제공한다. 내 고객 중 한 명이 이렇게 압축적으로 표현했다. "지금 우리가 하고 있는 이 일은 무척 낯설군요. 저는 다른 사람들의 욕구와 기대에 맞추기 위해 노력하며 시간을 보냅니다. 자신을 돌아보는 시간은 없습니다. 당신이 처음으로 나 자신에 대해 말할 수 있는 기회를 주고 있는 것입니다. 게다가 당신은 제 말에 정말 관심이 있는 것처럼 보여요. 기운이 나기도 하지만 솔직히 겁이 나기도 합니다."

일부 그리스도인들은 이것이 잘못된 것이 아니냐고 생각할지도 모른다. 우리는 자기중심적이어서는 안 되는 것 아닌가? 우리 사회가 너무 '나 중심적'이고, 자신의 안락과 성공에 지나친 관심을 기울이며, 가난하고 아직 복음을 접하지 못한 이들의 요구에 너무 무관심한 것은 아닌가? 무슨 이유로 코치에게 자신에 대해 말하면서 시간을 보내야 하는가?

아마 이런 질문들에 대한 최선의 반응은 답이 아니라 사람, 즉 예수님일 것이다. 엠마오를 향해 가고 있는 두 제자와 함께 걸으시는 예수님에 대해 생각해 보라. 그분은 그들과 함께하시면서 관심이라는 선물을 주셨다. 그분은 두 제자가 혼란과 불확신을 이야기할 때 귀를 기울여 들어주셨다. 그분은 그들을 파악하는 질문을 하셨고, 지지를 나타내셨으며, 성경에 대해 말씀하셨다. 또 당신이 누

구인지를 드러내면서 그들을 격려하고 동기부여 하셨다. 그들이 보인 첫 번째 반응은 서둘러 예루살렘으로 돌아가 다른 이들에게 그 일을 이야기하는 것이었다. 그러나 그럴 수 있었던 것은 오직 예수님이 슬픔과 혼돈 속에 빠져 있는 그들을 코치해 주셨기 때문이다.[6]

이 두 사람은 코치이신 예수님과 함께 시간을 보내는 것이 어떤 것인지 따져 볼 겨를이 없었지만, 당신이 코치하는 사람들은 가끔씩 불확신이 섞이긴 해도 더 많은 호기심을 가질 것이다. 당신은 서로의 기대와 전제에 대해 이야기하며 처음부터 이 문제를 다룰 수 있다. 표 5-1은 코칭에 대한 일반적인 전제들을 보여 준다. 이 목록을 복사해서 당신이 코칭하는 사람들과 이야기하고 싶을지도 모른다. 그렇게 함으로써 당신은 그들이 코칭 현장에 가져오는 문제들을 터놓고 다루게 되고, 본격적인 코칭을 위한 장을 마련하게 될 것이다.

아마 이 목록의 핵심은 3장에서 다루었던 지속적인 변화의 실체일 것이다.

표 5-1

코칭에 대한 전제
코칭은
■ 코치와 코칭받는 사람 간에 이루어지는 협력적인 파트너십이다
■ 충고나 훈계 또는 심리 치료보다 대화가 주를 이룬다
■ 신뢰, 진실성, 자기 훈련, 책임을 바탕으로 이루어진다
■ 결과 지향적이고, 목표를 성취하는 데 초점을 맞춘다
■ 약점과 장애물에 대해 논의하지만, 강점과 긍정적 변화를 강조한다
■ 사람들은 내적 자원이 풍부하며 목표를 세우고 성취할 수 있다고 가정한다
■ 코칭받는 사람이 하나님의 도움과 코치의 지원에 힘입어 목표를 세우고 목표를 향해 나아가게 한다
■ 사람들이 최고의 성과를 내도록 돕는다
■ 인생이 통합적인 것이라고 가정한다. 우리는 일과 가정 생활, 개인사, 영성 또는 생활방식이 깔끔하게 분리되어 있다고 가정하지 않는다
■ 변화는 언제나 일어나고 있으며, 때로는 혼란스럽지만 대개는 긍정적이며, 성장을 일으키는 것임을 인정한다

누군가가 이 세상에는 오직 두 가지 법칙이 있을 뿐이라고 주장한 적이 있다. 첫 번째 법칙은 하나님이 주관하신다는 것. 두 번째 법칙은 첫 번째 법칙 말고는 모든 것이 변한다는 사실이다.

우리가 하나님의 방식을 이해하지 못할 때에도, 그분은 우리와는 다르게 항상 모든 것을 주관하고 계신다. 그리고 그분은 결코 변함이 없으시다.[7] 이는 그분이 경직되어 있거나 무관심하시다는 뜻이 아니다. 하나님은 신뢰할 수 있는 분이며, 그 성품과 약속에 일관성이 있다는 의미다. 그분의 말씀은 반석이요, 우리의 삶을 그 위에 세울 수 있다.[8] 그분은 아들을 통해 세상을 창조하셨고 지금도 다스리신다.[9]

그러나 우리가 사는 이 세상에서는 언제나 변화가 일어나고 있다. 그 변화에는 하나님이 그분을 따르는 자들의 삶에 일으키시는 변화도 포함되어 있다.[10] 많은 변화가 우리의 손을 벗어나 있다. 어떤 변화는 매우 혼란스럽고 방해가 되며 속을 뒤집어 놓는다. 또 어떤 것은 우리가 만들어 내기도 하는데 특히 우리의 태도와 행동 그리고 생활양식의 변화들이다. 물론 어리석은 결정과 현명하지 못한 변화로 인해서 영원히 피해를 입을 수도 있다. 그러나 변화는 또한 긍정적이어서, 성장과 삶의 만족 그리고 더 큰 기쁨을 가져다준다. 우리가 일으키는 작은 변화들은, 때로는 코치의 인도와 격려를 받아, 더 큰 변화로 이어지는 작은 걸음이 될 수 있다.

가끔 변화는 자신도 전혀 알아차리지 못한 상태에서 계속 진행되기도 한다. 당신이 어떤 속도로 책을 읽는지 모르지만, 앞의 한 페이지를 읽는 동안, 지구는 약 3,540킬로미터를 움직였고, 혈액 약 9.4리터가 당신의 몸 안을 돌았으며, 미국에서만 16명이 태어났고, 미국인 9명이 사망했다.[11] 코치의 역할(그리고 때로 상담가의 역할)은 사람들이 변화를 인식하고 대처하는 법을 배우도록 도우며, 변화를 통해 그들의 삶과 일과 가정 그리고 그들의 세계를 향상시킬 수 있도록 돕는 것이다.

문제 찾기

내가 오랫동안 코칭해 온 고객 중 한 명은 지방 대학의 대학원생이다. 그를 처음 만난 곳은 그가 태어나고 성장한 아시아였는데, 그가 이웃으로 이사 와서 다시 만났다. 램(그의 본명은 아니다)은 총명하고 말을 잘하며 미래가 촉망되는 젊은이다. 대학원 과정을 시작하기 위해 이곳에 왔을 때는 경영학 학위를 취득한 후 고향으로 돌아가서 부모님과 친척들이 있는 곳 근처에 살며 일할 생각이었다.

그러나 램은 결혼을 했고 1년쯤 뒤에 아빠가 되었다. 그 후에, 그는 당장 시작할 수 있고 그가 가진 학위로 더 높은 자리까지 올라갈 수 있는 매력적인 일을 제안받았다. 물론 고향에도 일자리는 있었다. 그래서 램은 귀향을 포기할 수도 있다는 것에 죄책감을 느꼈다. 하지만 그는 아내가 태평양을 건너 이주하는 것을 주저한다는 것도 알고 있다. 모든 것을 고려하고 나서 두 사람은 이곳에 남는 것이 딸을 위해 더 나을 것이라는 데 동의했다. 우리는 지난 몇 주 동안 만나서 램이 여기서 제안받은 직장을 다닐지 말지를 놓고 토론했지만, 그는 고향으로 돌아갈지 말지에 대한 결정으로 고민하고 있다. 코칭을 진행하는 동안, 램은 지도 교수의 갑작스런 은퇴와 연구를 지도해 줄 새 멘토 교수를 찾는 일을 비롯해서 박사 과정과 관련해 결정해야 할 여러 가지 문제들에 직면하게 되었다.

램은 코칭받는 동안 몇 가지 선택해야 할 요점들에 직면해 있었다. 우리가 처음 만났을 때만 해도 그는 여기 남을지 아니면 고향으로 돌아갈지, 갈등에서 벗어나고 싶어 했다. 하지만 함께 대화하면서 다른 문제들이 떠올랐고, 몇 가지는 예상하지 못했던 문제였다. 코칭이란 바로 이런 것이다. 단계가 진행됨에 따라 다른 문제들이 등장하게 된다. 고객이 처음에 붙들고 있던 문제가 코칭 주제로 지속되지 않을 수도 있다. 그렇다 해도 그것은 초기에 고객의 관심사를 감지하는 데 중요한 기여를 하기에 가치가 있다. 때때로 나는 고객의 문제를 이해할 수 있도록 도와주는 정신적 지표로 다음 네 가지 질문을 활용한다. 이런 질문을 하고 주의 깊게 경청하면 이 고객이 코칭 과정을 함께할 수 있는 사람인지 아닌지를 쉽게 판단할 수 있다.

코칭이 어떻게 도움이 될까요? 이것은 고객의 관심사를 묻는 질문이다. 고객이 코칭에서 무엇을 원하며 무엇을 성취하려고 하는지를 코치가 처음으로 측정하게 해준다. 이를 파악하는 최선의 방법은 고객이 무엇에 대해 이야기하고 싶은지, 무엇을 성취하고 싶은지 질문하는 것이다.

당신의 현재 상태는 어떻습니까? 이것은 평가에 관한 질문이다. 코칭이란 고객들이 현재 상태에서 원하는 곳으로 갈 수 있게 도와주는 것임을 당신은 기억할 것이다. 평가는 고객의 현재 상태를 확인하는 데 도움이 된다. 이것은 고객의 현재 상황과 고객이 코칭받을 준비가 되어 있는지를 알아보기 위한 것이다.

> 만일 당신이 그 사람의 현재 상황을 모른다면
> 앞으로 더 나아가지 말고 코칭을 시작하라.
> _ 에바 웡(Eva Wong), 로렌스 렁(Lawrence Leung), 「사람의 힘: 중국의 코칭 현상」(*The Power of Ren: China's Coaching Phenomenon*)의 공저자

어떻게 달라지기를 원하십니까? 여기서 목표와 희망에 대해 초점을 맞춘다. 초반에는 이것이 항상 분명한 것은 아니다. 그러나 고객의 미래에 대한 비전과 꿈을 파악한다는 데 가치가 있다. 목표에 도달했다는 것을 어떻게 알 수 있을지, 무엇으로 코칭이 성공적이었다는 것을 알 수 있을지를 고객에게 물어 보라.

걸림돌은 무엇일까요? 이것은 장애물에 대한 질문이다. 특히 과거에 실패한 경험이 있다면 고객은 무엇이 그들의 진보를 가로막을지 대개 알고 있다. 때때로 가장 큰 장애물은 그들 자신 안에 있다. 나는 고객에게 그 장애물들이 우리 일을 어떻게 방해할 것인지, 나 또는 우리가 그것을 극복하기 위해 무엇을 할 수 있을지 자주 물어 본다. 이는 코칭을 시작할 준비가 돼 있는지를 판단하고, 진행 과정에서 방해가 될 장애물을 찾아내려는 것이다.

고객에 대한 평가

고객이 코칭의 주제를 정하고, 코치는 가능한 한 판단을 내리거나 지시를 하지 말아야 한다는 것이 코칭의 핵심 전제다. 우리는 가끔 코치들이 고객에게 도전을 요구하거나 제안하는 것을 보게 될 것이다. 하지만 훌륭한 코치들은 고객을 판단하거나 비난하거나 지시하거나 전도하거나 설교하려고 들지 않는다. 대개 코치들은 고객들이 무엇을 하겠다고 말하거나 결정하는 것에 대해 평가하지 않으려고 한다. 그러면 왜 고객들이 코칭받기에 적합한지 코치들이 평가해야 한다고 말하는가?

그 해답은 코칭을 원하는 사람들 중 일부는 코칭받기에 적합한 후보가 아니라는 데 있다. 이를테면 감정적인 문제로 힘겨워하고 있는 잠재 고객에게는 대개 처음에는 상담부터 받아보라고 권유한 뒤에 코칭으로 전환한다. 왜냐하면 심리적인 문제들은 코칭을 약화시키고 집중력을 떨어뜨릴 수 있기 때문에 고객이 그런 문제에 매여 있지 않다는 전제가 필요하기 때문이다. 만일 개인적인 골칫거리가 있다면, 코칭받기 전에 그 문제부터 해결하는 것이 최선이다. 미국과 캐나다를 포함한 몇몇 나라에서는 대다수 코치들이 상담가들처럼 훈련받지는 않으며, 교회나 학술기관, 그리고 극소수 지정된 현장을 제외하고는 면허 없이 상담하는 것은 불법이다. 이런 이유로 코치들은 잠재 고객을 상담가에게 맡기고 코칭은 다음 기회로 미룬다.

설사 집중력을 떨어뜨리는 감정적 문제가 없다 해도, 코칭 관계에서 유익을 얻을 가능성이 낮은 사람들이 있다는 것을 코치들은 안다. 코칭은 고객들이 다음과 같은 상태일 때 가장 효과적이다.

- 성장하고 변화하기를 원할 때
- 지난 1년간 변화하기 위해 노력해 왔을 때
- 새로운 가정(assumption), 가치, 행동, 아이디어를 적극적으로 고려할 때

- 미래에 대해 생각할 수 있을 때
- 항상 뭔가 배우려고 할 때
- 변화하겠다고 다짐했을 때
- 코칭 과정에서 하나님의 인도를 바랄 때
- 자발적으로 다른 사람들에게서 배우려고 할 때
- 위험 부담을 두려워하지 않을 때
- 필요하면 기꺼이 자신의 삶을 재구성하고자 할 때
- 코치와 협력이 잘 되거나 서로 잘 통할 때

부록 B는 코치나 고객이 코칭 관계의 성공 가능성을 판단하는 데 도움이 될 만한 질문지로서 복사해 사용할 수 있다.[12] 이상적으로는, 코치와 잠재 고객이 코칭을 진전시킬지 여부를 함께 결정해야 한다. 때로 코치나 잠재 고객이, 혹은 둘 다 함께 일할 가능성에 대해 불편을 느낄 수 있다. 이런 문제들을 의논함으로 써 오해를 없앨 수 있고 잠재적인 장애물도 치울 수 있으며 생산적인 코칭 협력 관계의 길을 열 수 있을 것이다. 만일 고객과 코치 사이에 의견 불일치나 친밀감 부족이 느껴진다면 주위 사람들에게 정보를 얻어 고객과 더 잘 맞는 코치를 찾는 것이 가장 좋다. 코칭이 가능할 것 같지 않을 때는, 효과적이지도 않고 생산적이지도 않은 코칭에 시간과 돈을 낭비하기 전에 관계를 종결하는 것이 상호 존중 및 윤리적 차원에서 바람직하다.

함께 일하기로 합의하기

이제까지 당신이 여러 가지를 확신하게 됐다고 가정하자. 코칭이 효과적일 수 있으며, 상담이나 심리 치료와는 다른 것이고, 멘토링이나 제자 훈련 분야의 새로운 유행 개념이 아니라는 것을 알았다. 코칭이 기업체나 헬스클럽 또는 운동 팀에만 국한되어 있지 않다는 것도 알게 됐다. 코칭이 사람들을 현재 있는 지점에서 가고 싶어 하는 목적지까지 이동할 수 있게 도와주는 강력한 방법이라는 관점을 갖게 된 것은 아주 잘된 일이다. 당신은 사람들이 하나님의 인도를 발견하도록 도와주고, 그들이 하나님께서 원하시는 곳에 도달할 수 있도록 돕는 크리스천 코칭의 잠재력을 가치 있게 생각한다. 당신은 고객으로서 코칭을 받은 적이 있거나 혹은 다른 사람을 코치하기 위해 받아야 할 훈련을 마쳤을지도 모른다. 아마 당신은 이제 코치가 될 수 있다고 믿을 것이다.

그래서 당신은 코칭을 해 보기로 결심한다. 처음 잠재 고객과 함께 앉아서 이야기하거나 혹은 전화로 이야기할 때(코칭은 전화 또는 인터넷으로 하는 경우가 종종 있다) 우왕좌왕하지 않으려면 어떻게 해야 할까? 첫째로 당신은 몇 가지 질문을 하고 주의 깊게 경청하면서, 앞 페이지에서 언급했던 여러 제안들을 시행해 볼 수 있다. 두 번째로 당신은 코칭과 관련해 더 의례적인 협의를 하거나 협력 관계를 구축할 수 있다.

코칭에 대해 함께 이야기하기. 시작할 때 당신의 당면 목표는 코칭을 원하는 사람과 더 친해지고 그가 당신에 대해 알도록 허용하는 것이다. 새로운 코칭 고객에게 자기 이야기를 하도록 요청하라. 다음과 같은 질문으로 대화를 시작할 수 있다. "요즘 어떻게 지내십니까?" "무엇이 달라지기를 원하십니까?" "무엇에 대해 이야기하고 싶으십니까?" 그가 삶의 어느 지점에 있는지를 발견하게 되면 어떻게 그곳에 이르게 됐는지 물어 보고 싶을 것이다. 대화를 진전시키는 몇 가지 도구를 나중에 제시하겠지만, 이렇게 하는 데 정해진 틀이 있는 것은 아니다. 당신의 큰 목적은 주의 깊게, 존중하는 마음으로, 순수한 관심을 갖고 경청하는 것이다. 호기심을 보이라. 고객이 코칭을 원하는 이유를 찾고자 노력하라. 고객이 바꾸고 싶어 하는 것은 무엇인가? 그 변화를 가로막고 있는 것은 무엇인가? 그의 인생에서 잘 되고 있는 것은 무엇이며 안 되고 있는 것은 무엇인가? 코칭받고 있는 그 사람은 상황이 어떻게 달라지기를 원하는가?

누군가가 순수한 관심을 가지고 자기가 말하는 경험과 소망과 꿈 이야기에 귀 기울여 준다는 것은 많은 이들에게 신선한 경험이라는 것을 명심하라. 당신은 고객의 생활방식이나 과거의 결정 또는 목표에 동의하지 않을지라도, 우물가의 사마리아 여인이나 간음하다 잡힌 여인과 대화하셨던 예수님처럼[13] 이 단계에서는 사랑의 마음으로 듣고, 판단이나 정죄를 유보하라. 이렇게 함으로써 당신은 배신감과 멸시감을 자주 느낀 사람들과 신뢰를 쌓게 될 것이다. 상대방을 존중하는 마음과 진심을 보여 주라.

앞서 말한 바 있지만, 내 딸 하나는 시카고의 가장 가난하고 거친 지역에서 아이들과 함께 일하고 있다. 그녀가 하는 일 중 하나는 몇몇 고등학교에 가서 금욕에 대해 가르치는 것이다. 이는 사랑에 굶주려 있고 성적으로 혈기왕성한 젊은 친구들이 듣고 싶어 하는 메시지는 아니다. 하지만 아이들은 그녀를 사랑한다. 그녀는 하나님의 은혜와 능력에 그 공을 돌리지만, 나는 또한 그녀가 아이들에게 관용과 존중을 보여 주기 때문이 아닐까 생각한다. 공립 학교에서는 하나님에 대한 언급이 허용되지 않지만 그녀는 그 아이들을 향한 그리스도의 사랑을 보여 준다. 그들은 그녀의 피부색과 배경이 자신들과 다르지만, 그녀가 진심이며 포용력이 있다는 것을 안다. 때때로 반 아이들 중에 선을 넘는 녀석이 있을 때는 엄하게 나가야 한다. 그러나 그들 모두는 그녀가 자신들에게 관심이 있다는 것을 안다. 종종 그녀는 그들에게 더 밝은 미래를 소망하라고 도전한다. 그것이 가능하다고 그녀가 믿고 있음을 그들은 안다. 물론 당신은, 편애가 아니라고 장담하며 딸 자랑을 하는 아버지의 말을 듣고 있다. 그러나 그녀가 비공식적인 코칭으로 꽉 찬 나날을 보내고 있다는 것만은 분명하다.

당신이 하는 코칭은, 종종 **코칭 제휴**(Coaching alliance)라고 불리는, 잘 짜인 코칭 합의 사항을 근거로 하기 때문에 보다 공식적일 것이다.

코치의 일은 어떤 종류의 제휴와 어떤 자질을 창조하는가에 달려 있다.
우리는 고객에게 결정권을 주고 그들의 학습과 발전을 도우며,

코치와 고객 간의 파트너십을 충분하고 분명하게 포용하는 제휴 관계를 창조하기 원한다.
_ 패트릭 윌리엄스, 다이앤 메넨데즈, 라이프 코칭 훈련 연구소

코칭 제휴 관계 구축하기. 첫 만남을 시작할 때, 당신은 코칭이 무엇이며 코칭에 어떤 것들이 포함되지 않는지를 설명해야 한다. 이 책 뒤에 있는 부록 C의 설명 자료를 복사해서 보여 주고 싶을 것이다. 어떤 사람들에게는 코칭이 상담과 어떻게 다른지 말해 줄 필요가 있다. 당신의 배경, 당신이 어떻게 코칭을 하게 됐는지, 코치가 되기 위해 어떤 자격을 취득했는지에 대해서 이야기해 주는 것도 좋다. 두 사람이 알고 있는 코칭의 전제 조건에 대해 의논하고, 서로 비슷한 기대를 하고 있는지 확인하는 몇 가지 합의 사항을 찾아내도록 하라. 앞으로 모든 것을 비밀로 할 것임을 분명히 밝히라. 언제, 얼마나 자주 만날 것인지, 어느 한쪽이 약속을 취소해야 한다면 어떻게 할 것인지를 결정하라. 당신의 집으로 전화를 해도 되는지, 그것이 가능하다면 시간은 언제가 좋은지 등 경계선을 정하라. 코칭 서비스를 하고 보수를 받을 양이면, 청구 방법과 지불 방법을 상의하라.[14]

코칭료를 받든 안 받든, 첫 번째 만남 중 어느 시점에서 대다수 코치는 잠재 고객에게 서비스 내용을 설명하고 코칭 관계를 명확하게 규정한 계약서를 제시한다. 이는 오해와 잠재적 갈등을 예방한다. 계약서에는 코칭이 무엇인지, 당신과 고객이 코칭에서 무엇을 기대할 수 있는지, 그리고 코칭이 어떻게 진행될 것인지가 명시되어 있다. 부록 D는 당신이 복사해서 용도에 맞게 고쳐 사용할 수 있는 견본이다. 아마도 당신은 잠재 고객과 이 계약서 양식에 대해 협의한 후 2부를 만들어 서명하고 각각 한 부씩 나눠 가지려 할 것이다. 그때 부록 E에 있는 개인 정보 양식의 복사본을 고객에게 주고 다음 코칭 시간 전까지 완성해 달라고 부탁하라. 나는 대개 코칭을 시작할 때 이것을 나누어 주지만, 때로는 첫 만남 이전에 전달하기도 한다. 이 문서 양식이 완성된 후에는 두 사람이 질문지

를 놓고 함께 이야기한다. 그 질문지는 고객을 파악하기 위한 안내 도구로 활용한다.

시작 세션은 고객이 코치와 이야기를 나누는 첫 번째 기회일 것이다. 따라서 이 대화는 뒤에 이어질 코칭에서의 태도, 존경심, 개방성 같은 것의 표본이 되어야 한다. 많은 코치들은 첫 번째 세션 이전이나 이후에 코칭의 본질을 명확하게 밝힌 환영 자료철을 보내며, 코칭에서 무엇을 기대할 수 있는지에 관해 문서화된 지침서를 준다. 환영 자료철을 만드는 데 정해진 틀은 없지만 다음과 같은 것들을 포함하면 유익할 것이다.

- 앞에서 언급한, 코칭의 본질과 자주 묻는 질문들에 대한 답변을 설명해 놓은 자료
- 코칭 정책과 절차에 대한 설명을 포함한 부록 D와 비슷한 계약서 또는 동의서. 이는 비밀 조항, 코칭료, 어긋난 약속, 코치의 배경과 받은 훈련과 이력, 연락처 정보(코치의 전화번호와 이메일 주소 포함), 코칭 기간 동안 코치와 고객의 접촉에 관한 방침을 포함한다
- 부록 E의 고객 신상 정보 질문지와 유사한 고객 자료 양식
- 부록 A에 있는 '인생 그래프'와 같은 한두 가지 평가 수단[15]

코칭과 인생의 경주

언젠가 내 친구 둘은 한 도시에서 열린 마라톤 대회에 참여했던 짜릿한 경험에 대해 이야기한 적이 있다. 그들은 몇 주에 걸쳐 대비 훈련을 한 후, 그 대회에 참가하기 위해 일찌감치 개최지에 도착했다. 대회 시작을 기다리는 동안 그들은 참가자들 사이에서 얼굴을 할퀴고 살갗을 파고들어 뼛속까지 얼어붙게 만드는 비바람을 맞으며 서 있어야 했다. 그들의 고생담은 점점 더 극적으로 변해 갔다. 나는 그것이 일종의 무용담이요, 남자들끼리의 결속을 과시하는 것이며, 나

이는 중년이지만 몸은 아직도 에너지와 남성 호르몬이 넘친다는 것을 자신에게 증명해 보이려는 시도라고 생각했다. 대회가 끝난 지 몇 달이나 지난 어느 날, 그들은 안락한 커피숍에 앉아 우유가 섞인 커피를 홀짝거리며 자신들이 결승선까지 완주했다는 사실을 뻐기면서 기분 좋게 추억에 잠겨 있었다. 그들은 나도 다음 번 대회에 출전해 보면 어떻겠냐고 설득하려고 했다. 다행히 내 두뇌의 합리적인 반쪽이 승리해서 재빨리 그 제안을 거절했다. 내게는 그들의 이야기가 정신 나간 소리로 들렸다. 하지만 모든 사람이 내 생각에 동의하는 것은 아니다. 매년 수많은 사람들이 마라톤에 도전하고 있고 대부분 자신이 우승할 가능성이 전혀 없다는 것을 알고 있다. 그러나 그들은 훈련을 통해 활력을 얻고, 끝까지 완주해 보겠다는 생각으로 동기부여 된다.

성경에 친숙한 사람이라면, 성경 기자들이 얼마나 빈번하게 인생을 경주에 비유하는지 알 것이다. 내 친구들이 뛰었던 마라톤처럼, 모든 인생의 경주에는 흥분과 기쁨이 넘치는 열정도 있지만 지독히 고통스러운 시기도 있다. 때로는 우리의 진보를 더디게 만드는 장애물을 만나기도 한다. 그중에는 우리가 통제할 수 없는 것도 있지만, 많은 것이 우리가 스스로 만들어 내는 장애물이다.

이를테면 우리는 인생의 경주에서 몸이 엉망이 되거나 관계가 식어 버리거나 영성을 등한시할 때 옆으로 밀려나게 된다. 때로는 열심히 달리는 와중에 다른 사람들에게 환호받고 싶거나 우리를 비판하는 자들에게 뭔가 보여 주고 싶은 마음에 관중을 쳐다보다가 주의가 흐트러진다. 더 나쁜 것은 경쟁에 초점을 맞추려는 경향인데, 다른 이들이 달리는 것을 습관적으로 주목하다가 우리 자신의 방향성을 잃어버린다. 비즈니스계의 스승인 짐 콜린스에 따르면 "비교하는 것은 현대 생활에서 치명적인 죄악이다. 이는 우리가 도저히 이길 수 없는 게임(또는 경주)의 덫에 걸린 것과 같다. 일단 우리가 다른 사람의 관점에서 자신을 규정하기 시작하면, 자신의 삶을 만들어 갈 자유를 잃게 된다."[16] 생각해 보라. 인생의 경주에서 우리의 주의를 분산시키는 것들은 대부분 우리 자신의 불안정에서 기인하는 것이다. 이는 우리가 스스로에게 자신의 가치를 증명할 필요가 있음을 보여 준다.

달리는 사람들도 역시 목표가 필요하다. 코치와 고객들도 어디를 향해 달려가고 있는지를 모른다면 인생의 경주에서 결코 승리할 수 없다. 인생 목표를 잊어버렸거나 없다면, 당신은 동기를 상실할 것이고 결국 방향을 잃고 말 것이다. 이는 거의 확실하다. 신약 성경 히브리서 기자가 독자들에게 "모든 무거운 것과 얽매이기 쉬운 죄를 벗어 버리고 인내로써 우리 앞에 당한 경주를 하자"(히 12:1)고 했을 때 아마 이를 염두에 두었던 것 같다. 인생의 경주를 하는 사람들은 예수님께 시선을 고정해야 한다. 그분을 기쁘시게 하는 것이 그리스도인의 궁극적 목표다. 우리의 시선이 다른 곳으로 흘러갈 때, 더 쉽게 지치고 낙심하고 실족하게 되는 것 같다.[17]

코칭은 사람들에게 인생 경주를 위해 어떻게 훈련해야 하는지를 가르친다. 목표를 명료화하고 그들이 가고 있는 곳을 기억하도록 도와준다. 민감한 코치는, 그들을 피곤하게 하고 걸려 넘어지게 하며 목표에 도달하지 못하게 하는 장애물이나 복잡하게 얽힌 관계들을 피하도록 도울 수 있다. 마라톤 경주에서는, 선수가 출발 지점과 코스를 알고 결승점도 안다. 결승선이 있는 장소는 비밀스러울 것이 전혀 없다. 그런데 인생의 경주에서는 그렇지 않다. 당신이 코칭하는 선수들은 이미 인생의 경주를 시작했지만 지금 어디에 있는지 모르는 경우가 종종 있고 어디로 가고 있는지 전혀 모르는 경우도 많다. 대다수 사람들은 자기 삶에서 무엇인가 빠져 있다는 것을 느끼지만 그것이 무엇인는 잘 모르는 것 같다. 그들은 자신의 내적 자원과 능력에 대해서는 어느 정도 알고 있겠지만, 분명한 목표가 없고 그것을 어떻게 찾아야 할지 모른다. 유능한 코치는 다음 장에서 다룰 기본적인 코칭 기술을 개발하고 활용해 그들을 도울 수 있다.

6장 ·· 코칭의 기술: 경청, 질문, 반응

여러 해 동안 나는 세미나를 인도하며 코칭을 강의했다. 가장 좋았던 것은 코칭 기술을 배우고 싶어 하고 그것을 함양하는 데 필요한 시간과 노력을 기꺼이 쏟아 붓는 열정적인 학생들을 만났다는 점이다. 얼마 전에 나는 해외에서 개발도상국의 젊고 창의적인 직장인들을 대상으로 강의를 했다. 그들은 지금 일하고 있는 직장에서 리더로 성장할 수 있는 잠재력을 가졌기 때문에 훈련에 선발되었다. 그들에게 코칭을 소개하기 위해 나는 참가자들 각자와 서너 번씩 개인적인 코칭 시간을 갖고, 그들이 고객으로서 그 과정을 경험하도록 했다. 그들은 각자 두세 가지 평가지를 작성했고, 이 책의 초판을 읽었으며, 내가 훈련을 시작하기 전에 여러 달 동안 인도했던 두 시간짜리 도입 과정에 참석했다. 마침내 어느 월요일 아침, 그들은 일주일 과정 집중 훈련 프로그램을 열정적으로 시작하게 되었다. 훈련은 전반적으로 잘 진행되었다. 훈련이 끝났을 때, 참가자 대부분은 코칭에 대해 매우 열광적이었다. 그들 대다수는 새로운 코칭 기술을 계속해서 사용했으며, 최종 보고서에 따르면 대부분은 코치로서의 지식과 역량이 계속 성장하고 있었다.

하지만 나는 강사로서 한 가지 중대한 실수를 했다. 나는 대개 심리학과 대학원생들이나 상담가로 훈련받은 사람들에게 코칭을 가르친다. 치료 능력과 경험이 있는 상담가—훈련생(counselor-student)들은 이를테면 경청과 질문 같은 남을 도와주는 기술에 대해 알고 있다. 그들은 치료 훈련과 능력을 바탕으로 코치 훈련에 뛰어들 준비가 되어 있다. 이와 반대로, 해외 강의에 참여했던 훈련생들은 사람과 관련된 이런 기술이 부족했다. 그들은 모두 사업가로서 탁월한 장래성을 보여 주었지만, 효과적인 경청 기술에 대해서는 들어 본 적이 없었다. 그들은 지시하듯 충고하기를 좋아했고, 고객의 생각과 통찰력을 자극하는 힘있는 질문을 어떻게 하는지 훈련받은 적이 없었다. 그들은 충직하게 따르는 부하 직원들을 지시를 통해 이끌었다. 훈련생들에게 코칭을 실습해 보라고 했을 때, 그들은 경청에 전혀 익숙하지 않았다. 어떤 젊은 사람(나중에 아주 유능한 코치가 됨)은 고객의 말을 잠시 듣더니, 고객이 무엇을 해야 하는지에 대한 강의를 시작했다. "내가 방금 말한 대로 실행하세요. 당신에게 필요한 건 바로 그것입니다. 그것이 당신에게 유익할 것입니다!"[1] 그는 목청을 높여 고객에게 이렇게 말하고는 독백을 마무리했다.

코칭 분야로 옮기기 전에 나는 대학원생, 목회자, 그리고 다양한 분야에 있는 사람들에게 상담 기술을 가르쳤다. 그들 대부분은 상담 방법을 배우는 데 필요한 실용적인 교재를 원했다. 어떤 수강생들은 우울, 불안 혹은 다른 심리적인 문제들을 다루는 비법이 실린 설명서를 원했다. 그들은 표면에 드러날 문제들을 해결하기 위한 요약 지침을 얻기 위해 강의를 들었다. 그러나 그들은 사람들에게 실제로 필요한 것을 즉시 해결해 주는 공식은 없다는 것을 배웠다. 확실하고 절대 실패하지 않는 상담 해법서나 세미나 테이프는 존재하지 않는다는 사실을 알게 된 것이다.

코칭 요리책 역시 존재하지 않는다. 모든 사람이 다르기 때문에 코칭하는 상황 역시 모두 다르다. 코칭이 네 가지 핵심 요소, 즉 각자가 현재 있는 위치를 인식하는 것, 미래에 그가 원하는 것에 집중하는 것, 그 목표에 도달할 방법을 찾는 것, 그 과정에 도사리고 있는 장애물들을 극복하는 것으로 좁혀졌다고는 해도 각 사람에게는 조금씩 다른 방법으로 접근해야 한다. 고객들이 이런 여행을 할 수 있도록 코치들이 사용할 수 있는 기술은 많이 있지만, 그중 가장 중요한 세 가지는 경청하고, 강력한 질문을 하고, 반응하는 것이다. 이것들은 단순한 기술처럼 보이지만, 배우는 데 평생이 걸릴 수도 있다. 그렇다 해도 초보 코치들은 경청, 질문, 반응의 핵심을 습득할 수 있다. 이것들을 완벽하게 구사하는 코치가 가장 유능하고 성공적인 코치다.

주의 깊게 경청하기

모든 기초 상담 과정에서 배우는 첫 번째 교훈 중 하나가 바로 이것이다. "유능한 상담가는 경청한다." 유능한 상담가들은 잘 듣는다. 유능한 코치도 마찬가지다. 특히 코칭받으러 찾아온 사람과 관계를 형성하고 그의 문제를 명료화하며 그를 이해하려고 노력할 때 경청한다. 코칭 시작 단계에서 경청보다 더 중요한 것은 없을 뿐 아니라, 경청은 코칭의 모든 요소에서 중심을 차지한다.

우리는 질문이나 충고를 할 때마다 마치 우리가 대화를 이끌어 가는 것 같은 느낌, 즉 통제하고 있다는 느낌을 갖게 된다. 이와 대조적으로 경청은 침묵하는 능력 못지 않게 인내하고 집중하며 초점을 맞추어야 한다. 경청은 코칭받는 사람에게 주는 선물이다. 경청은 존중과 관심, 그리고 결속하고 이해하려는 의지를 보여 준다.

그러나 경청은 고객이 전달하고자 하는 내용과 함축된 의미를 충분히 이해할 만큼 능동적으로 집중해서 들어야 하기 때문에 큰 부담이 될 수 있다. 듣기에 능한 사람은 단지 말만 듣는 것이 아니라 그들이 하는 말 뒤에 숨어 있는 감정, 불안감, 자기에 대한 의심, 갈등, 낙심에도 귀를 기울여야 한다. 또한 코치들은 고객들의 소망, 강점, 가치관, 열정, 능력, 흥분, 꿈과 같은 긍정적인 면도 경청해야 한다. 고객이 하는 말을 들으면서 그들이 말하지 않은 것까지 듣는 것이 중요하다. 전반적으로 경청의 목표는 고객이 말하는 내용을 듣고, 실제 그가 말한 것 이상의 태도, 좌절감, 꿈들을 짚어 내는 것이다.

> 코칭의 모든 것은 경청, 특히 고객의 마음속에 있는 문제를 듣는 것에 의존한다.
> 누군가가 내 말을 들어준다는 것은 충격적인 경험이다. 그런 경우는 매우 드물기 때문이다.
> 다른 사람이 당신과 온전히 함께하고,
> 당신이 하는 모든 말에 관심을 보이며 적극적으로 공감할 때,
> 당신은 알아준다는 느낌, 이해받고 있다는 느낌을 받을 것이다.
> 사람들은 누군가가 경청하고 있다는 것을 알 때 자부심을 느낀다.
> 또 더 큰 안정감과 안전함을 느끼며, 신뢰할 수 있게 된다.
> 경청이 코칭에서 가장 중요한 이유다.
> _ 로라 휘트워스, 캐런 킴지하우스, 헨리 킴지하우스, 필립 샌달, 「상호 협력적 코칭」의 공저자

코치들은 최소한 세 가지 경청 기술, 즉 일상적 경청, 적극적 경청, 직관적 경청을 활용한다.

일상적 경청. 가장 보편적인 기술이다. 이는 날마다 대화하면서 우리가 듣는 방법이다. 대개 사실이나 정보를 듣는다. 만일 날씨나 최근의 축구 득점 기록을 알고 싶다면, 라디오를 켜고 들리는 것을 경청한다. 한 친구가 자신이 겪은 어떤 사건이나 미래에 대한 계획을 이야기하면 우리는 듣는다. 의무감으로 필기하는 학생들에게 정보를 전달하는 따분한 교수님처럼, 이런 소통은 밋밋하고 아무런 감정이 없을 수 있다. 때로는 열정, 의견, 설득, 또는 분노나 슬픔 같은 감정들을 들을 수 있다.

이런 가장 기본적인 경청은 대개 수동적이다. 듣는 이는 상대방의 말을 주의 깊게 들을 수도 있고 그러지 않을 수도 있으며, 관심을 표현할 수도 있고 하지 않을 수도 있다. 적절히 반응하거나 그 사람이 표현하는 감정과 태도를 주목할

수도 있고 하지 않을 수도 있다. 일상적인 대화에서, 듣는 사람은 단순히 말에만 초점을 맞추지만 말하는 이의 자세, 몸짓, 목소리 톤, 말의 속도를 통해 전달되는 것에도 주목한다. 일반적으로는 다른 사람이 전하고 싶어 하는 것을 듣는다. 이는 당신이 알아야 하기 때문에 듣는 것이다.

당신이 백화점에서 신발을 산다고 가정해 보자. 당신은 신발 매장의 위치를 묻고 어디로 가야 하는지 경청한다. 매장에 도착했을 때, 점원에게 당신이 원하는 신발의 가격, 사이즈가 있는지 등을 묻는다. 사실 파악을 위한 경청이다. 이를 통해 당신은 알아야 할 것과 당신에게 해당하는 것을 듣는다. 코칭 관계 초기에, 코치는 잠재 고객에게 이름, 전화번호, 이메일 주소를 알려 달라고 요청할 것이다. 이런 일상적 듣기는 정보 수집에 초점을 맞춘다.

적극적 경청. 분명히 우리 대부분은 제대로 듣고 있지 않은 사람에게 말해 본 경험이 있다. 자녀 또는 배우자에게 말하거나, 설교하거나, 수업 시간에 가르치거나, 여행을 못 간 사람에게 휴가 갔던 이야기를 해 보라. 당신은 몸짓을 섞어 가며 열정적으로 목청을 높이며, 대중을 대상으로 하는 경우에는 파워포인트 슬라이드까지 동원하지만, 때때로 당신을 바라보는 멍한 눈을 보게 되고, 동의의 뜻으로 고개는 끄덕여도 딴 생각에 빠져 마음이 멀어진 사람들을 보게 될 것이다. 이럴 때 당신은 말하지만 듣는 사람은 아무도 없다.

그러나 적극적 경청은 다르다. 듣는 사람은 말에 집중하며, 세심한 주의를 기울이고, 말하는 사람에 대해 깊은 관심을 보인다. 때로는 간략한 의견을 말하거나 주제를 명확하게 하기 위한 질문을 한다. 말하는 사람은 상대방이 자기 말을 듣고 있다는 것을 안다. 적극적으로 경청하는 사람은 표정, 태도, 초점 맞추기를 통해서 말하는 사람과 조화를 이루고 싶어 한다는 것을 보여 준다. 집중적 경청으로도 알려진 적극적 경청은 말을 듣는 것뿐 아니라 태도, 에너지 수준, 음성 톤, 보이는 태도, 감정의 암시를 통해 전달되는 것을 듣기도 한다. 적극적 경청은 단순히 사실들을 받아들이는 것이 아니라 말하는 사람에게 더욱 몰입하는 것이다. 사람들이 자신에게 필요한 정보를 얻기 위해 하는 일상적 경청과 달리 적극적 경청은 말하는 이에게 초점을 맞춘다. 코칭에서 듣는 이는 고객이 표현하고 있는 것에 완전히 집중해야 한다.

일상적 경청과 적극적 경청의 차이는 코칭을 배우는 학생들이 훈련을 시작할 때 종종 나타난다. 일상적 경청을 할 때, 코치는 부분적으로 주의를 기울이기는 하지만 고객이 다음에 무엇을 이야기할지, 코칭이 어떻게 진행될지에 더 관심이 많다. 적극적 경청을 하면, 코치는 자기 자신에게는 초점을 맞추지 않는다. 그 대신 고객이 전달하는 것에 전적으로 집중할 수 있다. 코치들이 이런 경청을 보여 줄 때, 고객들은 안심하며 보다 솔직하고 친밀하게 마음을 열고 대화를 나눈다.[2]

직관적 경청. 이것은 고도의 집중과 인식을 요한다. 코치는 고객이 말하는 동안 알아채지 못하는 모순점, 어휘들에서 드러나는 태도와 감정, 각기 다른 시간에 반복해서 나타나는 주제들, 표현에서 감지할 수 있는 가치와 신념, 미래에 대한 꿈과 좌절, 발전을 가로막는 자기태만적 행위 등을 듣는다. 이는 "내가 정말 듣고 있는 것은 무엇인가? 저 단어들 뒤에 무엇이 숨어 있는가?"를 묻는 경청이다. 경청은 고객의 언어 및 비언어적 표현 간에 일치 또는 모순을 보이는 어조의 에너지와 열정 변화를 정신 바짝 차리고 듣는 것이다.[3] 이런 경청은 고객의 주요 관심사를 알아내려는 것이며, 고객이 정말로 마음에 품고 있는 것을 직관적으로 짚어 내는 것도 포함된다.

로드는 교인 수가 결코 200명을 넘어설 것 같지 않은 여러 교회의 성장 과정을 지켜본 목사다. 그는 교회가 성장하려면 어떤 조치들을 취해야 할 것인지를 배우기 위해 수많은 목회 관련 컨퍼런스에 참석했지만, 미래에 대한 소망을 이야기하는 것 말고는 아무것도 하지 않았다. 그가 과거에 몸담았던 한 교회에서는 컨설턴트를 고용하기도 했는데, 모든 사람이 그의 제안에 찬성했지만 실천한 것은 하나도 없었다. 로드는 코치에게 이를 설명하면서, 자신은 신학대학 학위가 없다고 말했다. 코치는 그가 앞으로 나아가야 할 때마다 뒤로 물러나 더 분석하고 더 숙고하며 기도해야 할 이유를 찾는다는 것을 눈치 챘다. 직관적 경청을 통해, 코치는 로드 안에 있는 어떤 유형을 보았다. 그는 자기 입으로 말했던 목표를 스스로 허물었고, 내면 깊이 뿌리박힌 믿음 즉 신학대학 학위가 없는 목사는 큰 교회를 이끌기에 충분치 않다는 생각을 갖고 있었다. 코치는 로드의 말을 경청하면서 그의 태도를 주목했고, 그가 한 번도 언급한 적이 없으며 스스로 알아차리지 못한 것이 분명한 반복적인 행동 양식을 발견했다. 로드가 자기 태만적 신념과 태도를 극복하는 데 필요한 도움을 받기 전에는 교회가 성장할 가능성은 희박할 것이다.

훌륭한 코치는 다음과 같은 내용을 경청함으로써 고객이 말하는 것을 듣는다(HEAR).

H(Hope)—상황이 더 나아질 수 있다는 희망과 꿈

E(Energy)—사람에게 힘을 불어넣기도 하고, 한편으로는 주저앉으며 탈진하게 만들기도 하는 에너지와 열정

A(Attitude)—미래의 가능성을 보는 법에 영향을 미치지만, 현재는 짓눌려 있거나 좌절하게 만들기도 하는 태도와 능력

R(Routine)—변화가 필요한 일상, 습관, 일하는 방식

경청의 장애물. 민감하게 경청하는 코치들은 효과적인 경청을 방해하는 장애물들을 피하면서 고객에게 초점을 맞출 수 있다.

- **다음에 어떤 질문을 할까 하는 생각.** 앞서 언급한 바 있지만 모든 상담가와 코치들이 특히 시작 단계에서 수시로 겪는 문제이므로 다시 한 번 말할 가치가 있다. 고객은 말하고 있지만 코치는 다음에 물어 볼 질문을 생각하느라 그의 말에 완전히 집중하지 않는다. 코칭은 두 사람 간의 대화다. 코칭

이 반드시 질문하고 대답하는 인터뷰 방식은 아닌데도, 침묵을 두려워하거나 고객에게 반응해야 할 말이 전혀 생각나지 않을 때, 코치는 새로운 질문을 만들어 내는 데 초점을 맞추면서 꼼꼼히 경청하지 못한다.

- **현재의 어려움을 만들어 낸 문제들과 병리 현상, 그리고 과거의 경험을 찾으려 하는 것.** 이는 문제의 근원을 뿌리뽑으려는 상담가들에게는 중요한 것이다. 그러나 코치는 고객의 현재 상태와 가치관, 강점, 미래에 대한 희망을 이해하기 위해 듣는다. 어떤 징후나 문제의 원인 혹은 해결책을 찾기 위해 듣는다면, 우리는 고객들이 지금 있는 곳에서 미래에 있고 싶어 하는 곳으로 움직이도록 코칭하는 것이 아니라 상담을 하고 있는 것이다.

- **주의를 산만하게 만드는 것들.** 코치들은 몸이 피곤하거나 자신의 문제 혹은 해야 할 일들에 매여 있을 때 경청하지 않는 경우가 가끔 있다. 초창기에, 매주 약속이 잡혀 있는 내담자와 만나기로 한 시간 직전에 편지를 받은 적이 있다. 나는 책상 위에 놓인 편지에 신경 쓰느라 경청에 완전히 초점을 맞추지 못했다. 그때 나는 고객보다 편지에 훨씬 관심이 쏠려 있었으며, 행동으로 그것이 드러났다.

- **선입견을 갖고 듣기.** 우리 모두는 고객들을 포함해 타인에 대한 선입견과 고정관념을 갖고 있다. 만일 고객이 코치에게 어떤 편견을 갖게 한다면, 그 코치도 그 편견의 색안경을 쓰고 듣게 된다. 편견이나 선입견을 인식하고 적극 저지하면 고정관념에서 벗어나 고객에게 초점을 맞추고 경청할 수 있다.

- **참견.** 아주 지겨운 고객을 만났거나 유난히 재미있는 누군가를 만났을 때 이런 현상이 나타나기 쉽다. 코치는 따분한 대화에 자극을 주거나 흥미로운 이야기에 끼어들고 싶어서 참견하게 된다. 때에 따라 코치는 관찰하거나 제안을 하지만, 코치가 이야기를 늘어놓거나 조언하기 시작하면 그때부터는 경청을 멈추고 코칭에서 이탈하는 것이다.

코치가 자기 시간의 80퍼센트까지 경청에 할애해야 한다는 것이 널리 알려진 일반적인 규정이다. 나머지 코칭 시간에는 고객을 격려하고, 피드백을 주며, 관찰 내용을 말해 주고, 정곡을 찌르는 질문을 한다.

정곡을 찌르는 질문하기

방송계에서 최고의 대우를 받는 사람들은 유명 인사들을 인터뷰하는 이들이다. 질문이 애매하고 초대 손님이 장황하게 대답하면 인터뷰는 매우 지루해질 수 있다. 그러나 방송 매체에서 인터뷰를 잘 하는 사람들은 정곡을 찌르는 질문을 던짐으로써 핵심 사안에 접근해 가는 기술을 알고 있다. 좋은 질문을 능수능란하게 하는 것은 마치 뇌 수술 기술처럼 예리하고 실상을 드러내며 강력하다는 것을 그들은 보여 준다.

나는 방송 매체의 인터뷰 전문가는 아니다. 아마 당신도 아닐 것이다. 하지만 우리 모두는 질문을 함으로써 문제에 초점 맞추는 법을 배울 수 있다. 가장 단순한 것이 정보를 주는 질문들이다. 여기 그 예가 있다.

- 무엇 때문에 코칭을 받으려고 하십니까?
- 코칭을 통해 무엇을 이루고 싶습니까?
- 지금 당신에게 일어나고 있는 중요한 것들은 무엇입니까?
- 앞으로 1년 후 당신의 삶이 어떻게 달라지기를 원하십니까?
- 이런 변화와 목표를 방해하는 것은 무엇입니까?
- 인생에서 가장 중요한 것은 무엇입니까?
- 당신을 주저하게 만드는 것들은 무엇입니까?
- 만일 우리가 같이 작업한다면, 내가 어떻게 하는 것이 당신에게 유익할까요?
- 당신에게 유익하지 않기 때문에 내가 피해야 할 것은 무엇입니까?

- 우리가 함께 작업할 때, 당신이 코치를 무력하게 만들고 방해하는 경우는 어떤 것일까요? 코치가 당신의 그런 행동을 멈추게 하려면 어떻게 해야 할까요?
- 예전에 당신이 목표를 이루기 위해 시도했던 것들을 이야기해 주세요.
- 정말로 당신을 흥분하게 만드는 것들을 이야기해 주세요.
- 코칭을 시작하기 전에, 어떤 것이든 당신이 코칭에 대해 불안을 느끼는 것을 말해 주시면 도움이 됩니다.

이것은 발견 질문들이다. 이 질문들은 코치가 고객에 관한 것들을 발견하도록 도와주지만 그보다 더 많은 역할을 한다. 질문은 생각을 자극해서 고객이 자신에 대해 인식하고 발견할 수 있게 한다. 당신은 위 질문들 중에 '왜'로 시작하는 질문(왜 당신은 코칭을 받으려고 하십니까?)이 없다는 것을 눈치 챘을 것이다. **왜**라는 질문은 분석적인 사고, 변명, 방어적 태도, 혹은 과거로의 여행을 부추기는 성향이 있기 때문이다. 따라서 **무엇, 언제, 어떻게, 누구** 혹은 **어디서**와 같은 단어로 시작되는 질문을 하는 것이 좋다. 위에 열거된 예 중에는 심지어 질문의 형태가 아닌 것도 있다는 것을 주목하라. 마지막 세 문장은 질문이라기보다는 서술문이지만 질문과 같은 효력을 지닌다. 그 문장들은 다양성을 가미한 간접적 방법으로 정보를 요구하고 문제들을 명료하게 한다.

경험 많은 질문자들은 완전한 질문이나 서술문이 아닌, 즉각적인 질문이나 탐색하는 질문 방식을 쓴다. 고객이 방금 말한 것에서 짧은 구절을 집어내 확인하기도 한다. 이런 질문들은 코치가 문제를 더 명확하게 하고 고객이 초점을 맞출 수 있게 도와준다. 두 가지 예를 들어 보자.

고객: 아내와 나는 대부분의 시간을 아주 잘 보내고 있답니다.
코치: 대부분의 시간을요?

고객: 제가 지금 쓰고 있는 소설을 시작하려고 할 때마다 어떤 것이 방해를 해요.

코치: 이를테면 어떤 것이죠?

대다수 코치들은 한 단어로 대답하거나, '예' 혹은 '아니요'로 간단히 대답할 수 있는 질문들은 피한다. 가끔 그런 질문들이 쓸 만한 정보를 주기도 하지만, 대개는 이른바 열린 질문이 더 유익하다. 열린 질문은 보다 길고 보다 많은 것을 드러내는 답변을 하게 만든다. "캐나다에서 태어나 그곳에서 성장하셨나요?"는 그다지 많은 정보를 주지 않는 '예' 혹은 '아니요'에 해당하는 질문이다. 열린 질문은 "당신이 태어나서 성장한 곳에 대해서 조금만 이야기해 주시겠어요?"와 같은 것이다.

> 코치는 무엇을 하는가? 대부분 질문을 한다.
> 어떤 코칭 모델에서도 코치가 문제를 해결하기 위한 시도 또는 답을 제공하는 법은 없다.
> _ 조지프 오코너(Joseph O'Connor), 앤드리어 레이지스(Andrea Lages), 「코칭은 어떻게 이루어지는가」(How Coaching Works)의 공저자

강력한 질문. 코칭은 사람들에게 해야 할 일을 말해 주거나 조언하지 않는다. 코칭은 생각하게 만드는 강력한 질문에 관한 것이다. 이런 질문은 참신한 생각을 자극하고, 새로운 통찰력으로 인도하며, 문제를 명확히 하고, 혁신적인 가능성들을 찾아내도록 도전한다. 강력한 질문은 고객이 코치에게 말한 것과 코치가 적극적·직관적 경청을 통해 들은 것에서 나온다. 강력한 질문은 때때로 사람들을 무방비 상태로 만들어서 그들로 하여금 멈춰 생각하게 한다. 고객이 멈추어 답을 생각하고, "그것 참 좋은 질문이군요"라고 말한다면 당신은 강력한 질문을 한 것이다. 그 질문이 좋은 이유는 고객이 그 전에는 생각해 보지 않았던

가능성을 탐색하게 만들고, 새로운 방식으로 문제를 재구성하거나 바라보게 하기 때문이다. 강력한 질문은 깊은 생각을 하도록 자극을 주고, 고객이 계속 이야기하게 만든다. 여기 몇 가지 예가 있다.

- 당신에게 성공이란 어떤 것입니까?
- 어떻게 하면 당신이 더 좋은 아빠가 될까요?
- 당신을 이토록 두려워하게 만드는 것은 무엇입니까?
- 어떤 대가를 받기에 당신이 싫어하는 이 일을 계속 하는지요?
- 당신이 나쁜 관리자라는 증거가 어디 있습니까?
- 당신의 상황을 호전시킬 수 있는 것들에 대해 이야기해 주십시오.
- 당신이 이런 것들을 못하게 방해하는 것은 무엇입니까?
- 이것은 당신에게 구체적으로 어떻게 영향을 미쳤나요?
- 몇 가지 예를 들어 주시겠습니까?
- 이것은 다른 사람들은 몰라도 당신에게는 걱정거리로 보입니다.
- 당신은 새로운 상사가 생겨서 항상 일하는 거라고 말하지만, 예전에 다른 상사가 있었을 때도 그렇게 일하셨군요.
- 어떻게 되어 가고 있습니까?
- 당신의 아버지는 이 상황을 어떻게 처리하셨습니까?
- 당신이 성공했다는 것을 어떻게 알 수 있습니까?
- 당신이 방금 하신 말씀이 제게는 모순처럼 들리는군요.
- 당신의 행동을 당신의 가치관과 일치시키기 위해 무엇을 할 수 있을까요?[40]

가끔 예수님은 사람들에게 말씀하실 때, 강력한 열린 질문을 사용해 깊은 생각을 자극하고, 가르침의 기초로 삼으셨다. 예수님은 제자들에게 "너희는 나를 누구라 하느냐"(눅 9:20)고 물으셨다. 누가복음 18:41에서는 소경에게 "네게 무엇을 하여 주기를 원하느냐"고 물으셨다. 황량한 벌판에서 수천 명이 배고파할 때, 제자들이 "어떻게 이 무리들을 먹일 수 있겠습니까"라고 여쭙자 예수님은 "너희가 먹을 것을 주어라"(마 14:16) 하고 대답하셨다. 그 말씀은 제자들이 당면한 상황을 평가하고 해법을 찾아내도록 촉구하는 강력한 질문임에 틀림없다(마 14:15-21).

강력한 질문 또는 질문과 유사한 서술문은 고객이 어떤 목표에 도달하기 원하는지를 묻는다. 다른 질문은 고객이 지금 어디에 있는지에 더 초점을 맞추며, 나중에 어떤 행동을 취할 것인지에 대해 이야기할 여지를 남긴다. 어떤 경우에든 고객들은 자신을 들여다보며 자신의 삶과 상황에 대한 더 분명한 관점을 갖게 되고, 미래를 가늠해 보며, 희미하지만 희망을 경험하고, 목표를 향해 나아갈 수 있음을 깨닫게 된다.

> 목적 없이 아무렇게나 질문하지 말라.
> 실질적이며 고객이 어딘가에 도달하는 데 도움이 될 만한 질문을 하라.
> 고객이 생각하도록 도전하는 질문을 하라.
> _ 제러드 이건(Gerard Egan), 「유능한 상담가」(The Skilled Helper)의 저자

덜 강력한 질문. 가끔 모든 코치들이 그다지 강력하지 않은 질문을 한다. 이런 질문은 행동을 더 진척시키지 못한다. 또한 고객이 보다 명확하게 생각하거나 자유롭고 건설적으로 말하는 데 도움이 되지 않는다. 이렇게 덜 강력한 질문들은 종종 '왜'로 시작된다. 이런 질문들은 길고 혼란스럽다. 코치의 호기심은 만족시킬지 몰라도 고객의 생각을 넓혀 주는 것과는 무관한 정보들을 요구한다. 최고의 질문은 고객에게 초점을 맞추지만, 나쁜 질문은 코치의 관심을 반영할 뿐이다. 좋은 질문은 고객의 마음속에 있는 다양한 가능성들을 자극할 수 있지만, 덜 강력한 질문은 코치가 최상이라고 생각하는 방식으로 대답하도록 고객

을 등떠미는, 조작적이거나 자기 의도대로 이끄는 질문들이다. 좋은 질문은 구체적인 행동과 경험에 대한 것이지만, 덜 강력한 질문은 포괄적이다. "당신이 더 성공하기 위해 지금 할 수 있는 한 가지는 무엇입니까?"라는 질문은 구체적이다. 하지만 "성공에 대해 당신이 생각하는 것은 무엇입니까?"라는 질문은 포괄적이고 힘이 약하다.

좋은 질문은 고객이 사용하는 어휘, 용어, 비유들을 이끌어내는 반면, 좋지 않은 질문은 고객이 말한 것을 자주 놓친다. 최근 나는 한 고객에게 우리의 첫 번째 코칭 시간을 평가해 달라고 요청한 적이 있다. 그는 '모든 문제를 탁자 위에 올려 놓고 그것을 보며 함께 이야기할 수 있었던 것'이 좋았다고 대답했다. 그 다음 코칭 시간에 나는 어떤 문제들이 탁자 위에 놓여 있었으며, 어떻게 하면 그중 몇 가지를 탁자에서 치워 버릴 수 있을지를 물었다. 우리는 그렇게 고객의 상상력을 활용했다.

기적의 질문. 스티브 드 세이저(Steve de Shazer)는 문제 해결에 집중하는 간단한 정신 치료법의 창시자인데, 접근법이 코칭과 매우 유사하다. 현대의 코칭이 쉐이저와 그의 동료들의 작업에서 성장해 왔다는 주장이 있다.[5] 1980년대, 드 쉐이저가 제안한 단순하지만 자극적인 질문은 그 이후로 코치들과 많은 치료 전문가들이 사용해 왔다. 바로 기적의 질문으로 알려진 질문이다. "오늘밤 잠자리에 들어 내일 아침이 오기 전에 기적이 일어났다고 가정해 보라. 눈을 떠 보니 당신이 고민하던 문제가 해결되었고 당신이 바라는 모든 것이 이루어졌다. 어떻게 달라졌을까?" 이 강력한 질문은 고객을 상상하게 하고, 어떻게 달라질 수 있을지 그려 보게 만든다. 가능성을 명확히 하고, 고객이 실행할 수 있는 구체적인 목표를 세우는 데 기반이 될 수 있다. 이 기적의 질문은 너무 자주하면 그 힘을 잃는다. 하지만 사람들의 고정된 감정을 뒤흔들 수 있고, 창의성과 희망 그리고 행동의 가능성을 자극할 수 있는 질문이다.

코칭이 진행됨에 따라, 고객의 관심사를 명확히 하는 것보다는 취해야 할 행동 단계에 더 초점을 맞추게 된다. 여기서도 코칭의 본질은 '좋은 질문하기'이지만, 초점은 고객이 '현재 어떤 상태인가'에서 '어떻게 하면 정해진 목표에 더 가까워질 수 있는가'로 이동한다. 다음은 행동을 촉진하는 질문들의 예다.

- 과거에 시도했던 것 중에서 성공적이었고 다시 시도해 볼 만한 것은 무엇입니까?
- 어떻게 달라질 수 있을까요?
- 당신의 의견은 무엇입니까?
- 그 다음은요?
- 발전의 조짐을 언제 발견하십니까?
- 이제 무엇을, 언제 하실 생각입니까?

과제 질문. 어떤 강력한 질문들은 깊이 생각할 시간이 필요하다. 그런 질문들은 자기 성찰, 일기 쓰기, 사색, 가까운 친구와의 깊은 대화에 시간을 들이면 효과를 볼 수 있는 문제들과 관련된 것이다. 과제 질문이란, 결과에 대해서는 나중에 이야기하기로 하고 깊이 생각하고 행동해 보도록 제안하는 것이다. 예들을 살펴보자.

- 어떻게 하면 직원들과 더 나은 관계를 만들 수 있는지에 관해 당신이 명확한 전망을 가지려면, 지금부터 다음에 만날 때까지 무엇을 할 수 있습니까?
- 당신은 쉬는 것이 힘들다고 말씀하셨습니다. 다음주에는 긴장을 풀기 위해 무엇을 할지 목록을 만들어 봅시다.
- 당신은 영적으로 성숙하기 원하지만, 그것이 무엇을 뜻하는지 모르겠다고 하셨습니다. 다음주에는 시간을 내서 당신에게는 그것이 무엇일지 생각해 보면 어떨까요?

어떻게 질문할지 아는 것은 코칭의 첫 번째 핵심 기술이다.

질문은 고객들을 지지하고, 그들의 관심을 이끌며, 그들이 가능성을 열 수 있도록 새로운 시각을 제시해 주는 것이다.

_ 조지프 오코너, 앤드리어 레이지스, 국제 코칭 공동체(International Coaching Community) 공동 설립자

우리가 이번 장에서 했던 것처럼, 경청과 질문은 구분해서 이야기할 수 있지만, 실행할 때는 한데 엮어야 한다. 사람들은 적극적으로 들어주는 누군가와 자신의 삶에 대해 충분히 길게 이야기할 때 새로운 통찰력을 얻고는 한다. 경청과 질문을 함으로써, 코치는 문제를 보다 객관적으로 바라볼 수 있는 외부 관찰자가 된다. 그리하여 코칭받는 사람들도 같은 방식으로 문제를 보도록 도울 수 있다.

반응하기

언젠가 나는 캐나다에 있는 어떤 회사의 중간 관리자들과 코칭 훈련을 하도록 초청받았다. 워크숍 준비를 하면서 나는 그 회사와 기업 문화 그리고 우리가 계획하고 있는 훈련에 대한 그들의 기대에 관해 최대한 많이 알고 싶었다. 그 회사는 내가 진행할 워크숍에 대비해 모든 참가자들을 "성과 향상을 위한 코칭" 세미나에 동원했다. 그 세미나에서 강조하는 두 가지 핵심 주제는, 효과적인 목표를 수립하는 방법과 결과에 근거한 피드백을 제공하는 방법이었다. 그 세미나의 리더는 경청과 강력한 질문의 중요성에 대해 정확하게 이해하고 있었고, 코칭이 그 이상의 것, 즉 회사가 강조해 온 목표 수립과 피드백 제공까지 포괄한다는 것도 알고 있었다. 유능한 코치들은 질문하고 경청할 때도 코칭이 계속 앞으로 나아갈 수 있도록 여러 가지 반응 기술을 사용한다. 이런 기술들은 대부분 상담에서 도입한 것인데, 다음의 예처럼 오랫동안 사용되고 개선되어 온 것들이다.

말로 반응하기. 코칭은 코치가 일상적으로 질문하고 듣고 또 질문하는 것 그 이상이 담겨 있는 대화다. 친한 관계에서 다 그렇게 하듯이, 코치가 경청하고 있다는 것을 나타내는 간단한 표현들이 있다. "아하", "대단하군요", "섬뜩하군요", "와", "계속하세요", "좀 더 이야기해 주시겠어요?", "엄청난 경험을 하셨군요!"와 같은 말들은 코치가 고객에게 집중하고 있음을 나타낸다. 만일 직접 만나 얼굴을 맞대고 코칭하게 된다면, 코치는 신체 언어, 몸짓, 시선 맞추기(적어도 일부 사회에서는), 태도를 통해서도 소통한다. 가끔씩은 유머도 배제하지 말고, 비유, 전문 용어, 수사적 표현에 대해서도 주의를 기울이라. 이를테면, 고객이 전체적인 그림에 대해 생각하거나 당황스러운 느낌에 대해 이야기한다면, 그런 언어를 사용하라. 그것이 고객과 통하도록 도와주기 때문이다.

격려. 대개 고객들은 곤란한 상황에 처해 있고 어떻게 앞으로 나아가야 할지 확신이 서지 않기 때문에 코칭을 받으러 온다. 격려는 희망을 준다. 특히 긍정적이며 인정, 칭찬, 지지해 줄 가치가 있는 행동이나 사건을 코치가 발견하고 정확하게 지목했을 때 더욱 그렇다. 격려는 진심에서 우러나야 하며, 아랫사람 보살피듯 해서는 안 된다. 또 너무 자주 해서 고객이 어려운 결정을 하거나 필요한 행동을 할 때 주의를 흐트리지 않아야만 동기를 유발하고 성장을 자극한다.

피드백. 격려의 한 형태지만, 그보다 많은 것을 포괄한다. 피드백은 구체적인 문제를 다루고, 확실한 내용을 포함하며, 그 이후의 행동 또는 개선 방향을 보여 줄 때 특히 효과적이다.

자기 노출. 코치가 자신을 드러내면 대화의 초점이 고객에게서 코치에게로 쉽게 바뀌기 때문에 조심하는 것이 현명하다. 코치가 자신의 경험에 대해 간단하고 구체적으로, 빈번하지 않게 말한다면, 자기 노출 역시 고객에게 고무적이고 도전이 될 수 있다. 효과적인 자기 노출은 고객의 상황과 관련이 있어야 하고, 장황해서는 안 되며 "저는 이렇게 했는데, 당신도 이렇게 해야겠지요"라고 애매하게 표현해서도 안 된다.

가치관, 강점, 은사, 열정, 태도, 에너지 고갈 그리고 과거의 경험에 집중하기. 이 모든 것은 고객이 어떤 결정을 내리거나 꽉 막힌 상황에서 벗어나는 데 지대한 영향을 줄 수 있다. 이것들은 우리가 누구인가에 대한 핵심 부분을 차지하지만, 코치가 구체적으로 그것들을 끄집어내지 않으면 쉽게 간과하게 된다. 내 고객 중 한 사람은 직장에 염증을 느끼고 있으며, 원하는 만큼 성공하지 못하고 있었다. 그가 어떤 가치관을 갖고 있는지 파악한 후 우리는 그가 자신의 핵심 가치들을 깨 버리지 않는 한, 회사에서 성공할 가능성이 없다는 것을 알았다. 그가 가치를 두는 것과 고용주가 그에게 기대하는 일 사이에 상충하는 면이 있다는 것을 깨닫고 그는 직업을 바꿨다. 이와 같은 문제가 발견되면, 코치는 고객에게 생산적인 토론과 효과적인 결정을 할 수 있는 곳을 찾아보도록 동기부여 한다.

즉시성. 코칭 과정이나 코치와 고객의 관계에 그 순간 어떤 일이 일어나고 있는지 가끔 이야기를 나눠 보는 것도 중요하다. 대개 코칭 과정이 정체된 것처럼 보일 때 이런 논의를 하게 되는데, 무엇이 방해가 되고 있는지, 코칭 과정을 다시 정상 궤도에 올려 놓으려면 무엇을 해야 하는지 논의하는 것은 의미가 있다.

- 우리는 지금 수렁에 빠져 있는 것 같습니다. 잠깐 멈춰서 무엇이 우리를 방해하고 있는지, 무엇이 잘못됐는지 찾아내야 합니다.
- 지금 우리가 원래 논의하고자 했던 문제에서 벗어나 곁길로 빠지고 있지는 않은지요.

브레인스토밍. 이것은 "아이디어, 가능성, 선택지를 만들어 내려는 목적으로 고객과 코치가 창조적으로 협력하는 것"[6]이다. 대개 코치가 이것을 해 보자고 제안하고, 그에 대한 최초의 안을 낸다. 코치와 고객은 브레인스토밍에서 나쁜 아이디어는 없으며 독창적인 아이디어와 황당한 가능성도 모두 수용한다는 데 동의한다. 가끔은 비현실적이고 개연성이 전혀 없는 아이디어가 실행 가능하고 진지하게 탐색해 볼 가치가 있는 가능성을 이끌어내기도 한다. 그러나 코치가 브레인스토밍을 자기 생각이나 자신이 선호하는 것을 관철하는 방법으로 사용해서 고객이 조종당하고 있다고 느끼게 해서는 안 된다.

디브리핑. 보통 이것은 고객이 어떤 것을 시도해 보고 보고할 때 일어난다. 예수님이 제자들을 두 사람씩 내보내셨을 때, 그들이 돌아와서 예수님께 각자 겪은 일을 설명한 것을 기억하는가? 그들은 모두 베데스다라는 곳으로 갔고, 거기서 예수님은 경청하고 격려하며 간혹 논평을 하시고, 그들이 배운 것을 깊이 생각해 보도록 질문도 하셨을 것이다. 확실히 알 수는 없지만, 아마 그 모임은 서로 격려하고, 비록 실패했지만 잘 해낼 수도 있었던 것에 대해 이야기하면서, 다음에는 어떤 다른 접근 방식을 써 볼 것인지 토론도 했을 것이다. 이것이 디브리핑(debriefing)이다. 앞으로 나아가기 위해 새로운 길을 여는 일종의 토론이다.

요청하기. 코칭은 고객이 대개 문제들과 사안들을 처리할 때 최고의 아이디어를 찾아내는 능력이 있다는 것을 전제로 한다. 고객이 스스로 찾아낸 통찰과 행동 계획과는 달리, 코치가 할 일을 말해 주거나 조언하면 무시되거나 잊힌다. 그렇더라도 고객에게 도움이 될 만한 관찰 또는 경험이 있을 때가 있다. 코치는 고객에게 무엇을 하라고 말해 주거나 제안을 하기보다는 다음과 같은 방식으로 양해를 구하거나 요청해야 한다. "제가 몇 가지 경험을 했는데, 당신에게 도움이 될지도 모릅니다. 가치가 있을지도 모르니 이야기해 드릴까요?" '요청'이라는 단어를 사용하는 방법도 있다. "다음 약속 전까지 충분히 생각할 시간을 갖고, 당신이 승진하기 위해 다음 단계에 어떤 조치를 취할 수 있을지 쭉 적어 보시기를 요청합니다." 고객은 세 가지 반응 중 하나를 택할 것이며, 코치는 어떤 반응이든 받아들일 수 있다. 고객은 동의하거나 거부하거나 수정을 제안할 것이다. 만일 고객이 그 요청에 동의한다면, 바로 다음 코칭 시간에 그 결과를 놓고 이야기할 수 있다.

코치는 교수가 아니다

내가 코칭을 배우는 훈련생으로서 첫 실습으로 사람들 앞에서 동료 훈련생을 코칭하게 됐을 때, 겁에 질려 있었음을 고백한다. 나는 그 전에 코칭을 받은 경험도 있었고, 코칭 수업도 여러 번 들었으며, 코칭 관련 서적도 선반 하나를 가득 채울 만큼 읽었다. 직접 코칭 강의도 했고, 다양한 사람들을 코칭했다. 심지어 이 책의 초판도 집필했다. 그러나 보충 훈련을 받기로 결심했을 때, 나는 실습 강좌에 앉아 있었다.

내 관점에서 보았을 때, 그 강좌에서 내가 했던 첫 번째 코칭은 재앙이었다. 같은 반 동료들은 나 자신이 한 만큼 가혹하게 평가하지는 않았지만, 강사는 강좌가 진행되면서 내 코칭이 나아지자 첫 코칭에 대해 농담을 할 정도였다. 나는 그 첫 수업에서 얻은 가장 주목할 만한 관찰을 또렷이 기억한다. 나는 경청하기, 질문하기, 적절하게 반응하기에 대해 알고 있었지만, 사람들 앞에 서자 내가 가장 잘 할 수 있고 가장 자연스럽게 할 수 있는 선생님의 모습으로 돌아갔다. 강사는 내가 말을 너무 많이 하고, 조언을 했으며, 너무 많은 이야기를 했다고 논평했다. "당신은 코치처럼 말하지 않고, 마치 교수인 것처럼 하는군요"라고 그녀는 말했다. 이 말은 우리가 코치가 됐을 때 과거의 어떤 습관들을 버려야 한다는 것을 상기시켜 준다. 교사들은 코칭 시간에 교수처럼 행동하는 것을 멈춰야 한다. 상담가들은 정신 치료 행위를 하거나 과거에서 문제의 원인을 찾는 것을 그쳐야 한다. 목사들은 최소한 코칭의 원칙을 활용하는 동안에는 영적 리더로서 행동하고 조언하는 것을 피해야 한다.

코칭은 특별한 관계이며, 다른 사람들과 관계하는 고유한 기술과 방법이 있다. 코칭 과정에 대한 독자적인 이론과 접근 방법도 있다. 다음 장에서는 당신이 코칭에 더 깊이 관여할 때 당신의 작업을 안내해 줄 수 있는 코칭 모델의 네 가지 기본 요소에 대해 소개하겠다.

7장 ·· 코칭 모델과 문제들

얼마 전에 친구와 나는 학회에 참석하기 위해 몇 백 킬로미터를 운전했다. 출발하기 전에 내 친구는 GPS를 켜고 목적지까지 지시를 따랐다. 그 장치는 경로를 안내해 주었고, 회전할 때를 놓치면 바로잡아 주었으며, 방해가 될 수 있는 공사 구간이 있으면 경고해 주었다. 우리가 달려 온 거리와 아직 남은 거리를 알려 주었고, 헤매지 않고 학회가 열리는 곳까지 도착할 수 있게 해주었다. 과거로 거슬러 올라가 21세기 첫 몇 년만 해도 우리는 집을 나서기 전에 전화를 걸어 가는 길을 묻거나, 다시 접기 어려울 만큼 큰 종이 지도와 씨름했고, 가는 경로를 다운로드해서 출력했다. 물론 아직도 도로 지도는 아주 유용하지만, 지금 우리는 현재 있는 장소에서 가고자 하는 목적지에 어떻게 도달할 수 있는지 알아내는 다양한 방법을 알고 있다.

적어도 지금까지는 코칭을 위한 GPS 같은 것은 없다. 하지만 우리의 코칭 여정을 안내해 줄 지도들은 있다. 우리는 그것들을 지도가 아니라 코칭 모델이라고 부른다. 어떤 것은 다른 것보다 더 세부적이며 복잡하다. 하지만 모든 코칭 모델은 코치들에게 코칭 지침을 준다는 동일한 목적을 갖고 있다. 도로 지도를 사용하지 않고도 목적지로 운전해 갈 수 있듯이, 코칭 모델을 사용하지 않고도 고객들을 코칭할 수는 있다. 하지만 도로 지도와 코칭 모델들은 그 여행을 더 순조롭게 하고 불필요한 우회를 방지하며 막다른 길을 피하게 해준다. 운전자들이 같은 목적지에 도달하기 위해 같은 고속도로를 달리는 도로 여행과는 달리, 코칭 여행은 각각 독특하며 저마다 고유한 경로를 가지고 있다. 따라서 코칭 모델들은 구체적이기보다 일반적이다. 하지만 코치와 고객들에게 여정을 안내하는 유용한 표지판을 제공한다.[1]

나는 여행할 때, 도로 지도들을 비교하는 데 많은 시간을 쓰지 않는다. 대신 유용해 보이는 안내 책자를 찾아 들고 간다. 그것을 보면 왜 내가 여러 가지 코칭 모델들을 요약하고 싶은 유혹을 참고, 쓸 만한 것 하나에 집중하기로 결정했는지 알 수 있을 것이다.[2] 이렇게 우리는 지금까지 심사숙고해 왔던 것들을 잘 챙겨서 다른 이들을 코칭하는 길로 나서게 된다.

우리가 다음에 나올 장들에서 사용할 코칭 지도에는 네 요소가 있다.[3] 이것은 코칭 지도를 기억하기 쉽게 해준다. 어떤 코치들은 이 모델을 복사해서 코칭을 처음 시작할 때 고객에게 나눠 주기도 한다. 코칭 전반의 목적에 대한 윤곽을 잡고, 코칭이 어떻게 진행되는지 보여 주기 위해서다. 다른 코치들은 마음속에 그 모델을 간직하고 자신들의 코칭 작업을 안내하는 데 활용한다.

다음에 나올 여섯 장들에서는 코칭 모델의 활용 방법을 제안하며 모델을 자세히 다룰 것이다. 그 기초를 닦기 위해 다음 몇 페이지에 걸쳐 모델을 전반적으로 훑어볼 것이다. 이것은 코칭을 위해 큰 그림을 그려 보는 것이라는 점을 기억하기 바란다. 코치들은 대개 한 번에 모델의 네 요소 모두를 사용하지는 않을 것이며, 코칭은 시계 바늘처럼 한 요소에서 다음 요소로 항상 체계적으로 이동하는 것도 아니다. 때에 따라 한 요소에서 다른 요소로 건너뛸 수도 있고, 이전 단계로 돌아가기로 결정할 수도 있다. 읽으면서 이 모든 것을 다른 이들에게 적용하기 전에 당신에게 어떻게 적용할 수 있을지를 잘 생각해 보라.

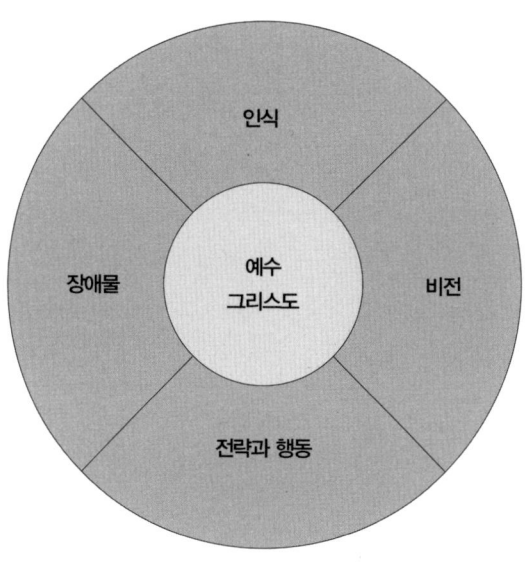

그림 7-1 기본적인 코칭 모델

이 원을 따라 돌기 전에, 당신은 코칭받을 사람과 파트너십을 구축했을 것이며, 무슨 코칭을 할 것인지 명확히 했고, 어떻게 함께 작업할 것인가에 대해서도 합의했을 것이다. 어떤 관계든 다 그렇지만, 코칭 파트너십을 구축하는 데는 시간이 걸린다. 코치와 고객이 함께 작업하면서 마음이 맞는 제휴 관계를 지속하기 위해, 코칭이 진행되는 동안 파트너십을 발전시켜야 한다.

모든 것이 예수 그리스도의 인격을 중심으로 돌아간다는 것이 가장 중요하다(여기서 저자는 기독교인 독자를 염두에 두고 크리스천 코칭 모델을 설명하고 있다. 비기독교인 독자는 가운데 원의 내용을 '중심 가치'로 대체해도 무방할 것이다—역주). 그분은 중심축처럼 여러 방향으로 돌아가는 바퀴를 지탱해 준다. 우리가 하는 코칭이 예수님을 중심으로 이루어진다는 것은 실제로 무엇을 뜻하는가? 그것은 우리의 코칭(그리고 우리의 삶) 전체를 예수님의 주되심과 인도하심에 맡긴다는 것을 의미한다. 이는 또한 성경 읽기와 기도와 예배를 통해서 우리가 예수님을 아는 사람이 되고자 하고, 코칭할 때 성령의 인도를 더욱 민감하게 느끼고자 하는 것을 뜻한다.

그림 7-2 확장된 코칭 모델

그것은 우리의 가치관과 개인적 믿음에 대해 분명한 입장을 취하려 한다는 의미다. 우리는 다른 사람의 가치관이 우리와 다르다고 해서 거부하거나 비난하지 않으며, 우리의 신념과 우선순위를 고객이 받아들이도록 조작하지도 않는다.

그렇기는 하지만, 우리는 우리 일의 지침이 되는 가치관에 대해 솔직하다. 우리는 결국 후회할 행동이나 생활방식을 개발하려고 코칭을 받고자 하는 사람은 정중히 사양한다. 우리는 심판하지는 않지만 우리가 할 수 있는 최선을 다해 무엇이 옳은지 결정하고, 그 결정에 일치하는 생활을 함으로써 우리의 진정성을 유지한다. 예수 그리스도를 중심에 둔다는 것은, 고객을 위해 기도하고 그들의 삶이 변화하도록 하나님께 간구하며, 부분적으로는 우리가 받은 코치로서의 은사와 훈련, 지식, 기술을 통해 일하기로 헌신하는 것을 의미한다.

인식: 우리는 지금 어디에 있는가

코치가 되기 위한 훈련의 일환으로, 나는 기업 코칭에 관한 실습 강좌를 들었다. 훈련생들은 대기업에서 작업하도록 배정되었고, 집중적인 리더십 훈련을 체험하도록 선발된 신임 임원들과 일대일 코칭을 했다. 그 강좌에 참가한 대다수 훈련생들은 고객이 일하고 있는 그 기업에 대해 전혀 들어 본 적이 없었다. 그들이 하는 사업의 성격에 대해 아는 바도 없었고, 누구도 코칭하게 될 사람과 아무런 사전 접촉을 하지 않았다. 우리는 작업을 준비하면서 그 회사와 회사의 사업 그리고 직원 대다수가 강도 높은 업무를 하는 기업 환경에 대한 정보를 얻었다. 우리는 곧 고객들을 잘 알게 되었고, 그들의 꿈과 열정에 대해서도 알게 되었다. 얼마 지나지 않아 우리는 그들이 목표를 달성하기 위해 결정하고 행동하는 대로 그들과 함께 나란히 동행하고 있었다. 아마 우리는 서로 다른 방법을 쓰고, 나름대로 독특한 코칭 스타일을 구사했겠지만, 출발은 모두 같은 지점에서 했다. 우리는 코칭이 시작된 그 시간에 고객들의 현 위치가 어디인지 파악하는 것부터 시작해야 했다. 우리가 그들과 함께 작업할 수 있게 되었을 때 비로소 그들은 현재 있는 지점에서 원하는 지점으로 움직이기 시작했다.

코칭 모델의 첫 번째 요소(인식)는 최소한 두 가지로 구성되어 있다. **현재 상태**(지금 고객이 있는 곳)를 더 잘 인식하는 것과, **사람**(그 고객이 진정 누구인지)을 더 잘 인식하는 것이다. 나중에 우리는 고객의 현재 상태와 고객이 누구인지를 더 잘 인식할 수 있도록 도와주는 검사나 다른 정형화된 도구에 대해서 다룰 것이다. 하지만 코치에게 최고의 수단은 우리가 앞 장에서 다뤘던 경청하기, 질문하기, 반응하기다.

현재 상태 인식하기. 이것은 고객을 코칭받게 만든 문제들이나 걱정거리들에서 시작한다. 내 짐작이지만, 사람은 생활이나 일에서 어떤 것에 만족하지 못하고 변화가 일어나기를 원한다. 코치는 호기심을 갖고 경청하며 이런 불만족의 근본 원인을 찾아내려고 애쓴다. 무엇이 만족스럽지 못한 것일까? 고객이 바꾸고 싶어 하는 것은 무엇일까? 어떤 태도, 행동 혹은 사람이 발전을 방해하는가? 고객의 현재 상황은 어떤가? 일하는 환경은 어떤가? 현재 고객의 생활에 영향을 미치는 사람들은 누구이며, 핵심적인 이들은 누구인가? 어떤 태도, 불만, 가치관, 인성 문제 그리고 사고방식이 고객의 현재 상태에 영향을 미치고 있는가?

어떤 기업 소유주는 회사가 정체 상태였기 때문에 코칭받기를 원했다. 매출은 변동이 없었고, 직원들은 오래 근속하지 않았으며 의욕이 낮았고, 성장을 위해 주기적으로 계획을 세우는데도 변화는 거의 없었다. 비즈니스 컨설턴트 여러 명이 회사를 분석하기 위해 들어와서, 쓸 만한 제안을 했지만 여전히 아무것도 변하지 않았다. 그러자 그 소유주는 코치를 고용했다. 코치는 회사에 대해 질문했고 답변을 주의 깊게 경청했다. 그녀는 기업 성장 분야에 전문 지식을 가진 컨설턴트는 아니었다. 그녀는 그 소유주가 자신의 현재 상태를 파악하고 자신이 추진해 나갈 행동의 진로를 탐색하도록 돕는 데 초점을 맞추었다. 간단한 성격 검사를 통해 그가 과제 지향적이며 사람들에 대해 둔감하다는 점이 드러났다. 그는 모든 것에 관여하고 모든 직원을 장악하려는 쫀쫀한 관리자(micromanager) 유형이었다. 그는 사람들의 창의성을 억눌렀고, 어느 누구도 인정하지 않았으며, 회사를 성장시킬 방법으로 자신의 아이디어와 강도 높은 업무에만 의존했다. 코칭을 통해, 회사의 부진한 실적은 그의 통제 성향과 경영 방식이 주 요인임을 알게 될 때까지 그는 스스로 변화하기를 거부했다. 이전에 컨설턴트들이 내놓은 권고가 전혀 먹히지 않았던 것도 소유주 자신이 낸 아이디어가 아니었기 때문에 시도는 했어도 효과가 미미했던 것이다. 그가 변화하기 시작하면서 직원들은 의사 결정 과정에 더 많이 참여하게 되었고, 회사가 성장하자 사기도 높아졌다.

사람에 대해 인식하기. 위의 실례는 인식의 두 번째 부분을 설명하고 있다. 고객들이 자신에게 초점을 맞추는 것은 매우 유익하다. 이는 그들의 동기를 분석하거나, 현재 행동의 원인을 찾기 위해 과거를 뒤지거나, 해결해야 할 개인적인 문제를 찾아내는 것을 말하는 것이 아니다. 코치는 고객들이 자신의 능력, 강점, 하나님께 받은 은사, 약점, 열정, 삶의 목적을 바라볼 수 있도록 격려한다. 그 소유주는 사업의 현재 상태에 대해서는 어느 정도 이해했지만, 자신의 강점과 약점에 대해서는 생각해 본 적이 없었다. 코칭받기 전에는, 자신의 리더십 유형이 어떻게 독재적인 방법으로 회사를 경영하도록 몰아갔는지에 대해 생각해 보지 않았다. 나중에 그는, 직원들은 그의 태도와 지배적인 리더십 행동을 매일 겪어서 잘 알고 있었지만, 정작 자신은 한 번도 멈춰 생각해 본 적 없었다는 사실을 알고 깜짝 놀랐다. 코칭 모델 원형 도표의 인식 구간은 고객의 처음 상태다. 앞서 언급했던 기업 코칭 강좌에서, 모든 코치는 고객들이 등록된 기업 리더십 훈련 프로그램에 대한 정보를 제공받았다. 우리는 그들이 각자 자신의 성격 유형과 리더십 형태를 알아보기 위해 일련의 평가 검사를 받았다고 들었다. 물론 코치들은 검사 결과를 받아보지는 못했다. 그러나 나중에 고객들 대부분이 자신의 코치에게 자발적으로 그 결과를 보여 주었다. 그 모든 것을 통해서 우리는 함께 작업하는 고객들의 업무 환경에 대해 알게 되었고 고객에 대해서도 점차 알게 되었다.

비전: 우리가 가고자 하는 곳은 어디인가

비전이란 이상적인 미래를 담은 내면의 그림이다. 그것은 개인이 성취하고 싶은 것과 일어나기를 바라는 것, 그리고 고객이 가고 싶어 하는 곳과 관계가 있다. 비전은 기업과 조직들, 교회와 가족, 그리고 경력을 쌓고 있는 사람들에게 두루 적용된다.

분명한 비전을 갖는 것은 어떤 사람에게는 문제도 안 된다. 그들은 자신이 가고 싶은 곳을 정확하게 알고 자신의 목표를 쉽게 단어 몇 개로 간단명료하게 표현할 수 있다. 고객은 학위를 취득하거나, 성공적인 사업을 일으키고 싶거나, 선거에서 승리하기 원하거나, 교회를 이끌거나, 호평받는 음악가가 되고 싶을 것이다. 예전에 한 고객은 책을 집필하는 꿈을 갖고 있었지만 어떻게 진행할지 확신이 없어서 답답해했다. 그는 마음속에 있는 확실한 비전을 실천하게 만드는 코칭을 원했다.

이는 비전이 없거나 어떻게 비전을 갖는지 모르는 많은 사람들과는 다른 경우다. 그들은 하나님이 그들의 삶이나 사역에 어떤 목적을 갖고 계신다는 것은 알지만, 그 목적이 무엇인지 모르며 소명을 발견하는 방법에 대해서 아무런 단서도 갖고 있지 않다. 비전을 만들고 비전에 도달하는 것에 대한 책이 아마 수천 권은 되겠지만, 종종 우리는 방향성 없이 분주하기만 한 삶을 살고 있고 우리가 가고자 하는 곳이나 하나님이 우리가 가기를 원하시는 곳에 대한 생각을 거의 하지 않은 채 현재에 집중하고 있다. 반대로 예수님과 수많은 성경 기자들은 미래에 초점을 맞췄으며, 자기 삶을 바쳐 앞으로 나아가야 하고 또 나아갈 수 있는 곳을 하나님이 알게 해주셔서 그곳으로 인도받았다. 그들은 현재를 무시하지도 과거를 평가절하 하지도 않았고, 앞으로 다가올 더 좋은 것을 바라보았다.

위대한 코치는 비전을 보는 사람이다.
위대한 코치는 비전을 심고, 키우며, 격려한다. 그러고 나서
철저히 비전에 맞추어 모델을 만들고 동기를 부여한다.

_ 토머스 밴디(Thomas Bandy), 「코칭 체인지」(Coaching Change)의 저자

어떤 사람들은 무엇을 해야 할지 어디로 가야 할지를 코치가 그들에게 말해주기를 원한다. 좋은 코치는 그런 일 대신, 그들을 향한 하나님의 인도를 발견할 수 있도록 생각을 자극하고 정곡을 찌르는 질문들을 한다. 코치들은 이것을 "미래로 발을 들여 놓기"라고 부른다. 그것은 가능한 것을 마음속으로 그려보도록 고객을 격려하는 것을 포함하며, 깊이 생각하고, 가능성을 상상하며, 앞으로 며칠 혹은 몇 년 후의 비전을 발견하는 것이다.

때때로 이렇게 비전 중심으로 미래에 초점을 맞추는 것은 큰 꿈 또는 계획을 포함한다. 내 친구가 한 단체의 대표직을 맡게 됐을 때, 그 조직이 외부인이 보

는 것만큼 잘 돌아가지는 않는다는 것을 발견했다. 오랫동안 근무한 직원들 중 일부는 과거에 갇혀 있었고 생산성 없이 기계적으로 일하고 있었으며 심지어 그 단체의 존재 이유에 대한 인식도 거의 없었다. 이사회는 원래의 목적을 알고는 있었지만, 대부분 시대의 변화 또는 조직의 미래에 대한 가능성에 대해 아무 생각이 없었다. 그 신임 대표는 코치의 지원을 받으며 이사회가 신선하고 매력적인 비전을 만들어 내고 그것을 이루기 위해 움직이도록 이끌었다. 내 친구는 비전 없이는 조직이 표류하며, 개인도 마찬가지라는 것을 알게 되었다.

코칭 모델에서 비전에 초점을 맞추는 부분은, 특히 그 개념을 처음 접할 경우, 상당한 시간이 걸릴지도 모른다. 내가 직업을 바꾸기 위해 코칭을 받았을 때, 코치와 나는 미래를 향한 나의 비전을 명확히 하는 데 많은 시간을 보냈다. 코치는 그때 내 인생에서 내가 어느 지점에 있는지, 여전히 성취하고 싶은 것이 무엇인지 깊이 생각하도록 도왔고, 몇 년 뒤에 내가 어떤 모습으로 살기 원하는지 마음속에 그리도록 도왔다. 나는 내 미래의 그림을 수정처럼 깨끗하게 보지는 못했다. 오직 하나님만이 미래를 아시기 때문에 우리는 단지 우리가 가야 할 곳에 대해 추측할 수 있을 뿐이다. 그렇기는 하지만, 내가 마음속에 그렸던 것에 대한 생각을 갖고 코칭 모델의 다음 요소로 옮겨 갈 수 있었고, 미래에 대한 나의 희망과 비전을 현실화하는 전략과 행동 단계들에 대해 충분히 생각할 수 있었다.

전략과 행동: 어떻게 목적지에 도달할 것인가

자신이 가고 싶은 곳이 어디인지 안다 해도 그 목적지에 도달하기 위해서는 도움이 필요하다. 현실적이고 구체적이며 측정 가능한 목표를 정하는 것이 수반된다. '몸무게 줄이기', '더 잘 협력하기', '내 아이들에게 더 많은 관심 갖기'와 같은 목표는 너무 애매모호해서 동기 유발이 안 된다. 이런 경우 빨리 포기하게 되는 경향이 있다. 행동을 자극하는 목표는 '휴가 뒤부터, 나는 일주일에 최소한 네 번은 아이들이 잠잘 때 동화책을 읽어 줄 것이다' 혹은 '나는 6월에 있을 여동생 결혼식 이전에 몸무게를 7킬로그램 줄일 것이다'와 같은 간결한 서술문을 수반한다. 목표를 설정하고 그것을 실행하기 시작하면, 그 목표가 도달할 수 있을 정도로 충분히 현실적이고 구체적인지 여부가 곧 명확해진다.

목표를 정하는 것은 대학 학위 취득과 같이 중요한 것일 수 있다. 하지만 어떤 목표를 정하고 그 목표에 도달하는 것 역시 더 원대한 행동 계획을 개발하는 과정의 일부일 수 있다. 한 성공한 변호사가 자기 직업이 싫고 너무 오랜 시간 가족들과 멀어져 있었다는 것을 깨달아 코칭을 받으러 내 친구를 찾아왔다. 그는 수입이 많았고, 법대를 졸업할 수 있게 도와준 아내에게 고마워했다. 그러나 당연히 아내는 남편이 변호사 일을 그만두겠다고 하는 것에 거부감을 갖고 있었다.

코치는 이런 문제들을 주의 깊게 경청했고, 무엇이 그의 삶을 더 낫고 더 보람 있게 만들 수 있는지에 대해 질문했다. 코치는 먼저 그가 법대에 들어간 이유와 처음 일을 시작했을 때 어떤 분야를 즐거워했는지 물었다. 초창기에 그는 할 일이 많지 않았다. 그래서 자주 집에 있을 수 있었고, 매주 골프 칠 시간도 있었다. 그때는 기분 전환도 되었고, 지금은 바빠서 거의 놓치고 있는 변화 속도 조절이 가능했다. 그 변호사와 코치는 그가 주기적으로 오후에 쉴 수 있고 매주 이틀 저녁은 가족과 함께 저녁 식사를 할 수 있도록 업무 시간을 조정할 계획을 만들었다. 이 목표는 그의 삶에 균형과 만족을 더해 주는 더 큰 계획의 일환으로서 그가 곧바로 실천할 수 있는 구체적이고 현실적인 것이었으며, 그가 제대로 실천하고 있는지 코치가 확인할 수 있는 목표였다.

대개 고객들은 어떤 일을 달리 하기 위해서 또는 아예 다른 일을 하기 위해서 코칭을 받으러 온다. 그들은 목표를 정하고, 계획을 세우며, 행동으로 옮기고자 한다. 그리고 자신의 실천을 점검하도록 코치에게 책임을 맡겨서 당초 계획대로 차질 없이 진행되기를 바란다. 고객들은 멈춰 서 있지 않고 움직이기를 원한다.

> 따라서 코치는 고객을 앞으로 나아가게 하고,
> 미래를 상상하게 하며, 목표로 가는 길을 창조하도록 돕는 데 상당 부분 초점을 맞춘다.
> 앞으로 나아가는 것을 강조하는 코칭은 초점이 명확하고 직접적이며 의도가 분명하다.
> _로라 휘트워스, 캐런 킴지하우스, 헨리 킴지하우스, 필립 샌달, 「상호 협력적 코칭」의 공저자

때때로 코칭과 비즈니스 관련 서적들은, 리더가 현재 상태를 제대로 평가하고 미래에 대한 선명한 그림도 갖고 있지만 그 비전을 현실로 바꾸는 데는 실패한 기업들을 다룬다. 전략을 세우고 행동 계획을 실천하는 것은 대단한 의욕을 가진 사람이라도 어려울 수 있다. 그럼에도 코칭 모델의 이 세 번째 요소는 성공에 있어 매우 중요하다. 우리가 앞서 언급했던 몸무게 줄이기 문제를 생각해 보자. 수많은 사람들이 매년 다이어트를 한다. 체중계 위에 올라가 몸무게를 확인하고 자신의 현재 상태를 알게 된다. 이제 그들은 원하는 목표 체중에 대한 비전을 갖고, 그 목표에 도달하기 위한 다이어트 계획을 짠다. 그리고 나서 아무것도 하지 않는다.

계획을 실천하지 않는다면 변화를 만들어 내는 장기 전략을 갖는 것은 별로 가치가 없다. 어떤 사람들은 앞으로 나아가기를 열렬히 원하지만 정작 어떻게 실천해야 할지를 확실히 알지 못한다. 그들의 동기부여는 실패하거나, 심지어 첫걸음을 내딛는 단계에서 용기를 잃기도 한다. 이것은 전략과 행동 단계에서 코치가 맡아야 할 여러 가지 중요한 역할을 시사한다. 첫째, 코치는 현실적인 행동 계획을 만들도록 자극한다. 그 일환으로 고객은 앞으로 나아가기 위해 어떤 단계들이 필요한지 결정한다. 그런 다음, 코치들은 고객의 헌신을 촉구하며 "이 계획에 기꺼이 전념하겠습니까?"와 같은 질문에 예, 아니요로 대답하라고 요구할 수도 있다. 만일 대답이 '아니요'라면, 새로운 계획이 필요하다. 만일 '예'라면 코치와 고객은 다음 단계를 언제 시작할지, 언제 마칠지 구체적인 시간을 결정한다. 실천이 시작되면 코치는 격려자가 되며, 때로는 치어리더가 되기도 한

다. 코치는 수시로 실천 여부를 확인하는 파트너가 되고, 고객이 소망하는 변화를 이룰 수 있게 동기부여 하며, 만일 진전이 멈출 경우, 고객이 자신의 행동을 평가하고 변화시켜 새 출발하도록 돕는다. 비록 "코칭 기술을 계속 사용한다 해도 실천을 확인하지 않으면 코칭은 일어나지 않는다"[4]는 점을 상기해야 한다.

장애물: 우리를 방해하는 것은 무엇인가

인생은 평탄한 여정이 아니다. 진전은 장애물과 걸림돌, 지지부진과 실망에 의해 방해받는다. 마라톤 주자들처럼, 우리는 발목을 잡아 채거나, 속도를 떨어뜨리며, 에너지를 고갈시키거나, 목표를 포기하고 경기를 그만두게 하는 장애물에 저지당할 수 있다. 이런 장애물들은 우리가 생활하고 일하는 환경에만 있는 것이 아니다. 가장 큰 장애물 중 많은 것이, 자기 패배적인 생각과 혼잣말처럼 우리 마음속에 있다. '내가 앞으로 나아간다면, 비웃음당하거나 비판당할 거야. 그것은 시간이 너무 오래 걸릴 일이라서 나는 해낼 수 없을 거야. 지난번에도 시도했다가 실패했는데 또 실패하면 어떻게 하지?'라고 우리는 생각한다. 정신적 그렘린(기계에 고장을 일으키는 것으로 여겨지는 가상의 존재—역주)이라 불리는 내부 방해자는, 길을 가로막고 있지만 우리가 그것들을 머릿속에 숨겨 놓았기 때문에 외부인들은 볼 수 없는 거대한 산과 같다.

> 산은 그만 보고, 그 산을 움직이시는 이를 보라.
> _ 빌 하이벨스, 리더십 전문가, 윌로크릭 교회 목사

코치로써 당신의 최대 과제는 고객의 발전을 가로막는 자기 패배적 행동과 내면의 혼잣말을 드러내 직면하게 하고 그것에서 벗어나도록 돕는 것이다. 어떤 사람들은 자신이 극복할 수 없는 장애물로 인해 꼼짝 못하고 있다는 느낌 때문에 코칭을 찾는다. 때때로 사람들은 위험 감수를 꺼린다. 시종일관 방관하는

사람도 있다. 어떤 고객은 변화에 대해 말만 할 뿐 과거의 구태의연한 방식에 안정감을 느끼기 때문에 행동하지 않고 핑계만 댄다. 많은 코칭 고객들이 자신들의 발전을 가로막고 있는 장애물을 알고 있으며, 당신이 물어 보면 그것이 무엇인지 말해 줄 수 있다.

그러나 우리 모두는 맹점이 있다. 우리가 항상 우리 안에 있는, 자신을 방해하는 태도나 행동을 알아볼 수 있는 것은 아니다. 설사 그 장애물들을 알아차린다 해도, 인정하고 싶지 않을 것이다. 코치들은 자신에게 방해가 되는 것이 무엇인지 고객들이 깨닫기 전에 그 장애물을 더 명확하게 볼 수 있는 객관적 관찰자다. 코치로서 당신이 그 장애물을 발견했다 해도, 특히 당신이 초기의 친밀한 관계를 만들어 가는 중이라면 성급하게 지적하는 것은 조심해야 한다. 맹점이 존재한다는 것을 알았다면, 당신의 관찰이 효과가 있는 한 계속 지켜보라. 나중에 고객이 방어하거나 저항하지 못하게 하면서, 장애물들을 지적할 수 있다.

이 모든 것을 볼 때, 장애물은 개인은 물론 조직이나 집단에도 심대한 영향을 미친다는 것을 기억하라. 함께 생활하고 일하는 사람들은 심리학자들이 '집단사고'라고 부르는 의식 구조를 개발할 수 있다. 집단 안에 있는 각 개인은 마치 집단 전체처럼 생각한다. 구성원 한 사람이 자신이 속한 집단의 생각이 과연 옳은 것인지 의심하다가도 이렇게 혼잣말을 하면서 마음속 의구심을 버린다. '다른 사람들은 모두 자신들이 믿고 있는 것이 유효하며 올바른 결정을 내리고 있다고 전적으로 확신하는 것 같아. 분명히 의심하는 내 생각이 틀렸을 거야. 그건 그렇고, 나는 집단에 도전해서 그들의 앞길을 가로막거나, 배신자로 비쳐지기를 원치 않아. 만일 내가 주저하고 있다는 것을 밝히면, 나는 해고되고 팀에서 쫓겨날 거야. 그러니까 조용히 입 다물고 있는 게 상책이야.' 때로는 집단 전체가 이렇게 생각할 수도 있다. 저마다 의구심을 품고 있기는 하지만 아무도 그것을 입 밖에 내지 않는다. 숙련된 코치는 집단 또는 개인 고객에게 이러한 집단사고의 가능성은 없는지 생각해 보게 하고, 그들의 전진을 방해하는 외적·내적 장애물과 마음속 방해물과 직면하도록 격려하며, 고객이 정말 가고 싶어 하는 목표지로 이동하기 위해 제 궤도로 돌아가도록 지원한다.

코칭 모델의 네 번째 요소이며 코칭 원형 도표에서 장애물 제거 영역인 이 부분에서는, 지금까지의 진전을 재평가하기도 하는데, 때때로 인식 단계와 코칭 원형 도표의 다른 영역으로 되돌아가기도 한다. 이것은 코칭이 유원지의 관람차나 회전목마처럼 코칭 원형 도표를 뱅뱅 돈다는 뜻은 아니다. 우리가 장애물에서 벗어난 뒤 지금 우리가 어디에 있는지, 우리가 가려고 하는 곳은 어디인지, 앞으로 우리가 취해야 할 전략과 행동은 무엇인지 참신한 시각으로 보고 싶은 것이다. 코칭이 진행되면서 고객은 새로운 인식과 통찰이 생기고, 새로운 경험과 행동을 하게 되며, 더 새롭고 더 명확한 목표가 떠오를 것이다. 하지만 회전목마와 달리, 코칭받는 사람은 언제든지 행동을 멈추고 거기서 벗어나 자기 삶을 살아갈 수 있다.

이 책의 초판 집필을 시작한 후에, 나는 매력적인 코치 훈련 벤처 기업에 관여하도록 제안받았다. 가까운 친구들에게 조언을 부탁했는데, 그중 한 친구가 전문 코치였다. 그 친구들은 이 새로운 가능성에 관한 우려 사항을 정확하게 **인식**하도록 도와주었다. 그들은 나의 강점, 가치, 열정, 불안정성, 그리고 그 모든 것과 연관된 문제점을 비롯해 나 자신에 대해 내가 알고 있는 것을 기억나게 해 주었다. 우리는 앞으로 몇 년 동안 내가 집중하기로 마음먹었던 그림을 다시 들여다보았고, 새로운 벤처 기업이 지금 이 시점 이후로 내가 세워 놓은 인생의 **비전**과 맞는지 여부를 논의했다. 우리는 **전략** 즉, 내가 이 새로운 기회와 그것이 내 삶의 다른 영역에 미치는 충격을 잘 처리할 수 있을지를 협의했다. 나는 다음 단계에 내가 취할 수 있는 **행동**에 대해서 이야기했고, 그들 중 두 사람이 내가 제대로 실천하는지 확인하기로 했다. 나는 결정을 내리기 전에 반드시 다뤄야 할 두려움과 그 밖의 **장애물**에 대해 몇 번이고 솔직히 이야기했다. 친구들은 격의 없이 나를 코칭했고, 측량할 수 없는 도움이 되었다. 그들은 현재 내가 있는 곳에서 시작해서 미래에 내가 가고자 하는 곳에 초점을 맞추고, 거기까지 가는 길을 찾도록 몇 번이고 도와주었다. 나는 새로운 기회를 거절하기로 최종 결론을 내리고 그 결정을 친구들에게 이야기했고, 그들은 내가 제대로 결정했는지 스스로 평가할 수 있도록 도와주었다. 비공식적으로, 나는 인생을 살아가면서 여러 번 이렇게 해 왔다. 나는 대개 이런 상황에서 네 가지 영역을 가진 코칭 모델에 대해 의식적으로 생각해 본 적이 없다. 또한 내 아내와 가까운 친구들, 그리고 다른 사람들과 도전이나 새로운 기회에 대해 함께 이야기할 때 그들이 나를 코칭한다고 생각하지 않았다. 그러나 우리의 대화에는 항상 코칭이 따라다녔다. 우리 중 많은 사람은 항상 코칭을 한다. 어떤 이들은 비공식적으로 코칭하고, 다른 이들은 코칭 기술을 개발하고 특별한 능력과 전문성을 발휘해서 코칭한다.

행동과 변화

우리는 다양한 변화가 일어날 수 있다는 것을 안다. 어떤 변화는 올챙이가 개구리로, 애벌레가 나비로 탈바꿈하듯 근본적이고 장기간에 걸쳐 일어난다. 다른 변화는 그보다 덜 혁명적이다. 코칭도 이와 동일하다. 코치들은 사람들에게 특별한 목적을 달성하거나, 난관에서 벗어나거나, 갈등을 해결하거나, 결정을 할 때 현실적인 노력을 하라고 안내한다. 지금까지 이 책에서 초점을 맞춘 것이 바로 그것이다. 그러나 코칭은 많은 사람에게 깜짝 놀랄 만한 변화와 더 나은 것을 향한 의미심장하고 지속적인 변화를 일으킬 수 있다.

청년 리더들을 위한 코칭 세미나를 인도할 즈음, 나는 이 원고를 거의 마무리했다. 참석자들 중 한 목사가 코칭 시연의 일부를 맡기로 자원했다. 그는 코칭 원형 도표에 대한 설명을 경청했고, 공부를 더 해야겠다고 결정한 것에 대해 코칭 받고 싶다고 내게 말했다. 우리는 그의 사역이 지금 어떤 상태인지와 그가 목표로 삼고 있는 비전에 대해 이야기했다. 그가 말하고 내가 경청하는 과정에서, 그가 정말 학교로 돌아가서 박사 과정을 시작하기로 결심했는지 의구심이 들었다. "당신은 목회하는 즐거움, 그리고 좀 더 공부하고 싶다는 바람에 대해 말했습니다. 그러나 열정이 느껴지지 않는군요. 당신이 열정을 갖고 있는 것은 무엇인가요?"라고 내가 말했다. 그러자 그는 주저없이 한 단어로 대답했다. "재즈"

나는 그런 기미를 전혀 알아차리지 못했기 때문에 깜짝 놀랐다. 그는 정말 재즈 음악가가 되고 싶었지만, 교회와 가족이 용납하지 않을 것이기 때문에 그런 욕구를 항상 억눌러 왔다고 인정했다. 재즈에 대해 이야기할수록 그는 점점 더 열정적이 되었다. 그는 예수님을 계속 섬기기 원했고, 훈련받은 대로 했지만, 코칭을 받으면서 목사가 아닌 다른 어떤 것이 되고 싶은, 오랫동안 숨겨 온 열망을 솔직하게 털어놓았다.

나는 이 젊은 리더와 계속 연락하고 있다. 그가 과연 직업을 바꿀지는 확실히 모르겠지만, 코칭은 그에게 현재 상태와 인생 여정의 다음 무대에서 하나님이 그를 불러 맡기실 일에 대해 더 많이 생각하도록 자극을 주었다.

만일 당신이 고객을 단기간에 돕고자 한다면 문제 해결에 초점을 맞추라.
만일 그가 인생을 걸고 근본적으로 변화하는 것을 보고 싶다면
새 사람을 만드는 데 집중하라.
_ 토니 스톨츠퍼스, 「리더십 코칭」의 저자

코칭은 사람이 예전과 다르게 **행동하도록** 돕지만, 그 **사람이** 달라지도록 돕기도 한다. 코치는 주로 고객이 측정 가능한 목표에 도달하도록 움직이게 만드는 행동 변화에 초점을 맞춘다. 그것은 젊은 목사들이 직업을 바꾸고 열정을 따르도록 도울 수 있다. 한편 코치들은 어떻게 하면 고객이 달라지고, 내적으로 변화하며, 행동은 물론 사고방식까지 변화할 수 있을지에 초점을 맞춘다. 그런 완전한 변혁이 코칭의 궁극적인 목적이다.

3부
평가:
우리는 지금 어디에 있는가

현재를 파악하기 | 사람을 파악하기

8장 ·· 현재를 파악하기

'요나'라 불리는 금붕어에 대해 들어 본 적이 있을 것이다. 암수를 구분하기 힘든 이 물고기는 매일 작은 어항에서 원을 그리며 헤엄친다. 갈 곳도 없기 때문에 다른 데로 가지도 않는다. 금붕어는 기억이 3초간 지속되는 것으로 추정되기에 지루하지도 않을 것이다. 금붕어는 과거를 돌아볼 수 없고 미래에 대한 생각도 할 수 없다.[1] 요나는 이 사건을 기억하지 못하겠지만, 언젠가 요나의 주인은 어항을 청소하기로 결심했다. 청소하는 동안 물고기를 살려 두기 위해 주인은 욕조에 물을 받아 임시로 요나를 그 큰 공간에 풀어 놓았다. 한 시간 남짓 지난 후에 주인이 돌아와서 보니 금붕어는 욕조 구석에서 자신이 놀던 어항보다 더 작은 원을 그리며 헤엄치고 있었다.[2]

코칭을 받으러 오는 많은 사람들이 요나처럼 행동한다. 쳇바퀴 돌듯 익숙한 일상생활에 머무르며 좁은 안전지대에서 벗어날 기회를 놓친다. 내가 만난 어떤 요나들은 진심으로 더 큰 세상을 탐험하고 싶어 하지만, 어떻게 해야 지루한 생활방식을 깨뜨리고 나올 수 있는지를 몰랐다. 어떤 이들은 시도하는 것조차 두려워한다. 그중 몇몇은 보다 큰 일을 꿈꾸고 심지어 계획까지 세운다. 그러나 자신의 좁은 활동 반경을 결코 떠나지 않는다. 다른 이들은 성경에 나오는 요나

와 같이 하나님이 더 큰 영역으로 이동하도록 분명한 방향을 주실 때 다른 길로 간다.[3]

미래 지향적인 방향이 없는 한 모든 것은 단조로운 반복에 불과하다.
초창기에 나는 소망의 중요성을 배웠다. 인생은 실망과 동요로 가득하다. 하나님이 미래를 주관하신다는 인식에서 오는 관점을 잃어버리면 결국 붙잡을 것은 거의 없다.

_ 테드 워드(Ted Ward), 비저너리 리더, 미시간 주립대와 트리니티 복음 신학교 전 교수

코치는 항상 작은 원을 그리며 달리거나 변화를 두려워하는 인간 요나를 돕는 일을 한다. 우리가 코칭하는 많은 사람들은 자신의 미래나 다른 곳으로 움직일 가능성에 대해 생각하지 않고 그저 바쁜 생활 한가운데서 헤엄치느라 급급한 이들이다. 어떻게 그들의 원 안에 들어가 자신이 현재 있는 곳을 평가하도록 도울 수 있을까? 현재 상황에서 무엇을 가장 걱정하고, 무엇 때문에 좌절하고, 어떻게 달라지고 싶은지를 물어 보는 것으로 시작할 수 있다. 주의 깊게 듣고 좋은 질문을 하면 고객의 염려, 가치, 태도, 환경, 삶을 바라보는 방식에 관한 분명한 관점을 얻을 수 있다. 코치와 고객은 함께, 뛰어넘어야 할 장애물이나 금붕어 요나와 같이 계속 조그만 원을 그리며 돌게 만드는 원인을 찾을 것이다. 코치는 미래에 초점을 맞추어 고객의 열망, 계획, 꿈에 대해 질문할 수 있다. 그러나 고객이 어떻게 대답해야 할지 전혀 모른다고 해도 놀라지 말라. 과도한 업무와 빡빡한 일정에 시달리거나 지루할 정도로 단조로운 삶을 살아가는 사람들은 자신이 지금 어디에 있고 어디로 갈 수 있는지에 대해 돌아볼 여유가 거의 없다. 어떻게 달라질 수 있을지 거의 생각하지 않는다. 단지 늘 해 오던 일들을 계속할 뿐인데, 그렇게 하는 것이 쉽고 위험하지도 않기 때문이다.

코치는 고객의 반복적인 습관 안으로 발걸음을 내딛고 중단할 것을 격려한다. 미식축구 경기장에서 타임아웃을 선언하는 것처럼, 경기를 잠시 중단하는

이 시간은 코치와 선수에게 잠시 멈추어 상황을 평가하고, 어디로 가고 싶은지 결단하고, 다음 단계 실행 전략을 세울 여유를 준다. 이 모든 활동을 통해 현재 상황에 대한 인식이 증대된다.

> 라이프 코치는 건강, 관계, 경력, 영성과 그 외 많은 것들을 포함한 고객의 삶 전체를 살피는 것으로 시작한다. 그러고 나서 삶의 모든 측면을 다룬다.
> _ 데이브 엘리스, 「라이프 코칭」의 저자

많은 코치들이 고객에게 코칭에 대한 정보를 제공하고, 코칭을 시작하기 전에 고객의 정보를 얻기 위해 환영 꾸러미를 활용한다. 이는 복잡하지 않다. 어떤 코치는 개인 정보 양식과 함께 자신의 배경과 훈련 이력을 요약한 짧은 이력서를 보내기도 한다. 코칭을 받고자 하는 사람은 인생 이야기, 영적 여정, 코칭을 받고 싶은 이유, 자신을 바라보는 관점 등을 담은 자신의 짧은 연대기를 작성해야 한다. MBTI, DISC, 인성 지도(People Map)와 같은 심리 검사를 받았다면 결과지 사본을 제출해야 한다. 이 모든 것은 코치가 하나님이 지으신 잠재 고객의 내면과 그가 코칭을 통해 추구하는 것이 무엇인지에 대한 명확한 그림을 그리게 해준다.

코칭 서적과 훈련 프로그램들은 코치가 환영 꾸러미에 포함해 활용할 수 있는 양식들을 담고 있다. 앞서 언급한 부록 C, D, E에는 이런 양식 견본을 제시하였다. 이 도구들은 각 사람의 특성에 맞게 적용할 수 있다. 이를테면 사업을 하는 비그리스도인 고객에게는 자료에 있는 양식의 일부 용어를 바꾸어 사용할 수 있다. 물론 기독교적 관점에서 코칭하는 부분도 일부 덜어낼 것이다. 만일 유료 코칭을 한다면, 무료로 코칭했던 교회나 다른 상황에서 사용했던 것과는 다른 코칭 계약서 양식을 보내야 한다.

3장에서 언급한 인생 그래프(부록 A) 역시 유용한 도구다. 이는 코칭 서적에서 자주 등장하는 인생 수레바퀴를 약간 변형한 것이다. 둘 다 코치와 고객이 가고 싶은 곳뿐 아니라 현재 있는 곳을 인식하도록 고안되었다. 인생 그래프는 환영 꾸러미와 함께 보내기도 하지만, 한두 차례 코칭을 하고 나서, 특히 코칭 진도가 정체되었을 때 보내는 것이 낫다.

때로 코치들은 보다 공식적인 평가 도구를 사용하기도 한다. 심리학을 전공한 코치는 전문적인 심리 진단 도구를 구해 사용할 수 있겠지만, 대다수 코치는 심리학자가 아니므로 표준적인 심리 진단 도구를 사용할 정도로 능숙하지 않지만 충분히 도움이 되는 다른 도구를 사용한다.[4] 이런 도구들을 사용할 때 코치 자신도 고객에게 보낼 검사를 해 보면 유익하다. 코치는 이를 통해 고객이 질문 받을 때와 같은 경험을 한다. 이후 코칭 세션 동안 검사 결과와 질문지를 가지고 논의할 수 있다.

이런 도구들을 한 번에 너무 많이 제시하지 않도록 주의하라. 고객이 과제에 압도당해 동기부여가 떨어질 수 있다. 고객은 코칭 과제에 많은 시간을 들이기

그림 8-1

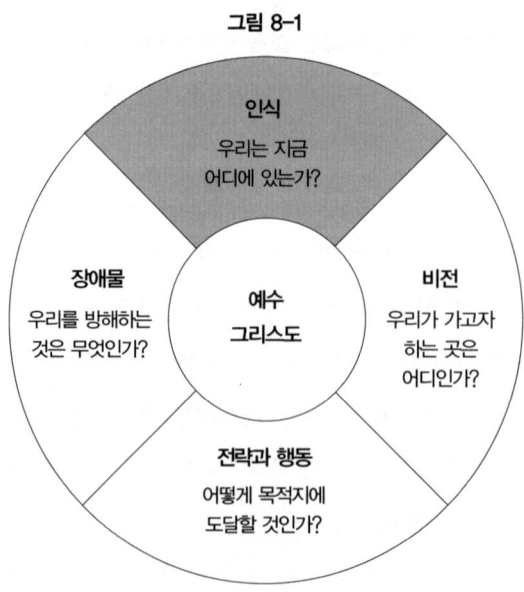

를 두려워한다. 코치가 이 모든 검사 결과를 분석해 상황에 맞는 진단과 행동 처방을 내려 줄 수 있다는 인상을 주는 것은 더 해롭다. 그것은 코치의 역할이 아니다. 당신은 병을 진단하고 치료하는 의사나 계약서를 검토하고 다음 단계로 무엇을 해야 할지 조언하는 변호사와 같은 전문가라는 인상을 남기고 싶지 않을 것이다. 이런 질문지와 기타 도구들을 한 번에 한두 가지만 제시하라. 그리고 진단 기법이 아닌 토론 지침으로 활용하라. 이런 것들은 코치와 고객에게 그들이 현재 어디에 있는지 분명한 그림을 제공할 것이다. 이런 인식이 코칭 원형 도표의 첫 번째 부분을 차지한다. 코칭을 시작할 때 고객이 현재 어디에 있는지 분명히 보도록 도우라. 이는 결국 고객이 되고 싶거나 성취하려는 소망을 향해 나아가는 과정을 시작하도록 돕는 것이다.

현재를 더 잘 파악하는 비밀 공식 같은 것은 없다. 그러나 몇 가지 주제는 진지하게 파고들어야 한다. 이는 그림 8-1에 잘 요약되어 있다. 고객의 현재 상황에 대해 알아 가는 것 외에도, 그의 신념, 세상을 바라보는 방식, 핵심 가치들을 **아울러** 이해하면 도움이 된다. 현재 상황, 세계관, 가치관과 같은 각 주제들은 이 장에서 다룰 것이다. 다음 장에서는 열정, 개성, 강점, 영적 은사 등을 살펴볼 것이다. 이것들은 내담자를 이해하는 데 많은 도움이 되지만 코치에게도 적용할 수 있다. 이 장의 나머지와 다음 장을 읽으면서 그 내용을 자신에게 적용해

표 8-1

코칭에서 인식해야 할 것들

- **환경** – 지금 당신의 삶에 어떤 일들이 벌어지고 있는가?
- **세계관** – 깊이 간직하고 있는 신념과 세상에 대한 관점은 무엇인가?
- **가치** – 당신에게 **진정으로** 중요한 것은 무엇인가?
- **열정** – 무엇이 당신을 흥분하게 하는가?
- **개성** – 정말 좋아하는 것은 무엇인가?
- **강점** – 무엇을 (가장) 잘 하는가?
- **영적 은사** – 하나님이 주신 은사는 무엇인가?

보면 유익할 것이다. 또한 고객이 평가 도구에 어떻게 반응하는지 더 잘 이해할 수 있을 것이다.

현재 상황 파악하기

간호 대학 학생들은 훈련 초기에 예상치 못한 쪽지 시험을 치렀다. 학생들은 최선을 다해 정답을 적어 나갔다. 그런데 마지막 문제에는 모든 학생이 답을 적지 못했다. "학교를 청소하는 분의 이름은 무엇인가?"

분명 그것은 장난이었다. 학생들은 모두 청소하는 아주머니를 본 적이 있다. 키가 크고 머리 색이 검은 50대였다. 그러나 그 아주머니의 이름을 알 필요는 없지 않는가? 시험 시간이 끝나자 학생들은 시험지를 제출했다. 모두가 마지막 문제는 공란으로 남겼다. 수업 시간이 끝나기 전에 한 학생이 그 마지막 문제가 시험 점수에 반영되는지 물었다.

"물론 그렇습니다." 교수는 대답했다. "여러분이 직장을 갖게 되면 많은 사람을 만날 것입니다. 모든 사람이 중요합니다. 여러분은 미소만 짓고 인사하고 지나치겠지만, 모두가 여러분에게 관심과 돌봄을 받을만한 소중한 사람들입니다." 그 다음날, 수업을 듣는 모든 학생이 청소부 아주머니의 이름이 도로시라는 것을 알게 되었다. 어떤 학생들은 직업을 갖기 전에 마음에 새길 교훈 하나를 배웠을 것이다. 바로 사람들을 인식하는 것의 중요성이다.

예수님은 이것을 인식하셨다. 어느 날 그분은 많은 군중에 에워싸여 이리저리 떠밀리셨다. 그때 만성적인 질병을 앓고 있던 한 여인이 손을 뻗어 예수님의 옷자락을 만지고 치유받았다. 예수님은 즉각 멈추어 서서 돌아보며 물으셨다. "누가 내 옷에 손을 대었느냐?" 제자들은 그 질문을 이해하지 못했다. 모든 사람이 예수님을 떠밀고 있었기 때문이다. 그러나 예수님은 능력이 자신에게서 나갔고 떠미는 군중 속에 있던 한 사람에게 그 능력이 필요했다는 것을 인식하셨다.[5]

우리는 그런 능력이 없지만 우리의 환경과 여건을 인식할 수 있다. 어떤 사람에게 그런 인식은 일종의 예술이다. 교향악단의 지휘자는 모든 연주자, 음악의 미세한 차이, 잘못 연주하는 악보 하나하나를 다 인식한다. 농구 코치는 열기가 뜨거운 경기 중에도 모든 팀 구성원, 그들의 모든 동작, 상대편이 사용한 모든 전략과 그에 대응할 전략을 알고 있다. 지휘자와 코치는 다른 사람들이 놓치는 것을 듣고 본다. 그들은 모든 구성원이 제 역할을 잘 감당했을 때 펼쳐질 결과의 가능성을 마음속으로 그려 본다. 모든 구성원에 대한 매우 수준 높은 인식을 발전시키려는 굳은 결단이 있다. 라이프 코치는 고객에게 그와 같이 한다. 코치들은 다음과 같은 질문을 하며 시작한다.

- 오늘 무슨 이야기를 하고 싶으십니까?
- 바로 지금 당신의 삶에 무슨 일이 일어나고 있습니까?
- 무엇에 마음을 쓰십니까?
- 요즘 당신에게 가장 중요한 일은 무엇입니까?
- 무엇이 잘 되고 있는지 이야기해 주십시오.
- 잘 되지 않는 것은 무엇인지 설명해 주실 수 있습니까?
- 당신의 인생(혹은 사업이나 교회)이 어떻게 달라지기를 원하십니까?
- 지금 꼼짝 못할 곤경에 처한 일이 있는지 말씀해 주십시오.
- 곤경을 헤쳐 나오기 위해 지금까지 어떤 것들을 해 보셨습니까?

이런 질문들은 코칭받으러 온 사람의 현재 상황을 명료하게 해준다. 이 질문들은 개인에게 물어볼 수도 있고, 또 단체로 토론할 수도 있다. "당신은 지금 어디에 있는가?"에 답하는 데 도움이 되는, 인식을 세워 가는 질문들이다.

많은 사람들이 곤경에 빠져서 코칭을 받으러 온다. 내 고객 한 사람은 심리치료사로 훈련받았지만 상담 사업을 운영하는 데 필요한 세세한 사항들과 서류 작업이 싫어서 상담을 그만둔 중년의 목사다. 사역을 해야 한다는 것을 느끼고 신학대학원을 졸업한 후 작은 교회의 목사가 되었다. 그러나 교회는 성장하지 않았고, 사람들은 자기 방식을 고집했다. 상담가에서 목사로 변신한 그는 막다른 골목에 다다라 탈진하고 있다고 느꼈다. 그는 정체된 교회를 성장시키기 위해 코칭받기 원했다. 그러나 함께 이야기를 나눌수록 그가 인생과 직업 면에서 곤경에 빠졌으며 좌절하여 해야 할 일들을 못하고 있다는 것이 분명해졌다. 결국 그는 자신이 공부한 상담과 신학을 마음껏 발휘할 수 있는 기독교 상담 센터에서 직원으로 일하며 내담자들을 상담했다. 그곳에서는 상담 사업을 운영하는 데 필요한 세부 사항들은 유능한 사무 관리자가 담당했다.

표 8-2

개인과 조직이 곤경에 빠지는 이유[6]

사람들은 여러 가지 이유로 곤경에 빠진다. 적어도 다음 중 하나가 원인이다. 개인, 조직, 팀은 다음과 같은 상황일 때 꼼짝하지 못한다.

- **압도당할 때.** 할 일이 너무 많고 따져 볼 일이 너무 많지만 시간과 힘은 거의 남아 있지 않거나 모든 일을 끝마쳐야 하는 상황이다. 앞에 놓인 일이 너무 크다고 느끼면, 일을 질질 끌고 어디서 시작해야 할지 모른다.
- **지쳤을 때.** 지친 사람은 힘이 없다. 비전과 목적과 열정을 잃기 쉽다. 팀의 동료애는 약해진다. 인내심이 고갈된다. 갈등과 비판이 보다 빈번하게 등장한다. 모든 것이 멈춘다.
- **방향성이 없을 때.** 모든 사람이 해야 할 일을 하느라 정신없이 바쁘다. 그러나 비전이나 미래에 대한 큰 그림이 없다. 팀 구성원끼리 공통된 목표가 없어서 각자 독립적으로 일하다 보니 발전에 한계가 있다.
- **희망이 없을 때.** 성취감이 없을 때(이는 종종 분명한 목표가 없기 때문이다), 계속해서 일하려는 동기가 사라지고, 성공 횟수는 점점 줄어들고, 노력하는 것이 무의미해 보인다.
- **갈등에 둘러싸일 때.** 의견이 일치하지 않고, 의사 소통이 막혀 있고, 오해하고, 험담이 오갈 때는 계속 나아가기가 어렵다. 역기능 가정이 재결합을 계획하는 것과 같다.
- **무익하다고 느낄 때.** 개인이나 팀 구성원에게 감사하지 않을 때, 무시당하거나 충분히 보상받지 못하거나 인정받지 못할 때, 동기가 사라지고 일이 진행되지 않는다.
- **혼자라고 느낄 때.** 팀, 회사 또는 교회 전체가 고립감을 느끼는 상황이다. 각 구성원은 소속감, 정체성, 협동 정신, 동료애 없이 각자 따로 일한다.

몇 년 전, 나는 키이스 야마시타(Keith Yamashita)라는 총명하고 활력 넘치는 한 비즈니스 컨설턴트의 글을 읽었다. 그는 개인을 상대하기도 했지만 주로 곤궁에 빠져 벗어나기 원하는 회사들을 상대했다. 야마시타는 대다수 사람들이 표 8-2에 요약된 일곱 가지 원인 중 한 가지에 빠져 곤경에 처한다고 주장한다.

각 항목은 코칭에서 한 가지 주제로 다룰 수 있다. 이를테면 압도당한다고 느끼는 사람은 코치와 논의하여 통제되지 않는 삶을 회복하는 방법을 찾을 수 있다. 최근 들어 나는 마감 시한까지 글을 써야 하고, 모임에 참석해야 하고, 헌신하기로 결정했지만 헌신할 시간을 내지 못해서 스트레스를 받고 있었다. 나는 스타벅스에서 코치와 만나 몇 시간 동안 이야기를 나누었다. 우리는 함께 나를 스트레스받게 하고 지치게 하고 꼼짝 못하게 하는 것이 무엇인지 생각해 보았다. 코치가 예민하게 경청하고 정곡을 찌르는 질문을 던진 덕분에 나는 계획 중 일부를 취소하고, 현실적인 계획을 세우고, 몇 달간 새로운 일을 맡지 않기로 했다. 또한 책임 계획을 세워 코치와 몇몇 친구들이 나를 위해 기도해 주고, 내가 계획을 충실하게 지킬 수 있도록 붙들어 주기로 했다. 계획은 대부분 내가 짰다. 코치는 내가 자초한 짐에서 벗어나 다시 생산적으로 활동할 수 있는 전략을 고안하도록 환경을 마련해 주었다. 이 모든 것은 당시 내 생활 환경에 대한 명확한 그림이 있었기에 가능했다.

많은 경우 곤경 상황을 이해하고 거기서 벗어나기 위한 해답은 코칭의 다른 요소에서 찾을 수 있다. 이를테면 방향을 잃고 어디로 갈지 모를 때, 비전에 초점을 맞추어 현실적인 목표를 설정하는 것은 가치 있다. 동료애가 사라졌을 때, 비전을 재점검하고 수정하며 전략을 다시 살펴보거나 발전을 방해하는 장애물에 초점을 맞추는 것이 좋다. 그러고 나서 변화를 일으키는 행동을 취한다.[7]

이런 코칭은 전화나 대면으로 이루어진다. 그러나 때로는 생활 속에서 일어난다. 이를테면 임원 코치는 고객의 일터로 가서 온종일 또는 그 이튿날까지 고객을 따라다니며 그와 관련된 사람들을 면담한다. 물론 고객에게 허락을 받지 않으면 사생활 침해가 될 수 있다. 그러나 이렇게 관찰하면 문제가 확연히 드러난다. 외부 관찰자는 종종 내부자가 놓치는 것을 본다. 현장을 방문하지 않더라도 관찰하면 알 수 있다. 어떤 사람이 운동의 중요성에 대해 말하지만 운동할 짬을 내지 못한다면, 당신은 실천 없는 말만을 듣게 될 것이다. 누군가가 행동을 바꾸기로 결심하지만 그 결심을 실천하지 않는다면, 변화하려는 헌신이 부족하지 않은지 의심해 볼 수 있다. 겉으로 표현하지 않거나 알아차리지 못한 두려움이나 저항이 있는 경우도 흔하다.

세계관 이해하기

1954년 이전까지 사람들은 인간이 1마일을 4분 내에 달리는 것은 불가능하다고 믿었다. 그때 로저 배니스터라는 영국 선수가 나타나 그것이 틀렸다는 것을 입증했다. 배니스터는 훗날 이렇게 회고했다. "의사와 과학자들은 1마일을 4분 내에 주파하기는 불가능하다고, 그것을 시도하다가는 죽을 것이라고 말했습니다. 결승점을 끊고 주저앉았다가 트랙에서 일어났을 때, 나는 내가 죽었다고 생각했습니다." 어떤 코치는 그의 성취를 설명하면서 "운동에서나 사업에서나 '불가능한 것'을 성취하는 데 가장 큰 장애물은 자신을 제한하는 사고방식"이라고 결론지었다.[8]

모든 코치와 코칭을 받으러 오는 모든 사람은 각자의 사고방식이 있다. 이를 인생 관점, 정신 모형 또는 세계관이라고 부른다. 그것은 세상이 작동하는 방식에 대한 신념과 가정으로 이루어진 내적 구조. 세계관은 삶을 이해하고, 옳고 그름을 판단하고, 가치를 선택하고, 다른 사람을 바라보고, 결정하고, 환경과 사건을 평가하고, 삶의 방식을 설정하고, 미래를 계획하는 데 영향을 미친다. 세계관이 우리 삶의 많은 부분을 형성함에도 대다수 사람들은 이를 깊이 생각하지 않은 채 자신의 세계관에 빠져든다. 그들은 과거 경험과 다른 사람의 관점을 취하여 세상을 바라보는 방식을 흐릿하고 일관성 없게 무의식적으로 짜깁기한다.

그러면서도 사람들은 우주와 우주가 작동하는 방식이 그와 같다고 실제로 믿는다. 사람들은 세계관에 대해 거의 의문을 제기하지 않으며, 친구에게도 말하지 않는다. 어떤 사람이나 사건이 우리가 믿는 바를 허물고 다른 관점을 보여줄 때까지 돌아보지 않는다.

> 세계관이나 정신 모형에는 세상이 작동하는 방식에 대한 내적 이미지가 깊이 박혀 있다.
> 우리의 행동과 생각과 감정은 우리를 둘러싸고 있는 세상에 대한
> 우리의 정신 모형에서 생겨난다.
> _ 대니얼 화이트,「코칭 리더」의 저자

사람들은 가장 유용한 세계관을 확신하며 붙들고 있지만, 세계관은 절대 변하지 않을 만큼 그렇게 경직된 것은 아니다. 적절하지 않은 세계관은 흠이 있는 안경 렌즈와 같아서 비전을 가리고, 사건을 명확하게 보려는 노력을 방해한다. 갈등이 일어나거나 의견이 다른 것은 대개 사람들이 지닌 세계관의 차이를 반영하는 것이다. 낙태에 대한 계속되는 찬반 논쟁은 두드러지는 예다. 낙태 옹호자와 반대자는 깊이 뿌리박힌 서로 다른 세계관을 갖고 있는데, 이 때문에 충돌을 일으키는 다른 결론에 이른다.[9]

그리스도를 따르는 사람들이 모두 동일한 세계관을 갖고 있지는 않다. 그러나 기독교적 관점에서 가장 균형 있고 유용한 세계관은 적어도 다섯 가지 주요 주제를 다룬다. 첫째, 존재하든 존재하지 않든, 어느 정도로 세상과 인간의 삶에 영향을 미치든 하나님에 대한 믿음을 다룬다. 둘째, 세계관은 우주에 대한 관점을 담는다. 만물은 어떻게 생겨났는가? 질서정연한가 무질서한가? 기도 응답을 포함해 초자연적인 신적 개입이 일어나는가? 셋째, 우리는 무엇인가를 어떻게 확실히 아는가? 우리의 감각을 믿을 수 있는가? 논리가 우리를 진리로 인도할 것인가? 어느 만큼 성경을 보아야 하고 다른 사람들의 지혜를 보아야 하는가?

진리를 어떻게 알 수 있는가? 네 번째 주제는 도덕과 관련된 것이다. 옳고 그른 것을 어떻게 결정하는가? 절대적인 기준은 존재하는가? 우리는 윤리적으로 어떻게 살고 어떻게 코칭할 것인가? 다섯째, 인간의 본성에 대한 믿음이 있다. 우리는 동물과 어떤 식으로 다른가? 우리의 운명은 무엇인가? 개인에게 예정된 부르심이나 영원한 미래가 있는가?

이런 철학적이고 신학적인 문제들은 코칭에서 거의 논의하지 않지만[40] 고객이 생각하는 방식, 코치가 자기 일을 감당하는 방식을 형성한다. 민감한 코치는 고객의 이야기를 경청하면서 세계관을 감지해 내는데, 진전을 방해하는 세계관에 부드럽게 도전해야 할 때도 있다. 훌륭한 코치는 또한 자신의 세계관을 숙고하여 이것이 어떻게 고객 또는 코칭 과정에 영향을 미치는지 살핀다. 로저 배니스터는 스스로 결심하고 훈련하여 인간은 1마일을 4분 안에 뛸 수 없다는 세계관에 도전했다.

가치관에 집중하기

가치관은 정의하기 어렵고 그 정체를 확인하기도 어렵다. 가치관은 삶 깊숙이 뿌리내린 신념이자, 중요한 것이며, 정체성을 가장 분명하게 규정하는 양보할 수 없는 특성들이다. 자기 자신, 회사, 교회를 설명하는 특성 대여섯 가지를 나열해 보면 자신의 가치관에 근접하게 된다. 나를 가장 잘 아는 사람은 나를 동기부여 하는 것이 무엇이고 나의 특성이 무엇인지를 보아 왔기에 나의 가치관을 가장 잘 말할 수 있다. 가치관은 일상생활에서 나타나지만, 특히 스트레스나 위기 또는 중요한 결정의 순간에 분명하게 나타난다. 우리는 공격받으면 내면의 가치가 자동으로 작동하여 행동으로 즉각 반응한다.

자신의 가치관에 대해 깊이 생각해 보지 않은 사람은 환경, 유행, 다른 사람의 의견에 더 쉽게 흔들린다. 반대로 자신의 삶을 통제하는 기본 가치와 조화를 이루며 사는 사람은 보다 큰 내적 평화를 누리고, 일반적으로 자신의 삶이 목표를 향해 가고 있으며 보다 충만하고 질서가 있다고 느낀다. 자신의 가치관을 알고 그에 따라 사는 리더는 보다 결단력 있고 성과도 좋다. 명확한 가치관에 따라 나아가는 회사, 교회, 조직은 덜 허둥대고 덜 요동하며 진전한다.

가치관은 마구잡이로 선택하여 삶에 주워 담는 것이 아니다. 가치관은 대개 사람이 성장하면서 삶에 자리 잡는다. 가치관은 마치 우산 같은 보호막 아래 삶의 모든 것이 알맞게 자리 잡은 것과 같다. 가치관은 성품, 행동, 태도, 윤리, 개인적인 신념의 토대다. 가치관은 내가 누구인지 규정한다. 가치관은 숨어 있어서 때로는 사람들이 그 존재를 짓누르거나 심지어는 부인한다. 그러나 일단 그 정체가 확인되어 뚜렷하게 나타나면, 개인이나 교회는 확신을 가지고 하나님의 인도와 은총 속에 앞으로 나아갈 수 있다.

가치관은 일반적으로 일관성이 있지만 절대 변하지 않을 만큼 경직된 것은 아니다. 이를테면 그리스도께서 생명으로 오시자, 사람이 새로운 피조물로 변화되었다.[11] 성령이 내주하시기에 우리가 그분과 그분이 역사하시는 과정을 억누르지 않으면, 성령이 주시는 가치와 성령이 만들어 가는 열매가 드러날 것이다. 사랑과 화평과 오래 참음과 자비와 양선과 충성과 온유와 절제가 우리 내면의 중심을 형성할 것이다.[12] 그리스도인에게 이와 같은 가치는 성품의 토대를 이루며, 모든 의사 결정의 근거가 된다.

명확한 가치관은 동기를 부여한다. 가치는 그 본성상 에너지를 준다. 우리는 가치에 끌리는데, 이는 그 가치에 따라 살 때 커다란 성취감을 얻기 때문이다. 자신의 가치를 알면 **나는 누구인가, 왜 여기 있는가, 어떻게 살고 싶은가, 어떤 사람이 되고 싶은가, 어떤 삶의 유산을 남길 것인가** 같은 어려운 질문들에 더 잘 대답할 수 있다. 이런 질문들이 명확해지기 시작하면 보다 큰 확신을 가지고 자유롭게 앞으로 나아갈 수 있다.

기독교적 가치관을 지니고 살아가며, 자신이 왕의 자녀라는 사실을 인식하고, 하나님이 주신 은사를 지닌 신자들을 구비시켜 하나님과 사람들을 보다 효과적으로 섬기도록 하는 사람을 생각해 보자. 돈을 벌고 성공하는 것이 가치 목록에 있을 수 있지만, 그 사람에게는 진실하게 살고 영적으로 성장하고 사람들에게 영향을 미치는 것과 같은 보다 중요한 가치들이 있다. 이런 보다 높은 가치들이 동기를 부여하고 앞으로 나아가도록 고무한다.

어떤 개인이나 단체가 곤경에 빠지면 어디로 가야 할지 내적 감각을 잃어버릴 때가 많다. 그들에게 가치관이 무엇인지 되돌아보게 하면, 가야 할 방향과 가지 않아야 할 방향을 명확히 구분하고, 동기를 부여하여 마땅히 가치를 성취하는 쪽으로 움직인다. 가치를 진지하게 받아들인다면, 다른 사람도 함께 끌어들여 가치에 집중하게 한다. 어려운 결정을 해야 할 때, 명확한 가치관은 올바른 방향으로 향하게 한다.

> 가치관은 그 어떤 감독관 무리보다 훌륭하게 노동자를 감독하고 동기부여 하는 힘이 있다.
> _ 노엘 티치(Noel M. Tichy), 「리더십 주기와 리더십 엔진」(*The Cycle of Leadership and The Leadership Engine*)의 저자

미식축구 코치인 빌 파셀스는 리더십을 다룬 책 「승리의 길을 찾아서」(*Finding a Way to Win*)를 쓰면서 전체를 가치에 할애했다.[13] 파셀스는 가장 탁월한 리더는 자신의 가치관을 알고 그에 따라 살아가는 사람이라고 주장한다. 승자와 패자 사이의 두드러지는 차이점은 승리하는 개인이나 회사는 자신의 가치관에 대해서 숙고하고 이를 보다 엄격하게 적용한다는 점이다.[14] 위기나 중요한 결정의 순간이 다가올 때 가치를 따르는 사람은 재빨리 적절하게 반응할 수 있다. 그들은 이미 자신의 가치관에 대해 생각해 본 적이 있으며, 자신의 가치관에 따라 산다. 자신의 가치관에 맞게 결정하고 대응한다.

이는 탁월한 코치도 마찬가지다. 코치가 자신의 가치관을 인식하기 전까지는 결코 자신의 최고 역량을 발휘할 수 없다. 코칭받는 사람도 가치의 문제를 다

루지 않고는 더 이상 나아갈 수 없다. 어떤 교회나 대학이나 기관이나 기업체든지 소속된 사람들이 공통 가치에 헌신하지 않으면, 건강하게 살아남거나 성공으로 비상할 수 없을 것이다.

> 오늘날 대다수 리더들의 문제는 아무것도 지지하지 않는다는 점이다.
> 어떤 것도 지지하지 않는다면 아무것에나 넘어질 것이다.
> _ 돈 슐라, 미식축구 코치, 「코칭 소책자」(The Little Book of Coaching)의 공저자

서비스마스터사(The ServiceMaster Company)는 1929년에 방충 가공 사업으로 시작한 국제적 대기업이다. 설립자와 직속 후계자는 사람들과 주님을 섬기고 싶어 하는 매우 경건한 사람들이었다. 회사 이름도 그런 의미를 담고 있다. 회사는 시작부터 견고하고 명확한 가치관 위에 세워졌다. 오늘날 시카고 근교에 있는 서비스마스터사 본부를 방문하면, 회사의 가치들이 대리석 석판 위에 선명하게 새겨진 것을 보게 될 것이다. 이것들은 회사 웹사이트에도 명시되어 있다. 그 회사가 존재하는 이유는, 모든 일을 통해 하나님을 영화롭게 하고, 사람들이 발전하는 것을 돕고, 탁월성을 추구하며, 이윤을 내며 성장하기 위해서다.

명확한 가치관은 의사 결정에 도움이 된다. 어떤 가치는 다른 가치보다 더 중요하다. 나는 효율성을 가치 있게 여기지만, 탁월성을 더 소중하게 여긴다. 어떤 상품을 빨리 만들어 낼지 시간을 들여 질 좋은 상품을 만들어 낼지 선택해야 한다면, 나는 연기하여 재정적 손해나 다른 손해를 감수하더라도 후자를 선택할 것이다. 서비스마스터사는 다른 가치를 선택할 수도 있었지만, 자신들이 세운 네 가지 핵심 지침에 따라 회사의 정책과 방향을 결정한다. 우선순위에 따라 가치를 정렬하는 것은 쉽지 않다. 그러나 코칭 고객이 이것을 할 수 있다면, 훌륭한 결정 지침을 마련하게 된다.

명확한 가치관은 성장의 토대가 된다. 코치는 사람들이 미래의 비전을 그리고, 목표를 발전시키고, 중요한 결정을 내리고, 앞으로 나아갈 방법을 계획하는 것을 돕는다. 크리스천 코치는 사람들을 도와 더욱 그리스도의 형상을 닮아 성숙해 가도록, 영적·인격적 성장을 안내한다. 이 모든 활동은 가치관 위에 세워진다. 자신의 가치관을 생각해 보지 않은 사람이 코칭을 받고 크게 진전할 수 있다는 것은 상상하기도 어렵다. 마찬가지로 자신의 가치관에 대한 명확한 관점이 없는 코치는 효과적으로 성장을 고무할 수 없다.

명확한 가치관은 내적 평안을 준다. 주변의 모든 사람이 다르게 생각할 때, 가치를 고수하기는 쉽지 않다. 어떤 사람이 성공을 가치 있게 여기고 자녀들과 함께 시간을 보내는 것을 가치 있게 여기지만, 그의 사장은 늦게까지 일하는 직원을 가치 있게 여기고 그런 직원에게 승진과 봉급 인상으로 보상한다고 생각해 보자. 그럴 때 사람들은 자신의 가치관을 억누르거나 제쳐두고 싶은 유혹을 받는다. 우리는 종종 눈앞의 이익을 보고 결정을 내린다. 보상받고 박수갈채를 받을 수도 있다. 흔히들 타협하고 대다수가 자신의 내적 가치에 따라 살아가지 못하기에 그런 결정에 문제를 제기하는 사람은 없을 것이다. 그러나 가치관을 무시한 결정은 대개 결국 후회를 불러온다. 가장 중요한 것을 무시하고 성취감과 만족감을 느끼며 평화를 누릴 사람은 없다. 반대로 자신의 가치관에 따라 살고 행동하는 사람들은 지속되는 성취감과 내적 기쁨을 맛본다.

> 일상생활에 자신의 지배적인 가치관을 반영할 때, 우리는 내적 평화를 경험한다.
> _ 하이럼 스미스(Hyrum W. Smith), 「인생에서 가장 소중한 것」(What Matters Most: The Power of Living Your Values)의 저자

코치와 리더들에게 가치관에 대한 논의는 강력하고 실재적인 영향을 미칠 것이다. 성경은 가치에 관한 책이다. 우리는 우리의 모든 것으로 하나님을 사랑

하고 이웃을 사랑하도록 부름받았다. 배우자에게 신실하고 자녀 양육에 성실하도록 부름받았다. 성경은 이기적인 야망과 시기, 돈에 대한 애착과 부당한 이득을 포기하라고 교훈한다. 성경은 용서, 순결, 신실함, 하나님의 말씀에 대한 순종, 겸손, 섬김, 근면, 긍휼 등을 가치 있게 여긴다. 성경적 가치관을 무시하면 조화가 깨지고 내적 평화가 무너진다. 코칭받는 사람은 이것을 알고 있지만, 코치에게 도움을 구하기보다는 타협하기 시작하고 자신의 기준을 낮추고 자신은 어쩔 수 없이 비성경적 가치의 지배 아래 갇혀 있다고 결론 내린다. 코치가 할 일은, 그들과 함께하고 격려하며, 때로는 부드럽게 촉구하는 것이다.

앞에서 이끌며 코칭하는 그리스도인에게는 자신의 가치관에 따라 살아가고 다른 사람들이 그것을 볼 수 있도록 하는 것이 다른 무엇보다 중요하다. 자신의 가치관대로 살아가는 데 대한 대가가 클 때가 있다. 그럴 때면 이것이 옳은지, 지속적인 평화와 성취감을 가져다줄지 의문이 들 것이다. 그러나 결국 가치관에 기초해서 산 리더가 승리하고 사람들에게 존경받는다. 조만간 사람들은 리더의 성품을 볼 것이고 그 매력에 이끌릴 것이다. 좋은 본보기야말로 리더와 코치가 사람들에게 줄 수 있는 가장 고무적인 선물이다.

코칭과 가치관

코칭 과정을 시작할 때 가치관에 초점 맞추는 것은 고객이 어디에 있는지를 평가하는 데 매우 중요한 요소가 될 수 있다. 가치관을 명확하게 인식하면 개인의 장래 비전 결정을 돕고 목표 성취 과정을 안내할 수 있다. 때로 사람들은 살아가면서 곤경에 처하는데, 이는 가치가 불확실하거나 가치에 따라 살지 않거나 가치의 충돌에 부딪히기 때문이다. 이 모든 분야에서 코칭은 유익하다.

가치관 발견하기. 코치는 어떻게 사람들이 자신의 가치관을 발견하도록 돕는가? 가장 단순하고 직접적인 방식으로 시작하라. "삶의 중심에 자리한 핵심 가치는 무엇입니까?"라고 물으라. 이 질문에 대답하는 데는 시간이 걸릴 것이다.

특히 자기 가치에 대해 많이 생각해 보지 않은 사람은 더욱 그렇다. 자신의 삶을 돌아볼 시간을 갖고, 언제 자신의 가치들이 수면 위로 떠오르고 결정에 관여했으며 위기의 순간에 드러났고 행동으로 나타났는지 생각하도록 격려하라.

> 일단 고객이 가치를 인식하면 마치 나침반이 정북을 가리키는 것처럼 행동한다. 코치는 고객의 인생 여정을 무작정 이끌지 않고 목적 있는 방향으로 안내한다.
> _ 패트릭 윌리엄스, 다이앤 메넨데즈, 「전문 라이프 코치가 되는 법」(Becoming a Professional Life Coach)의 공저자

가치관을 발견하고 명확히 하는 작업은 고객이 가까운 가족이나 친구에게 확인해 달라고 요청할 때 더 값지다. 때로는 우리를 가장 잘 아는 사람이 우리가 보지 못하는 내면의 가치를 가장 명확하게 식별할 수 있다.

어느 창의적인 코치는 높이 솟은 탑 꼭대기에 다른 탑과 연결된 강철 빔이 있는 것을 상상하도록 하고 다음과 같이 질문한다.[15] "1천 달러를 준다면 강철 빔을 건너겠습니까? 1백만 달러를 준다면 건너겠습니까? 만일 당신의 아이가 다른 쪽 탑에 떨어질듯 매달려 있는데 당신만이 구할 수 있다면 건너가겠습니까?" 다른 코치는 이렇게 묻는다. "누구도 알아주지 않고 보상해 주지도 않고 인정해 주지도 않지만 그럼에도 당신이 흔들림없이 붙잡을 정도로 중요한 것은 무엇입니까?" 이런 질문들은 진정으로 가장 소중하게 여기는 것들을 드러낸다.

필요한 경우 부록 F와 같은 목록을 제시하고 자신이 중시하는 가치를 12-15개 정도 고르도록 하는 것도 도움이 된다. 당신이 목록을 만들어도 좋다. 고객이 가치를 선택하면 가장 중요한 것부터 가장 덜한 것까지 나열해 보도록 한다. 그런 다음, 고객에게 실제 삶에서 이 목록이 어떤 역할을 하는지 보여 주는 사례를 생각해 보라고 요청하라. 일상생활에서 이것들이 실제로 차이를 만들어 내는 가치인가? 그 증거는 무엇인가? 무엇이 가장 자주 나타나는가? 어떤 것이 좀처

럼 나타나지 않는가?

가치관을 발견하기 위해 다음과 같은 질문도 활용할 수 있다.

- 당신이 낯설고 위험한 지역에 들어가야 하는데 단지 10가지 가치만 선택할 수 있다면, 반드시 선택해야 할 것은 무엇인가?[16]
- 어떤 가치를 위해 싸우겠는가? 목숨을 걸고 지킬 만한 것은 무엇인가?
- 고용주가 이를 어길 경우 직장을 그만둘 정도로 중요한 가치는 무엇인가?
- 당신을 가장 잘 아는 사람이 당신에 대해 설명한다면 무엇이라고 할 것 같은가?

분명 이 활동은 10분 이상 걸릴 것이다. 아마도 몇 시간은 걸릴 것이다. 그러나 코칭받는 사람이 자신의 핵심 가치와 일치하는 목표와 전략을 설정하는 데 필요한 매우 소중한 활동이다. 목록은 계속 숙고하면서 새로운 가치를 더하고 다른 것들을 삭제하며 가다듬을 수 있다.

자신의 가치관대로 살아내기. 내 친구들 중에는 남들보다 앞서나가고, 돈을 더 많이 벌고 성공하고, 상사를 만족시키고, 승진하는 것을 중심으로 살아가는 이들이 몇몇 있다. 어떤 친구는 교회를 세우거나 특기를 향상시키는 데 몰두한다. 그들에게 가치를 물어본다면, 결혼 생활과 가정을 세워 가는 것이 중요한 가치라고 대답할 것이다. 그들은 진심으로 그것을 원한다. 그들은 또한 영적으로 성장하고 싶어 한다. 그러나 그들의 생활과 취미를 보면 뭔가 다르다는 것을 알아차릴 것이다. 그들이 살아가는 가치와 말하는 가치는 일치하지 않는다. 어떤 사람은 진심으로 열망하는 가치에 따라 살고 싶어 하지만, 어떻게 그럴 수 있는지는 모른다.

가치관에 기초한 삶은 성취감으로 충만한 삶이다. 코칭 고객이
자신의 가치관에 부합하여 살아갈 때, 행복(well-being)과 자기 존중, 자존감이 싹튼다.
자신의 가치관에 어긋나는 삶을 살면, 혼란과 좌절과 침체에 빠질 수 있다.

_ 페트릭 윌리엄스, 다이앤 메넨데즈, 라이프 코칭 훈련 연구소

코칭은 여기서 커다란 가치를 발휘한다. 코치와 코칭받는 사람은 자신의 가치관에 대해 열정적으로 이야기할 수 있다. 자신의 가치관을 진술할 수 있고, 다니는 교회의 가치와 사명 선언서를 외우고, 회사의 가치 목록을 읊을 수 있다. 그러나 그 가치관대로 살아내지 않는다면 갖가지 선언서가 의미가 없다. 가치 선언서를 무시하고 가치가 무엇인지 분명하게 파악하지 않는다면, 계속해서 좌절하고, 곤경에 빠져 앞으로 나가지 못하고, 항상 무엇인가가 빠졌다는 느낌이 들 것이다. 좋은 소식은 변화가 가능하다는 것이다. 가장 우선적으로 해야 할 일은 무엇보다 가치관을 확인하는 것이다. 그리하여 가치관대로 살아내면 일관성이 있는 삶을 살게 될 것이다.

가치 충돌 해소하기. 가치 충돌에는 두 유형이 있다. 첫째는 한 팀에서 두 사람 또는 두 무리가 무엇이 더 중요하고 옳은가로 충돌하는 경우다. 사람들의 핵심적인 신념이 둘로 나뉘면, 함께 순조롭게 일하기가 불가능하다. 코치는 팀 구성원들이 가치의 차이를 토론하고 일치에 이르도록 도울 수 있다.

내적 가치들이 충돌을 일으킬 수도 있다. 이를테면, 그리스도를 섬기고 싶지만 한편으로는 성경적인 원리에 어긋난 쾌락을 원하는 사람이 있다. 결혼 생활을 살뜰히 가꾸고 싶어 하면서도 직업 경력을 쌓는 데 열심인 젊은 남편과 아내도 있다. 이렇게 충돌하는 가치들은 사람들의 내면에서, 그리고 사람들 사이에서 갈등을 일으킨다. 코치는 고객이 가치의 우선순위를 정하고, 삶의 양식을 새롭게 세워 가도록 도울 수 있다.

가치관 변화시키기. 차를 운전하다 추월당하면 안색이 변하는 사람을 본 적이

있는가? 사무실이나 집에서는 점잖고 다정하며 사교적이지만, 도로에서는 난폭하고 공격적이고 경쟁심이 강한 사람으로 변한다. 많은 운전자들이 인내력, 운전 예절, 주의력이 금방 바닥난다. 심리학자들이 공격적인 운전자들을 돕고자 운전 시의 분노를 주제로 연구에 착수했을 정도다.

사람이 자신의 행동을 변화시킬 수 있다는 것은 알려진 사실이다. 그러면 자신의 가치관도 바꿀 수 있는가? 가치관은 생각보다 고집스럽다. 그러나 유전자에 새겨진, 선천적인 것은 아니다. 가치관은 인생 초기에는 부모를 관찰하면서, 이후에는 친구들에게 영향받으며 형성된다. 어린 시절의 경험으로 형성되기도 한다. 이를테면 성적으로 학대받으며 자란 여성은 남성에 대한 깊은 불신이 있을 것이다. 교사, 개인의 영웅, 영적 리더, 폭력배와 미디어 역시 가치관을 형성한다. 교회도 가치관에 영향을 미친다. 마찬가지로 사람이 자신의 가장 깊은 가치와 내적 확신을 변화시키지 않는 한 진보할 수 없다는 것을 깨달은 코치 또한 영향을 미친다.

가치관은 결코 하룻밤 사이에 변하지 않지만, 시간이 흐르면서 달라질 수 있다. 때로 변화는 자신이 지지하는 것이 무엇을 의미하는지 정직하게 생각할 때 일어난다. 돈 버는 것과 권력을 차지하는 것을 무엇보다 가치 있게 생각하는 사람이 있다고 가정해 보자. 그 사람에게 결혼, 가정, 건강, 스트레스, 명성 등은 어떤 의미가 있는가? 돈을 좇고 권력에 굶주린 사람은, 코치와 같은 누군가가 붙들고 삶을 형성하는 가치가 무엇인지 묻기 전까지는 결코 멈추어 서서 충분히 생각해 보지 않을 것이다. 때로 이런 조력조차 소용 없을 때가 있다. 변화를 자극하는 충격적인 사건이 필요한 경우도 있다.

사람들은 자신의 가치관을 변화시키는 지혜를 깨달을 때, 비로소 행동하기 시작한다. 성도가 감소하고 영향력을 잃고 있는 교회의 리더들은, 성경적 토대를 변함없이 간직하되, 음악과 예배 형식과 전도 방법 등에 깊이 자리 잡은 일부 가치들은 바꿀 수 있다. 부서마다 가치가 충돌하는 회사는 반드시 이를 직면하여 변화시켜야 한다. 코치는 이런 과정을 도울 수 있다. 그러나 지속적인 변화는 당사자가 적극적으로 고려하지 않으면 일어나지 않는다. 코치는 궁극적인 변화는 가치관의 변화가 따르는 내적 변혁이라는 것을 알고 있다. 크리스천 코치는 궁극적인 변화는 항상 성령이 이끄시는 내적 변혁이라는 것을 알고 있다. 그리스도인을 코칭할 때 코치는 성경적 가르침과 일치하지 않는 가치에 도전하고, 변화하도록 용기를 불어넣어 주고, 변화 과정이 일어날 때 이끌어 줄 수 있다.

대개 코칭은 가치관의 변화를 다루지 않는다. 오히려 가치관을 명확하게 하고, 가치관을 인식하고, 가치관대로 살아내고, 가치관을 기반으로 목표를 향해 나아가도록 돕는다. 가치관 문제를 건너뛰면 목표를 설정하고 전략을 계획하는, 보다 신나는 주제를 다룰 수 있기에, 이는 큰 유혹이다. 이런 유혹을 이겨내고 이 과정을 서둘러 마치지 않도록 하라. 코칭받는 사람이 시간을 들여 가장 소중한 가치에 초점 맞추는 노력을 하면, 어디서부터 변화를 시작해야 하고 코칭 목표와 주제를 다루는 것이 좋을지 보다 정확하게 인식할 것이다. 또한 더 강하게 동기부여를 받아 계속해서 진전할 것이다.

9장 ·· 사람을 파악하기

리더십을 다룬 기독교 서적들은 모세, 여호수아, 느헤미야 같은 성경의 탁월한 리더들에게 초점을 맞춘다. 사도 바울은 상대적으로 관심을 덜 받는데, 이는 바울이 군대나 민족을 이끈 적이 없고 도시를 건설하는 것과 같은 프로젝트를 지휘한 적도 없기 때문일 것이다. 하나님은 바울을 사용하여 운동을 일으키셨는데, 대개 코칭을 활용하여 바울을 인도하셨다. 바울은 오랫동안 감옥에 있었기에 중요한 대중적 기반이 없었지만, 편지로 개인과 소그룹을 움직였다. 삶이 거의 막바지에 이른 것을 직감한 바울은 디모데와 디도에게 편지를 썼다. 매우 사적인 이 편지들을 보면 글쓴이가 젊은 제자들을 잘 알고 있었음이 드러난다.

바울은 자신 또한 잘 알고 있었다. 신약 성경 로마서 7:21-8:4을 보면 바울의 고뇌가 강렬하게 드러난다. 고린도후서의 많은 부분은 부당한 비판에 대한 바울의 반응을 어렴풋이 보여 준다. 바울은 자신의 강점과 약점, 영적 은사들을 알고 있었다. 그는 다른 지체들도 자신과 같이 하나님의 인도 속에서 자신을 돌아볼 수 있도록 돕기 위해 신뢰를 쌓았다.

상담 훈련을 받는 훈련생들은 사람들을 도울 수 있는 자격을 인정받기 전에 예외 없이 상담을 받아야 한다. 이런 상담은 훈련생들이 자기 인식을 쌓아 가고 삶의 문제와 씨름하도록 돕는다. 코칭도 비슷하다. 어떤 연구에 따르면 코칭 훈련과 지식이 초보 코치에게 도움이 되지만, 별도로 코칭을 받는 것은 더 많은 도움이 된다고 한다. 그런 경우 "불안이 경감되고, 목표 성취가 증대되며, 인지력이 좋아지고, 사람에 대한 통찰력이 향상된다."[1] 훈련 중인 코치가 개인적으로 코칭을 받으면, 코칭 과정에 대한 이해가 더 깊어진다. 한 학생은 "코치가 되는 것은 내가 예상했던 것보다 더 어렵다"고 했다. 코칭을 받으면 과정을 명료하게 이해하고 코칭 기술을 쌓아 가는 데 큰 도움이 된다. 초보 코치는, 우리가 코칭하는 사람들처럼, 자신이 정말 누구인지에 대해 더 정확히 인식하면 자기 문제로 방해를 덜 받는다. 코치든 고객이든 자신과 마주하는 것은 효과적인 코칭을 위한 토대가 된다. 거기에는 8장에서 살펴본 현 상황과 세계관과 가치에 대한 인식이 포함된다. 또한 열정, 성품, 강점, 영적 은사에 대한 인식도 포함된다.

열정 추구하기

몇 년 전, 가능성 있는 벤처 사업을 논의하는 회의에 참석했다. 관계자가 나를 소개하자 참석자 한 사람이 나에게 의미심장한 질문을 했다. "게리, 당신의 열정에 대해 말씀해 주십시오." 곧바로 막힘 없이 대답했지만, 나중에 생각해 보니 몇 분간 쩔쩔매며 머뭇거렸으면 그 자리에 참석한 사람들이 어떻게 생각했을지 궁금했다. 더 고약하게도 "내 열정이요? 모르겠는데요"라고 대답했다면 사람들이 어떻게 반응했을까?

열정은 사람에게 에너지를 공급하고 이끌어 가는 강력한 기초 정서다. 때로는 엄청난 성적 욕망이나 맹렬한 분노로도 표출되는데, 너무 강렬하여 모든 경고나 합리적인 생각을 저버리게 만들 정도다. 부정적인 관점에서 볼 때 열정은 자기중심적이고 강박적이고 통제 불가능하다. 그러나 이 단어는 보다 넓고 훨씬 긍정적인 의미를 지니고 있다. 열정은 뜨거운 사랑, 깊은 긍휼, 또는 사람들에게 생기를 불어넣어 더 높은 곳으로 나아가게 하는 한계를 초월한 열의에서 발견할 수 있다. 심리학자 리처드 창(Richard Chang)은 「열정 플랜」(*The Passion Plan*, 하이파이브 역간)에서 열정을 '개인적 강렬함'(personal intensity)으로 설명했다. "열정은 사람의 심금을 울린다. 열정은 사람의 인식을 증진시키고, 집중하게 하고, 흥분을 불러일으킨다."[2]

열정이 당신의 마음에 불을 지른다. 열정은 삶에 가장 강력한 에너지를 공급하고 성취하게 하는 원동력이다. 열정을 발견하여 건강한 방향으로 동기부여되면, 열정은 선을 이루는 강력한 영향력을 발휘한다. 열정은 삶에 활기를 불어넣어, 더 수준 높은 성취와 자기 만족으로 끌어올릴 것이다. 열정을 무시하여 시들도록 방치하면, 삶이 무료해지고 정서적으로 침체되고 성취감이 줄어들고 때로는 냉담해진다. 열정 없는 연설이나 설교와 같이 열정 없는 삶은 지루하고 무미건조하며 영감을 불러일으키지 못한다.

> 열정은 능력을 부여한다. 당신은 열정을 때려눕힐 수도 있고,
> 억압하거나 질식시킬 수도 있으며, 잊어버릴 수도 있다.
> 그러나 열정은 주어진 것이고, 지속되는 것이다.
> 당신의 열정은 준비되어 있으며, 당신에게 필요한 모든 힘과 영감을 기꺼이 제공한다.
> _ 리처드 창, 「열정 플랜」의 저자

열정을 인식하고 열정을 북돋우면, 평범한 사람이라도 위대한 일을 할 힘이 생긴다. 휴양지로 관광객을 끌려는 어떤 광고에서는 스키에 대한 열정을 다음과 같이 표현했다. "능력은 중요하지 않습니다. 열정이 있으면 됩니다." 스키를 즐기려고 스키 선수가 될 필요는 없다고 덧붙였다. "아드레날린 분비와 빠른 심장 박동을 좋아하고, 열두 살 때처럼 겨울을 느끼고 싶어 하는 열망이 있으면 충분합니다." 이런 열정이 스키광들을 움직이는 것이다. 이런 열정은 집요한 골퍼와 헌신적인 음악가들, 온갖 취미를 가진 애호가들을 움직인다. 어떤 프로 운동

선수도 열정 없이 정상에 도달하지 못한다. 사업, 리더십, 사역, 가르침, 대중 연설에서 열정은 사람을 불붙게 하고 동기를 부여하여 행동하게 한다. 그 어떤 코치도 내면의 열정 없이 다른 사람에게 불붙일 수 없다. 코칭받는 사람들은 내면의 열정을 발견하고 그 열정으로 움직이지 않으면 목표에 도달하지 못할 것이다.

사람들은 대개, 특히 젊은 시절에, 큰 꿈을 꾼다. 그러나 장애물이 나타나고, 꿈을 이루는 데 아주 큰 노력이 필요하다는 것을 깨달으면, 그 꿈을 포기한다. 이런 일은 누구에게나 일어날 수 있다. 처음의 흥분이 가라앉고 실패할 가능성을 받아들이면서, 덜 도전적인 목표로 슬며시 후퇴하고, 보다 일상적인 활동에 빠진다. 세월이 흐른 후에 성취하지 못한 꿈에 대한 상실감과 허탈감을 느낀다. 꿈을 생생하게 간직하고 사그라든 열정에 다시 불을 지피도록 돕는 것이 효과적인 라이프 코칭의 주요 과업이다.

> 하나님은 당신에게 특별한 일을 할 수 있는 저돌적인 열정을 심어 놓으셨다.
> 왜 그렇게 하셨을까? 당신이 하나님의 형상으로 창조되었기 때문이다.
> 우주에 당신과 똑같은 사람은 아무도 없다. 그 누구도 당신의 꿈을 꿀 수 없다.
> _ 브루스 윌킨슨, 「꿈을 주시는 분」의 저자

열정은 많은 점에서 야망과 닮았다. 이 둘은 모두 동기를 부여하고, 고무하며, 영감을 준다. 모두 개인의 이익 추구에 이용할 수 있다. 특히 성경이 강력하게 정죄하는 이기적인 야망은 더욱 그렇다.[3] 그러나 성경에는 야망과 열정을 하나님께 의탁한 사람들의 사례가 가득하다. 갈렙, 여호수아, 느헤미야, 예레미야, 베드로, 요한과 같은 이들은 하나님의 뜻을 이루기 위해 목숨을 걸고 열정을 바친 사람들이다. 바울은 복음을 전하는 것이 부득불 할 일이라고 기록한 바 있다. 바울은 이 열정을 저버리거나 저항할 수 없었다.[4] 하나님이 주신 열정은 우리가 고의로 불순종하기로 결심하지 않는 한, 우리가 무시할 수 없는 그 무엇으로 점점 강력하게 다가온다.

어떤 그리스도인들은 열정과 소명을 구분하기도 한다. 열정은 삶의 경험과 개인적인 특성에서 말미암는 것이다. 이는 성취감과 기쁨을 주고, 열매를 맺게 한다. 열정은 누구에게나 생길 수 있고, 강력하게 동기부여 된 어느 집단에게나 특징적으로 나타난다. 소명은 보다 더 하나님께 초점을 맞춘다. 소명은 그 사람의 강점, 능력, 열정과 양립하지만, 하나님이 고유하게 부여하신 사명이라는 내적 확신을 동반한다. 대개 소명은 다른 누군가를 섬기는 일이지, 부름받은 사람을 위한 것이 아니다. 소명은 희생과 나눔, 그리스도에 대한 깊은 사랑에서 나오는 결단, 주저없이 순종하며 자원하는 마음을 동반한다. 하나님의 부르심을 느끼는 헌신된 그리스도인에게 소명은 무시하거나 거부할 수 없는 중대한 것이다.[5]

너희가 부르심을 받은 일에 합당하게 행하여
_ 에베소서 4:1

열정이나 소명에 이끌려 신나게 살아가는 사람을 알고 있는가? 너무나 많은 사람들이 정신없이 분주하게 살아가며 열정을 소진하므로 이 질문에 대답하기 어려울지도 모른다. 사람들의 일정은 당장 해야 할 급박한 일들로 가득 채워진다. 그들에게 무엇에 흥미를 느끼는지 물어 보라. 대부분 대답하지 못할 것이다. 그들에게 열정을 이야기해 달라고 요청해 보라. 그들에게 아무 말도 듣지 못할 것이다. 그들이 자신의 열정을 깨닫도록 돕는 것은 코치가 당면한 가장 큰 도전 가운데 하나다.

이것은 또한 매우 보람 있는 일이다. 열정이 있으면 삶은 더욱 충만하고 재미있다. 그렇다고 인생이 쉬워진다는 의미는 아니다. 열정은 하루 24시간, 일주일 내내 지속될 정도로 왕성하거나 실제적이지 않은 정서적 강렬함을 내포한다. 승리를 열망하는 운동선수는 또한 규율, 결단, 체력, 에너지 소모, 휴식 기간, 그리고 열정을 열매로 바꾸어 주는 단조롭고 고된 훈련에 이를 악물고 헌신한다.[6] 열정은 동기를 살아 있게 하며, 우리의 영혼에 연료를 공급한다. 열정을 찾고, 발전시키고, 추구하도록 함께 일하는 것은 관련된 사람 모두에게 폭발적인 흥분을 선사한다. 자신의 열정을 찾고 또한 다른 사람들도 그들의 열정을 발견하도록 비슷한 방법을 사용해 돕는다면 그런 경험은 당신에게도 찾아올 것이다.

열정 찾기

오스카 상을 수상한 영화 "불의 전차"는 1924년 파리 올림픽에서 경쟁한 육상선수 두 사람의 이야기다. 해럴드 에이브러햄은 영국 출신 유대인이고, 에릭 리들은 스코틀랜드 출신 복음주의자다. 사람들은 리들을 세상에서 가장 빨리 달리는 선수로 여겼고, 모두가 리들이 100미터 경주에서 승리할 것이라 기대했다. 한편 리들은 매우 엄격하게 안식일을 준수하는 사람이었는데, 경기 일정이 일요일에 잡혀 있다는 이유로 출전을 거부했다. 영국 왕실이 그에게 간청했지만 소용없었다. 그러나 이후에 열리는 400미터 경주에는 출전하기로 했다. 리들은 열정적으로 뛰어 경쟁자들을 상당한 격차로 따돌리며 세계 신기록을 달성했고, 금메달을 따냈다.

리들은 중국에서 선교사 가정에 태어났다. 그는 올림픽을 마치고 선교사가 되어 중국으로 돌아가는 것이 목표였다. 리들은 지금은 유명해진, 이런 말을 했다. "하나님은 나를 선교사가 되도록 만드셨습니다. 그분은 또한 나를 빨리 달릴 수 있게 만드셨습니다. 그래서 나는 달릴 때면 하나님의 기쁨을 느낍니다." 나는 가끔씩 고객들에게 리들에 대해 이야기해 주거나 영화를 떠올리게 한다. 그들에게 "나는 _____할 때 하나님의 기쁨을 느낍니다"라는 문장의 빈칸을 채워 보게 한다. 어려운 과제지만, 고객들이 빈 칸에 채워 넣는 내용은 대개 그들이 지닌 열정의 핵심이다.[7]

내 친구 하나는 내가 소매에 감정을 달고 다닌다고 말한다. 그 친구는 내가 무슨 생각을 하는지 쉽게 알아맞힐 수 있는데, 내 눈과 동작과 말투에서 그것이 보이기 때문이라는 것이다. 사람은 자신이 별로 흥미를 느끼지 않는 이야기를 할 때면 그다지 생기가 없다. 그러나 열정을 느끼는 주제로 화제를 바꾸면, 생기를 되찾고, 말하는 속도가 빨라지고, 몸을 앞으로 기울이며 더 자주 몸짓을 할 것이다. 과연 그런지 며칠간 살펴보면, 당신 자신이나 다른 사람들이나 마찬가지일 것이다.

> 모든 믿음의 거장들에게는 공통점이 하나 있다.
> 승리도 아니고, 성공도 아니다. 그것은 바로 열정이다.
> _ 필립 얀시, 작가, "크리스채너티 투데이" 칼럼니스트

열정에 가까이 가는 매우 효과적인 방법이 있다. 이 방법을 당신이 코칭하는 사람에게 제안해 보라. 그러나 먼저 당신이 시도해 보아야 한다. 자주 만나 이야기하고 오랜 시간 함께했으며 당신을 잘 아는 사람들에게 당신이 무엇에 열정을 보이는지 물어 보라. 내가 코칭을 받고 있었을 때, 내 아내가 거실을 지나갔다. 내 코치가 그녀를 부르더니 물었다. "줄리, 게리는 무엇에 열정을 보이나요?" 아내는 주저없이 대답했고, 그 말은 정확했다. 당신이 코칭하는 사람들에게 이같이 해 보라고 권하라. 코칭받는 사람이 다른 사람들이 알아차릴 수 있을 만큼 열정을 내비치고 있다면, 대답하는 사람들은 대부분 동일한 대답을 할 것이다.

살아 있다는 것이 흥분되었던 때를 되돌아보는 것도 도움이 된다. 생각을 확장해야 하는 수고가 따르지만, 그럴 만한 가치가 있는 일이다. 어린 시절부터 시작해서 점차 확장해 보라. 열정으로 가슴이 터질 것 같고, 하고 있던 일에 너무나도 집중하여 시간 가는 것조차 잊어버렸던 구체적인 상황들을 떠올려 보라. 프로젝트에 몰두했을 때일 수도 있고, 선교 여행을 가거나 도전적인 스포츠에

매료됐을 때일 수도 있고, 창의적이고 재미있는 사람과 시간을 보냈을 때일 수도 있다. 구체적인 사례를 기록해 보라. 당신을 늘 열정으로 뜨거워지게 만드는 반복된 경험이 보이는가?

과거를 돌아보며, 다음 질문을 곰곰이 생각해 보라. 어린 시절, 부모님은 당신이 보이지 않을 때면, 당신이 무엇을 하고 있을 것이라 추측하셨는가? 주변을 탐험하고, 놀 계획을 세우며, 친구들과 상상의 놀이를 하는 등 창의적인 활동을 하고 있었는가? 어린 시절, 나는 잠드는 것이 싫어서 밤마다 이불 속에 책을 숨겨 두었다. 베개 밑에 손전등을 숨겨 놓았다가 어머니가 나가시면 이불을 뒤집어 쓰고 책을 읽었던 기억이 난다. 부모님은 내가 깊이 잠들었다고 생각하셨다. 나는 평생 독서광이었다. 이것이 열정이다.

또 다른 방식으로 생각해 보자. 돈 걱정이 없고, 필요한 시간이 얼마든지 있고, 건강이나 다른 조건에 문제가 없다면, 무엇을 하겠는가? 어떤 기자가 매우 가난한 나라에 가서 어린이 몇 명에게 자라서 무엇이 **되고 싶은지** 물었다. 한 명씩 따로 만나서 물었는데, 아이들이 의사, 선생님, 선교사, 또는 지도자가 되고 싶다고 꿈을 열정적으로 설명할 때, 눈이 반짝반짝 빛났다. 그 기자는 그러면 성인이 되었을 때 무엇이 **되어 있으리라 예상하는지** 물었다. 그들은 얼굴에 슬픔을 띠고 가난한 농부, 막노동자, 또는 병든 자녀를 돌보는 처지가 될 것이라고 절망적으로 말했다. 어린이들의 열정은 비참한 현실에 무너졌다.

우리는 대부분 훨씬 나은 환경에서 인생을 더 오래 살았지만, 많은 사람들이 이 어린이들처럼 산다. 현실의 무거운 짐 아래 자신의 열정을 묻어 버린다. 어른이 되면서 하고 싶은 것들을 잊어버렸다. 이제 와서 운동선수가 되려 하거나 여러 해 학교를 다녀야 하는 직업을 택하는 것은 비현실적이다. 그러나 장애물이 없다고 가정할 때 정말 하고 싶은 것이 무엇인지를 생각해 보면, 오랫동안 묻어 둔 열정이 보일 것이다.

표 9-1

자신의 열정 찾기

- 당신의 열정을 파악하려면 당신을 잘 아는 사람에게 물어 보라.
- 당신의 인생에서 살아 있다는 것이 가슴 벅차고 흥분되었던 때를 생각해 보라. 그것은 당신의 열정에 대해 무엇을 말해 주는가?
- 어린 시절, 부모님이 당신을 찾을 때, 당신이 무엇을 하고 있으리라 예상했는가? 그것은 당신의 열정에 대해 무엇을 말해 주는가?
- 돈과 시간에 제약이 없다면 무엇을 하고 싶은가?
- 자신의 환경을 둘러보라. 그것은 당신의 관심사와 흥미를 반영하는가?
- 성경을 찾아보라. 하나님께서 당신의 삶을 향한 그분의 열정을 보여 주시기를 기다리며 기도하라.

이 질문들에 답하면서 집에 있는 방들을 둘러보라. 이 책을 읽고 있는 방을 돌아보라. 무엇이 보이는가? 어떻게 꾸며져 있는가? 그런 다음, 어떤 영화를 좋아하는지 생각해 보라. 어떤 음악을 좋아하는가? 정말 함께 시간을 보내고 싶은 사람은 누구인가? 만나서 교제하고 싶은 열정적인 사람이 있는가? 이런 질문들에 대답하다 보면 당신이 인식하지 못한 채 표출해 온 열정이 드러날 것이다.

코칭에 열정 불어넣기

열정이 삶을 활기차게 하는 정서적 힘이라면 그것은 어디서 오는 것일까? 대부분 과거 경험, 함께 어울렸던 사람들에게서 온다. 몇 년 전, "시카고 트리뷴"(Chicago Tribune) 1면에 시카고 컵스의 문양이 새겨진 털모자를 쓰고 낡은 스웨터를 입은 할머니의 사진이 실렸다. 할머니는 네 살 때부터 컵스의 경기를 관람했는데, 늘 신통치 않은 이 팀이 언젠가 자신이 죽기 전에 우승의 명예를 거머쥐리라는 희망을 간직하고 있었다. 당신이 속한 공동체에도 이와 유사하게 헌신적인 사람들이 있다. 그들은 자신이 사는 지역의 스포츠 팀에 열광하는 골수 팬들이다. 그런 열정은 가족이나 친구들에게 영향받은 것일 수 있지만, 유전적으로 타고난 것은 아니다. 하나님께 받은 것도 아닐 것이다. 그런 열정은 어린 시절에 습득했고, 응원하는 팀이 늘 진다고 해서 그 열정이 변하는 것도 아니다.

이와는 대조적으로 예수 그리스도를 헌신적으로 따르는 사람들의 삶에 나타나는 열정은 대개 성령의 내주하시는 영향력에서 생긴다. 한때 우리는 하나님과 멀어졌지만, 그분의 은혜와 그 아들이 흘린 피로 말미암아 가까이 나아갈 수 있게 되었다.[8] 우리는 하나님이 그리스도 안에서 선한 일을 하도록 예비하시고 지으신 작품이다.[9] 우리의 목표는 주님을 기쁘시게 하고 무엇을 하든지 하나님의 영광을 위하여 하는 것이다.[10] 하나님께 영광 돌리지 못할 것을 그분이 기뻐하실 리 없다.

나는 하나님이 자신을 따르는 자들과 숨바꼭질 놀이를 하신다고 생각하지 않는다. 하나님은 우리가 감당해야 할 일을 예비하시고 그분의 거룩한 열정을 숨기신 후 운 좋은 사람만이 그것이 무엇인지 발견하도록 하지 않으셨다. 그것이 무엇인지 발견하기 위해 코치가 필요할 수 있다. 그동안 논의했던 열정을 발견하는 도구들을 활용할 수도 있다. 그러나 하나님의 인도를 구하며 그분의 주권에 복종하는 사람은 결국 하나님이 그의 삶에 계획하신 열정과 소명을 알게 될 것이다.

> 우리는 그가 만드신 바라.
> 그리스도 예수 안에서 선한 일을 위하여 지으심을 받은 자니
> 이 일은 하나님이 전에 예비하사 우리로 그 가운데서 행하게 하려 하심이니라.
> _ 에베소서 2:10

코치나 코칭받는 사람이 이런 내면의 열정과 마주하면 어떤 일이 벌어지는가? 이런 열정을 어떻게 행동으로 바꿀 것인가? 우리는 모두 자신의 열정이나 열정들(한 가지 이상 있을 수 있다)에 대해 이야기하지만 아무것도 하지 않는 사람을 알고 있다. 앞으로 나아가고 싶어 하지만 무엇을 해야 할지 모르는 사람도 있다.

그렇기 때문에 코칭이 필요하다.

열정은 에너지로 충만하여 계곡을 굽이쳐 흐르며 소용돌이와 물결과 급류를 만들어 내는 거센 강물과 같다. 강물을 둑이나 댐으로 조절하지 않으면, 예상치 못한 방향으로 번져 주변을 강타하고 홍수를 일으키며 쑥대밭을 만든다. 하나님이 주신 열정이라도 통제하지 않고 조절하지 않으면 그렇게 될 수 있다. 열정의 에너지는 집중하여 방향을 잡지 못하고 소진된다. 열정을 가치 있는 방향으로 인도하는 댐 또는 수로를 목적이라 부른다. 목적을 가지고 방향을 잡고 열정을 집중하여 긍정적인 결과를 만드는 법을 찾지 못한 채, 열정에 이끌려 사는 사람을 당신도 알고 있을 것이다.

목적 없는 열정은 공허하다.
_ 리처드 창, 「열정 플랜」의 저자

이는 자신의 열정을 알고 있지만 열정을 성공적으로 살아내지 못해 좌절하는 사람들을 코칭할 때 시사하는 바가 있다. 이런 사람들은 좌절하기 쉽다. 그들은 넉넉한 수입이 보장된 직업이 있고, 때로는 찬사를 받고 성공을 거두기도 한다. 그러나 일에 탈진하여 생기가 없고 보람도 없다. 그들은 직장을 그만두고 수입을 포기하고 위험을 감수하며 새로운 일을 시도하는 것은 무책임하다는 것을 알고 있다. 또한 두려운 일이기도 하다. 인생을 살아오면서 나도 세 번이나 시도한 경험이 있기에 잘 알고 있다. 나의 시도는 성공했지만, 다른 사람은 그러지 못할 수도 있다. 일반적으로 열정을 실천으로 바꾸려면, 작고 짧은 단계부터 시작하는 것이 낫다.

헌신하라. 우선 정말 자신의 열정이나 소명에 따라 살고 싶은지 생각해 보라. 구약 성경에 나오는 느헤미야의 이야기를 기억하는가? 그는 하나님이 주신 열정으로 예루살렘의 성벽을 재건한 탁월한 리더로 알려져 있다. 우리는 그가 계획한 대로 목표를 완수한 것을 알고 있다. 그러나 처음 시작하는 것은 어려운 일이다. 느헤미야는 고향 소식을 듣고 남몰래 슬피 울었다. 그는 부지런히 기도했다. 기회가 온다면 무엇을 해야 할지 계획했다. 그러고는 하나님의 때를 기다렸다.

이 모든 내적 고투가 느헤미야에게 너무나 많은 영향을 미쳤기 때문에 그의 주인인 아닥사스다 왕을 포함하여 모든 사람이 눈치챘다. 느헤미야는 자신이 열정을 가지고 하고 싶은 일을 왕에게 말할 기회가 왔을 때 그것을 말하기를 "크게 두려워했다"(느 2:2). 그러나 느헤미야는 오랫동안 기다리면서 의심을 떨쳐버리고 열정적으로 전진하는 일에 전적으로 헌신하기로 단호히 결단했다.

자신의 열정을 따라 살기로 결단하고 결심대로 살아가기는 쉽지 않다. 정말 그렇게 하기를 원하는지 결정하도록 돕는 질문지나 공식 같은 것은 없다. 그러나 다른 사람과 상의할 수 있고 또 상의해야만 한다. 장점과 단점을 적어 볼 수도 있다. 나는 내 안의 열정이 사라지지 않고 계속해서 꿈틀대도록 해야 할 일이 무엇인지 생각나게 해 달라고 자주 하나님께 기도한다. 다른 일로 분주해서 열정이 사라지기 쉽다는 것을 우리 모두 알고 있다. 그러나 어떤 사람들은 속에 있는 열정의 힘을 무시하지 못한다. 결코 사라지지 않기 때문이다. 그것을 인정해야 단념하지 않고 행동을 취할 수 있다. 코치는 사람들이 이런 헌신의 과정을 통과하도록 돕는다.

표 9-2

실행에 열정 불어넣기

- 먼저 까다로운 질문에 답하라. 나는 정말 내 열정에 이끌려 살기 원하는가? 하나님의 인도를 구하라. 다른 사람과 상의하라. 당신의 장점과 단점을 적어 보라. 이 문제를 매듭짓기 전에는 다른 일을 해서는 안 된다.
- 부지런히 기도하고 신중하게 계획하라.
- 당신의 열정을 격려하고 지원할 사람들을 찾으라.
- 장애물을 직면하고 넘어서라.

기도하고 계획하라. 예루살렘의 곤궁에 대해 알고 난 후, 느헤미야는 탄식하며 슬피 울었다. 그러나 오랫동안 울고만 있지는 않았다. 느헤미야는 금식하며 기도했다.[11] 평소에 기도하던 것 이상으로 밤낮으로 기도했다. 느헤미야는 하나님의 성품을 찬양하고, 백성들의 죄를 고백하며, 하나님의 약속에 호소했다. 그러면서 하나님께 자신의 열정을 쏟아냈고 하나님의 간섭을 구했다. 나중에 왕궁에서는 자신의 열정에 대해 묻는 왕의 질문에 대답하기 전에 하나님께 힘과 지혜를 달라고 짧은 기도를 드렸다.

성경은 느헤미야가 금식하고 기도하며 기다리는 동안 계획을 세우고 있었다고 구체적으로 언급하지는 않는다. 그러나 무엇을 해야 할지 깊이 생각했던 것이 분명하다. 그에게 계획이 있었기에, 왕이 무엇을 원하느냐고 물었을 때 주저하지 않고 상세하게 대답할 수 있었다.[12] 느헤미야서 후반부에 가면 그 계획이 융통성 있게 진행되는 것이 보인다. 느헤미야는 하나님이 종종 우리의 계획을 바꾸셔서 더 좋은 길로 인도하신다는 것을 배웠다. 그렇다고 해도 미리 계획하는 것은 중요하다.

먼저 계획하고 나중에 기도하기 쉽다는 것을 깨달은 적이 있는가? 우리는 대개 궁지에 몰려 구조가 필요할 때까지 전혀 기도하지 않는다. 기도하지 않으면 열정은 대부분 사그라들고, 계획은 비틀거리며, 졸지에 막다른 골목에 다다르게 된다. 지속적인 기도와 성령의 인도하시는 계획이야말로 열정을 살아 있게 하고 올바른 방향으로 집중시킨다.

정보를 수집하라. 마이크 맥길(Mike McGill)은 20대 중반 학생이었을 때 아시아 지역 개발도상국 어린이들의 성적 착취에 대해 알게 되었다. 아시아에 만연한 성적 학대를 막는 단체들을 동원하고 싶은 열정이 점점 커져 갔다. 나는 그 이야기를 처음으로 들은 몇 안 되는 사람 중 하나일 것이다. 어느 학기에는 수업료로 비행기 표를 사서 몇몇 학대 국가 지역에 가 보기도 했다. 신중하고 위험 감수를 꺼리는 친구들은 마이크가 아시아에 가기로 결심한 것을 어리석고 충동적인 것으로 여겼다. 비행기에 올라탔을 때 최종 목표는 알 수 없었지만, 첫 번째 단계는 실태를 눈으로 보고 오는 것임을 깨달았다. 마이크는 현 상태를 보다 명확하게 알게 되었고, 그 내용을 비슷한 열정을 가진 사람들에게 말해 주고, 장차 동역자가 될 사람들과 관계를 맺으면서, 열정을 성취하려고 뛰어들 때부터 커다란 영향력을 미치게 되었다. 그 과정 중에 하나님께 자신의 열정이 더욱 불타오르도록 연료를 공급해 달라고 요청했다.[13]

지지자를 찾으라. 오랜 세월 동안, 나에게 가장 필요할 때 하나님이 나를 격려하고 지지해 주는 사람들을 보내 주시는 것을 보며 놀라곤 한다. 다수는 아니지만, 그들은 나를 믿고 있고, 내가 열정이 사그라드는 것을 느끼는 바로 그 때 전화나 이메일로 내 열정에 기름을 부어 준다. 세상에는 회의론자들이 많다. 그들은 우리가 알아야 할 위험을 지적해 줄 수는 있지만, 종종 열정을 죽인다. 그런 회의는 목표를 나누고 계속해서 나아가도록 독려하고 열정이 계속 살아 있도록 돕는, 영감 넘치는 사람들과의 우정과 접촉이 얼마나 중요한지 반증한다.

다음 질문에 스스로 답해 보고 코칭 고객에게도 물어 보라. "내 열정에 불을 붙이고 내가 성취하고 싶은 것을 놓치지 않도록 도와주는 신뢰할 만한 사람은 누구인가?" 이런 사람들과의 만남을 가꾸라. 당신의 열정을 나누고 격려받으라. 그런 대화가 당신의 열정을 명확하고 견고하게 해줄 것을 기대하라. 하나님의 계획 속에 우리 삶에 들어와 열정을 격려하는 사람들은 앞으로 나아가는 추진력과 거품처럼 사그라드는 열정 사이의 격차를 벌려 놓는다.

은사와 열정에 기반하여 삶과 일을 결정하면 활력과 풍성함, 그리고 생동감이 생긴다.
_ 리처드 라이더, 「목적의 힘」(The Power of Purpose)의 저자

장애물을 직면하라. 어떤 사람은 열정에 불을 붙이지만, 열정에 찬물을 끼얹는 사람도 있다. 그들은 자신의 비판, 부정적 견해, 무관심이 초래하는 파괴적

영향력을 깨닫지도 못할 수 있다. 그들은 우리를 열정에서 멀어지게 하고 자신의 가치를 평가절하 한다. 열정적인 사람들은 비현실적이고 실행 불가능한 꿈만 꾸는 사람들이라 믿기도 한다. 그들은 우리가 하고 싶은 것을 성취할 수 없다고 수시로 상기시킨다. 우리의 꿈을 갉아먹는다. 느헤미야서를 자세히 읽다 보면 이런 사람들을 많이 볼 수 있다. 그들은 조롱하고, 비판하고, 미혹하고, 위협하고, 방해하고, 또한 느헤미야와 함께 성벽을 쌓던 사람들의 마음에 의심을 심으려 한다. 느헤미야는 시종일관 동일한 방식으로 대처한다. 그는 기도하고 실제적인 방법으로 대응하면서 자신의 열정을 따라 꾸준히 앞으로 나아간다.[14]

인생에서 무엇인가를 성취한 사람들은 대부분 예외 없이 열정과 방향 감각을 갖고 있다. 그런 사람들은 장애물로 인해 단념하지 않고, 환경에 휩쓸리지도 않는다. 그들이 대기업을 이끌거나 군대를 지휘하리라 기대하는 사람은 거의 없어도, 그들은 어디로 가고 있는지를 아는 리더들이다. 그들은 주의를 집중시키고 같은 방향으로 가고 싶어 하는 사람들에게서 협조를 얻어낸다.[15] 우리와 마찬가지로 그들 역시 후퇴하고 좌절한다. 그러나 전반적으로 그들은 열정에 이끌려 더 큰 목적에 기여한다는 확신을 갖고 창의적이고 정열적으로 업무를 수행한다.

열심(enthusiasm)의 어원인 헬라어 단어에는 "하나님으로 충만하다"라는 의미가 있다.[16] 열정을 지닌 그리스도인은 하나님으로 충만한 사람이다. 그들은 자신의 삶과 행동에 대한 열심으로 빛을 발한다. 그들이 리더와 코치라면, 성령이 이끄시는 열정과 목적의식으로 다른 사람들에게 영감을 불어넣고 동기를 부여할 것이다. 또한 사람들이 열정과 함께 목적의식을 붙들도록 도울 것이다.

성격과 문화

이웃에 사는 케빈은 컴퓨터 소프트웨어 회사에 다니는 젊은이다. 뛰어난 지식과 전문 기술로 사장에게 인정받고 동료들에게 존경을 받는다. 그럼에도 케빈은 직장에서 난관에 봉착했다. 문제는 일과는 아무런 상관이 없었다. 케빈은 여러 차례 승진에서 탈락했는데, 이유는 그가 사람들과 편안하게 관계 맺는 능력이 부족하기 때문이다. 케빈과 나는 식료품 상점 주차장에서 이 문제를 이야기했다. 케빈은 자신이 바뀔 수 있을지, 아니면 고칠 수 없는 성격의 일부분인지 나에게 물었다.

성격(personality)이란 단어가 사용되기 수세기 전, 고대 철학자들과 현인들은 한 사람을 다른 사람과 구분하는 내적 특성에 대해 논의했다. 그런 특성의 일부는 선천적인 것처럼 보이지만, 대부분은 삶의 경험 속에서 계발되거나 형성된 것이다. 우리가 코칭하는 사람을 이해하려면, 지금까지 살펴본 가치관과 열정 외에도 성격을 알면 도움이 된다. 성격 특성은 다양한 도구로 측정할 수 있는데, 어떤 것은 다른 것보다 더 잘 들어맞는다. 그러나 성격 특성은 무엇보다 우리가 다른 사람과 상호작용할 때 드러난다. 좋은 소식은 수줍음이나 케빈이 고민한 대인 관계 기술 부족과 같은 많은 것들이 바뀔 수 있다는 것이다.

하워드 가드너(Howard Gardner)나 대니얼 골먼과 같은 심리학자들의 연구에 따르면 지능은 논리적으로 생각하는 능력에 국한되지 않는다. 그 외에도 언어적 지능, 창의적 지능, 음악적 지능 등 다양한 지능이 있는데, 골먼이 명명한 사회적 지능도 포함되어 있다.[17] 그것은 공감, 사회적 자각, 개인에 대한 관심, 관계 구축 기술, 영감과 긍정적인 감정들을 고취하며 다른 사람에게도 영감을 불어넣는 재능을 포함한다. 4장에서 언급한 것처럼 골먼의 연구 조사는, 사회적 지능이 있는 사람이 리더로서 가장 효율적이고, 다른 사람들을 긍정적으로 바라보며, 팀으로 더 잘 일할 수 있고, 승진할 가능성이 더 많다는 점을 보여 준다.[18]

리더나 상담가 또는 코치가 진심 어린 공감과 진정성 있는 관심을 보여 줄 때, 그 사람의 두뇌에 어떤 일이 일어나는지 논의했던 것을 기억할 것이다. 두 사람의 신경 회로가 조율되어 두뇌 안에 상관성이 생성된다. 내 이웃 케빈 같은 사람이 탁월한 대인 관계 기술을 지닌 사람과 시간을 보내면, 사회적 지능을 키우고 두뇌에 새로운 대인 관계 회로를 발전시킬 수 있다.[19] 특히 사회적 지능이 발달한 코치가 함께한다면, 케빈은 변화하는 법을 배울 수 있다. 케빈의 두뇌에 일어나는 변화는 신비롭거나 내밀하거나 뉴에이지적인 것이 아니다. 이것은 요즘 떠오르는 뇌과학으로 설명할 수 있다. 뇌과학은 어떻게 한 개인이 다른 사람에게 영향을 미칠 수 있고, 어떻게 삶과 직장에서 곤경에 처한 사람이 훈련받을 수 있는지 이해하는 데 도움을 준다. 이런 훈련은 "더 나은 대인 관계 기술을 발전시키면 큰 성과를 거둘 수 있는 특정 영역을 다룬다".[20] 두뇌 회로를 어느 정도 바꾸어 다른 성격 특성도 변화시킬 수 있는가? 아마 그럴 수 있을 것이다. 그러나 그런 목표를 달성하기 전에, 개인의 성격을 포함하여 나 자신이 현재 어디에 위치해 있는지를 이해해야(코칭 모델의 첫 번째 단계) 한다.

성격의 문제는 개인에게만 해당하는 것이 아니다. 팀, 단체, 심지어 커다란 조직들도 성격을 지니고 있다. 상점이나 교회에 가서 그곳의 특별한 느낌을 감지한 적이 있는가? 어떤 곳은 따뜻하고 친절하다. 어떤 곳은 지적이고 무미건조하고 딱딱해 보인다. 많은 교회들이 리더의 성격을 반영하고 있다는 데 동의할 것이다. 목사의 두뇌 회로가 교회 회중의 두뇌 회로에 영향을 주었을 것이다. 기업의 사장이나 가게 주인이 무의식적으로 사업의 성격을 형성할 때 이와 비슷한 일이 일어난다. 모든 팀이나 단체들이 개성, 혹은 다른 사람이 알아차릴 수 있는 지배적인 분위기를 가지고 있다고 가정하는 것이 더 용이하다. 흔히 이런 분위기를 가리켜 **집단 문화**라 부른다. 이는 작게는 가정에서부터 대기업, 교단, 정치 정당에 이르기까지 이들 모두를 특징 짓는 성격이다. 기업 코치가 한 개인의 변화를 도울 때, 가끔은 역기능적인 집단 문화를 바꾸는 것도 도와야 할 때가 있다.

강점 발견하기

책을 더 읽어 나가기 전에, 잠시 몇 분간 멈추고 다음의 두 질문에 대답해 보

자. 당신의 주요 약점은 무엇인가? 당신의 주요 강점은 무엇인가?

우리는 대부분 약점 목록을 더 길게 더 쉽게 작성한다. 자란 환경에 따라 다르겠지만, 일반적으로 부모님과 선생님은 강점을 중시하지 않고, 어떻게 약점을 극복할 것인지에만 초점을 맞춘다. 나는 사랑과 격려를 받고 자랐지만, 충분한 인정을 받지는 못했다. 부모님은 내 성적표의 낮은 점수에 초점을 맞추었다. 부모님이 하고 싶은 말은 이것이었다. "A를 받은 것은 잘한 일이야. 그러나 네가 잘하지 못한 과목에 집중해야 한단다. 수학을 더 잘해야 해." 내 부모님과 선생님의 동기는 나무랄 데 없다. 그분들은 내가 모든 과목을 잘하기를 원했다. 그래서 내가 더 향상시켜야 할 과목에 초점을 맞추었다. 그러나 나의 강점은 무시했다.

> 문제 해결을 좋아하고, 직관력 있고, 단호하고, 이타적이고, 분석적으로 사고하는 당신의 강점들은 타고난 욕구이고 억누를 수 없는 것이다. 당신이 천부적인 재능을 지닌 활동들만이 아니라 당신에게 기운을 북돋는 활동들도 당신의 강점이다.
> _ 마커스 버킹엄(Marcus Buckingham), 「강점에 집중하라」(Go Put Your Strengths to Work)의 저자

때때로 이런 사실은 사람들이, 약점을 극복하고 위대한 성공을 이룬 사람들을 칭송하는 것을 보면 알 수 있다. 싸이클 선수 랜스 암스트롱이 암을 극복하고 뚜르 드 프랑스(매년 프랑스에서 개최되는 프랑스 일주 사이클 대회-역주)에서 스테로이드 검출 없이 여러 차례 우승했을 때 모든 사람이 박수갈채를 보냈다. 우리가 약한 부분을 향상시키고, 다른 사람들도 향상시키도록 돕는 것은 중요하다. 이것이 코칭에서 주요 강조점이 될 수 있다. 그러나 근래 강점에 초점을 맞추는 사고방식이 등장했다. 30년간 연구 조사하고 200만 명 이상 면담한 후, 갤럽은 다음과 같은 깜짝 놀랄 만한 결론에 이르렀다. "증거는 압도적이다. 당신이 무엇을 하든지 자신의 약점보다는 가장 강력한 천부적 재능을 중심으로 삶을 건축해야

보다 성공할 것이다."[21]

강점에 기반한 코칭이 많은 코치들과 고객들에게 새로운 방향으로 떠오른 것이 놀랍지 않은가? 이런 접근 방식은 약점이나 우리 삶에서 개선해야 할 것들을 무시하지 않는다. 그러나 강점을 강조하는 것이 보다 두드러지는데, 이는 의심의 여지 없이 강점에 집중한 데 대한 조사 결과가 놀랍기 때문이다.[22] 주로 자신의 강점을 발휘하며 일하는 사람은 더욱 열심히 일하고, 더욱 보람을 느끼며, 자신의 현재 직업이나 위치를 떠나려는 경향이 적다. 기업과 교회는 전체 구성원들의 강점을 발견하여 각 사람이 유능하게 일할 수 있는 영역에서 일하게 하는 방식으로 공동체를 세워 가는 방법을 찾고 있다.

코치 자신의 강점은 어떻게 발견하고, 코칭받는 사람의 강점은 어떻게 찾는가? 몇 가지 강점 발견 설문지가 있기도 하지만,[23] 고객에게 자신의 강점 목록을 묻는 것이 더 용이할 것이다. 고객에게, 자신을 가장 잘 아는 사람들에게 다음과 같은 질문을 해 보라고 제안하라. 가족과 친한 친구들이 나의 강점을 내가 알고 있는 것보다 더 잘 알고 있다. 이런 강점 확인은 한 개인이 잘하는 것이 무엇인지 진지하게 탐색하는 훈련이다. 강점 발견 과정은 다음과 같은 질문을 중심으로 진행하는 것이 더 낫다.

- 무엇을 가장 잘하는가?
- 다른 누구보다 더 잘하는 것은 무엇인가?
- 나를 가장 잘 아는 사람이 나의 강점을 무엇이라고 말할까?
- 내 인생을 살펴볼 때, 특별히 뛰어난 성과를 거둔 일은 무엇이었는가?
- 내 인생에서 하나님이 복 주신 부분은 무엇인가?

기업이나 교회도 유사한 질문을 활용할 수 있다.

하나님의 뜻 가운데 걸어가고자 할 때,

현재 서 있는 곳까지 인도한 영적 표지들을 확고히 다지는 것이 중요하다.

하나님이 당신의 인생에서 행하신 일들을 돌아볼 때,

앞으로 하나님이 당신의 인생에서 행하기 원하시는 것이 무엇인지 선명하게 드러날 것이다.

_ 헨리와 멜 블랙커비(Henry and Mel Blackaby), 「내 힘으로 일하는 사람 하나님 힘으로 일하는 사람」(What's So Spiritual About Your Gifts?)의 공저자

코칭 고객 가운데는 강점에 집중하는 것이 시간 낭비라는 신념을 버려야 할 사람도 있을 것이다. 어떤 그리스도인들은 인생은 자신의 역량과 성취에 기반해 살아가는 것이기에 자긍심을 세우는 훈련이라고 생각할 수 있다. 그러나 강점에 집중하는 것을 하나님이 우리 각자에게 주신 재능과 역량을 발견하고 인정하는 하나의 방법으로 보는 것이 더 좋다. 이는 하나님께 감사하고, 하나님이 주신 강점과 역량을 성심껏 계발하고 세워 가야 할 근거가 된다.

영적 은사 이해하기

이 주제는 크리스천 코칭의 고유한 측면이다. 성경은 강점에 대해서 많이 언급하지 않는다. 그러나 영적 은사를 언급한 것은 몇 군데서 찾아볼 수 있는데, 로마서 12:4-8, 고린도전서 12장, 에베소서 4:4-16 등에 나온다. 이 본문들에 따르면 성령께서는 하나님께 순종하고 인도받기 원하는 신자들에게 능력과 책임이 동반되는 특별한 은사를 주신다.[24] 그러나 성령께서 주시는 이런 은사는 승진이나 개인의 목표를 성취하는 것과는 아무 상관이 없다. 성령의 은사는 하나님께서 오직 믿는 자들에게 하나님의 일을 감당할 수 있도록 구비시키고, 교회를 세우고, 강건케 하려는 목적으로만 나누어 주신다.[25]

코치와 고객이 자신의 영적 은사를 발견하도록 돕는 몇 가지 은사 점검표가 있다(부록 G를 보라). 이런 점검표는 코칭을 시작할 때와 마칠 때, 코치가 코칭하

는 각 사람을 이해하고 고객의 현재 위치를 평가하는 데 도움이 된다. 그러나 어떤 저자들은 이런 점검표가 성령의 은사와 상관없는 천부적 재능이나 강점들을 찾는 것이라고 결론 내리며, 이런 은사 점검표에 대해 비판적이라는 점을 덧붙여야겠다.

> 그리스도인들은 성령의 은사를 구하지만 성령을 구하지는 않는다.
> 우리가 성령의 은사를 구하면서 성령을 구하지 않는다면, 항상 자신에게만 초점을 맞출 것이다.
> 성령과의 친밀한 관계를 떠난 은사는 없다.
> _ 헨리와 멜 블랙커비, 「내 힘으로 일하는 사람 하나님 힘으로 일하는 사람」의 공저자

헨리와 멜 블랙커비의 책,「내 힘으로 일하는 사람 하나님 힘으로 일하는 사람」(디모데 역간)에서 저자는 많은 그리스도인들이 성령의 은사를 구하지만, 성령은 구하지 않는다고 주장한다.[26] 블랙커비는 영적 은사는 강점과 비슷하지만 다르다고 본다. 강점과 은사는 모두 하나님이 주시지만, 성령의 은사를 받은 사람만이 성령과의 친밀한 관계 속에서 살아간다. 강점은 경력을 쌓고 목표를 성취하게 해준다. 신자들은 하나님이 주신 강점을 사용하여 그분께 영광 돌리고 싶은 소망이 있을 것이다. 영적 은사는 교회를 세우고 하나님을 영화롭게 하는 데 헌신한 사람들에게만 주어진다는 점에서 보다 제한적이다.

강점을 가지고 하는 활동은 신나고 하기도 쉽다. 은사는 하나님이 특별히 주시는 것으로 우리의 천부적인 재능과는 일치하지 않지만, 늘 쉽지만은 않은 하나님이 주신 과업을 성취하도록 능력을 부여한다. 하나님은 사도 바울에게 능력 있게 설교하는 은사를 주셨지만, 대중 연설은 타고난 강점이 아니었다. 기드온은 평범하고 그다지 영감 있는 사람이 아니었지만, 다른 사람과 마찬가지로 강점이 있었다. 그러나 하나님은 그를 리더로 세우시고 강한 용사라 부르셨다. 하나님의 영이 임하자 기드온은 400배나 많은 압도적인 적군을 무찌를 수 있었

다.[27] 블랙커비는 영적 은사를 확인하는 데 너무 많은 시간을 소비하지 말라고 제안한다. 그보다는 성령님을 친밀하게 알아가는 데 시간을 보내라. 그러면 하나님이 그분의 뜻대로 당신의 삶을 향한 하나님의 비전을 명확하게 보여 주시고, 은사를 점검했는지 여부와 상관없이, 필요할 때 은사를 주실 것이다.

블랙커비는 사례를 들어 가며 설득력 있게 주장하지만, 많은 사람들이 통찰력 있는 그들의 분석을 전적으로 받아들이지는 않는다. 분명 하나님은 그분의 목적을 성취하기 위해 은사를 주시지만, 항상 특별한 필요가 있을 때까지 기다리시는 것 같지는 않다. 많은 그리스도인과 크리스천 코치들이 영적 은사를 찾는 것의 중요한 가치를 발견했다. 이런 지식은 하나님이 그분을 섬기도록 우리와 우리의 인생 항로를 준비시키시는 방식을 이해하는 데 도움이 될 것이다.

코칭에는 네 단계가 있음을 살펴보았다. 현재와 사람을 인식하는 것, 미래의 비전에 초점 맞추는 것, 목표를 이루기 위해 계획하고 행동하는 것, 도중의 장애물을 처리하는 것이 그것이다. 현재에 대한 인식은 우리 자신과 마주하며 가치관, 열정, 강점에 집중할 때 증진할 수 있다. 이 모든 것들은 현재에 대한 인식을 키우는 데 기여한다. 다음 두 장에서는 코칭 모델의 다음 영역을 다룰 것이다. 즉 우리가 도달하기 원하거나 하나님이 인도하시는 비전을 명료화하는 것이다.

4부

비전:
우리가 가고자 하는 곳은 어디인가

비전을 명료화하기 | 사명을 지니고 나아가기

10장 ·· 비전을 명료화하기

 어렸을 때 우리 동네에 서커스단이 도착하던 모습이 지금도 기억난다. 우리 할아버지는 그 흥미진진한 광경을 구경하려고 아침 일찍 집 근처 들판으로 나를 데리고 가셨다. 지금은 희미한 추억이 됐지만, 모든 곳에 활기가 넘쳤던 것으로 기억한다. 서커스단 기차는 밤중에 도착했고, 새벽에 우리가 나타날 때쯤이면 동물들을 내리고 천막 세우는 일을 거의 마친 상태였다. 어린 마음에도 나는 비가 내리는 쌀쌀한 아침에 저 일꾼들처럼 흠뻑 젖어서 진흙 속에서 일한다면 과연 기분이 어떨까 궁금했다.
 제2차 세계대전 이후 서커스는 천막이 필요 없는 실내 운동장이나 대극장으로 이동했다. 텔레비전이 등장하면서 서커스에 대한 관심은 줄어들었고 관객은 더 줄어들었다. 그러다가 1970년대에 2천 년 역사를 지닌 서커스 전통이 사라져 가는 것을 안타까워한 모나코 왕자 레이니에 3세가 세계 최고의 곡예단에게 상과 상금을 주는 연례 축제를 마련했다. 그것은 다시 열정에 불을 붙이는 데 도움이 되었다. 그러나 다른 뭔가도 있었다. 전 세계적으로 서커스는 새 천 년을 맞아 혁신을 시작한 것이다.
 지난번에 서커스단이 우리 마을에 왔을 때, 다시 천막 안에서 공연을 펼쳤다.

그러나 평범한 천막이 아니었다. 축구 경기장 한가운데 세워진 그 천막은 1천8백 석 규모에 나무 바닥에다 벨벳 의자까지 갖춘 호화 시설이었다. 신바람 나는 광고를 보니, 실내 온도 조절까지 되고 입장권은 인터넷으로 살 수 있었다. 동물보호 운동가들을 민감하게 의식하는, 엄청나게 멋지고 성공적인 태양의 서커스(Cirque de Soleil) 같은 몇몇 서커스단에서는 동물 공연을 아예 배제했다. 대담하고 민첩한 곡예에 춤, 연극, 무언극, 음악, 컴퓨터 기술을 결합한 공연으로 연예오락계의 다른 분야들과 경쟁을 벌이고 있다. 우리 집 근처에 있는 심포니 오케스트라는 해마다 감동적인 서커스 공연과 성탄 분위기에 어울리는 고전 음악을 결합해 큰 환호를 받는 성탄절 음악회를 연다.

무엇이 서커스를 변화시켰는가? 비전을 가진 소수의 남녀가 다른 사람들이 보지 못하는 미래를 상상했을 것이다. 비전이 없었다면, 오늘날 서커스는 사라졌거나 아니면 옛날 방식 그대로 같은 일을 되풀이하는 이 시대의 많은 교회, 학교, 정부 기관들처럼 되었을 것이다. 그런 교회나 학교, 기관들은 이렇게 활발한 변화의 시대에 왜 자신들은 생명력을 잃고 침체되어 가는지 궁금해한다. 내 사무실 서재를 채우고 있는 리더십에 관한 책들은 거의 예외 없이 성공하는 리더의 필수 요소로 비전을 들고 있다. 버트 나누스(Burt Nanus)는 「비전을 품은 리더십」(Visionary Leadership)에서 다음과 같이 말했다.[1] "조직을 탁월하게 하고 장기적인 성공으로 이끄는 데 있어 매력적이고 가치 있으며 성취 가능한 미래의 비전을 공유하는 것보다 더 강력한 엔진은 없다." 우리가 코칭하는 개인들도 마찬가지다. 비전이 있는 사람들은 자신이 가고자 하는 방향을 더욱 분명히 알고 있다. 비전이 없는 사람들은 허둥대고, 전통에 얽매이며, 세상이 미래를 향해 격변할 때 표류하고 실족한다.

비전은 리더를 이끈다. 비전은 목표물에 색을 입힌다.

내면의 불을 점화하고 연료를 공급한다.

비전 없는 리더를 내게 보여 다오.

그러면 나는 아무 데도 가지 못하는 사람을 보여 주겠노라.

_ 존 맥스웰, 리더십 전문가, 저술가

비전이 중요함에도 비전을 품은 리더들은 모자란다. 교회는 비전을 품은 리더에 굶주려 있으며 정부도 마찬가지다. 만일 당신이 사람들을 도와 명확한 비전을 발견하고 그 비전이 있는 방향으로 나아가게 한다면, 당신은 코치로서 성공가도에 들어선 것이다. 만일 당신이 시간을 들여 스스로 비전 발견의 원칙을 적용해 본다면, 개인적으로도 유익하고 고객들에게 촉구해야 할 것이 무엇인지 훨씬 더 잘 이해할 수 있을 것이다.

더 큰 그림 그리기

모세와 여호수아는 성경에 나오는 인물들 가운데 가장 성공한 리더들이다. 그들은 40년 동안 계속된 광야 여행에서 백성들을 이끌었다. 그들이 목적지에 도달했을 때, 여행을 시작했던 수천 명 중 오직 세 명, 모세와 여호수아와 갈렙만이 약속의 땅 경계에 설 수 있었다. 그들을 따르던 사람들은 모두 40세 미만이었다. 그들 중 누구도 정착된 공동체에서 생활해 본 적이 없었고, 40년 전까지 종으로 살았던 땅 애굽에서 그들을 불러내기 위해 하나님이 사용하셨던 혁명적인 사건들을 경험하지 못했다. 그들은 목적지를 향해 마음이 기울지 않았으며 비판적이었다. 그러나 그 세 사람은 계속해서 백성들에게 하나님이 주신 미래를 향한 비전을 마주하게 했다. 그 결과 백성들은 앞으로 나아갈 수 있었다.

마틴 루터 킹 주니어는 링컨 기념관 계단에서 미래가 어떤 모습일 수 있는지 그림을 보여 줌으로써 사람들에게 영감을 불어넣었다. 위대한 비전은 위대한 헌신을 이끌어 내고, 사람들로 하여금 일상생활의 단조로움을 벗어나 기회와 도전 그리고 소망이 가득한 새로운 세계로 들어가게 만든다.[2] 비전은 수많은 사람에게 영향을 미칠 수도 있다. 인종적으로 완전히 통합된 미국에 대한 킹 박사의 꿈이 바로 그 예다. 하지만 비전은 당신이 자녀에 대해 갖고 있는 비전이나 고객이 장래 직업에 대해 갖고 있는 비전처럼 지극히 개인적일 수도 있다.

코칭은 비전을 자극하고 사람들을 앞으로 나아가게 하는 효과적인 형태의 리더십이다. 이미 살펴본 것처럼 현재를 명료화하고, 미래에 초점을 맞추며, 행동을 취하고, 장애를 극복하여 목표에 도달하게 하는 것이다. 우리는 현재를 명료화하기 위해 사람들이 주위 환경과 자기 자신을 점검해 볼 수 있도록 돕고, 계속해서 앞으로 나아가게 하는 열정을 갖게 한다. 모세는 민족을 이끌 때, 약속의 땅에 도달하는 일에 열정적이었다. 그 열정 때문에 그는 반대와 장애물에도 불구하고 계속 나아갈 수 있었다. 개인적인 내면의 힘으로서 열정은 우리가 전진하도록 **밀어 준다**. 그러나 사람들에게는 어디로 가는지를 보여 주는 정신적 그림이 필요하다. 무엇이 가능한지에 대한 비전이 필요하다. 비전은 우리를 앞으로 **당겨 준다**. 일단 비전이 마음에 선명하게 그려지면, 우리는 목표 지점에 도달하기 위한 실제적인 전략 단계들을 다룰 수 있다.

비전이란 꿈이 아니라 아직 나타나지 않은 현실이다.
_ 닐 스나이더(Neil Snyder), 제임스 도드(James Dowd), 다이앤 모스 휴튼(Dianne Morse Houghton),
「비전, 가치관 그리고 용기」(Vision, Values and Courage)의 공저자

비전은 우리가 미래에 존재하기를 원하는 어떤 것에 대한 분명한 그림이다. 그것은 우리가 도달하고자 하는 목표다. 그것은 현실 너머를 생각하도록 사람을 격려하고 지금 가능한 것과 앞으로 있을 것을 마음에 그려보게 한다. 비전은 영감을 불어넣고 비전이 있는 리더는 추종자들을 끌어 모으는데, 그 이유는 둘 다 상상력을 사로잡고 성취 가능한 꿈을 기대하도록 흥분시키기 때문이다. 이를 이루기 위해 비전은 미래의 가능성을 다루더라도 오늘의 현실에 근거해야

한다. 비전은 코칭 그 자체와 마찬가지로, 지금 우리가 있는 지점에서 우리가 갈 수 있고 또 가야만 하는 곳까지 어떻게 갈 것인지에 대한 이미지를 제공한다.

일단 비전이 분명해지면, 그것은 몇 마디로 표현될 수 있다. 이상적인 비전 선언문은 짧고 간결하며 쉽게 기억된다. 내 비전 선언문은 이것이다. "나는, 유능하며 그리스도께 영광을 돌리고 사람들을 돌보는 리더들의 전 세계적인 큰 집단을 만들어 다른 사람들을 구비시켜 세상에 영향을 미치도록 하는 비전을 꿈꾼다." 내가 꿈에 그리는 것처럼, 사람들을 돌보는 리더들의 큰 집단을 만들어 가고 있는 다른 이들도 있다. 나만 이런 비전을 갖고 있는 것은 아니다. 그러나 내가 하는 모든 일은 전 세계적으로 큰 집단을 만드는 데 맞춰져 있다.

내가 꿈꾸는 이 집단은 **능력**이 있을 것이다. 섬기는 그들은 훈련을 받아 능숙해질 것이다. 내가 능력이 있다고 한 말은 그들이 문화적으로 민감하고, 성령의 능력을 받았으며, 성경적으로나 심리학적으로 민감한 사람들이라는 뜻이다. 또한 이 집단은 **그리스도께 영광**을 돌린다. 나는 그리스도인이며, 다른 모든 그리스도인들과 마찬가지로 사람들을 그리스도의 제자로 삼으라는 명령을 받았다.[3] 나는 그리스도인이 아닌 사람들의 구제 노력, 사회 활동, 상담이 큰 가치가 있다고 보지만, 내 초점은 그리스도께 영광 돌리는 데 헌신하는 유능한 집단을 세우는 데 맞춰져 있다. 그것은 크리스천 상담가들과 코치들로 이루어진, 사람들을 보살피는 이(caregiver)들의 큰 집단일 것이다. 나는 구호 활동가, 사회 운동가, 교사, 음식과 의료 서비스를 제공하는 그들, 즉 사람을 보살피는 그들을 세우는 데 초점을 맞추고 있지 않다. 그들은 모두 매우 중요하고 그들의 활동을 열정적으로 도울 수도 있지만, 나는 크리스천 상담가와 코치에 집중하기로 결심했다. 나는 유능하고 그리스도께 영광 돌리며 사람들을 돌보는 사람이 되도록 사람들을 모집하고 훈련하며, 다른 사람들에게 보낼 수 있는 리더를 세우는 일에도 역점을 두고 있다. 그러나 비즈니스 리더, 목회 리더, 스포츠 리더, 그 외 다른 리더를 세우는 일에는 초점 맞추지 않는다. 나는 리더들에게 초점을 두기 때문에 교회의 대중 집회에 가서 강연하거나 리더로 구성되지 않은 그룹을 가르치는 일은 거의 드물다. 이런 역점은 나를 계속 집중하게 하고, 내 일과 우선순위에 대해 현명한 결정을 내리도록 돕는다. 나의 비전 선언문은 **다른 사람들을 구비시켜 세상에 영향을 미치게 한다**는 말로 끝난다. 내게는 지역사회에서 직업을 갖게 될 미래의 상담가들과 코치들을 훈련시키고 있는 친구들도 있고, 상담이나 코칭을 하는 개인 회사를 잘 운영하고 있는 친구들도 많다. 하지만 그런 일은 내게 너무 협소하게 느껴진다. 나는 사람을 돌보고, 코칭하며, 다른 사람들도 그렇게 할 수 있도록 구비시키는 데 헌신함으로써, 그리스도를 위해 세상에 영향을 미치겠다는 열정을 가진 리더들을 키우고 싶다.

내 비전은 크지만 초점이 분명하다. 이것은 10분 동안 생각해서 떠오른 것이 아니다. 몇 달 동안 기도하고, 다른 사람들과 상의하고, 심사숙고하고, 몇 번씩 문장을 고친 끝에 만들어진 것이다. 이것이 절대 변치 않을 거라고 장담할 수는 없다. 비전은 매일 변하는 것은 아니지만 진화한다. 그렇다고 해도 내 비전의 핵심은 남은 생애 동안 흔들리지 않을 것이라고 생각한다. 내가 아는 사람들이 갖고 있는 비전 몇 가지를 소개한다.

- 사람들에게 복음을 전하고 그들을 성장시키는, 온전히 헌신된 예수 그리스도의 제자들로 가득한 교회
- 미식축구 우승
- 성공적인 소설 출간
- 다른 나라에서 온 사람들을 리더가 되도록 가르치는 훈련 센터
- 하나님께 영광 돌리고, 사람들의 발전을 도우며, 탁월함을 추구하고, 이윤을 남기는 기업
- 문제가 있는 사춘기 청소년들의 치유 센터
- 도심 지역 어린이들을 위한 유소년 센터

- 탈진한 목회자와 그 배우자들을 위한 쉼터
- 하나님 말씀에 감동받아 더불어 사는 데 열심이고, 전심으로 다른 이들을 섬기는 사람들의 교회

비전은 당신이 지키려는 것과 당신이 존재하는 이유, 그리고
당신의 팀(또는 당신)이 어떤 존재가 될 것인지를 정의한다.

_ 대니얼 하커비, 「코칭 리더 되기」의 저자

이들 비전은 모두 앞으로 이루어질 것이라는 점에 주목하라. 그것은 동사라기보다 명사에 더 가깝고, 종종 만지거나 관찰할 수 있는 완제품 같은 것이다.

사명 선언서는 이와 대조적으로 행동 선언서에 더 가깝다. 사명 선언서는 교회를 세우는 것이나 챔피언이 되기 위해 노력하는 것, 회사를 발전시키거나 어떤 조직을 키우는 것에도 해당된다. 사명 선언서는 진행되고 있는 어떤(세우고, 일하고, 발전시키고, 키우는) 것을 설명하는 행동 단어다. 다음 장에서 사명 선언서에 대해 좀 더 충분히 다룰 것이다.

비전 발견하기

지금까지 한 논의는 아마 익숙한 영역일 것이다. 비전을 갖는 것이 중요하다는 것, 비전이 없는 사람들은 표류하거나 죽는다는 것을 당신도 이미 알고 있다. 비전이 없는 교회나 회사나 조직도 마찬가지라는 것 역시 잘 인식하고 있다. 당신은 비전을 찾는 것이 어렵다는 것도 이해할 것이다. 대다수 사람들은 비전의 필요성을 깨닫지 못하거나, 자신의 인생을 위한 비전에 대해 생각할 시간 또는 에너지가 없다. 사람들이 간결하고 지속적인 비전에 초점을 맞추도록 도와주는 것은 코치들에게 큰 도전이 될 수 있다.

우리 고객들 중에 어떤 이들은 비전을 가지고 찾아 온다. 그들은 미래를 위한

목표와 소망을 더 잘 이루기 위해 코칭받기 원한다. 다른 사람들은 어디로 가야 할지를 모르고, 그들 자신과 조직에 관한 분명하고 강력한 비전을 개발해야 하며, 무엇인가에 매여 있거나 불만족스러운 이들이다. 이 장의 나머지 부분과 다음 장은 코칭 모델의 두 번째 주요 요소, 즉 코칭받는 사람들이 비전을 명확히 하고, 그들이 가고자 하는 곳 또는 하나님께서 그들이 가기를 원하시는 곳에 대해 생각하게 만드는 데 주안점을 둘 것이다.

우리는 자주 설교와 세미나 혹은 언론 매체를 통해, 여러 가지 방식으로 세상이나 역사의 흐름을 변화시켰던 최근의 인물들에 대해 다시 생각하게 된다. 마하트마 간디, 넬슨 만델라, 마틴 루터 킹 주니어, 테레사 수녀, 빌리 그레이엄, 월트 디즈니 혹은 빌 게이츠 등이 즉시 떠오를 것이다. 우리는 자기 시대나 미래에 관련해 다른 사람들이 보지 못했던 것을 보았던, 비전을 품은 그들과 유명 인사들의 특별한 능력에 감탄한다. 그들의 강인함, 가장 어려운 장애물에 부딪혀도 결코 포기하지 않는 의지, 비전을 실현하기 위해 기꺼이 모든 것을 버리겠다는

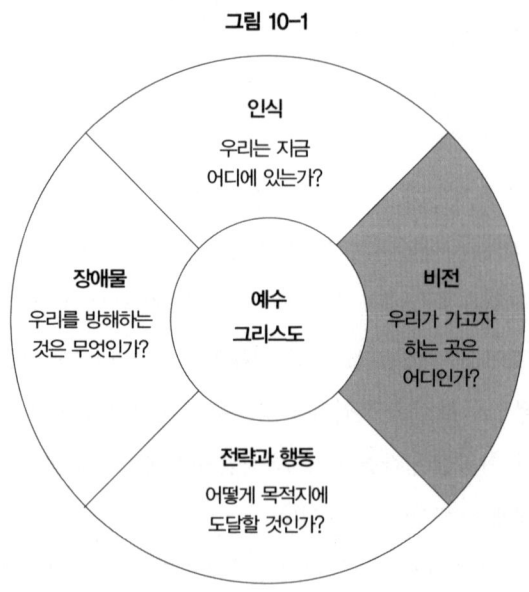

그림 10-1

정신에 박수를 보낸다. 사회 운동이나 혁명 또는 나라를 이끄는 극소수의 사람들을 경외롭게 바라보면서, 비전을 품은 사람들은 드물고 우리와는 다른 사람들이라고 결론을 내린다. 그들은 우리 대다수가 나날의 일상 활동에 매여 있는 것을 이해하지 못하는 특별한 사람들임에 분명하다. 우리는 막연하고 일반적인 방식으로밖에는 미래에 대해 생각할 시간이나 에너지 없이 하루하루를 분주하게 살아가고 있다.

몇몇 사람들, 아마도 엄선된 극소수만이 미래의 대세를 예측할 수 있는 비범한 능력과 다른 사람들을 이끌고 나아갈 수 있는 용기가 있다는 데 동의한다. 그러나 나는 모든 사람이 각각 비전을 가질 수 있다고 믿는다. 만일 비전을 품지 않고도 리더가 될 수 있다고 생각한다면, 어림없는 생각이다. 당신이 어디로 가고 있는지를 알지 못하는데 누가 당신을 따르겠는가? 만일 자신의 일에서 성공하고, 자녀를 효과적으로 키우고, 좋은 교사가 되고, 교회를 성장시키며, 기업을 세우기 원한다면, 비전을 가져야 한다.

이는 참 어려운 이야기다. 그러나 좋은 소식이 있다. 하나님은 자기 백성들에게 비전을 주신다. 우리는 저마다 독특하므로, 하나님은 우리 각자를 위해 독특한 비전과 목적을 갖고 계신다.[4] 어떤 비전은 크고 모든 것을 포용하며, 대다수 비전은 규모가 작긴 하지만, 둘 다 똑같이 하나님 계획의 일부다. 어떤 이들은 그들의 삶을 향해 하나님이 품고 계신 비전을 알고 있다. 다른 이들에게는 그 비전이 더 흐릿하다. 그러나 그 비전은 당신과 당신의 고객에게 더 명확해질 수 있다.

비전은 가끔 중복되는 두 개의 근원에서 온다. 비전은 창조될 수도 있고, 발견될 수도 있다. **창조된 비전**은 개인이나 집단의 혁신적 사고에서 비롯된다. 이런 비전 가운데 단연 최고는 감수성이 뛰어나고 통찰력 있는 사람들의 사려 깊은 사고에서 나오는, 미래에 대한 명확하고 구체적이며 강력한 이미지다. 대개 이것들은 비전을 주는 이들의 가치관과 열정과 꿈을 반영한다. 이런 비전들은 단지 사람이 만들었다는 이유 때문에 항상 나쁘거나 틀리거나 이기적인 것은 아니다. 하나님은 그분이 관여하시는지 거의 생각지도 못하는 사람들이 비전을 갖도록 지혜로 인도하실 것이다. 분명히 하나님은 우리가 비전을 만드는 과정에서 그분의 인도를 구할 때 이끌어 주신다.

발견된 비전은 하나님에게서 온 미래의 그림이다. 하나님이 누군가에게 초자연적으로 비전을 주시는 사례가 성경에 몇 차례 나와 있다. 모세가 타는 가시덤불 속에서 하나님의 목소리를 들었을 때 그런 일이 일어났다. 또 마리아가 장차 메시아가 태어날 것이라는 말을 천사에게 들었을 때도, 사울이 다메섹으로 가던 길에서도 일어났다. 거의 드문 경우지만, 이와 같은 일이 오늘날에도 일어날 수 있다. 하지만 하나님은 대개 성령의 인도를 통해 덜 적극적인 방식으로 비전을 드러내신다. 릭 워렌 목사는 "교회의 목적을 창조하는 것이 아니라 그 목적을 발견하는 것이 우리의 본분이다"라고 말한다.[5] 어떻게 해야 하는가? 우리는 개인적 비전, 혹은 집단이나 조직 또는 교회에 대한 비전을 어떻게 발견할 수 있는가?

기도하라. 당신 또는 당신이 코칭하는 사람들은 진정으로 하나님이 주시는 비전을 원하는가? 만일 비전이 드러나기 시작하면, 당신과 고객은 그 비전을 현실로 만들기 위해 기꺼이 일할 것인가? 나는 한 젊은 목사와 점심을 먹으면서 비전에 대해 이야기한 적이 있다. 그는 자신의 인생과 교회를 위해 명확한 비전을 갖고 싶다는 간절한 소망을 피력했으나 의무적으로 해야 할 사역에 너무 많은 시간을 소모하고 있어서 비전에 대해 생각할 시간이 거의 없으며, 기도하는 데는 더욱 시간을 들이지 못하고 있다고 고백했다. 나는 그의 교회에 가 보지 않았지만, 교회가 어디로도 가지 못하고 허둥대고 있을 게 분명하다고 생각했다. 당신은 그 이유를 짐작할 수 있을 것이다.

과정을 서두르지 말라. 나는 비전에 대해 코칭받을 때 매우 초조해했다. 나는 재빨리 결정을 내리고 열정적으로 전진하고 싶었다. 가능한 한 빨리 비전을 명

문화하고 싶었지만, 내 코치는 계속 같은 말을 되풀이했다. "서두르지 마세요. 열두 단어 이하로 압축해 보세요. 그렇게 하면, 당신은 확실하게 알게 될 겁니다." 마지막 문장이 나를 가장 괴롭게 했다. 막연하고 애매하게 들렸다. 나는 비전을 캡슐에 확실히 담았다고 여러 번 생각했지만, 그것이 맞다고 느껴지지는 않았다. 그것을 제대로 해냈을 때, 나는 정말 알게 되었다.

리더들은, 그리고 다른 사람들도 서둘러 결정을 내려야 할 때가 있다. 기다리고 생각할 시간이 없다. 하지만 비전을 명료화하는 것은 그렇게 시간을 다투는 일은 아니다. 우리가 최고로 명료함을 느낄 때는, 하나님을 기다리고 그 인도하심을 알며, 성령이 그 길을 분명하게 하실 것을 믿을 때다. 시간이 꽤 걸릴 것 같고 과정도 막연해 보이겠지만 우리가 비전을 가질 때, 그것을 알게 될 것이다.

내면을 보라. 당신의 은사와 가치관 그리고 열정에 대하여 다시 한 번 생각해 보라. 이것들이 당신의 비전의 핵심이다. 다음 질문에 대해 깊이 생각해 보라. **무엇이 당신을 진정으로 감동시키는가? 무엇이 당신을 울부짖게 하는가? 무엇이 당신의 삶에 강렬한 기쁨을 가져다주는가? 무엇이 열정을 불러일으키는가?** 이런 것들을 잠시 생각해 보면, 비전에 훨씬 가까워질 가능성이 있다.

> 비전을 분별하는 것은 단도직입적이거나 예측 가능한 것이 아니다.
> 어떤 때는 몇 주 동안 열심히 노력해야 하고, 어떤 때는 몇 년이 걸릴 수도 있다.
> 아마 하나님이 보시기에는 과정이 결과보다 더 중요할 것이다.
> 우리가 그 과정에서 노력을 기울이면서 하나님께 더 가까이 가게 되기 때문이다.
> _ 조지 바나, 「비전의 힘」(*The Power of Vision*)의 저자

정보를 얻으라. 비전은 미래에 대한 것이지만, 현재로부터 나온다. 당신의 세계를 살펴보라. 무엇이 변화할 수 있겠는가? 무엇이 변해야만 하는가? 비전은 거의 예외 없이 현 상황에 대한 불만족과 그것을 개선하고자 하는 간절한 소망

에서 비롯된다. "하나님께서 정해 주신 비전은 세상에서 하나님이 추구하시는 것과 동일선상에 있다"고 앤디 스탠리(Andy Stanley)는 썼다.6) 만일 넓은 세상에서, 혹은 당신이 일상생활을 영위하고 있는 작은 세상에서 무슨 일이 일어나고 있는지 알지 못한다면, 당신은 분명한 비전을 가질 수 없을 것이다.

고전을 거듭하는 교회에서 일하고 있는 한 젊은 목사의 이야기로 돌아가보자. 그 교회를 움직이게 하기 위해 그가 국제 정치나 대기업의 동향에 대해 알 필요는 없을 것이다. 그러나 그는 지역사회에서, 그리고 교인들의 삶에서 무슨 일이 일어나고 있는지는 파악해야 할 것이다. 나는 가끔 사도행전 17장을 읽어 보는데, 바울은 아테네에서 기다리면서도 결코 시간을 허비하지 않았다. 그는 지역을 둘러보았으며, 주민들과 이야기를 나누었고, 그들이 무엇을 예배하는지를 보았으며, 그들의 문화와 시를 배웠다. 그렇게 함으로써 그는 발언권을 얻었으며, 아테네 사람들에게 어떻게 말해야 하는지 비전을 더 분명하게 알았고, 큰 영향을 미치도록 하나님께 쓰임받았다.

비전을 찾는 것은 미래를 예측하기 위해 수정 구슬을 들여다보는 것과는 다르다. 비전은 현재의 동향에 주목하고, 어떤 일이 진행되고 있는지 살펴보고, 또 자신의 은사와 가치관과 열정이 어떻게 현재 상황을 타개하고 미래에 변화를 일으키는 방향으로 쓰일 수 있는지를 하나님이 보여 주실 거라고 믿는 사람들에게 주어진다.

비전을 품은 사람들에게서 배우라. 격의 없이 비전에 대해 이야기 나눌 사람을 찾으라. 이것이 바로 좋은 코치의 역할이 될 수 있다. 당신의 삶에 비전이 없는 것처럼 느껴질 때, 당신을 행동하게 만드는 열정을 가진, 민감하고 격려를 잘 하는 친구나 코치를 만나는 것 이상으로 고무적인 일은 없을 것이다. 그러나 조심하라. 어떤 사람은 열정과 혁명적인 아이디어가 너무 가득 찬 나머지, 그렇지 않은 사람에게는 겁을 주기도 한다. 그들 중 어떤 이들은 실제로는 겁 주는 사람이면서, 스스로를 동기부여 하는 사람이라고 여기기도 한다. 배우는 범위를 당신이 아는 사람들로 제한하지 말라. 한 번도 만난 적이 없지만 당신에게 영감을 불러일으키는, 비전을 품은 사람들의 삶에서도 배울 수 있다. 당신의 비전에 대해 생각하는 데 도움이 되는 테이프를 들어 보라. 책을 읽어 보라.[7]

비전을 점검하라. 각자의 비전은 서로 다르다. 그러나 좋은 비전은 모두 비슷한 특징이 있다. 당신의 비전이 표 10-1에 나오는 모든 기준을 만족시키지는 않을 것이다. 그러나 빠져 있는 것이 너무 많다면 다시 원점으로 돌아가야 한다. 우선 혼자서 이 목록을 살펴보고 나서, 비전을 명확히 하도록 도와줄 수 있는 친

표 10-1

자신의 비전을 평가하기

각자의 비전은 독특하지만, 하나님이 주신 분명한 비전은 다음과 같은 비슷한 특징이 있을 것이다.

- **성경과 일치한다.** 하나님이 주시는 비전은 어떤 경우에도 성경의 가르침과 위배되지 않는다. 각 개인이나 조직에 주시는 모든 비전은 하나님의 말씀에 기록된 하나님의 계획과 일치한다.
- **당신의 강점과 영적 은사와 가치관 그리고 열정과 일치한다.** 계속적이며 영감을 주는 비전은 당신 자신과 잘 맞는다.
- **가치 있는 일이다.** 하나님이 주신 비전은 그것을 위하여 살 만한 가치가 있고, 희생할 가치가 있으며, 헌신할 가치가 있을 뿐 아니라 그것을 위하여 죽을 가치까지 있어야 한다.
- **분명하고 간결하다.** 이해하기 쉽고, 기억하기 쉬우며, 전달하기 쉽다.
- **높은 이상이 특징이다.** 모든 좋은 비전은 탁월함, 고결함(Integrity), 사람에 대한 존경심 그리고 그와 유사한 가치관에 대한 헌신을 담고 있어야 한다.
- **의욕적이다.** 최고의 비전은 사람들을 인도하고, 종종 감동시키며, 사람들을 현재 상태보다 더 나은 무엇을 향해 움직이게 한다.
- **두려움을 갖게 한다.** 하나님이 주신 비전은 인생을 변화시키고, 우리를 안전지대에서 끌어내며, 경외심을 심어 주며, 한계라고 생각되는 것을 뛰어넘어 뻗어나가게 한다.
- **독특하다.** 당신의 비전은 당신 자신을 정말로 반영하는가? 당신을 잘 아는 사람이 당신의 비전에 놀란다면, 그것은 올바른 비전이 아닐 것이다. 당신의 비전이 다른 그들의 비전과 같다면 뭔가 잘못된 것이다.
- **강권적이다.** 비전은 옳게 느껴진다. 그것은 흥분시키고, 동기를 부여하며, 열심을 갖게 한다. 비전에 대해 생각할수록, 당신이 꼭 할 일이라고 확신하게 된다. 당신의 비전에 대해 다른 사람들이 시큰둥한 반응을 보인다면, 뭔가 잘못된 것이다. 만일 그것이 당신에게 영감을 주지 않는다면, 잊어버려라. 영혼에 감동을 주지 않는 비전은 하나님이 주신 비전이 아니다.

구와 의론해 보라. 만일 당신이 코치라면, 이 표에 나온 정보를 당신의 고객과 논의해 보라.

비전 살리기

가장 훌륭한 코치는 고객이 비전을 찾는 과정에 있을 때 그들을 격려하고 에너지를 공급해 주는 코치다. 그러나 그것이 전부는 아니다. 만일 당신이 나와 같다면, 비전을 가진 사람들을 여러 명 만나 보았을 것이다. 그들은 창의적으로 생각하고, 어떻게 하면 상황이 더 좋아질 수 있을지 예상하고, 미래에 대한 기대를 열정적으로 말하며, 때로는 정교한 계획을 세우는 일에 많은 시간을 투자하기도 한다. 그러나 캄캄한 여름 밤의 불꽃놀이처럼, 그들의 비전은 그 자리에서 폭발해 큰 인상을 남기고는 이내 꺼져 버린다. 비전은 활력을 불러일으키며 동기를 부여하지만, 최초의 밝음이 사라지기 시작하면 비전을 살려서 계속 유지하기란 쉬운 일이 아니다.

비전은 지속적인 보살핌과 관심이 없으면 지킬 수 없다.
오늘의 긴급하고 정당한 필요는
내일의 가능성에 대한 우리의 헌신을 재빨리 지워 버린다.
_ 앤디 스탠리, 목사, 「비전 만들기」(Making Vision Stick)의 저자

다음 문단들은 가장 확실한 비전마저 무너뜨리는 영향력 중 몇 가지를 설명한다. 물론 당신은 다른 것들도 생각해 볼 수 있을 것이다. 당신 또는 당신이 코칭하는 사람 안에 있는 비전을 살리기 위해 무엇을 변화시켜야 하는지 결정하는 데 이것을 점검표로 사용할 수 있다.

왜 비전이 죽을까?

비전이 하나님에게서 온 것이 아닐 수도 있다. 마술로 모든 사람을 놀라게 하

고 자신이 얼마나 대단한지를 자랑했던 마술사 시몬을 기억하는가? 그러다가 성령의 놀라운 능력을 보고는 바울에게 돈을 주고 그 능력을 사려고 했다. 그 불순한 동기로 인하여 그는 즉시 출교당했다. 시몬의 비전은, 더 강해져서 자기 잇속을 챙기려는 것이었다. 이런 자기중심적인 비전은 하나님에게서 온 것이 아니기 때문에 지속될 수 없었다.[8]

조지 바나는 이렇게 썼다. "하나님은 자신을 친밀하게 알고자 하는 사람들에게만 그분의 비전을 전해 주신다. 비전은 하나님의 영원한 계획을 드러내는 거룩한 일부분이기 때문이다. 비전을 찾는 당신의 동기가 중요하다는 뜻이다. 당신의 동기는 순수해야 하고, 당신의 마음은 비전을 받는 것뿐만 아니라 그것을 실현하는 데 헌신해야 한다."[9]

비전이 너무 복잡하고 어려워서 이해할 수도 기억할 수도 없을 것이다. 학생이 교수에 대해 다음과 같이 설명하는 것을 들어 본 적이 있는가? "그는 똑똑한 분이지만 강의는 지루해. 정확하게 전달하지 못하시거든." 어떤 목사나 정치가 혹은 작가도 이런 말을 들을 수 있을 것이다. 비전을 가진 사람이 자신의 비전 선언서를 여러 문장으로 말하는 경우, 확실히 이에 해당한다. 그러면서 그 사람은 왜 아무도 그것을 이해하고 기억하거나 투자하지 않는지를 의아해한다. 앤디 스탠리는 통찰력 있는 저서 「비전 만들기」에서 비전을 머릿속에 쏙 들어오게 만드는 여러 가지 원칙을 제시한다.[10] 무엇보다 비전을 간단하게 말하는 것이 중요하다. 좋은 비전은 짧다. 하나님은 불분명하거나 너무 복잡한 비전 혹은 명령을 주신 적이 없다. 코칭은 간략하고 쉽게 기억되는 비전을 만들게 해준다.

비전에 대한 깊은 헌신이 없을지도 모른다. 비전을 계속 살아 있게 하는 것보다 비전을 만드는 것이 훨씬 쉽다. 비전을 유지하려면 헌신해야 한다. 그러나 대다수의 비전은 그것을 키우고 실현하기 위해 헌신하고 희생하며 각오와 인내로 살릴 만한 가치가 없다. 코칭의 한 가지 초점은 고객이 비전에 헌신하는 수준을 정하는데 참여하는 것이다. 강력한 비전만이 남는다. 다른 것들은 복잡한 일상생활에 휩쓸려 사라지고 만다.

기본적인 가치관이 분명하지 않을 수 있다. 널리 알려진 이야기지만, 지속적으로 호황을 누리는 대기업들은 그들이 굳게 믿고 있는 핵심적인 신념과 가치관 위에 서 있다. 아무도 회사의 핵심 가치를 모를 때, 또는 그것을 무시할 때, 조만간 문제가 일어나게 된다. 회사의 기초를 무너뜨릴 수 있는, 타협과 도덕성 상실 그리고 미심쩍은 결정들이 그것이다. 비전도 마찬가지다. 명확한 기본적 가치관이 깔려 있지 않을 때, 비전은 유지되기 어렵다.

격려가 없는지도 모른다. 전적으로 당신 혼자서 비전을 유지할 수도 있다. 여러 세기에 걸쳐 많은 선교사들이 오지에서 혼자 자신의 비전을 지켰다. 그러나 대개 별다른 격려나 지지가 없고, 가까이 다가와 도와주고 기도해 주는 사람 없이 한두 사람이 비전을 부지할 때 그것은 사라지기 쉽다. 꽤 오래 전에 나는 하나님께서 어느 한 사람에게 비전을 주셨다면 다른 사람들에게도 같은 비전을 주셨을 가능성이 높다는 것을 알았다. 그리고 하나님은 그 비전을 받은 사람들을 한데 모으는 방법을 알고 계신다. 그들이 함께 만나 경쟁을 벌인다면, 모든 사람이 패자가 되고 비전은 붕괴된다. 그들이 팀으로 협조하고 노력하며 서로 격려한다면, 비전은 앞으로 나아가게 된다. 누구도 하나님이 주신 비전을 혼자서 이룰 수는 없다.

> 하나님이 주신 모든 비전은 공유된 비전이다.
> 어느 누구도 그것을 혼자서 이룰 수는 없다.
> 그러나 대개 하나님은 강력한 언어로 된 그림을 채색해서 보여 줄 안내자를 세우신다.
> _앤디 스탠리, 목사, 「비전 만들기」의 저자

비전의 필요성을 새롭게 상기해야 할 것이다. 때때로 비전은 우리가 현재의 방식에 익숙해져 있기 때문에 사라지게 된다. 우리는 수리가 필요한 집에 살면서도 고치지 않고 생활한 경험이 있다. 개선하지 않고 오래 지내다 보면, 그 상태에 적응이 되어 변화해야 할 필요성을 점점 생각하지 않게 된다. 비전도 그와 같다. 하나님께 받은 비전도 자꾸 지연되다 보면 그 필요성을 느끼지 않게 된다.

스탠리는 모든 비전은 문제에 대한 해결책이라는 말을 반박한다. 비전은 오히려 필요에 대한 해결책으로 보이거나 제시될 때 더 지속적이며, 큰 영향력을 마칠 수 있다.

진전이 없는지도 모른다. 아무 일도 일어나지 않는 것처럼 보일 때 비전을 유지하기는 어렵다. 그리스도인들은 대부분 하나님의 때가 우리의 때와 같지 않다는 것을 알고 있다. 꽉 막힌 것처럼 보일 때조차 하나님은 막후에서 활동하시며 계획하신 것을 이루기 위해 일하고 계실 때가 많다. 열정은 동기를 유발하지만 희망을 이어 갈 근거가 보이지 않을 때는 사라지기도 한다. 비전을 이루는 일이 느리게 진행되거나 진전이 거의 없을 때 희망을 주고 격려를 아끼지 않는 것이 코치의 역할이다.

비전이 사라지도록 방치했을 수도 있다. 몇 년 동안, 아내와 나는 빌 하이벨스 목사의 교회에서 "비전이 새고 있다"는 그의 말을 자주 들었다. 풍선 밖으로 서서히 새고 있는 공기처럼, 금이 간 컵 틈새로 조금씩 새어 나오는 물처럼, 정기적으로 보충하지 않으면 비전도 서서히 사라진다. 비전을 인쇄해서 게시판에 붙여놓거나 액자에 넣어 벽에 걸어 두는 것도 유용할 수 있지만, 그것들은 곧 환경의 일부가 되어 더 이상 눈에 띄지 않게 된다. 코치를 비롯해 리더들은 비전을 되풀이해 상기시킬 다른 방법을 찾아내서, 그 메시지가 계속 강화되도록 해야 한다. 비전이 사라지도록 방치하면, 코칭과 진전이 모두 멈출 수 있다.

비전은 묻힌다. 리더십 또는 코칭에서, 비전이 만들어지고 열정적으로 추진된다. 사람들이, 또는 코칭 고객이 비전을 실현하는 과정에 열정적으로 뛰어들 때 뭔가 방해하는 것이 있다. 시간이 지나면서 비전은 일상의 방해와 긴급한 필요, 때로는 더 새롭고 겉보기에 더 흥미로운 과업의 출현으로 묻혀 버리게 된다.

꿈을 꿀 때는 기운이 펄펄 나지만 그 꿈을 현실화하는 계획을 실천하는 것은 지겨울 수 있다. 결과적으로 비전은 한 켠으로 밀려나고 다른 생각 또는 행동에 묻혀 가려진다. 비전을 가진 사람들이 원래의 목적을 유지하고 계속 추구하기 원하는지 여부를 결정하기 위해 비전을 주기적으로 점검해야 한다.

장애물이 있을 것이다. 거의 항상 비전은 우리 생활을 들쑤시고 우리를 무감각에서 벗어나도록 흔들어댄다. 당신의 비전을 이야기해 보라. 그러면 누군가는 반드시 그 비전은 이루어질 수 없다고 말할 것이다. 비전을 이루기 위해 노력해 보라. 당신은 비판을 받거나 노골적인 반대에 직면할지도 모른다. 느헤미야에게 물어 보라. 그에게는 예루살렘 성벽 재건이라는, 하나님이 주신 비전이 있었다. 그러나 그는 처음부터 반대에 부딪혔다. 우선 느헤미야의 비전과 의지에 위협을 느낀 지역 리더들이 반목했다. 또한 성벽을 세우는 일에 동참했던 사람들 간의 의견 충돌과 피로감도 비전을 추진하는 데 방해가 되었다. 느헤미야는 기도하고 나서 장애물에 대처하기 시작했고, 자신의 행동 계획을 수정했다.[11]

이 모든 것이 코칭에 무슨 의미가 있는가? 다른 사람을 도와 비전을 명료화하는 일 외에도, 코치는 열정을 집어삼키고 비전을 죽이며 비전을 가진 사람들을 실망시킬 수 있는 영향력과 장애물들을 경계한다. 코치는 고객과 그의 비전을 응원하며, 진전을 촉구하는 사람이다. 그렇게 해서 그 목표들은 성취되고 꿈은 실현된다.

전체적인 시각으로 비전을 보라

내 젊은 친구 한 사람은 얼마 전에 대학을 졸업하고, 헬스클럽에서 트레이너로 일하고 있다. 모르기는 해도, 아마 그는 이번 장이 전하는 핵심 요지에 공감하지 않을 것 같다. 래리(실명이 아니다)는 지금도 "방향을 찾기 위해 노력 중"이다. 그는 지적이고 사교적이며, 대화하면 재미있고 자기 일에도 열정적인 것처럼 보이지만, 인생의 비전이 없고, 또 비전을 가질 이유가 없다고 생각한다. "저는 그냥 흘러가는 대로 살고 있어요"라고 그는 말한다. "지금 저는 미래에 대한 어떤 계획도 없어요. 아마 언젠가는 계획이 생기겠죠. 하지만 지금은 아니에요. 저는 무엇이든 할 거니까요."

근래 래리는 마라톤을 뛰었다. 그는 몇 달 동안 훈련을 했고, 42.195킬로미터 경주에 참가한 수천 명의 무리에 끼어 달리게 될 날을 대비해 몸을 만들었다. 분명히 그는 비전과 목표 그리고 그 경주를 준비하기 위해 철저하게 지킨 행동계획이 있었다. 그가 나이가 들고 좀 더 집중력이 생기면 인생과 경력에 대한 비전과 목표를 발견하게 될까? 결혼을 하거나 부모가 되면 달라질까? 그가 직장에서 승진하거나, 리더십의 책임이 있는 자리를 찾게 되면 사정이 달라질까? 더 중요한 것은, 그가 인생의 비전을 발견하고 개발할 필요를 느끼는지를 묻는 질문일 것이다.

모든 연령대에 걸쳐 래리 같은 사람들이 많다. 그들은 '흘러가는 대로 사는 것'에 만족하고 비전과 인생의 주제를 사려 깊게 발전시키는 것을 회피한다. 아마 수백만의 사람들이 비전에 대해 생각하지 않을 것이다. 그들은 미래에 대해 별로 생각하지 않고, 주로 환경에 따라, 때로는 최근의 동향이나 유행에 영향을 받으며 되는 대로 살아가는 데 만족한다. 만일 내가 래리를 코칭한다면, 나는 그가 비전을 만드는 데 별 생각이 없는 것에 대해 비난하지 않을 것이다. 그 대신 마라톤 경주의 초점에 대해 다시 생각해 보라고 하고, 인생에 대한 목표와 계획을 수립하는 것의 가치에 대해 마음을 열라고 격려할 것이다.

릭 워렌 목사의 며느리가 뇌종양 제거 수술 후 중태에 빠졌을 때 그가 교회 회중과 기도편지 수신자들에게 보낸 가슴 아픈 메시지가 내 마음에 남아 있다. 워렌 목사의 편지다.

이 세상에 장기 계획 같은 것은 없더군요! 이번에 며늘아이인 제이미가 겪은 일처럼 인생을 살면서 예측하기 힘든 일을 당할 때 우리는 다시 한 번 우리 계획의 많은 부분이 우리의 통제 밖에 있다는 사실을 깨닫습니다. 예측할 수 없는 위기는 장기 계획의 허무함을 증명합니다. 아무도 미래를 알 수 없습니다. 오직 하나님만 아십니다. 성경은 우리에게 미래를 준비해야 한다고 말씀하지만 아무도 미래를 예견할 수 없습니다, 아무도. 예레미야 선지자가 말했습니다. "여호와여 내가 알거니와 사람의 길이 자신에게 있지 아니하니 걸음을 지도함이 걷는 자에게 있지 아니하니이다"(렘 10:23). 리빙 바이블(TLB)은 "오 주여, 인생을 설계하는 것도 그 과정을 계획하는 것도 그 사람의 힘에 있지 않음을 압니다"라고 번역했습니다. 인생을 계획하는 경건한 방법은 다음과 같은 태도로 시나리오를 계획하는 것입니다. "우리는 이렇게 하겠습니다. 만일 이러이러한 일이 생긴다면." 이는 성경이 추천하는 계획 방법입니다. **"너희가 도리어 말하기를 주의 뜻이면 우리가 살기도 하고 이것이나 저것을 하리라 할 것이거늘"** (약 4:15).[12]

워렌 목사는 장기 계획에 대해 편지를 썼지만, 비전을 만들고 목표를 정하고 행동 단계를 취하는 것에도 그의 말을 동일하게 적용할 수 있다. 이 가운데 어느 것도 틀리거나 비성경적인 것은 없다. 이것들은 코칭의 기본에 근거를 두고 있다. 하지만 래리와 같은 사람들과 함께 하는 모든 일을 포함해서 코치로서 우리가 하는 모든 일은, 우리 인생과 환경을 주관하시는 하나님의 더 크신 계획과 주권적 통치라는 관점 안에 머물러야 한다.

퀴즈 시간

언젠가 어떤 사람이 다음과 같은 어려운 질문들로 시작되는 이메일을 내게 보내 왔다.

- 세계 최고의 갑부 다섯 명의 이름을 말해 보시오.
- 노벨상이나 퓰리처상을 받은 사람 다섯 명의 이름을 말해 보시오.

- 지금까지 아카데미 남녀 주연상을 받은 사람들의 이름을 여섯 명씩 말해 보시오.
- 지난 10년 동안 월드 시리즈나 월드컵의 승자는 누구였는지 말해 보시오.

나는 이 질문들에 하나도 대답하지 못했다. 그러나 내가 대답할 수 있는 질문 몇 개를 발견했다.

- 당신이 교육 과정을 마칠 수 있도록 지원해 주었던 선생님 몇 분의 이름을 말해 보시오.
- 당신이 어려운 시간을 잘 보낼 수 있도록 도와주었던 친구 세 명의 이름을 말해 보시오.
- 당신에게 가치 있는 무엇인가를 가르쳐 준 다섯 명의 이름을 말해 보시오.
- 당신에게 시간을 들여서 당신이 인정받고 있고 특별하다고 느끼게 해준 사람 몇 명을 생각해 보시오.
- 당신을 감동시켰던 이야기의 주인공 몇 명의 이름을 말해 보시오.

이것이 무엇을 보여 주고자 하는지 쉽게 이해할 것이다. 우리는 스타 반열에 오른 유명 인사들의 이름을 거의 기억하지 못한다. 그러나 우리에게 개인적으로 영향을 미친 사람들은 대부분 잊지 않고 있다. 이것이 바로 코칭의 본질이다. 우리가 고객들의 인생 여정을 도와주고, 어려운 시간을 통과하도록 안내하고, 그들에게 가치 있는 것을 가르쳐 주며, 인정받는다는 느낌을 갖도록 해준다면, 우리는 그들의 삶에 심대한 영향을 미치고 있는 것이다. 그리고 사람들이 비전을 발견하고 그것을 지탱하도록 도와준다면, 우리는 중요한, 아니, 고귀한 사역을 하는 것이다.

코치가 다른 사람을 위해서 비전을 세워 주기도 하는가? 사람들은 웅변가나 감동을 주는 리더가 다른 사람이 따를 수 있는 비전을 세워 줄 때 감동받고 동기가 생긴다. 비전 있는 목회자들은 교회가 나아갈 방향을 정해 주신 하나님께 쓰임받는다. 이렇게 분명하게 표현된 비전은 다른 사람들이 동의하고 동참하도록 동기를 부여한다. 우리 모두는 비전이 있는 누군가에게 지도 받으며 진행되고 있는 일에 동참하기를 좋아한다. 일부 크리스천 리더들은, 부모에게 자녀를 위한 비전을 세우게 하고, 교사는 학생을 위한 비전을 세우게 하며, 남편과 아내는 서로를 위한 비전을 세우도록 권면해 왔다. 우리가 다른 사람을 위해 비전을 세울 때, 그들의 능력과 잠재력에 대한 우리의 믿음을 보여 준다. 많은 사람들은 자신을 믿고 신뢰해 주며 잠재력이 있다고 확신해 주는 누군가를 갈망한다.

사람들이 꿈의 일부가 되려면, 그 과정의 일부가 되어야 한다.
_ 데이브 콜린스(David Collins), 「성과를 내는 비전」(Vision that Works)의 저자

그러나 우리는 다른 사람의 비전을 세우는 일에 신중해야 한다. 다른 사람을 위해 당신이 세운 비전이 하나님의 비전이 아니라면 어떻게 하겠는가? 그 비전이 실은 당신의 욕망과 불안감을 반영하는 것이라면 어떻게 하겠는가? 나는 교수로 재직하면서 이런 경우를 여러 번 목격했다. 학생들 중에 자신은 정말 목사나 사업가나 의사가 되기를 원치 않는다고 토로하는 이들이 있었다. 그러나 등록금을 지불해 준 그들의 부모는 자녀에 대한 자신들의 비전이 옳다고 믿으며 그들에게 압력을 가했다. 그 부모들 가운데는 자신의 삶이나 경력에 실망한 나머지, 자신이 갈 수 없었던 곳으로 자녀들을 몰아 대리만족을 얻으려 하는 이들이 있었다. 이런 일은 자녀들뿐만 아니라 멘토나 영웅을 존경하고 기쁘게 하고 싶어 하는 사람들에게도 무시무시한 압박감으로 작용할 수 있다. 이런 사람들은 다른 방향을 선택해서 나아갈 때, 엄청난 죄책감에서 헤어나지 못할 수도 있다. 때때로 이런 죄책감은 스스로 짊어진 것이기도 하다. 그들은 배은망덕한 것

처럼 보이기를 원치 않으며, 부모를 실망시키고 싶어 하지 않는다. 그들은 존경하는 사람이 자신에게 바라는 것이 있지만, 자신이 그것에 대한 마음과 열정이 없다는 것을 알고 고민한다.

코칭이나 양육이나 모두 대안을 조심스럽게 제안하되, 사람들이 자신의 은사와 재능과 열정과 적성에 맞는 비전을 세울 수 있도록 도와주는 것이 더 좋다. 부모를 비롯해, 다른 사람을 코칭하는 우리 모두는 다른 사람의 잠재력에 대한 우리의 열정이 그들을 잘못된 방향으로 몰아가지 않도록 조심해야 한다.

사람들을 격려하고 하나님께서 그들에게 주신 비전을 발견하도록 도와줄 때, 그들은 하나님께서 인도하시는 곳으로 나아갈 것이다. 다음 세 장에서는 어떻게 하면 이것을 이룰 수 있는지에 대해 설명할 것이다.

나는 예상한다. 만일 당신과 당신의 팀이 문제를 정의하느라 시간을 보내는 대신,

해결책으로서 당신의 비전을 정하고

또 지금이 바로 행동할 때인 확실한 이유를 발견한다면,

당신은 스스로 가능하다고 생각한 것보다 더 많은 열정을 갖고

꼬리를 무는 회의에서 벗어나게 될 것이다. 당신 안에서 무엇인가 살아날 것이다.

그리고 비전에 대해 말할 때 당신은 예전에 경험해 보지 못한 확신을

느끼게 될 것이다.

_ 앤디 스탠리, 「넥스트」(Next Generation Leader)의 저자

11장 ·· 사명을 지니고 나아가기

구스타프는 유럽 도처에 여러 인상적인 건축물을 지어 명성을 얻은, 특별한 재능이 있는 건축가였다. 19세기 말, 그는 파리에서 개최 예정인 프랑스 혁명 100주년 기념 만국 박람회를 상징하게 될 건축 설계 대회에서 우승했다. 2년 동안 300명이 넘는 노동자들이 세계에서 가장 높게 솟아 오를 건축물을 만들기 위해 일했다. 공사는 1897년 1월에 시작됐는데, 처음에는 삽으로 기초를 파는 데 몇 달이 걸렸다. 토사는 말이 끄는 수레와 증기기관차에 실어 반출했다. 그 후로 공사는 급속도로 진행되어, 마침내 1889년 3월 31일, 건축가 구스타프는 공무원들을 이끌고 1,710계단을 올라 탑 꼭대기에 프랑스 국기를 꽂았다. 이 탑은 설계자인 구스타프 에펠의 이름을 따서 에펠탑이라 명명됐다. 파리의 공무원들은 그 탑이 20년만 버텨 주기를 소망했다. 그 후로 한 세기가 훨씬 더 지났지만, 탑은 여전히 견고하게 세계에서 가장 유명한 건축물 중 하나로 남아 있다.

나는 파리를 사랑한다. 가능한 한 자주 가려고 한다. 파리에 갈 때마다 나는, 특히 밤에 구스타프 에펠의 창조물과 매시 정각마다 인상적인 장면을 펼치는 2만 개의 반짝이는 불빛을 자주 바라본다. 근처에 있는 노트르담 대성당이 완공되는 데 약 2세기가 걸린 것과는 달리 에펠탑은 빨리 진행됐고, 건축에 동원된 사람들은 노동의 결과를 보았다. 그러나 설계자들에게 비전, 즉 공사가 시작되기 오래전에 이미 최종 결과를 볼 수 있는 마음속 그림이 없었다면 이런 많은 인상적인 건축물들은 오늘날 결코 존재하지 않았을 것이다. 나는 어디선가, 월트 디즈니는 아무도 디즈니랜드의 가능성을 꿈꾸지 못했을 때 디즈니랜드를 "보았다"는 글을 읽은 적이 있다. 존 F. 케네디는 인간의 기술이 우주 비행사를 달에 착륙시키기 훨씬 전에 사람이 달 표면을 걷는 것을 보았다. 1945년에 바네바 부시라는 과학자는 "애틀랜틱 먼슬리"(Atlantic Monthly)라는 잡지에 어떤 기계에 대한 기사를 기고했다. 그는 "한 개인이 이 기계 속에 책과 기록 그리고 의사 소통 내용을 저장할 것이며, 이 기계는 엄청난 속도와 유연성으로 그 내용을 들춰 보게 해줄 것"이라고 썼다. 부시는 이것을 미맥스라고 불렀다.[1] 우리는 개인용 컴퓨터라고 부른다.

비전을 품은 대다수 사람들은 이렇게 혁신적인 사람들이다. 그들은 먼저 비전을 본다. 그러고 나서 그것을 현실화하는데, 대부분 다른 사람들과 팀을 이루어 일한다. 이런 이야기는 탑이나 성당을 건축하거나, 개인용 컴퓨터와 같이 복잡한 어떤 것을 창조하는 데는 멋지게 적용할 수 있다. 하지만 당신이나 나 같은 보통 사람들, 그리고 우리가 코칭하는 사람들에게도 역시 부합할 수 있을까? 우리의 개인적 비전은 이보다 훨씬 더 작은 것이다. 그러나 그 비전을 현실화하는 원리는 규모와 상관없이 똑같다. 우리는 크고 방대하며 심지어 불가능해 보일 수도 있는 것에서 시작한다. 그런 다음, 우리는 그 목표에 도달하기 위해 취할 수 있는 작고 실천 가능한 단계들을 생각한다. 이것이 우리가 행동하기 위한 청사진이 된다. 이 청사진을 우리는 사명 또는 목적이라고 부른다.

목적이 이끄는 삶

나는 릭 워렌 목사를 만나 본 적은 없지만 그의 설교를 들어 보았고 그의 책들 중 몇 권을 읽었으며 남캘리포니아와 전 세계 곳곳에 세워진 교회와 사역에 대하여 많이 들었다. 워렌의 책 「목적이 이끄는 교회」가 처음 출간되었을 때 내게 심대한 영향을 미쳤다.[2] 릭 워렌과 그의 아내는 지역 교회를 세우는 비전을 가졌지만, 그러기 위해서는 교회가 존재해야 하는 이유에 대한 분명한 목적이 필요했다. 워렌은 "목적과 사명이 없는 교회는 결국 어제의 전통을 소장한 박물관으로 남을 뿐"이라고 썼다.[3] 엄청나게 크고 장엄하지만 대부분 비어 있는 유럽의 성당들을 생각했을 것이다. 워렌 목사 부부는 전통이나 프로그램, 거대한 건물이나 목사의 개성 위에 세워진 교회를 원치 않았다. 그들은 교회를 향한 하나님의 독특한 목적이 무엇인지를 발견하고 그에 부합하는 교회를 세우기 원했다. 그들은 성경을 연구했고, 교회는 우리가 위대한 계명, 위대한 명령으로 알고 있는 것으로 정의되어야 한다는 결론을 내렸다. 위대한 계명은 하나님을 사랑하고 이웃을 우리 자신처럼 사랑하라는 것이다.[4] 위대한 명령은 우리에게 제자를 삼으라고 지시한다.[5] 워렌은 이것을 새들백 교회의 표어로 만들었다. "위대한 계명과 위대한 명령에 대한 위대한 헌신이 위대한 교회를 만든다."[6] 이를 기반으로 그 교회 구성원들은 교회를 향한 하나님의 구체적 목적을 발견하는 데 초점을 맞추었다. 그들은 다섯 가지 목적으로 의견을 모았다. 전도(사람들을 그리스도께 이끌기), 예배(하나님을 경험하기), 교제(가정을 세우기), 교육(성경을 가르치기), 가난한 자를 위한 사역(섬김과 나눔)이 그것이다. 워렌은 그의 교회가 계획적으로 이 다섯 가지를 균형 맞추려고 하지 않는다면, 한두 가지 목적에만 치중하고 나머지를 소홀히 하는 다른 교회들과 같이 될 것임을 알고 있었다.[7]

> 요컨대 사명 선언서는 개인이든 기업이든 그 존재 이유에 대해 적어 놓은 것이다.
> 그것은 인생에서 진로를 찾고 당신이 따르기로 선택한 사명을 발견하는 열쇠다.
> 명확하게 잘 쓰인 사명 선언서는
> 그 사람의 모든 행동을 시작하고 평가하고 가다듬는 데 사용할 수 있는 모형이다.
> _ 로리 베스 존스(Laurie Beth Jones), 「인생 코치, 예수」(Jesus, Life Coach)의 저자

새들백 교회 사람들이 교회에 대해 발견한 것은 사업이나 개인 생활에도 그대로 적용된다. 목적을 갖는 것은 "위대한 기업의 출발점"이라고 한다.[8] 일하는 사람들은, 자신이 중요하고 가치 있는 어떤 것의 일부라고 느끼게 만드는 명확한 사명이나 목적을 고용주가 갖고 있을 때, 성과가 좋아지고 더 많은 성취감을 느낀다.[9] 누구도 말년에 자신의 삶이 무의미했고 목적 없이 살아왔다는 결론을 내리고 싶어 하지 않는다. "자신의 사명을 발견하고 그것을 실행하는 것은 사람이 몰입할 수 있는 가장 활기찬 행동일 것"이라고 로리 베스 존스는 말했다. 그녀는 일과 삶을 위한 사명 선언서를 만드는 법에 관한 베스트셀러를 썼다.[10]

사명 선언서 또는 인생 목적 선언서(여기서는 두 가지를 혼용해 썼다)는 우리에게 방향을 제시한다. 그것은 우리의 삶을 짜임새 있게 만들고, 우리의 비전을 현실화하는 과정에 착수하는 방법을 제시한다. 우리가 인생의 목적을 알고 또 말할 수 있을 때, 특히 우리의 삶을 향한 하나님의 계획을 우리가 가장 잘 이해하고 있다는 것을 사명 선언서에 반영할 때, 우리는 확실히 충만감을 느낄 수 있다. 사명 선언서를 명확히 하려면 긴 시간이 걸릴 수 있다. 그 핵심에는 우리의 가치관과 세계관과 비전이 반영되어 있지만, 또한 간단명료해야 한다. 존스는 좋은 사명 선언서의 세 가지 요소에 대해 말한다. 첫째, 한 문장을 넘지 않아야 한다. 둘째, 열두 살 먹은 아이도 쉽게 이해할 수 있어야 한다. 셋째, 누가 당신 머리에 총을 겨누고 있을 때조차도 외울 수 있을 만큼 쉽게 기억되어야 한다.[11]

> 인생 목적 선언서…어떤 이들은 사명 선언서라고도 부르는 이것은 다음과 같은 질문에 답한다. 나는 무엇을 남겨 두고 갈 것인가? 남아 있을 사람들의 삶에 어떤 변화를 일으킬 것인가?
> 인생의 목적을 발견하고 확보하는 것은 [코칭] 고객들의 삶에 강력한 방향성을 부여한다.
> _ 로라 휘트워스, 「상호 협력적 코칭」의 공저자

몇 해 전, 자살을 시도한 학생 60명에게 왜 자기 삶을 끝내려고 했는지 물어보았다. 85퍼센트가 자신의 삶이 무의미하고 목적이 없는 것 같아서 자살하려 했다고 응답했다. 더욱 더 중요한 것은, 살아가야 할 이유가 없다고 말한 이 학생들의 93퍼센트는 사회적으로 활동적이었으며, 공부도 잘했고 가족들과도 관계가 원만했다는 사실이다. 그러나 그들의 삶은 방향성이 없었기 때문에 공허했던 것이다.[12]

목적이 없으면, 삶의 동기를 상실한다. 때때로 건강이나 생명 자체를 잃기도 한다. 은퇴한 후에 더 이상 인생의 목적이 없어서 삶의 의욕을 상실하는 사람들을 생각해 보자. 코칭의 주된 가치는 가치 있는 삶의 목적을 발견하고 유지하기 원하는 사람들과 함께 동행하는 것이다.

목적을 발견하기

자리에 앉아서 몇 분 안에 인생의 목적을 생각해 낼 수 있는 사람은 아무도 없다. 릭 워렌이 "목적이 이끄는 삶"이라고 부른 것을 마음에 그리고 만드는 데는 시간이 걸린다.[13] 자신의 삶에서, 또는 회사나 교회에서, 가고자 하는 목적지의 핵심을 담아 내는 선언서를 만들려면 상당한 심사숙고와 시간이 필요할 것이다. 하나님은 다양한 방법으로 인도하시지만, 우리 대다수는 자신의 가치, 열정, 강점, 비전을 인식한 후에야 비로소 인생 사명을 발견하게 된다.

당신이나 고객이 이 과정을 시작할 때 우선 "내 삶의 목적은…"이라는 문장을 완성해 보라. 만일 당신이 인생 전반의 목적보다, 승진해서 더 좋은 자리에 오른다거나 하는 구체적인 것에 초점을 둔다면, "이 목표에 도달하기 위한 나의 목적은…"이라고 해도 좋다. 그리고 나서 이것이 당신의 더 넓은 인생, 회사 또는 교회의 사명에 어떤 단서를 주는지 물어 보라. 목적 선언서나 사명 선언서는 행동 선언서라는 사실을 기억하라. "내 사명은…하기 위하여 일하는 것" "…을 위해 공부하는 것" "…를 세우는 것"과 같이 행동을 표현하는 방식으로 문장을 만들어 보라. 사명 선언서의 자구 표현은 때때로 약간씩 바뀌지만, 의미가 같은 단어와 개념이 다양하게 변형된 것이다. **나의 인생 목적에는 격려하고, 구비시키고, 다음 세대 리더들이 잠재력을 발휘하도록 권한을 위임하고, 영향을 미치는 것**이 포함되어 있다. 부록 H는 인생의 목적을 명확히 하는 것을 돕는 지침이다. 표 11-1은 효과적인 사명 선언서나 인생 목적 선언서의 특징을 요약해 놓은 것이다.

내가 처음 사명 선언서를 작성할 때, 내 코치는 SWOT 분석을 해 보라고 권유했다. 이것은 많은 시간이 걸리는 어려운 작업이었지만, 내 사명을 명확하게 하고 미래의 진로를 정하는 데 큰 도움이 되었다. SWOT는 강점(Strength), 약점(Weakness), 기회(Opportunity), 위협(Threat)의 네 가지 범주를 뜻하는 약어다. 나

표 11-1

효과적인 사명 선언서의 특징

효과적인 사명 선언서는

- **성경과 일치한다.** 하나님은 우리 삶에 목적을 주시며, 이는 성경적 가르침과 항상 일치한다.
- **당신의 가치관, 열정, 비전, 강점 그리고 영적 은사와도 일치한다.** 인생의 목적은 하나님이 우리를 만드신 바와도 일치한다.
- **짧다.** 긴 사명 선언서는 쉽게 잊히며 명확하기보다 혼란스럽다.
- **구체적이다.** 비전은 보다 일반적일 수 있지만, 사명 선언서는 구체적이어야 한다. 왜냐하면 행동을 위한 청사진이기 때문이다.
- **행동의 선언이다.** 사명/목적 선언서는 당신이 무엇을 할 것인지를 선언하는 것이다. 선언서에 나오는 많은 단어는 '…한다'로 끝나는 동사들이다.
- **분명하고 기억하기 쉽다.** 만일 비전 선언서가 모호하다면, 그것으로는 동기부여가 쉽지 않을 것이다. 또한 무엇을 하려고 하는지 기억하기도 어려울 것이다.
- **측정 가능하다.** 선언서 자체는 그렇지 않을 수도 있지만, 사명 선언서는 가시적이고 측정 가능한 것을 지목해야 한다. 당신은 다음 문장에 답할 수 있어야 한다. "내가 이 사명을 완수했을 때 그것을 어떻게 알 수 있는가?" 당신의 사명이 이민자들에게 영어를 가르치는 것이라면, 이 일을 성취했는지 어떻게 알 수 있는가? 당신이 하기로 한 일이 무엇인지 보여 줄 수 없다면, 사명 선언서는 별 도움이 되지 않을 것이다.
- **동기부여한다.** 영감을 불러일으키고 앞으로 나아가게 하는 호소력 있는 이유를 담고 있어야 한다.

는 **강점**을 열거하는 것부터 시작했다. 아내와 가까운 친구 한둘이 내가 적은 목록을 살펴보고 몇 가지 제안을 해주었다. 그리고 나서는 각각의 강점을 실제로 개발할 수 있는 실천적이고 구체적인 방법을 적어 보았다. 이를테면, 대중 강연은 내 강점 중 하나다. 나는 이것을 목록에 올리고 나서, 컨퍼런스에서 강연하고 세미나를 이끌고 대학과 교회에서 가르치는 것으로 실천에 옮길 수 있다고 적었다. 또한 나는 다른 사람들의 강의를 잘 듣고 무엇이 효과적인지 파악하기 위해 노력함으로써 강연가로서의 능력을 향상시킬 수 있다.

> 세상이 요구하는 것을 당신 자신에게 묻지 말라.
> 당신을 활기차게 만드는 것이 무엇인지 물어 보라.
> 그러고 나서 가서 그것을 하라.
> 세상에는 활기 넘치는 사람이 필요하기 때문이다.
> _ 해럴드 휘트먼

그 다음에 나는 내 **약점**을 열거한 후, 그것에 압도되지 않고 약점을 직면하여 극복할 수 있는 몇 가지 실제적인 방법을 기록했다. 많은 사람들이 강점보다 약점을 열거하는 것이 더 쉽다고 느낀다. 우리 모두는 성장하면서 실패를 경험한다. 부모님과 선생님들 그리고 동료들은 우리가 제대로 못하는 것들을 우리에게 상기시킨다. 우리는 잘하지 못하는 것들에 관해서 배운다. 그래서 이렇게 인식된 약점의 목록은 우리 뇌 회로에 저장된다. 사탄은 또 여기서 제 역할을 해낼 것이다. 사탄은 우리의 약점을 잘 알고 있으며, 그것들을 우리에게 상기시켜 주는 것을 좋아하고, 또 약점을 극복할 수 있다는 생각과 하나님이 원하시는 모습이 되려는 생각을 낙심시키는 방법을 알고 있다. 내 약점 목록 가운데 하나는 너무 바쁜 생활방식이다. 나 역시 사람을 기쁘게 해주려는 경향이 있기 때문에, 한계를 정하거나 아니요라고 말하는 것을 어려워한다. 나는 SWOT 분석을 하는 동안, 나에 대한 책임이 있는 파트너에게 내 생활을 보다 균형 있게 만들도록 나에게 책임을 물어 달라고 부탁하기로 결심했다.

다음 과제는 나에게 있는 **기회**를 열거하고, 내 강점과 은사와 가치관과 열정과 전반적인 비전에 비추어 볼 때, 내가 무엇에 반응해야 하는지를 결정하는 것이었다. 때때로 나는 컨퍼런스에서 강연할 기회가 있다. 나는 이것을 SWOT 분석 목록에 올렸으며 이런 기회들을 활용해야 한다고 적었다. 너무 바쁜 생활방식을 피하기 위해, 가르치는 일을 두 가지 방식으로 제한하기로 결심했다. 강의 횟수를 줄여서 압박감을 느끼지 않게 하는 것, 내가 일관되게 흥미와 사명감을 느끼며 잘한다고 생각하는 영역에 해당하는 강의만 수락하는 것이다.

어떤 사람들에게는 기회가 많지 않기 때문에 이 범주가 SWOT 분석에서 가장 어려울 수도 있다. 때때로 기회는 분명히 있는데 우리가 주의 깊게 보지 않으면 눈에 띄지 않는다. 어떤 때는 기회를 창출하는 방법을 찾는 것이 가치가 있을 수 있다.

마지막으로 내게 **위협**이 되는 것들을 적어 보았다. 나는 무엇이 그 목록에 있어야 하는지 마음속으로는 알고 있지만 내 코치도 볼 수 있는 지면에 그것을 밝힐 것인지 고민했다. 우리 모두는 어떤 문제나 사람에게 위협을 느끼지만, 대다수는 그 위협을 시인하기를 꺼린다. 결국 나는 항상 나보다 더 성공적이고 유능해 보이기 때문에 나를 위협하는 몇 사람의 이름을 종이에 적었다. 또한 내가 앞으로 쓰는 책들이 출간되지 않을 것이고 팔리지도 않을 것이며 내 글이 하찮은 것으로 무시될 수 있다는 생각에 위협을 느낀다고 썼다. 내 코치는 이런 위협에 압도되지 않기 위해 무엇을 할 것인지를 몇 문장으로 적어 보라고 권했다. 그래서 나는 더 좋은 책을 만들도록 도와줄 에이전트를 구해서, 출간을 하고 시장을 개척하는 길을 찾아 보겠다고 썼다. 그러고는 그대로 했다.

이 모든 것은 내가 삶의 목표에서 빗나가지 않도록 도와주는 소수의 사람들과 정기적으로 만났기 때문에 가능해진 것이다. 그들은 내 SWOT 분석 목록을 함께 검토해 주었다. 그들은 목록에 몇 가지를 추가했으며, 어떤 것은 삭제하라고 권했고, 내가 미래를 위해 어떤 행동을 취하도록 결정하는 데 도움을 주었다. 그들의 코칭 덕분에 내 사명은 더욱 분명해졌다. 갑자기 사명이 떠올라 내 머리를 강타한 것은 아니지만, 내가 어디에 있었는지, 앞으로 나아가기 원한다면 어떤 일을 해야 할지 더 잘 알게 되었다. 누구에게나 SWOT 분석 요약 목록을 함께 살펴보고 조언해 줄 가까운 친구가 있는 것은 아니다. 그러나 코치와 고객은 미래에 실현할 수 있는 것에 대한 명확한 그림을 갖기 위해 이런 작업을 함께 할 수 있다.

두 가지 막다른 길

내가 처음 전임으로 취직한 곳은 미네소타 주에 있는 작은 대학이었는데 거기서 심리학을 가르쳤다. 그때 나는 사명 선언서에 대해 들어본 적은 없었지만 그 새로운 위치에서 무엇을 이루고 싶은지 알고 있었다. 나는 훌륭한 교수가 되고 싶었다. 나는 젊었고 열정이 있었으며 창의적이었고, 학생 시절 내내 나를 힘들게 했던 몇몇 교수들보다 더 재미있게 가르치기로 마음을 굳게 먹고 있었다. 이를테면 학습 이론을 가르치는 과정에서, 나는 학생들에게 교과서를 떠나 실제로 살아 있는 흰쥐의 학습 행동을 연구하도록 했다. 나는 이것이 내 과목 수강생 수를 감소시키는 훌륭한 방법이며 학생들이 생쥐가 없는 음악이나 수학 같은 과목으로 전공을 바꾸도록 권하는 좋은 방법임을 알게 되었다. 끝까지 남은 용감한 영혼들은 생쥐를 가지고 미로 달리기를 포함해 갖가지 복잡한 실험을 했다. 마침내 모든 생쥐들이 필요한 것을 학습했다. 미로 끝에 있는 먹이를 발견하기 전까지는 먹을 수 없었기 때문이다. 학생들도 학습을 통해 배웠다. 그들은 미로 끝에서 먹이를 발견하지는 못했지만, 어떻게 과제를 수행했는지에 따라 학기 말에 학점을 받았다.

처음에 미로로 들어오면, 모든 생쥐들은 먹이가 있는 곳으로 가는 통로를 찾을 때까지 한 번 이상 막다른 길에 부딪혔다. 우리가 이 과정에 사용했던 그 작고 하얀 동물들이 미로에 들어갈 때마다 똑같은 막다른 길을 달렸다면, 참 어리석은(그리고 배고픈) 놈들일 것이다.

그러나 그들과 달리 지혜롭다는 사람들이(일부 기업, 교회, 전문 기관들도 마찬가지로) 계속해서 오래된 같은 길을 가면서 왜 비전을 이루는 데 아무런 진전이 없는지 궁금해한다는 것을 나는 안다. 물론, 그들 중 많은 사람들은 비전을 개발한 적이 없기 때문에, 스스로 어디로 가고 있는지조차 알지 못한다. 그러나 비전을 가진 개인이나 집단들이 막다른 길을 향해 달려가는 이유는 무엇일까? 그 답은 반복해서 나타나는 평범하고도 주요한 두 가지 실수에서 찾을 수 있다. 어떤 사람은 비전은 있지만 절대로 움직이지 않고, 다른 사람은 비전은 있지만 결코 멈추지 않는다. 당신은 당신이 하는 코칭에서 또는 당신 자신에게서 두 가지 실수를 모두 보게 될 것이다.

> 너무나 많은 사람들이, 실수를 했을 때
> 고집스럽게 계속 밀고 나가면서 똑같은 실수를 되풀이한다.
> 나는 "백 번 찍어 안 넘어가는 나무 없다"는 속담을 믿는다.
> 그러나 나는 이런 식으로 읽는다.
> "찍고, 멈추어 생각하고, 다시 찍어라."
> _ 윌리엄 딘 싱글턴, 신문사 발행인 겸 소유주

사람들은 여러 가지 이유로 움직이지 않는다. 어떤 사람들은 이전에 노력했다가 실패하고는 다시 시도하기를 주저한다. 다른 사람들은 결코 위험을 감수하지 않는다. 그들은 결과가 확실할 때가 아니면 움직이지 않는다. 자원 부족이 새로운 시도를 막는 요인이 되기도 하고, 비전이 비현실적이라거나 프로젝트가 너무 방대해서 성취할 수 없을 것이라는 믿음도 걸림돌이 될 수 있다. 지지해 주지 않고 비판적인 친척이나 상관 또는 다른 영향력 있는 사람들이 "그것은 이룰 수 없는 일이다"라는 말을 되풀이했기 때문에 겁을 먹고 움직이지 않게 된 사람들도 있다. 사람이 아무런 지지도 받지 못하고 앞으로 나아가기란 어려운 일이다. 또 다른 사람들은 뒤로 미루는 문제가 있다. 교회나 기관들은 리더십이 없거나, 참여한 모든 사람의 합의를 얻기 위해 너무 많은 노력을 쏟기 때문에 움직이지 않는다. 이 모든 상황에서 코치는 격려해 줄 수 있고 앞으로 나아갈 방법을 명료화하도록 도와줄 수 있다.

이와는 대조적으로, 항상 움직이는 사람들은 실천에 관한 문제는 없다. 그들은 이 프로젝트에서 저 프로젝트로, 회오리 같은 활동력으로 새로운 아이디어를 열심히 받아들이고 계속 앞으로 밀어붙인다. 하지만 때로 이런 사람들은 우선순위가 없고, 활동에 초점이 없으며, '아니요'라는 말을 못하거나 말하기를 꺼린다. 이렇게 활동적인 사람들은 최신 유행을 좋아하는 경우가 많다. 모든 새로운 아이디어가 아드레날린 분비를 촉진하며 행동하라고 부르는 것으로 보인다. 열심에 빠져 있는 이들은, 지원하고 참여하라고 다른 사람들을 끌어들이지만, 새로운 아이디어나 프로젝트가 나타나면 이 지지자들을 곧바로 잊어버린다. 만일 교회나 기관에 이와 같은 리더가 있다면 조만간 실패는 불가피하다. 그들이 제시한 비전 중 하나에 서명하는 사람들은 결국 관심 밖으로 밀려난다. 그들은 버려진 느낌이 들고 낙심하게 된다. 리더가 그렇게 강력하게 옹호하던 창조적인 비전과 영감 있는 사명 선언서를 그 리더가 지지하지 않기 때문이다. 따라서 그런 비전들은 결코 군건한 현실이 되지 못한다.

두 마리 토끼를 쫓는 사냥꾼은 둘 다 놓친다는 말이 있다. 여러 가지 다양한 비전을 쫓으면서 다른 사람들을 사냥에 끌어들이는 사람은 더 나쁘다. 이런 사람들은 활동 과잉의 원인을 밝혀 내기 위해 상담을 받아야 하는 경우도 있다. 그리고 하나님은 결코 어떤 한 사람이 모든 일을 다 하도록 부르시지 않는다는 것을 깨닫도록 도움을 받아야 한다. 그들에게는 우선순위를 정하고 대안을 명료화하여 가장 중요한 목표만을 추구하도록 도와줄 코치가 필요하다. 과잉 행동적인 비전을 품는 사람들은 자신의 꿈을 가꾸고 키우지 않으면 시들어 버린다는 것을 깨달아야 한다.

목적이 이끄는 코칭

몇 년 전, 나는 목사들의 컨퍼런스에 초청받아 강연하게 됐다. 내가 강연하기 전에, 교단의 리더가 미래에 대한 자신의 비전을 열정적으로 피력했다. 그는 교회를 향한 자신의 목표에 대해서 이야기했고 그 계획을 실행하기 위해 각 목사들이 해야 할 일들에 대해 설명했다. 내 옆자리에 앉은 사람은 비즈니스 컨설턴트였는데 우리가 듣고 있는 계획은 절대 이루어지지 않을 것이라며 자신감 있게 중얼거렸다. 회의가 끝나고 나서 그는 이유를 설명했다. 당신은 그 이유가 뭐라고 생각하는가?

그 친구는 이렇게 말했다. "그 비전은 그 리더에게나 중요한 것일 뿐 목사들과는 상관이 없네. 리더는 계획에 대한 정보를 전달했지 목사들과 의견을 나누지는 않았어. 그들은 그 계획에 주인 의식이 없지. 그 모임에서 무슨 말을 했든, 일단 각자 교회로 돌아간 후에는 아무도 동참하지 않을 것이 거의 확실해."

물론 그가 옳았다. 가장 잘 다듬어진 비전과 최고로 동기를 부여하는 사명 선언서라 할지라도 주인 의식이 없거나 헌신이 부족하면 무용지물이 된다. 목적과 사명 선언은 방향을 명확히 하고 의사 결정을 유도해야 하며, 자원을 동원하고, 개인이나 한 집단의 사람들이 앞으로 나아갈 때 동기부여 해야 한다. 이러한 선언서는 틀에 넣어 벽에 걸려 있기보다는 행동을 자극하는 도구가 되어야 한다. 코치들은 비전을 명확하게 하는 것과 목적 선언서를 개발하는 것을 지원할 수 있다. 또한 코치들은 사람들이 앞으로 나아갈 때 사명과 긴밀히 연결되도록 돕는 중요한 역할을 할 수도 있다.

> 분명하게 정의된 사명을 가진 사람들은 항상 그것이 없는 사람들을 이끌어 왔다.
> 당신은 당신의 사명대로 살고 있거나, 아니면 다른 누군가의 사명대로 살고 있는 것이다.
> _ 로리 베스 존스, 「인생 코치, 예수」의 저자

고객이 가고자 하는 곳에 대한 더 명확한 그림을 가지라. 우리의 코칭 모델(그림 10-1 참고)의 비전 부분은 코칭받는 사람이 가고 싶어 하는 곳에 대한 질문을 명확히 하려 한다. 사명 선언서는 비전을 실현하기 위한 일반화된 행동 계획을 제시한다. 하지만 때로는 최종 결과가 어떤 모습이 될지에 대한 더 선명한 그림이 필요하다. 고객은 이 질문에 답해야 한다. "만일 당신이 목표에 도달하고 사명을 완수한다면, 구체적으로 어떤 모습일까?" 한번은 직업을 바꾸려고 하는 중년 여성을 코칭했는데, 그녀는 가르치는 일을 통해 주님을 섬기기 원했다. 나는 그녀에게 그렇게 되면 어떤 모습이 펼쳐질지 그림을 보여 달라고 요구했다. 지금부터 5년 동안 그녀가 가르치는 일을 통해 주님을 섬긴다면, 어떤 모습일지 질문했다. 그녀는 어디서 가르치고 있을까? 그녀는 누구를 가르치고 있을까? 무엇을 가르칠까?

나는 코치 훈련을 받을 때, 모든 학생이 자신의 비전, 사명 선언서, 변화가 일어나게 만드는 계획까지 발표하는 수업에 참가했다. 나는 동료들이 자신의 비전에 대해 말하면서 "깊이 있게 성장하고" "나 자신을 인식하고" "내적 자아를 발견하고" 또는 "영적으로 성숙하고"와 같은 애매모호한 말을 쓰는 것을 보고 깜짝 놀랐다. 모두 가치 있는 열망이기는 하지만 그 목적이 언제 이루어질지 어떻게 알 수 있을까? 더 깊이 성장한다는 것이나 내적 자아를 발견한다는 것은 무슨 뜻일까? 영적으로 성숙한다는 것은 구체적으로 어떤 모습일까?

코칭하면서 고객이 비전과 사명 선언서를 주기적으로 점검하도록 격려하라. 처음에 썼던 것이 명료하고 이해할 만한가? 말이 애매하거나 불분명한 것은 아닌가? 이를테면 내가 긴장을 풀기 위해 기타 치는 법을 배우고 싶다고 가정하자.

기타 연주자가 되려 한다고 말하는 것보다는 낫지만, 다음달에 기타 선생님을 물색해 악기를 구입하고, 내년 이맘때쯤에는 기본 코드와 간단한 곡을 연주할 수 있도록 배울 계획이라고 말하는 것이 더 현실적이다. 이 목표가 실현 가능하고 현실적인지는 내 기타 코치가 말해 줄 수 있을 것이다. 만일 현실적이지 않다면 나는 결심한 바를 수정해서 실행 가능하게 만든 후 다시 시작해야 한다.

미래에 대한 명확한 그림을 정하기가 언제나 쉬운 것은 아니다. 기초 단계부터 기타 연주를 배운다는 것은 구체적이고 달성 가능한 목표다. 모든 이웃에게 다가가는 교회를 세우겠다는 것은 자세히 설명하기에는 너무 크고 어렵다. 환경은 변하고 우리도 변한다. 우리가 지금 정해 놓은 구체적인 목표는 행동 계획을 실천하려고 할 때 달라질 수 있다. 그리스도인은 하나님이 주신 성경적 목표의 많은 부분이 일반적이며 그다지 상세하지 않다는 것을 알고 있다. 방주를 만들라거나 적의 군대를 물리치라거나 혹은 "고향을 떠나 내가 네게 보여 줄 땅으로 가라"와 같은 지시를 생각해 보라.[14] 비전과 목적이 없다면 앞으로 나아갈 가능성은 희박하다. 만일 우리가 가고자 하는 곳에 대한 간결한 그림을 확보할 수 없다면, 다소 희미하고 잠정적인 비전이라도 아예 비전이나 사명이 없는 것보다는 우리의 행동을 더 잘 이끌어 줄 수 있다.

사명 선언서는 선거 공약과 같아서
만들기는 쉬워도, 계속 살아 있게 하기는 어렵다.
_ 마커스 버킹엄, 「강점에 집중하라」의 저자

코칭 고객의 헌신도를 평가하라. 우리 모두가 바쁘다고 가정할 때, 코칭받는 사람은 변화를 위해서 무엇을 포기해야 할까? 원하는 만큼 빠르고 효과적인 변화가 일어나지 않으면 어떤 일이 일어날지를 그들은 생각해 봤을까? 헌신은 하나의 선택이라는 것을 기억하라. 다른 사람에게 헌신에 대해 말하는 것만으로도 그에 대해 보다 진지해지게 만든다. 때로 코치는 바닥에 선을 긋는다고 상상하고 마음의 준비가 되었을 때에만 그 선을 넘어가라고 함으로써 헌신의 중요성을 강조한다.

예수님이 부활하신 후 어느 날, 예수님은 아침을 드시고 시몬 베드로와 대화를 나누셨다. 예수님은 같은 질문을 세 번 되풀이하셨다. 그리고 베드로가 반응할 때마다 비슷한 메시지를 주셨다.[15] "시몬아, 네가 나를 사랑하느냐?" 예수님은 이렇게 요구하셨다. "그렇다면, 내 어린 양을 먹이라. 내 양을 돌보라. 나의 양을 먹이라." 베드로는 예수님이 같은 질문을 세 번이나 물으셨기 때문에 상처를 받았다. 그러나 예수님은 베드로의 헌신도를 시험하신 것 같다. 베드로는 그날 아침, 남은 생애가 쉽지 않으리라는 것을 알았다. 그러나 이 대화는 그리스도에 대한 베드로의 헌신을 견고히 다졌다.

당신 자신의 헌신도를 살펴보라. 당연한 말이지만, 가끔은 코치들도 자신의 헌신을 살펴보아야 한다. 우리는 코칭 과정에 충실히 임하고 있다는 데 동의하지만, 때로는 무리한 약속과 과도한 업무에 지치기도 한다. 당신이 코칭하고 있는 사람은 변화하기 위해 작업해야 하는데, 만일 당신이 격려하고 안내하겠다고 헌신을 약속해 놓고 이를 이행하지 않거나 할 수 없게 되면, 그의 동기는 약화될 수밖에 없다. 지킬 수 있는 것이 아니면 약속을 하지 말라.

궁극적으로 모든 위대한 비전은 힘든 일이 되기 마련이다.

_ 작자 미상

일관된 격려자가 되라. 시즌이 시작되기 전, 훈련 캠프에서 선수들을 독려하는 축구 코치를 상상해 보라. 코치는 선수들에게 동기를 부여하는 열정적인 연설을 하고, 선수들을 불러내어 개인적으로 지도하고 격려해 준다. 캠프가 끝난 후, 코치는 미사여구를 동원해 팀 전체를 감동시키고, 선수들은 반드시 우승하겠다고 각오를 다지며 운동장으로 나간다. 정규 시즌이 되었는데 코치가 스탠드에 앉아 아무런 충고나 격려도 하지 않고 구경만 하고 있다고 가정해 보라. 이제 내가 말하려는 요지를 알아챘을 것이다. 당신은 고객을 위한 응원단장이다. 상황이 잘 풀려나가지 않거나 코칭받는 사람이 난관에 빠져 낙심한 것처럼 보일 때, 말이나 행동으로 "나는 당신을 믿습니다. 계속하세요!"라고 말할 수 있는 사람은 어쩌면 당신뿐일지도 모른다.

다른 관점

이제 우리의 현 위치를 평가하고 우리가 가고자 하는 곳을 마음에 그리는 일에서 벗어나, 이 모든 것이 일어나게 만드는 도전적인 과정에 집중할 시간이다. 다음 장으로 발을 들여놓기 전에 우리가 지금까지 거론해 왔던 것과는 다른 관점으로 코칭에 대해 간단히 살펴보는 것이 좋겠다.

존 휘트모어는 「성과 향상을 위한 코칭」에서 이른바 GROW 코칭 모델을 제안한다.[16] 이 접근법은 코칭에 다음과 같은 것들이 포함된다고 가정한다.

- **목표 설정(Goal setting).** 고객이 어떤 문제를 해결하기 원하고 어떻게 변화하기를 바라는지 결정하도록 돕는다.
- **현실 점검(Reality checking).** 좌절감, 장애물 그리고 극복해야 할 저항을 포함해 고객이 현재 처해 있는 상황을 탐색한다.
- **대안 전략(Option strategies).** 목표를 달성하기 위해 고객이 취할 수 있는 행동 전략을 세운다.
- **의지에 기반한 행동(Will-based action).** 해야 할 일을 해야 할 때 하도록 도와준다.

내가 처음 이것을 읽었을 때, 이 네 단계의 순서가 뒤바뀐 것처럼 보였다. 먼저 현실을 점검하고 목표를 설정해야 하는 것이 아닌가? 우리 대부분은 그런 식으로 생각한다. 그러나 휘트모어에 의하면 그것은 피상적 논리다. 앞에서 몇 페이지에 걸쳐 제안한 것처럼 문제를 확인하고 평가하는 것부터 시작하면, 우리는 지나치게 부정적이 되고, 문제들에 대해 과도하게 반응하며, 마땅히 그래야 하는 것보다 축소하고, 창의력이 결여된 목표를 설정하기가 쉽다. 휘트모어는 집단을 이끌 때 구성원들이 가능한 것에 대해 꿈꾸며 시작하고 이상적인 장기적 해결책과 가능성을 생각하도록 격려하는 것을 선호한다. 그런 다음에야 현재에 대한 건강한 진단이 가능하며 목표 성취를 위한 실제적인 조치를 취할 수 있는 것이다.

만일 당신이 집단을 코칭한다면, 휘트모어의 관점도 고려할 만하다. 비전을 끌어내고 미리 계획을 세워 보는 것은 집단을 자극하며 활기차게 할 수 있다. 이 작업은 구성원들이 현재를 평가하고 행동 계획을 개발하는 더 어려운 일을 시작하도록 동기부여 될 때까지 그 집단을 앞으로 나아가게 할 수 있다. 아마 휘트모어도 이 책의 핵심인 코칭 원형 모델에 동의할 것 같다. 그러나 그는 인식, 비전 끌어내기, 전략과 행동, 장애물 제거에 정해진 우선순위나 더 좋은 순서는 없다는 것을 보여 준다. 모든 코칭은 고객들이 발견한 자신의 위치가 어디든 그곳에서 시작된다. 궁극적으로 우리의 원형 모델의 네 요소는 모두 고려해야 한다. 하지만 출발점, 결승선은 정해진 바 없으며, 고객이 출발하는 지점에서 가고자 하는 곳까지 가는 과정에 정해진 단계 같은 것은 없다.

그러나 접근 방식이 무엇이든, 행동을 취하는 것이 코칭의 주요 요소다. 다음 장에서 우리는 이 문제를 다룰 것이다.

5부
전략, 행동, 장애물:
어떻게 목적지에 도달할 것인가

실행을 위한 코칭: 목표 설정과 전략 | 장애물 통과하기

12장 ·· 실행을 위한 코칭: 목표 설정과 전략

몇 년 전, 나는 인생 계획을 전문으로 하는 한 임원 코치와 시간을 보냈다. 어느 이른 아침, 우리는 차를 몰고 수양관에 도착해서 방 두 개를 빌리고, 이후 이틀간 나의 인생 계획을 세우며 시간을 보냈다. 코칭 계약서에 명기한 대로, 나는 이런 집중적인 경험을 하는 동안 우리를 위해 기도해 줄 사람 세 명을 정했고, 작업을 시작하며 하나님의 인도를 구했다. 시작하면서 내 코치는 우리가 함께 시간을 보내는 동안 완수하고 싶은 일이 무엇인지 내게 물었다. 그러고 나서 나의 인생 이야기를 말해 달라고 하고는 경청하며 노트에 적었다. 그런 다음 우리는 그 모든 것을 인생의 다섯 가지 영역, 즉 개인 생활, 가정 생활, 영적 생활, 소명, 공동체 활동 등과 연관지어 이야기했다. 코치는 내 인생에서 좋았던 점과 부족했던 점을 함께 나누자고 했다. 그는 내 인생에서 혼돈스러운 것은 무엇이고, 내가 정말 관심 갖는 것은 무엇이며, 내가 바꾸기 원하는 것은 무엇인지, 내 미래의 꿈이 무엇인지 알고 싶어 했다. 그런 후 우리는 나의 재능, 강점, 열정, 소망 등을 논의하며 시간을 보냈다. 또한 나와 하나님 그리고 내 가족과의 관계에 대해 이야기했다.

이 모든 작업을 서두르지 않고 천천히 진행했다. 우리는 명상하기 좋은 시골

수양관에 있었다. 그 시간 동안 나는 대부분 코치와 함께 있었지만, 홀로 하나님과 함께 우리가 논의한 모든 사실을 생각해 보도록 코치가 배려해 주었다. 코치와 나는 사람이 갑작스런 사건을 예견하거나 하나님이 어떻게 우리 삶에 간섭하시는지를 예측할 수 없기에, 사람의 계획은 항상 한계가 있다는 데 동의했다.[1] 그러나 계획은 다른 사람들이 관여할 때 특히 유용하고,[2] 앞으로 전진하게 한다. 함께 논의하고 되돌아보고 기도한 결과, 나는 삶의 다음 단계에 성취할 목록을 마련하게 되었다. 그런 다음 우리는 실행 단계를 발전시키고, 내가 실천하기로 동의한 기본 전략을 생각해 냈다.[3]

이틀간 과정 중 어떤 부분은 쉬웠다. 나의 인생 이야기를 정말 듣고 싶어 하는 누군가에게 들려주는 것은 유쾌한 일이다. 나의 열정과 가치와 강점들을 들여다보는 것은 좋은 일이다. 나는 비전을 보는 성향이 있기 때문에 미래를 생각하는 것은 쉽고 기운 나는 일이다. 한편, 미래를 위해 구체적인 목표를 설정하고, 내 비전을 현실로 바꾸기 위해 행동을 취하는 것은 어려웠다.

주께서 내게 세우신 목적을 이루어 주시니…

_ 시 138:8 (표준새번역)

나는 혼자가 아니다. 개인과 조직은 생기 있는 비전과 사명 선언서를 작성할 수 있지만, 그것을 실제 행동으로 옮기는 데는 실패한다는 것을 보여 주는 증거가 수없이 많다.[4] 최근 들어 "포춘 500대 기업" 상위 200개 기업의 CEO 40명이 회사의 비전과 원대한 계획을 성공적인 성과물로 만들지 못해 사퇴해야 했다.[5] 앞에서 이런 교착 상태가 다이어트에 어떻게 적용되는지 살펴본 바 있다. 몸무게를 줄이고 싶을 때, 대다수 사람들은 자신의 몸무게가 얼마나 나가는지 알고, 이상적인 몸무게와 건강한 몸매에 대한 비전을 갖는다. 어떤 사람들은 몸무게를 줄일 계획까지 세워 놓고 다이어트를 시작한다. 그러나 얼마 지나지 않아 체중 조절 계획은 교착 상태에 빠지는데, 이는 다이어트를 지속하는 것이 어려울 뿐 아니라, 다이어트를 하는 많은 사람들이 그 결과가 신속하고도 효과적으로 나타나리라고 비현실적인 기대를 갖기 때문이다.

목표 성취에 실패하는 데는 많은 이유가 있을 수 있다. 그러나 때때로 문제는 너무나도 바쁜 우리의 생활방식을 중심으로 나타난다. 변화를 일으키고 비전을 갖는 것에 대해 이야기할 수 있다. 그러나 그것을 성취하기 위한 시간과 에너지를 어떻게 확보할 것인가? 코치와 경험 많은 리더들은 이런 현상을 자주 목격한다. 장애물들과 너무 빡빡한 일정, 약해져 가는 헌신, 현실적인 실천 계획의 부재로 인해 비전은 시들해지고 프로젝트는 실패한다. 혼자 힘으로만 하려고 해도 실패한다.

수십 세기 전, 솔로몬 왕은 이런 문제에 대해 다음과 같이 기록했다.

- 경영은 의논함으로 성취하나니 지략을 베풀고 전쟁할지니라(잠 20:18).
- 의논이 없으면 경영이 무너지고 지략이 많으면 경영이 성립하느니라 (잠 15:22).
- 사람이 마음으로 자기의 길을 계획할지라도 그의 걸음을 인도하시는 이는 여호와시니라(잠 16:9).
- 너의 행사를 여호와께 맡기라. 그리하면 네가 경영하는 것이 이루어지리라 (잠 16:3).
- 사람의 마음에는 많은 계획이 있어도 오직 여호와의 뜻만이 완전히 서리라 (잠 19:21).
- 너는 마음을 다하여 여호와를 신뢰하고 네 명철을 의지하지 말라. 너는 범사에 그를 인정하라. 그리하면 네 길을 지도하시리라(잠 3:5-6).

메시지는 분명하고 21세기에도 여전히 적합하다. 지속적인 변화를 위해서는 다른 사람의 도움과 지도가 필요하다. 그뿐만 아니라 우리의 계획을 하나님께 맡기고, 이를 가다듬어 주시기를 간구하며, 지도해 주실 것을 신뢰하고, 경건한 조언자를 통해 안내해 주시기를 기대해야 한다. 이것은 크리스천 코칭의 기초다. 선택 사항이 아니다. 코칭이 성공하려면, 하나님이 중심에 계셔야 한다.

구약 성경에 등장하는 여호수아는 코치가 아니었지만, 이 원리를 알았다. 이스라엘의 지도자로 임명받았을 때, 그에게는 수십만 광야 방랑객들을 급류가 흐르는 요단 강을 건너 약속의 땅으로 인도해야 할 열정과 비전이 있었고, 명확한 사명이 있었다. 그들이 요단 강에 도착했을 때, 강은 홍수로 인해 수위가 높아져 있었다. 다리도 없었고 배가 있는 것도 아니었지만, 여호수아에게는 문제가 되지 않았다. 여호수아는 이곳을 여행한 적이 없었지만, 하나님이 길을 보여 주시리라 기대했다.[6] 강을 건너기 전날 밤, 여호수아는 백성들에게 말했다. "너희는 자신을 성결하게 하라. 여호와께서 내일 너희 가운데에 기이한 일들을 행하시리라."[7]

> 아이디어를 생각해 내는 것과 실천하는 것은 매우 다른 행위다.
> 이 둘을 모두 할 수 있다면 대단한 일이다.
> 그러나 자신이 할 수 없다는 것을 아는 것 또한 대단한 일이다.
> _ 작자 미상

이때 여호수아는 강을 건너는 전략을 발표했다. 계획에는 짐을 싸고 언약궤를 운반하는 제사장들을 따라갈 준비를 하는 것도 포함되었다.[8] 그러고 나서 행동에 착수했다. 제사장들은 궤를 들어올려 어깨에 메었고, 강에 발을 들여놓았다. 제사장들이 행동을 개시하여 마른 땅에서 발을 뗄 **때까지** 강물이 흐르기를 멈추지 않았다는 사실은 생각만 해도 도전이 된다. 제사장들이 발을 물에 담그자마자 강물은 상류에서 높이 쌓였고, 백성들은 마른 땅을 가로질러 걸어갔다.[9]

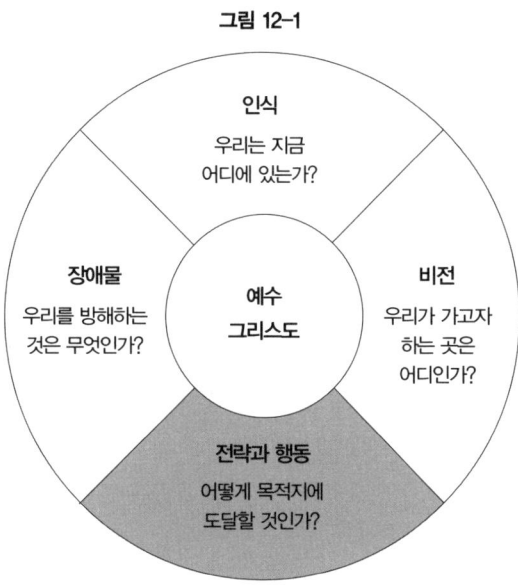

그림 12-1

코칭 원형 도표를 다시 한 번 보라. 여호수아의 리더십은 다음 단계를 보여 준다. 곧 전략을 결정하고 목적지에 도달하기 위해 행동을 취하는 것이다.

전략 수립과 목표 설정

코칭받는 사람들이 자신의 최종 목표와 궁극적 목적에 대하여 코칭을 시작한 지 불과 몇 분 만에 진술할 수 있는 경우가 있다. 새로운 직업을 찾거나, 재정을 관리하거나, 열세 살짜리 자녀에게 한계선을 설정해 주거나, 체중을 7킬로그램 감량하는 것과 같은 문제에 도움을 청하는 경우인데, 이럴 때 코칭은 단기간에 집중적으로 진행할 수 있다. 그러나 보통 코칭은 이보다는 범위가 더 넓어서 한 사람의 인생 전체를 맥락으로 이루어진다. 내 고객 한 사람은 자신의 경력을 재평가하는 작업을 통해 코칭받고 싶어 했다. 우리는 자신이 누구이며 무엇을 잘하는지 평가하는 데 시간을 보냈다. 비전과 사명을 중심으로 대화하는 동안, 그녀는 남은 생애 동안 어디로 가고 싶은지를 명료하게 그려 냈다. 다행히 이 작업이 도움이 되었지만, 그녀가 구체적인 목표를 설정하여 자신이 그토록 바라던 대로 직업을 바꿀 수 있어야, 코칭은 비로소 성공적이라고 할 수 있다.

변화 과정은 변화의 필요성에 동의할 때 시작된다. 그 후에야 코치와 고객은 표 12-1에 나온 것과 유사한 목표 설정 과정을 밟을 수 있다. 코치가 목표를 설정하지 않는다는 사실은 놀랄 만한 일이 아니다. 코치는 코칭받는 사람과 함께 목표 설정 과정을 깊이 생각하고 명료화한다. 때로는 많은 선택 가능성을 살펴보는 브레인스토밍이 좋은 출발점이 된다. 과거에 성공했던 것과 실패했던 것을 물어 보라. 미래에 어떤 것을 시도해 볼지 고려해 보라. 가능성의 목록을 펼쳐 보면, 어떤 것들은 제외하게 될 것이다. 다른 것들은 SMART 목표로 바꾸어 볼 수 있다. SMART 목표란 구체적(Specific)이고, 측정 가능하며(Measurable), 달성할 수 있고(Attainable), 현실적이며(Realistic), 코칭 고객이 수용할 수 있는 기한(Time frame) 안에서 설정한 목표다. 나중에 기한은 실제로 현실적이지 않다는 것을 깨닫게 될 것이다. 많은 일들이 우리가 예상한 것보다 시간이 오래 걸린다.

표 12-1

목표 설정

목표 설정 과정은 고객마다 다르지만, 보통 다음과 같은 단계를 거친다.

1단계: 최종 결과나 바라는 결과를 명확히 하고 이에 동의한다.
2단계: 종이에 적어 본다. 기록한 것은 나중에 수정할 수 있다.
3단계: 바라는 결과를 염두하고 시작하라. 그런 다음 거꾸로 일부 가능한 중간 목표에 대하여 서로 브레인스토밍 하라.
4단계: 앞으로 추구할 대안적인 중간 목표들에 합의하라. 각 목표를 SMART 목표 도식에 대입해 본다. 구체적이고, 측정 가능하며, 달성할 수 있고, 현실적이며, 기한이 있는가?
5단계: 우선 가장 현실적인 것부터 최종적인 결과에 이르기까지, 우선순위를 결정하고 합의한 목표들을 정리하라.
6단계: 언제 각 목표를 달성할 수 있을지를 분명하게 보여 주는 표지들을 적어 본다. 가장 가까이 보이는 목표부터 적어 보라. 다른 목표들은 최종 목표에 다가갈 때 떠오를 수 있다.
7단계: 이 목록을 종이 위에 적어 본다.

그러나 목표를 성취하기 위해 시간을 설정하는 것은 실천에 필요한 동기를 부여한다. "조만간 이력서를 준비해야지"라고 하는 것은 "다음 월요일 정오까지 이력서를 작성해야지"라고 하는 것보다 동기부여가 약하다.

이런 과정은 사람들이 이 여정에서 혼자가 아님을 깨달을 때 더 순조롭게 이행할 수 있다. 코치는 확고한 안내자이자 격려자지만, 사람들은 영적 자원을 비롯한 다른 자원들도 활용할 수 있다. 크리스천 코치는 결코 기도의 힘을 과소평가해서는 안 되며, 그리스도인들이 성경 약속에 근거해 삶을 유지하는 방식을 무시해서도 안 된다. 하나님은 우리가 가는 길을 지도하고 가르치시리라 약속하셨다.[10] 하나님을 신뢰하면 그분이 우리의 길을 인도하실 것이다.[11] 제자들이 커다란 도전에 직면했을 때, 예수님은 제자들과 항상 함께 있으리라 말씀하셨다.[12] 예수님은 성령을 보내리라 약속하셨고, 성령은 이제 각 신자들 안에 거하면서 인도자와 위로자가 되신다.[13] 또한 그리스도인은 교회의 구성원으로서 개인이나 사람들이 겪는 변화의 시기에 지지와 격려를 보내며 책임을 진다.

이 모든 계획 과정에서 목표는 단단한 시멘트에 새겨 놓은 것이 아님을 기억하라. 목표는 언제든지 검토하고 수정할 수 있다. 대개 순서상 먼저 나온 목표가 나중에 나오는 목표보다 더 명확해질 것이다. 그러나 상황이 진전되면서 어떤 목표든 수정하거나 건너뛸 수 있고, 심지어 포기할 수도 있다. 중요한 것은 전진하기 위한 계획을 세워 가는 것이다.

그리스도인들은 하나님의 계획은 발전해 나간다는 것을 결코 잊지 않아야 한다. 우리는 항상 처음부터 그림 전체를 볼 수는 없다. 우리는 시작부터 일곱 단계 전체를 구체적으로 채워 나갈 수 없다. 모세가 타오르는 떨기나무 앞에 섰을 때 그림의 일부만을 보았다. 하나님은 전략 전체를 구체적으로 보여 주지는 않으셨다. 하나님은 말씀하셨다. "이제 내가 너를 바로에게 보내어 너에게 내 백성 이스라엘 자손을 애굽에서 인도하여 내게 하리라"(출 3:10). 모세는 장로들을 소집하라는 말씀을 들었고, 그들에게 할 말을 받았다. 모세는 이집트 왕에게 가서 하나님이 명령하신 것을 전달하라는 지시를 받았다. 모세는 약속의 땅에 정착하게 될 것을 최종 결과로 확신했다. 그러나 시작할 때 그가 본 것은 단지 눈앞에 닥친 목표였다. 전체적인 계획은 그가 진행해 나아갈 때 보다 구체적으로 펼쳐졌다.[14]

생각 확장하기

운동선수 코치들을 살펴보면, 그들의 역할은 지도하고, 고무하며, 재능 있는 선수를 밀어붙여 스스로 상상하고 실행할 수 있는 것보다 더 많은 것을 하게 하는 것이라는 데 대체로 동의할 것이다. 비즈니스 코치 역시 이와 비슷한 일을 하며, 이는 배우 코치, 연설 코치, 헬스클럽 코치도 마찬가지다. 이것은 생각을 확장하는 일이다. 이것은 도저히 도달할 수 없을 것처럼 보이는 가능성을 꿈꾸는 상상력을 자극하는 일을 포함한다. 이것은 사람들이 뭔가 다른 결과를 기대할 때, 같은 일을 같은 방식으로 하는 익숙하고 편안한 일상에서 나오도록 자극한다. 생각 확장은 현재 자신의 지식과 기술과 행동으로는 지금 있는 곳에서 더 멀리 나아갈 수 없다는 것을 보게 한다. 생각 확장은 미래에 원하는 것이 무엇인지 묻는 것 이상이다. 이는 재정이나 다른 제약이 없다면 할 수 있는 일을 거리낌없이, 창의적으로, 상상력을 동원하여 꿈꾸는 것이다. "만일…한다면 어떻게 될까요?", "왜 할 수 없었습니까?", "…한다면 어떻게 될지 생각해 봅시다", "…해야 합니다" 같은 말로 시작하는 질문이나 문장들은 그런 생각을 자극한다.

생각을 확장하는 목적은 사람들이 새로운 방식으로 생각하고 새로운 선택 사항들을 고려하도록 하는 것이다. 때로 코치는 다음과 같은 질문과 말로 고객을 자극할 수 있다.

- 목표를 성취했다고 상상해 봅시다. 어떤 모습일까요?
- 미래의 자기 모습을 상상해 보고 어떻게 거기까지 도달했는지 이야기해

주십시오.
- 돈과 시간이 무한하다면, 앞으로 나아가기 위해 무엇을 하시겠습니까?
- 앞으로 나아갈 때 어떤 자원들이 필요하고 도움이 될지 창의적으로 생각하고 말해 주십시오.
- 지금 변화를 준비한다면 미래에 어떤 변화가 일어날 것 같습니까?
- 안전지대 밖으로 나와서 목표에 더욱 가까이 갈 수 있다면 무엇을 하시겠습니까?

제임스 콜린스(James Collins)와 제리 포라스(Jerry Porras)는 비전을 가진 기업을 다룬 훌륭한 책에서 BHAG라는 개념을 소개했다. 이는 크고(Big), 위험하고(Hairy), 담대한(Audacious) 목표(Goal)를 가리킨다.[15] 저자들은 대다수 기업들이 목표를 갖고 있지만, 대부분 안전하고 근시안적이며 그다지 도전적이지 않을 뿐 아니라 모두의 안전지대 안에 있는 것들이라고 지적한다. 이런 목표들로는 기업을 앞으로 나아가게 하지 못한다. 이와 대조적으로 BHAG는 실제적일 것 같지도 가능해 보이지도 않지만, 모든 사람들의 생각을 확장시킨다. 존 F. 케네디는 러시아가 우주비행사 유리 가가린을 우주로 쏘아 올렸을 때, 린든 존슨을 대통령 집무실로 불러 전혀 황당하지 않게 비슷한 목표를 이야기했다. 케네디의 BHAG는 사람을 달에 착륙시키는 것이었다. 랜스 암스트롱도 암을 극복하고 뚜르 드 프랑스에서 승리할 수 있으리라고 결심하며, BHAG를 가졌을 것이다. 사람들에게 잘 알려지지 않았던 미국의 흑인 상원의원 버락 오바마는 매섭도록 추운 일리노이 주의 어느 겨울 날, 많지 않은 지지자들 앞에 서면서 이런 목표를 갖고 대통령에 출마하겠다고 선언했을까?

우리가 코칭하는 사람들은 우주 탐사 계획을 세우지도 않고, 싸이클 기록을 세우거나 대통령 선거 운동을 하지도 않는다. 그러나 그들은 인생을 세워 가고, 생각을 확장하는 데서 유익을 얻는다. 우리가 코칭하는 사람들은 경력을 쌓고 있고, 기업이나 프로젝트 또는 조직을 세우는 일을 한다. 내 친구와 내가 1991년에 갓 출범한 AACC를 이끌 때, 회원이 수백 명뿐이었다. "언젠가 우리 회원이 수천 명이 될 것입니다." 우리가 BHAG가 무엇인지 들어 보기도 전에, 내 동역자는 그것을 표현했다. 우리는 하나님이 우리를 인도하시고 우리 노력에 힘을 더하셔서 목표가 이루어지도록 열심히 일했다. 몇 년 전 짐 콜린스가 교회 리더들에게 각자 신학적 토대 위에 견고하게 서서 크게 생각하고 교회적인 BHAG를 꿈꿔 보라고 촉구했다고 들었다. 사람들이 스스로 쉽게 획득할 수 있는 것 이상에 이르도록 도와주지 않는다면, 코치는 필요 없을지도 모른다.

행동 취하기

BHAG를 논의하고 목표를 세우는 것은 고무되는 일이지만, 진전을 이루려면 말하는 것을 멈추고 행동을 시작해야 한다. 이는 관리자가 사원들을 코칭할 때 종종 실패하는 부분이다. CEO가 전략을 세우고 회사를 이끌어 공동 목표를 성취하는 데 실패하는 지점이기도 하다. 정치 지도자들도 마찬가지일 수 있다. 그들은 선거 유세를 하는 동안 모호하고 미사여구로 점철된 약속들로 청중을 선동하는 뛰어난 비저너리일 수 있다. 선거 후 새로 선출된 이런 일부 공직자들은 전략적으로 사고하는 능력에 한계를 가진 채, 모든 사람을 동일한 목표를 향해 같은 방향으로 몰아 간다. 어떤 팀이 해야 할 필요성에 동의하고 따라가고자 하는 좋은 의향이 있더라도, 명확한 행동 계획이 없고 리더에게 격려를 받지 못한다면 진전은 없다.

이 부분에 관해서 운동선수 코치들에게서 배울 점이 있다. 결승전에서 우승하는 팀의 코치들은 팀의 목표를 분명하게 제시하고, 선수들의 강점과 약점을 파악하고 있으며, 더 잘할 수 있도록 독려하고 격려하며, 팀원들에게 전략적으로 경기하는 법을 보여 줄 줄 안다. 만일 코치가 확신을 심어 주지 않고 발전 과정을 점검해 주지 않으면, 선수들은 더 나아지거나 승리하기 위해 아무런 행동도 취하지 않을 것이다. 결국 아무런 변화도 일어나지 않을 것이다.

> 누구나 취미 삼아 해 볼 수는 있다. 그러나 당신이 헌신하기로 결정하면 당신의 핏속에는 그 특정한 일이 흐르게 되고, 사람들이 당신을 못 말릴 것이다.
>
> _ 빌 코스비(Bill Cosby), 연예인

코칭 고객이 명확한 목표와 행동 계획을 세우고 나면, 이 모든 것을 이루기 위해 헌신해야 한다. 코치는 고객 곁에 머물며 격려하고 과정을 안내하는 데 헌신하고, 코칭받는 사람은 전진하기 위해 행동을 취하기로 합의한다. 헌신은 돌아서지 않는 것을 함의한다. 따라서 코치는 다음과 같은 질문을 하고 구체적인 답변을 얻어야 한다.

- 지금 이 계획에 얼마나 헌신하고자 합니까?
- 만일 헌신할 준비가 되어 있지 않다고 느낀다면, 계획을 어떻게 바꿔야 헌신할 수 있을까요?
- 먼저 무엇부터 할 예정입니까?
- 언제 시작할 것입니까?
- 언제 마칠 것입니까?
- 누구에게 말할 것입니까?(다른 사람이 알고 있을 때, 헌신은 확고해진다.)
- 누구를 지원하고 책임질 것입니까?
- 1부터 10까지 점수를 매긴다면, 당신이 행하기로 동의한 것을 얼마나 실행할 것 같습니까?

코치 존 휘트모어는 마지막 질문에서 자신에게 8점 이하를 주는 사람은 끝까지 해내는 경우가 드물다는 사실을 발견했다.[16] 따라서 고객의 점수가 7점 혹은 그 이하인 경우, 휘트모어는 고객이 목표를 다시 한 번 살펴보고 점수를 올리기 위해서 무엇을 해야 할지 생각해 보도록 격려했다. 이는 기한을 연장하거나 일의 규모를 축소하는 것일 수도 있다.

행동을 취하면서 어떤 사람은 이전에 결코 가능하리라 생각지 않았던 일들을 시도하며 자신을 익숙하지 않은 영역으로 몰아가기도 한다. 그런 사람들이 계속해서 나아갈 수 있도록 격려하고 도와야 한다. 강요하는 것처럼 들리지 않게 코치는 다음과 같이 제안할 수 있다. "이 일을 마치면 제게 이메일을 보내 주면 어때요?" "화요일 여덟 시쯤 어떻게 지내는지 제가 전화하면 어떨까요?" 어떤 코치는 요청하기도 한다. "아침에 전화해 주시기 바랍니다." 고객이 동의하지 않으면 그가 할 수 있는 다른 대안을 요구하라. 대개 행동을 취하는 정도가 그 사람의 의향과 헌신을 나타내는 지표가 된다.

일단 과정이 시작되면, 보통 점검 작업을 진행한다. 진전이 있으면, 축하해 주고 계속하도록 격려해 주라. 목표에 도달하지 못했다면, 가능성 있는 이유들이 무엇인지 논의하고 계획을 수정할 수 있는 방법들을 찾아 다음번에는 성공할 수 있게 하라. 코치는 비난하거나 꾸짖거나 판단하지 않는다. 그 대신 성경에 언급된 여러 방법으로 돕는다. 코치는 격려하고, 세워 주고, 털어놓고, 강건하게 하고, 친절을 베풀며, 서로 돌보아 준다. 때로 코치는 부드러운 제안을 하기도 한다. "제가 보기에 약속한 대로 하지 않으시는 것 같은데, 어떻게 하면 약속한 것을 완수할 수 있을지 궁금합니다." 라이프 코치는 운동선수 코치들이 이따금씩 보여 주는 것처럼 경기장 밖에서 발을 동동 구르며, 소리지르고, 욕설을 퍼붓고, 협박하고, 운동선수의 이름을 부르며 큰소리로 떠벌리지 않는다. 그들은 그렇게 하면 선수들이 더 잘하리라 가정하고 있다. 그러나 그 효과는 잠깐뿐이다.

목표 설정하기, 생각 확장하기, 행동 취하기 등에 관한 이 모든 논의 가운데 한 가지가 빠졌다. 대개 개인 고객, 기업, 운동선수 팀이 능력 이상의 과도한 기대를 거는 경우, 목표에 도달하지 못하고 계획은 실패한다. 청소년 시절, 나는 운동선수가 되고 싶었지만 운동신경이 없어 공을 잡거나 정확하게 던질 수 없었다. 나는 이 사실로 인해 부족하다고 느꼈고, 때로는 나 자신의 남성다움에 대해 의구심을 품을 정도였다. 성인이 된 후 이 모든 것을 극복하고 다른 분야에서 탁월성을 발휘했다. 그러나 어느 날 내가 미식축구 선수가 되기로 결심했다고 가정해보자. 비록 내가 운동선수라는 새 직업에 대해 비전을 명확히 하고, 간결한 목표를 설정하고, 내 사고를 확장하고, 행동을 취하기 위한 전략적인 계획을 발전시킬 수 있다 하더라도, 내 몸이 너무 늙고 운동신경은 여전히 부족하기에 나는 실패할 것이다. 우스꽝스럽게 보일지 모르지만 이런 예는 비전을 세우는 능력 때문에 고용되었지만 비전을 성취하는 데 실패하는 회사 경영진의 사고와 비슷하다. 이런 지도자들은 꿈을 크게 꾸고 확장을 위한 야심찬 계획들을 발표하는 것을 자랑스러워할지 모른다. 그러나 조직이 위험하고 크고 담대한 목표들을 달성하기 위한 재정, 직원, 전문 지식, 생산 능력 등이 부족하면 실패할 공산이 크다.

"당신이 세운 계획이 현재 지니고 있는 역량과 맞지 않거나 그런 역량을 너무 큰 대가를 지불하고 습득해야 할 경우, 얼마나 잘 실행하든 실패의 위험은 눈에 띄게 증가한다." 전략 전문가 래리 보시디(Larry Bossidy)와 램 차란(Ram Charan)이 한 말이다.[17] 기업에 부합하는 진실은 또한 교회, 공동체, 조직, 코칭 받으러 오는 개인에게도 해당된다. 코치는 고객이 생각을 확장하고 큰 꿈을 갖도록 격려하면서도, 고객이 정한 목표와 행동 계획이 고객의 역량을 넘어가지는 않는지 의문을 제기해야 한다. 때로 이것이 코치가 할 수 있는 가장 큰 공헌이 되기도 한다.

> **목표를 확장하는 것은**
> 오랜 관습을 깨고 일을 더 잘하도록 사람들을 밀어붙이는 데 유용할 수 있지만,
> 만일 사람들이 전적으로 비현실적이라면 그런 목표는 쓸모없는 것 이상으로 심각하다.
> _ 래리 보시디, 램 차란, 「실행에 집중하라」(Execution)의 공저자

좋은 코치는 위험을 감수하려 한다. 코치는 사람들을 새로운 모험으로 안내하고 신선한 도전을 감행하도록 격려하는데, 코치가 격려하지 않는다면 사람들은 도전할 용기도, 도전을 수용할 통찰력도 갖지 못할 것이다. 이렇게 위험을 감수하는 것은 항상 위협적인 요소다. 안전지대에서 낯선 영역으로 내모는 것이다. 어떤 고객은 모험심이 강해서 대다수 사람들보다 위험 감수를 잘한다. 다른 고객은 보다 신중하다. 그들이 큰 계획을 세우도록 도전하는 것도 유익하지만, 그들이 현실과 완전히 동떨어진 곳으로 이동하려고 할 때 경고하는 코치가 필요하다. 우리는 대부분 비전을 확장하고, 이를 격려하고, 가는 길에 장애물을 예상하도록 돕고, 결국 성공할 것이라는 확신을 주고, 달성할 수 있는 목표와 전략을 찾도록 돕는 친구, 안내자 또는 코치가 있을 때 목표에 도달할 수 있다.

과정을 진전시키기

코칭은 우리가 사는 시대에 정말 적합하다. 지루한 연설이나 대학 강의를 수동적으로 듣거나, 상명하달 식 리더십 유형을 가진 독재자 같은 고용주를 위해 일하거나, 피드백이나 토론을 허용하지 않는 조언자의 안내를 의무적으로 따르는 데 만족하는 사람은 없다. 나이가 많거나 변화를 크게 두려워하는 사람을 제외하고, 코칭받는 사람들은 냉담한 조언자에게 '이렇게 하라' 식 강의를 듣고 싶어 하지 않는다. 현대를 살아가는 대다수 고객들은 코칭의 모든 과정에 참여하기를 선호한다. 그들은 주제를 명료화하고, 자신의 현재 위치를 파악하고, 비전과 사명을 설정하고, 이에 수반되는 전략을 짜고, 계획이 실현되도록 행동을 취하는 이 모든 과정에 참여하고 싶어 한다. 그들은 어떤 계획이든지 주인 의식을 갖고 싶어 하고, 다른 사람들과 연결되어 있는 것을 소중하게 생각한다.

이런 이유들로 사람들은 코칭의 특징인 파트너십을 소중히 여긴다. 그러면 코치는 어떻게 고객과 연결되어야 고객이 계획 세우는 것을 돕고, 위험을 감수하게 하며, 목표에 도달할 가능성을 높일 수 있을까? 코치는 민감하고 침해하지 않는 방식으로, 고객이 실행해 나아갈 수 있도록 몇 가지 실제적인 방법으로 도울 수 있다.

고객은 보통 일을 다르게 하기 위해 또는 다른 일을 하기 위해 코칭받으러 온다.

고객은 목표를 설정하고, 그에 수반되는 계획을 짜고, 행동을 취하기 원하며,

계속해서 나아가기 위해 코치의 책임 있는 도움을 활용한다.

고객은 가만히 멈춰 서 있지 않고 움직이기 원한다.

_ 로라 휘트워스, 「상호 협력적 코칭」의 공저자

자신감을 자극하라. 아장아장 걷는 아기가 수영장 가장자리에 서 있다고 상상해 보라. 아버지는 허리까지 오는 물속에 서서 두 팔을 벌리고 아기에게 뛰어내리라고 용기를 북돋고 있다. 아기는 뛰어들고 싶지만 겁이 난다. 때때로 우리 역시 그와 같은 심정일 때가 있다. 우리에게는 자기 확신, 할 수 있다는 믿음, 다치지 않을 것이라는 확신이 필요하다. 이런 신념들은 과거에 뛰어내렸다가 실패했거나, 부모님이나 선생님이 우리는 할 수 없고 결코 성공할 수 없을 것이라고 끊임없이 말해 왔다면 견지하기 어렵다. 코치는 기술을 가르치고, 도달할 수 있는 작은 단계들을 밟도록 격려하며, 가르치고 싶은 것을 본으로 보여 주고, 고객을 신뢰하고 있음을 보여 줌으로써 자신감을 자극한다. 어떤 중요한 사람이 자신을 믿고 있다는 것을 깨닫는 것보다 강하게 동기부여 하는 것은 없으며, 그 어떤 것도 이런 신념을 단념시키지 못할 것이다.

응원하라. 스물한 살인 내 친구 앨은 재능과 잠재력이 많고 포부가 큰 음악가다. 거의 매일 저녁 앨은 일을 마치고 밴드와 함께 연습한다. 비록 보수를 받지 못하고 자신의 연주 음반을 많이 팔지 못해도 주말에는 대개 공연을 한다. 앨은 꿈이 있다. 자신의 목표에 도달하기 위해 열심히 일한다. 그러나 때로 자신이 그 일을 왜 하는지 의문을 품을 때가 있다. 방향을 잃어버리고 가장 우선순위에 두

었던 비전, 열정, 목표와 소망을 잊어버린 것일까? 나는 앨의 코치나 멘토는 아니지만 그가 일하는 식당에 정기적으로 들러 어떻게 지내는지 보고 그를 응원해 준다. 일상적인 이야기를 나누면서 그가 자신의 가치와 잠재력을 기억하도록, 또한 무엇을 위해 일하는지를 기억하도록 상기시켜 준다. 멘토, 교수, 수업을 함께 듣는 동료들은 스트레스에 눌리고 분주한 생활에 빠져 자신이 성취하기 원하는 것을 잊고 사는 학생들에게 이런 일을 할 수 있다. 나는 앨과 대화할 때 그렇게 하고 싶다.

코치들은 이런 활동을 '고객이 믿고 원하는 것을 응원하기'라고 부른다. 어떤 이는, 코치는 고객의 꿈, 비전, 목표를 담아 내는 그릇이라고 했다. 분주한 생활로 이런 것들이 기억에서 흐릿해지거나 사라질 때, 코치는 고객이 중요하다고 여기는 것을 응원한다. 코치는 가능한 것이 무엇이고 무엇을 할 수 있는지를 상기시켜 준다. 세상은 목표 달성에 성공한 사람들의 이야기로 가득하다. 이는 누군가가 그들을 믿어 주고, 격려하고, 영감을 주고, 다른 사람들이 그 목표는 어리석어 보이고 달성할 수 없다고 생각할 때조차 그들이 추구하는 것을 응원했기 때문이다. 코칭에서 가장 보람 있고 성취감 있는 부분이 바로 사람들과 함께하고, 사람들이 성취하기 원하는 것을 응원하는 일이다.

피드백을 주라. 예수님은 훈련 프로그램의 일환으로 일흔두 사람을 두 명씩 짝 지어 파송하시면서, 가르치고 치유하고 하나님의 나라에 대한 말씀을 전파하라고 명하셨다. 앞서 우리는 그들이 돌아와서 피드백을 주고받기 위해 함께 모인 점에 주목한 바 있다. 예수님은 그들의 이야기를 경청하고, 노력을 칭찬하며, 다음에 더 잘할 수 있는 방법을 가르치고 코칭해 주셨을 것이다. 그들은 이루어진 일들에 기뻐하며 하나님이 행하신 일들을 찬양했다.[18] 그들은 분명 피드백으로 인해 자신감이 생겼고 다시 나아갈 용기를 얻었다.

피드백에는 긍정적인 것과 교정적인 것, 두 유형이 있다. 긍정적 피드백은 잘한 점을 지적하고 주로 긍정하고 칭찬한다. 긍정적 피드백은 직원이나 고객을 지속적으로 동기부여 하여 같거나 유사한 방향으로 나아가도록 격려한다. 교정적 피드백은 잘못된 점을 지적하고 앞으로 어떻게 바꿀 수 있을지를 코칭한다. 교정적 피드백은 비난하거나 비평하려는 것이 아니므로, 한 개인이나 개인이 하는 잘못이 아니라 문제에 초점 맞추어 정중하게 해야 한다. 대개 이런 피드백은 더 나아질 수 있다고 격려하고 잘한 것에 대해 인정해 주어야 한다. 피드백은 두 유형 모두 공감할 만하고 구체적이며 행동에 초점 맞춘 것이어야 하고 건설적이어야 한다. 코치는 전문가가 아니므로 피드백은 코칭에서 잠시 동안만 제시해야 한다. 토론의 여지가 있어야 하고, 때로는 새로운 행동 계획을 발전시켜야 한다.

사람들은 대부분 피드백이 모두 긍정적이지는 않을 때조차, 지속적이고 구체적이고 정직하고 사랑이 담긴 피드백을 받을 때 계속해서 나아가고자 하는 동기를 부여받는다. 좋은 피드백은 생각을 확장시키고, 용기를 주고, 교정해 주고, 자신감을 심어 준다. 고객은 피드백 없이 자신의 행동이 어떤 결과를 초래하는지 보지 못한다. 긍정적인 피드백이 없으면 많은 고객, 직원 또는 팀 구성원들은 영감을 잃고 계속해서 나아가기를 멈춘다. 내 친구는 어느 회사 세미나에서 피드백의 가치에 대해 가르치고 나서 마지막 슬라이드를 다음과 같은 말로 맺었다. "최악의 피드백은 피드백을 전혀 하지 않는 것이다."[19]

능력을 부여하라. 예수님이 이 땅에서 마지막으로 하신 말씀 중에 모든 권세가 궁극적으로 그분께 속해 있다고 하신 바 있다.[20] 예수님은 사람이 지닌 능력은 성령에게서 오는 것이지, 내면의 힘이나 외부의 자원에서 오는 것이 아님을 알고 계셨다. 코치는 고객이 원하는 것을 성취하기 위해 고객이 지닌 능력을 끌어내도록 격려할 때, 계속해서 이 관점을 견지해야 한다.

사람은 행동을 취할 때 부당하게 대우받지 않고, 난처해지지 않고,
괴롭힘당하지 않고, 해를 받지 않아 안전하고 든든하다고 느껴야만 모험을 감수할 수 있다.

> 우리는 안전감을 느낄 때 외부의 영향력과 교훈에 대해 더 개방적이 된다.
>
> _ 제임스 쿠제스(James Kouzes), 배리 포스너(Barry Posner), 「리더십 챌린지」(Leadership Challenge)의 공저자.

코치들은 대부분 때때로 위험 감수나 새로운 시도를 두려워하는 고객을 만난다. 고객이 자신감을 갖고 전진하도록 어떻게 힘을 실어 줄 수 있을까? 하나님이 주신 강점과 능력을 고객에게 상기시켜 주고, 유사한 상황에서 성공했던 때를 떠올려 보도록 격려하는 것은 좋은 출발점이 된다. 나는 종종 고객에게 살아오면서 하나님이 축복하신 활동이 무엇인지 말해 달라고 요청한다. 그러고 나서 우리는 그것을 현재에 적용한다. 특히 고객이 행동을 취할 때 코치가 정서적으로 또한 기도로 함께하기로 약속할 때는 격려만으로도 도움이 된다. 어떤 코치는 고객이 바라거나 상상하는 일들이 이미 일어난 것처럼 행동하도록 격려한다.[21] 이렇게 하면 고객은 덜 머뭇거리며 자신 있게 행동한다. 또 다른 방법은 고객을 위해 모델이 되어 주는 것이다. 이는 코치 자신에게 너무 주의를 기울일 위험성이 있지만, 코치가 고객의 동의하에 때때로 자신의 경험을 나눈다면, 코치의 진정성을 보여 주고 고객을 격려하며 고객이 코치의 발자취를 따르도록 능력을 부여할 수 있다.

책임감을 보이라. 우리는 변화하기가 어렵다. 특히 오랫동안 굳어진 습관들을 바꾸는 것은 더더욱 그렇다. 책임감은 여러 회복 프로그램이나 알코올 중독자 재활회(Alcoholic Anonymous)과 같은 집단에는 핵심 요소다. 이는 코칭에서도 마찬가지로 핵심적인 특징이다.

코칭에서 책임감은 바람직하지 않은 행동을 중단하거나 새로운 행동을 계발하는 데 초점을 맞출 수 있다. 때로 고객은 꾸준히 자신의 행동을 일지에 기록하고 매주 또는 매일 발전하는 모습을 보고해야 한다. 전화나 인터넷에 대해 책임을 져야 할 때도 있다. 내 친구 하나는 자신이 멀리 사업 출장을 떠날 때, 텔레비전을 시청하는 것에 대해 책임감을 갖고 자신을 붙들어 달라고 요청했다. 내 친구는 출장을 가면 숙소에서 홀로 포르노를 보는 습관이 생겼는데, 그만두고 싶어 했다. 그는 출장 때마다 내게 전화를 걸어 보고하기로 약속했고, 나 또한 그에게 전화하기로 약속했다. 그가 보고한 바에 따르면 포르노 시청을 상당히 줄였고, 그 문제는 점차 나아지다가 직업을 바꾸면서 마침내 사라졌다.

코칭에서는 종종 고객이 원하는 긍정적인 변화를 이루도록 책임감 있게 붙들어 주어야 한다. 내 고객 하나는 직원들이 좋은 성과를 내도 칭찬할 줄을 모른다. 그는 인정해 주지 않는 것이 부서의 사기를 떨어뜨릴 수 있음을 받아들이고, 하루에 한 가지씩 칭찬을 하기 시작했고 나에게 언제 그렇게 했는지 말해 주었다. 이런 책임감은 운동을 꾸준히 하고, 시간 관리를 더 잘하며, 가족과 양질의 시간을 함께 보내기 원하는 사람들에게 효력을 발휘한다. 이 과정이 최고의 효과를 발휘하려면, 헌신할 것을 분명하게 명시해야 하고, 각 사람이 해야 할 일과 보고하는 방법을 알아야 한다. 고객이 실패하면 코치는 그에 대해 알아보도록 돕고, 성공 가능성을 키우기 위해 어떤 변화가 필요한지 고객과 논의하는 것을 목표로 삼아야 한다.

> 차이를 만들어 내고 싶다면…전략을 짜는 시간이 필요하다.
>
> _ 마이클 포터(Michael E. Porter), 하버드 경영 대학 교수

희망을 지켜 주라. 리더는 희망을 지켜 내는 데 전문가다. 이는 코치도 마찬가지다. 예수님이 죽으시고 떠나신다는 말씀이 진심임을 깨달은 제자들은 불안해했다. 그래서 주님은 마지막 가르침을 희망의 말로 시작하셨다. "너희는 마음에 근심하지 말라…하나님을 믿으니 또 나를 믿으라…내가 아버지께 구하겠으니 그가 또 다른 보혜사를 너희에게 보내사 영원토록 너희와 함께 있게 하리니…이것을 너희에게 이르는 것은 너희로 내 안에서 평안을 누리게 하려 함이라. 세

상에서는 너희가 환난을 당하나 담대하라. 내가 세상을 이기었노라."[22]

희망이 사라지면 코칭은 거의 효과가 없다. 어린아이가 걷기 시작할 때 부모가 그 곁을 지켜 주는 것처럼, 좋은 코치는 고객 곁에 머물며, 특히 고객이 처음으로 실천의 발걸음을 뗄 때 희망과 용기를 준다. 리더나 코치가 고객의 노력을 알아차리고 그가 더 잘할 수 있다는 확신을 이야기해 줄 때, 고객은 목표를 향해 나아가려고 더욱 분발하게 된다.

전략을 세우고, 현재 있는 곳에서 가고자 하는 곳에 도달하기 위해 행동을 취하도록 고객을 돕는 방법은 여러 가지가 있다. 그러나 때로 도중에 나타나는 경험, 환경, 사람, 태도, 자아와의 대화, 감정과 같은 장애물은 진행을 가로막는다. 이런 장애물들은 코칭 첫 시간에 드러날 수도 있고, 드러나서 다룰 때까지 코칭을 손상시키며 감추인 채로 남아 있을 수도 있다. 이제 우리는 장애물들에 대해 다룰 것이다. 장애물을 직면하여 타파하면 코칭은 성공을 향해 자유롭게 나아갈 것이다.

13장 ·· 장애물 통과하기

1년에 오직 두 계절, 곧 겨울과 도로 공사 철밖에 없다고 하는 농담을 아마 들어 보았을 것이다. 내가 사는 곳에서는 여름이 찾아오자마자 도로 작업반이 도로를 개선한다며 몇 달 동안 교통 정체를 유발하며 공사를 한다. '공사 중'이라고 쓰인 표지판을 따라갈 때면 주행 시간이 늘어나고 불만 수위도 함께 높아진다.

코치는 이와 비슷한 정체를 경험하는 사람들과 함께 일한다. 코치는 도중에 장애물로 인해 진행을 방해받고 있는 사람 곁으로 간다. 때로 이런 장애물들은 고객이 코칭을 받으러 오는 첫 번째 이유가 된다. 이런 사람들은 대부분 자신의 독특한 점을 인식하고 있다. 자신의 가치관을 알고, 추진력 있는 열정을 갖고 있으며, 비전도 명확하다. 어떤 사람은 심지어 사명 선언서와 신중하게 세운 목표들도 있다. 그러나 길을 가로막고 있는 심리적 장애물이나 다른 장애물을 식별하거나 극복하지 못해 진전하지 못한다. 공사 현장을 지나가는 운전자들처럼 불만과 정체에 직면한다. 코치는 길가에 서서 깃발을 들고 장애물을 비켜 가도록 안내하는 사람과 같다.

인생의 모든 도로 장애물처럼, 코칭을 할 때도 장애물은 여러 가지 형태와 크기로 나타난다. 장애물은 무시할 것이 아니라 직면하고 극복해야 할 것이기에 코칭 바퀴의 한 부분 전체를 차지한다. 코칭을 하다 보면 장애물은 아무 때라도 튀어나오고 모든 코칭 과정마다 나타난다. 어떤 것은 흔하고 쉽게 식별된다. 또 어떤 것은 독특하고 깊이 감추어져 있어 코칭 과정이 한창 진행되고서야 나타난다. 어떤 장애물은 코칭받는 사람 외부에서 온다. 계속 직장에서 경력을 관리해 나가고 싶지만 까다로운 상사나 차별적인 회사 정책이 길을 가로막을 수도 있다. 내적 장애물은 잘 보이지 않는다. 두려움, 태도, 습관, 불안감, 집중을 방해하는 것 등 보다 미묘한 것들인데, 에너지를 고갈시키며, 코칭을 무산시킬 정도로 위협적이다.

페르디난드 포니스(Ferdinand Fournies)는 고용주들을 돕는 세계적인 경영 컨설턴트이자 비즈니스 코치다. 사람들이 마땅히 해야 할 일을 하지 않는 이유를 찾으려는 야심찬 프로젝트를 계획한 포니스는 전 세계 관리자와 감독관 2만 5천 명을 상대로 설문조사를 실시했다. 기업 리더들이 직원들의 생산성 향상을 가로막는 장애물들을 발견하도록 돕는 것이 목적이었다. 그러나 조사 결과는

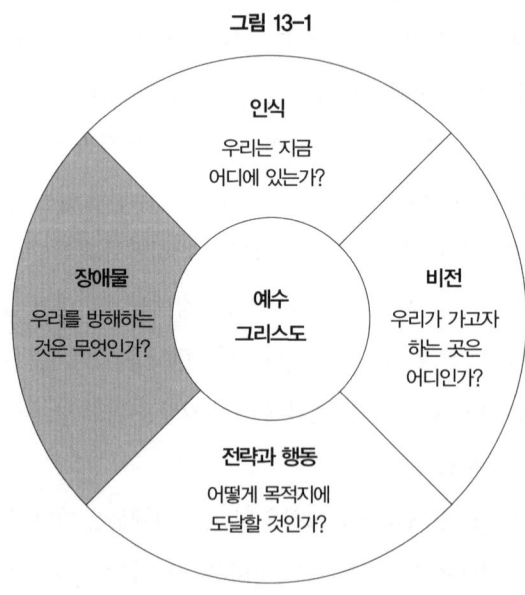

그림 13-1

코치들도 적용할 수 있다. 이행하기로 합의한 일을 하지 못하도록 가로막는 장애물은 무엇인가? 우선 아홉 가지는 다음과 같다.[1]

1. 직원들은 구체적으로 무엇을 해야 하는지 모른다.
2. 어떻게 해야 하는지 모른다.
3. 왜 해야 하는지 모른다.
4. 하고 있지만 피드백이 없다고 생각한다.
5. 도중에 그들이 통제할 수 없는 장애물을 만난다.
6. 해도 안 될 것이라고 생각한다.
7. 자신들이 하는 방법이 더 낫다고 생각한다.
8. 다른 것이 더 중요하다고 생각해서 우선순위를 다르게 정한다.
9. 하더라도 아무런 유익(긍정적인 결과)이 없다.

조사한 연구원들은 이런 이유들은 방향성 결여와 피드백 결여라는 두 가지 큰 범주로 나뉜다고 결론 내렸다. 사람들은 가야 할 방향이 명확하지 않고, 일단 움직이기 시작해도 어떻게 진행되고 있는지 평가할 수 없다. 위 목록에서 단 한 가지만이 사람이 통제할 수 없는 장애물을 다루고 있음을 주목하라. 그러나 이런 장벽도 극복할 수 있다.

이 장애물들 중 일부는 외적인 것인 반면, 다른 것들은 내적인 것임을 또한 주목하라. 외적 장벽들은 외부의 감독관이 피드백을 주지 않거나 해야 할 일에 대해 분명한 방향을 제시하지 않았기 때문에 찾아온다. 다른 장벽들은 내적인 것이다. 내적 장벽은 일터나 관리자의 행동에서 비롯되지 않는다. 이런 내적 장벽들은 대개 직원 자신만 안다. 그들은 어떻게 일해야 할지 모르고 불안을 느끼거나 명확하게 말해 달라고 요구하지 못한다. 외적, 내적 장벽들은 모두 코칭의 효과를 떨어뜨린다.

표 13-1 코칭의 외적 장벽들(일부 목록)

장벽	영향	코칭 제안
주의를 분산시키는 인생의 사건들	코칭에 집중하지 못하고 에너지를 소모한다	사건(병, 가족의 죽음, 이사 등)을 다루고 코칭으로 돌아가라
너무 많은 요구 사항	압박감, 주의 산만	우선순위를 재평가하고, 시간/일정 관리를 배우고, 도와줄 사람을 찾으라
까다로운 사람들	에너지를 고갈시킨다 시간을 소모한다	경계선을 설정하고, 세력 다툼을 피하고, 거절해야 할 때 거절하고, 할 수 있으면 직면하고, 우선순위를 재평가하라
타인의 비판	거절에 대한 두려움, 자기 회의	비판 내용과 비판하는 사람을 평가하라 (어떤 비판은 무시해도 된다). 필요하면 목표를 재조정하라. 자기 방어에 주의를 분산시키지 말고 계속해서 나아가라
경계선이 불분명함	주변 환경과 사람들이 우리의 시간을 갉아먹고, 의사를 정하고, 코칭과 다른 문제들을 방해한다	한계를 명확하게 밝히고, 부드럽고도 단호하게 거절하는 법을 배우라. 다른 사람이 자신의 의사를 정하도록 허용하지 말고, 사람을 기쁘게 하는 자가 되게 하는 원인을 제거하라
책임 소재가 없음	비전, 동기, 결단, 헌신, 지속하려는 자발성의 약화	책임 있게 붙잡아 줄 사람을 찾으라
다른 사람의 평가가 없음	낙심, 동기 상실, 정체, 혼란	정직한 피드백을 받을 수 있는 방법을 찾으라
에너지를 고갈시키는 것들	주의 분산, 방해, 에너지 고갈, 시간 낭비, 인내 상실	고갈시키는 것들을 식별하고, 제거하거나 그 영향력을 줄일 수 있는 행동을 취하라

외적 장벽들

할 일이 너무 많은 사람들이 얼마나 많은가? 나를 포함하여 내가 아는 거의 모든 사람이 이 범주에 해당한다. 우리는 너무 바쁜 생활에 대해 불평하지만, 때로는 과다한 활동이 자신이 중요한 존재라는 상징인 양 자랑스럽게 여긴다. 우리가 이렇게 분주한 이유는 대개 외부의 요구 때문이다. 만일 당신이나 고객이 일을 많이 시키는 상관 아래서 일하거나, 취학 전 아동을 돌보는 엄마라면, 일정을 관리할 여지가 없다. 이런 상황이라면, 다른 사람이 요구할 때 펄쩍 뛸 것이다. 코치가 제안하는 것을 할 시간은 둘째 치고, 해야 할 일을 모두 할 수 있는 시간도 제한되어 있다.

표 13-1은 코치가 통제할 수 없는, 사람들이나 환경 속에 뿌리내린 코칭의 공통된 장벽들을 일부 나열한 것이다. 그러나 이 목록을 자세히 살펴보면 타인에게 탓을 돌리던 많은 외적 장벽들이 실은 우리 내부에서 기원한 것임을 알게 될 것이다. 이를테면 빡빡한 일정에 대해 다른 사람을 탓하는 경우, 우리가 거절하지 못하고 사람들 비위를 맞추거나, 바쁘게 뛰어다닐 때 분비되는 아드레날린을 좋아해서 일정을 잡았기 때문이다. 어떤 코치는 우리 중 많은 사람들이 이른바 웁스(OOPS)를 경험한다고 말했다. 이는 과도하게(Overly) 낙천적인(Optimistic) 계획(Planning) 증후군(Syndrome)을 의미한다.[2] 심지어 코치들도 고객에게 목표에 도달하도록 과도하게 노력할 것을 재촉하며 이를 격려하기까지 한다. 타인을 탓하거나 자신을 외부 압력의 희생자로 여길 수 있지만, 사실 우리에게는 스스로 받아들이는 것보다 많은 통제권이 있다.

> 당신이 다른 곳에 도달하기 원한다면, 현재 있는 곳에 대해 항상 불만족하라.
> 현재의 당신으로 만족한다면 당신은 이미 멈춰 버린 것이다.
> "이것으로 충분해"라고 말한다면 당신은 길을 잃은 것이다.
> 계속해서 걸어가고, 앞으로 나아가며, 목표를 향해 노력하라.
> _ 아우구스티누스, 초기 교부

만성 질병에 걸린 친척을 계속 간병하거나 긴박한 작업 마감에 시간을 다 쏟는 상황을 생각해 보라. 이런 상황에서 대안은 오직 두 가지밖에 없다. 아무것도 달라지지 않을 것이라 가정하고 아무것도 하지 않고 체념한다. 아니면 당장 바꿀 수 있는 것부터 시작하여 장벽을 제거하거나 수정하거나 수용한다. 사람들을 이와 같은 결단으로 안내하는 것은 코칭의 중요한 부분이다. 앞에서 다룬 동일한 원리를 사용하지만, 여기서는 방해하는 장애물을 다루는 단기 목표에 초점을 맞춘다. 코치는 이 과정을 안내할 때, 고객이 각 행동에 따르는 대가를 숙고하고 평가하도록 세심하게 격려해야 한다. 벅찬 일이라고 그만두는 것은 대부분의 경우 너무 과한 결정이다. 도움을 얻거나, 우선순위를 재조정하거나, 일정에서 일부를 제외하거나, 사고방식을 바꾸는 등 상황을 견딜 만하게 만들 방법이 있지 않겠는가?

에너지를 고갈시키는 것들

장애물에 관한 우리의 논의에 한 가지 주제가 관통하고 있다. 삶은 에너지를 고갈시키는 것들로 가득 차 있다는 것이다. 이는 까다로운 사람이나 일터에서의 스트레스일 수도 있고, 불안이나 우울, 충족되지 않은 욕구들, 작고 귀찮은 사소한 일들일 수도 있다. 이런 것들은 시간 없는 우리의 관심을 끌기 위해 책상 위에 쌓여 조용히 울부짖고 있는 서류더미처럼 우리를 소진시킨다. 할 일 목록은 해야 할 일들을 우리에게 상기시키며 에너지를 고갈시킬 수 있다. 목록은 좀처럼 줄어들지 않는다. 일부를 처리하면, 항상 새로운 일들이 목록에 덧붙는다. 컴퓨터와 다른 전자 기기는 에너지를 더욱 고갈시키는 것들이다. 이메일이나 문자 메시지는 밤낮을 가리지 않고 날아오며 휴가 때라도 노트북 컴퓨터와 휴대전화를 가지고 가면 즉각 우리의 관심을 끈다. 일을 집중해서 하다가 도중에 방해받으면, 다시 집중하는 데 25분이 걸린다는 기사를 읽은 적이 있다. 컴퓨터에서 이메일 도착 알림 소리가 나거나 어린아이가 있다면, 주의를 산만하게 하여 에너지를 고갈시키는 힘이 어떠한지를 잘 이해할 것이다.

에너지를 고갈시키는 것들은 코칭 과정을 진행할 때 저마다 다른 시기에 나타난다. 목표에서 벗어나게 하고, 효과적인 리더십을 훼손하기도 하고, 동기를 사그라들게 하고, 좌절과 낙담을 주기도 한다. 따라서 이것들을 식별하고, 논의하고, 처리해야 한다. 그러지 않으면 계속 활력을 고갈시킬 것이다. 부록 J는 수정하거나 복사하여 당신이 코칭하는 사람과 함께 활용할 수 있다.

마스터 코치 다이앤 메넨데즈는 에너지를 고갈시키는 것들을 다루는 방법을 포함하여 코칭의 여러 가지 기본적인 것들을 내게 가르쳐 주었다.[3] 그녀는 이런 것들을 식별하려면 각각에 대해 다음과 같은 질문들에 답해 보라고 제안했다.

- **에너지를 고갈시키는 것이 시간, 정력, 돈, 마음의 평안 중 어떤 대가를 치르게 하는가?** 대가가 큰 것에 관심을 집중하라. 다른 것은 참고 견디거나 나중에 다루기로 하고 제쳐 두라.
- **이것은 겨울 추위처럼 시간이 가면 사라질 것인가?** 그렇다면 사라질 때까지 참아도 된다.
- **에너지를 고갈시키는 것이 큰 대가를 치르게 하고 상당 기간 지속될 것 같으면, 그것을 제거하거나 그 영향력을 감소시키기 위해 무엇을 할 수 있는가?** 때로 그것은 시간 관리 원칙을 적용하거나 일정에서 일부를 빼 버리는 것일 수 있다. 중고 물품을 내다 팔거나 휴가를 떠나거나 할 일 목록에서 가장 먼저 해야 할 일을 완수하기 위해 주변을 철저히 차단하고 시간을 확보하는 것일 수도 있다.
- **이렇게 에너지를 고갈시키는 것들의 긍정적인 측면은 무엇이며, 거기서 배울 점은 무엇인가?** 우리의 에너지를 고갈시키는 것이 무엇인지 알면 장래에 그런 것들이 재발하지 않도록 예방할 수 있다.

네 눈은 바로 보며 네 눈꺼풀은 네 앞을 곧게 살펴
네 발이 행할 길을 평탄하게 하며 네 모든 길을 든든히 하라.

> 좌로나 우로나 치우치지 말라.
>
> _ 잠언 4:25-27

까다로운 사람이 당신의 에너지를 고갈시킨다면, 하나님께 당신이 어떻게 대응하기 원하시는지 여쭈어 보라. 경계선을 긋는 것이 적절할 수 있지만, 그 사람에게 관심을 기울이는 것이 하나님이 당신에게 맡기신 일 가운데 하나일 수도 있다. 이런 재평가 과정이 이전의 몇몇 장에서 언급한 재구성하기의 한 예다. 에너지를 고갈시키는 좌절스런 일을 선택하여 다르게 재구성하면 이를 다른 관점으로 볼 수 있다. 가장 파괴적으로 에너지를 고갈시켰던 것들이 아름답고 보람 있는 것으로 변화할 수 있다. 재구성하기는 코칭에서 매우 유용하게 사용할 수 있는 기술이다. 당신은 고객에게 이 기술을 가르칠 수 있다.

메넨데즈는 코칭 수업 중에 높은 성취욕을 가진 제리라는 젊은 사업가 이야기를 들려주었다. 제리는 자기 일에 온 힘을 기울였지만, 성공 욕구가 과도하여 자기 가족, 교회, 삶의 나머지 부분에 영향을 미쳤다. 제리는 주변 사람들의 인생에 간섭하고, 친인척들 위에 군림하고, 교회 당회가 제대로 일을 못한다고 불평하기 시작했다. 이 모든 일들로 제리는 사람들과 멀어지고 좌절하여 에너지를 소진했으며 아무것도 하지 않게 되었다. 한 코치가 제리를 도와 일에 우선순위를 세우고, 가족과 교회 당회를 비판하던 데서 한 발 물러서고, 자신의 성취 욕구를 충족하면서도 사람들과 멀어지지 않는 데 집중하도록 했다. 제리는 코치에게서 많은 고객들이 깨닫는 것을 배웠다. 충족되지 않은 강력한 욕구는 우리 삶을 지배하고 에너지를 고갈시킨다는 것이다. 때로 에너지를 고갈시키는 장애물을 처리하는 가장 좋은 방법은 욕구를 보다 효과적으로 충족하는 데 집중하는 것이다.

또 다른 방법은 에너지를 공급하는 것들에 집중하는 것이다. 이런 것들은 사람들이나 습관, 활동 등일 수 있고, 그 밖에도 우리에게 에너지를 주는 것은 무엇이든 괜찮다. 운동, 공원이나 거리 산책, 홀로 있는 것, 취미 생활, 친구 만나기, 동호회 활동 등은 주의를 흐트러뜨리지 않는 한 모두 에너지를 줄 수 있다. 고객에게 에너지를 주는 사람들을 떠올려 보도록 요청하라. 그런 사람들은 흔치 않지만, 인생에 대해 낙천적이고 열정적이며 타인에 대해 관심을 갖고 격려하는 성향이 있다. 그런 사람들은 활기를 돋우고, 에너지를 고갈시키는 것들에 빼앗겼던 힘을 공급한다. 그런 쾌활한 사람을 찾아 함께 시간을 보내면 가슴이 벅차오르고 에너지가 충만해질 수 있다.

내적 장벽들

티모시 골웨이(Timothy Gallwey)는 자신의 책 「테니스 이너게임」(*The Inner Game of Tennis*, 푸른물고기 역간)이 지난 30년간 베스트셀러가 된 것을 보고 분명 놀랐을 것이다.[4] 나이 든 프로 선수와 테니스 강사들은 그의 접근법에 그다지 열광하지 않았지만 선수들은 그 책을 탐독했다. 골웨이는 훌륭한 선수들은 기술에 대해서는 잘 알고 있지만, 많은 이들이 "자기 머릿속에 있는 적이 네트 반대편에 있는 적보다 무섭다"는 점은 깨닫지 못한다고 했다. 새로운 접근법은 선수들이 성과를 내는 도중 부딪히는 내적 장애물을 인식하고 그것을 제거하거나 감소시키도록 돕는 내용을 포함한다. 그러고 나서야 경기가 매끄럽게 흐르고, 결과가 향상될 것이다.

골웨이는 첫 책이 나온 이후 몇 년간 그 원리를 골프와 음악에 적용했고, 근래에는 일터에 적용했다.[5] 골웨이는 인생에서나 일터에서나 성공하려면 변화에 저항하고 실패를 두려워하며 뒤로 미루고 침체와 권태에 빠지고 의심하는 것과 같은 내적 장애물을 처리해야 한다고 주장한다. 이처럼 자신의 주의를 분산시키는 생각들은 우리의 확신을 흔들기 때문에, 목표를 향한 마음의 비전을 붙잡고 이를 부단히 추구하겠다고 결단해야 한다. 골웨이는 장애물을 다루고 사람들이 다시 주의를 집중하도록 도울 코치를 두는 것은, 테니스나 농구 코트

표 13-2 코칭의 내적 장벽들(일부 목록)

장벽	영향	코칭 제안
습관	행동 방식에 관여한다	습관은 새로운 행동을 반복하여 바꿀 수 있으므로 습관이 나타날 때마다 이를 생각나게 할 방법을 찾으라. 성공하면 보상하라
두려움, 불안정	행동을 중지한다	기도하라. 빌립보서 4:6-7을 읽으라. 친구에게 털어놓으라. 파괴적인 혼잣말에 도전하라. 태도를 긍정적으로 바꾸라. 작은 실천을 시작하고 어떤 일이 일어나는지 살피라. 최악의 상황을 상상하는 것을 멈추라
부정적 마음가짐	할 수 없다고 확신한다	해로운 혼잣말을 그치라. 부정적인 신념을 긍정적인 것으로 바꾸라
헌신이나 주인 의식 없음	동기 저하. 목표를 잊거나 포기한다. 지속적인 진전이 없다	주인 의식을 갖도록 계획을 다시 세우라. 헌신을 요청하고 책임을 촉구하라
변화에 저항	피상적으로 합의하고 협력이 저하된다	"그렘린"(자기 파괴적인 혼잣말)을 찾으라. 변화의 가치를 재검토하라. 새로운 헌신을 끌어내라
조바심	과정을 급하게 밀어붙인다. 실패, 실망, 흥미 상실	인내를 보여 주고, 발전하는 작은 증거들을 보여 주라
권태	흥미와 동기 상실	초점을 다시 명확히 하라. 성장을 열정과 연결하라. 새롭게 흥미를 불어넣을 방법을 찾으라
변화된 목표	초기 목표나 비전이 더 이상 맞지 않는다는 깨닫는다. 동기 상실	코칭 과정의 시작 부분을 되돌아보라. 특히 열정, 비전, 사명, 강점, 전략을 돌아보라. 목표를 다시 규정하고 새롭게 헌신을 추구하라
하나님의 자리가 없음	하나님의 인도와 능력이 없으면 비전과 목표는 한계에 부딪힌다	기도하라. 모든 단계마다 하나님께 인도해 달라고 구하라. 그분의 인도를 신뢰하라. 코칭과 목표를 성경 말씀과 일치시키라. 그리스도인다운 책임감을 추구하라

에서뿐 아니라 인생과 이사회 사무실에서도 똑같이 중요하다고 덧붙였다.

성공적인 코칭을 방해하는 내적 장애물은 수백 가지가 넘겠지만, 그중 일부가 표 13-2에 요약되어 있다. 대부분은 네 가지 범주로 나눌 수 있다.

첫째, **습관**이다. 우리는 자동적으로 행동이 일어나도록 특정한 방식으로 일하는 법을 터득한다. 자동차를 타고 방향을 바꿀 때 방향 전환 신호를 넣는다. 나는 이것을 무의식 중에 한다. 습관이라서 두뇌의 신경 회로가 연결되어 있으므로 자동적으로 행동하기 쉽다. 그러나 손을 차창 밖으로 내밀어 다른 식으로 신호를 보내려 할 때는 혼란스럽다. 이는 두뇌의 신경 회로에 거스르는 것이라 변화는 가능하지만 더디다.[6] 많은 사람들이 똑같이 습관적인 방식으로 일하고, 좌절에 부딪힐 때 동일한 방식으로 반응하며, 새로운 일에 어려움이 생기면 비슷한 방식으로 접근한다. 이런 옛 방식이 효율성이 없어도 우리는 그에 익숙하고 보통 그 영향력을 제대로 인식하지 못하므로 그대로 고수한다.

둘째, **두려움**이다. 안전지대를 벗어나 다른 방식으로 일하는 것은 두려운 일이다. 우리 지역 신문의 한 스포츠 칼럼니스트가 선수들에게 엄격하고 무자비한 어느 유명한 대학 코치에 대해 기고한 적이 있다. 그 코치는 "대학교라는 벙커에 남아, 자신을 맹목적으로 숭배하는 이들이 주는 확신에 사로잡혀 항복하기를 거부하며, 변화해야 할 이유를 찾지 못한 채 모든 것을 바보 같은 미디어 탓으로 돌리고 있다." 그에게 필요한 변화는 자신의 코칭 스타일을 송두리째 바꾸어 놓고, 그가 그토록 두려워하던 실패의 위험을 감수하게 할 것이다. 분명히 변화가 필요할 때, 코치는 다른 사람들이 이런 필요를 보고 행동을 취하는 데 필요한 용기와 기술을 쌓을 수 있도록 변화 과정을 천천히 이행해야 한다.

셋째, 장애물들 전체는 **사고방식**이나 세계관과 관계 있다. 일찍이 세상과 인생에 대한 우리의 시각은 무의식적이고, 영향력 있고, 굳게 자리 잡고 있다. 이는 부모나 다른 중요한 사람에게서 온 태도를 의심의 여지 없이 받아들인 것이다.

> 우리는 사물을 있는 그대로 보지 못한다. 우리는 사물을 우리 모습대로 본다.
>
> _ 탈무드

너는 아무것도 이루지 못할 것이라는 말을 끊임없이 듣고 자란 친구가 있다. 그는 '나는 아무것도 할 수 없다'는 패배주의적인 사고방식을 발전시켰고 이후 수년간 이를 떨쳐 버리려고 노력했다. 내 친구는 코칭을 받으며 여러 시간을 열정과 비전, 그리고 목표에 대해 이야기했다. 그러나 실행하려고 할 때마다 옛 태도들이 일어나 가로막았다. 어떤 코치는 이렇게 굳게 자리 잡은 태도를 내면의 그렘린이라 부른다.[7] 이는 머릿속에서 활동하는 이야기들이다. 그렘린은 변화를 거부하고, 약점과 부적합한 면을 지적하며, 우리가 전진할 수 없는 이유들을 열거하는 내면의 방해 공작원이다. 이 상상 속의 작은 악마는 "이건 바보 같은 짓이야. 너무 위험해. 해 볼 가치가 없어. 아마 실패할걸" 같은 말들을 쏟아낸다. 이 작은 악마가 가장 흔히 하는 말은 다음과 같다. "난 할 수 없어. 다들 내가 미쳤다고 생각할 거야." "여기서는 도저히 변화가 일어날 수 없어." "실수를 감행하는 것은 좋지 않아." "이것을 하는 훈련은 받지 못했어." "너무 비현실적이야." "돈이 충분하지 않을 거야." "사람들이 비웃을 거야." 그 외에도 자기 파괴적인 생각으로 온갖 말들을 쏟아낸다.

이런 태도는 코칭 초기부터 존재하지만, 변화에 대해 이야기하기 전까지는 보통 드러나지 않는다. 코치와 코칭받는 사람은 이것들을 살펴보고 도전하며 다음과 같은 다른 사고방식으로 바꾸어야 한다. "나는 해낼 수 있어. 지지를 받는다면 더 말할 것도 없어." "세상은 정말 괜찮은 곳이야." "내가 노력하다 죽을 쒀도 사람들은 여전히 나를 받아 줄 거야." "주변 사람들이 뭐라 생각하든 상관없어. 어쨌든 해 볼 거야." 그리스도인들은 성경을 인용하여 몇 가지를 덧붙일 수 있다. "내게 능력 주시는 자 안에서 내가 모든 것을 할 수 있어."[8] "내가 약할 그 때가 곧 강할 때야."[9] "그분의 신기한 능력으로 나는 생명과 경건에 속한 모든 것을 가졌어."[10] "주를 신뢰하고 인정하면 내 길을 지도하시리라는 것을 알기에, 나는 확신하며 나아갈 수 있어."[11] 코치는 고객이 자기 파괴적인 사고방식을 인식하고, 계속해서 도전받고, 더 건전한 관점으로 바꾸지 않는 한, 노력해도 결실을 맺지 못할 것임을 안다.

이는 개인의 **정체성**이라 부르는 네 번째 장애물로 이어진다. 여러 해 동안 나는 미혼의 대학원생이었다. 학위를 취득한 지 얼마 되지 않아 아내와 결혼했고, 기혼 교수로 어느 작은 대학에서 가르쳤다. 정체성을 바꾸는 것이 쉽지 않았다. 나는 계속해서 변화를 망각했고, 새로운 역할에 적응하는 데 시간이 걸렸다. 사람들은 은퇴하거나 직업을 바꿀 때 이와 비슷한 경험을 한다.

만일 고압적인 상관이나 둔감한 부모가 변화하여 보다 지지해 주고 이해하기로 결단한다면 어떤 일이 벌어질까? 모두가 혼란스러워할 것이다. 어떻게 반응해야 할지 아무도 모를 것이다. 그 결과 변화를 결단했던 고용주나 부모나 그 외의 사람들은 이전의 행동 방식으로 되돌아가기로 결단할 것이다. 이렇게 결론 내는 편이 쉬울지도 모른다. "결코 변화하지 않겠어. 지난 수년간 해 왔던 모든 행동이 내가 생겨먹은 모습이라고!" 자기 정체성과 관련한 이런 변화는 곁에서 함께하며 격려하고 안내하는 또 다른 사람, 즉 코치의 도움 없이는 특히나 어렵다.

이런 걸림돌을 인식하게 되면, 당신은 이것이 코칭에 두 가지 방식으로 영향을 미친다는 것을 깨닫게 될 것이다. 첫째, 장애물은 대개 비효율적인 옛 방식에 사람들을 가두어 놓는다. 많은 사람들이 이로 인해 처음으로 무엇인가 놓쳤거나 잘못되었음을 감지하고 코치에게 도움을 청한다. 둘째, 장애물은 이미 그 사람 인생의 다른 부분을 무너뜨렸던 것처럼 코칭 과정을 방해한다. 이 문제를 다루지 않으면, 장애물은 끊임없이 튀어나와 코칭을 정체시킬 것이다.

장애물 통과하기

길을 가다 공사 현장에 이르면 어떻게 반응하는가? 속도를 줄이고 때로는 잠시 멈추어야 한다. 그러나 곧 장애물을 지나 가던 길을 계속해서 간다. 코칭에서도 이와 같다. 코치와 고객은 속도를 줄이고 도중에 나타난 장애물을 통과하기 위해 함께 작업한다.

이 모든 것은 장애물이 존재한다는 것을 인식하고 최선을 다해 상황을 평가하는 것으로 시작한다.

진전의 속도를 늦추게 하는 두려움, 내면의 그렘린, 태도, 압력, 또는 사건은 구체적으로 무엇인가?

- 언제 이런 장벽들이 가장 자주 나타나는가?
- 무엇이 이런 장벽들이 나타나게 하는가?
- 고객이 어떻게 스스로 방해하며 전진하지 못하게 하는가?
- 이를 멈추게 하려면 무엇을 해야 하는가?
- 과거에 비슷한 상황이 일어났을 때, 효과가 있었던 것은 무엇인가?
- 효과가 없었던 것은 무엇이며, 이것이 현재와 어떻게 연관되는가?
- 가치 있는 부가 정보는 무엇이며, 어떻게 얻을 수 있는가?
- 활용할 수 있는 자원들은 무엇이며, 도와줄 수 있는 사람은 누구인가?
- 재정과 시간이 한정되어 있지만, 전진할 수 있는 방법은 무엇인가?
- 변하지 않으므로 수용해야 할 것들은 무엇인가?
- 이런 현실 속에서 고객은 어떻게 전진할 수 있을까?

위의 것들은 모두 논의와 실천의 가능성을 자극할 수 있는 질문이다.

이런 과정 중에 저항도 있을 것이다. 심지어 코칭을 받고 싶어 하고 장애물을 뛰어넘기 원하는 고객들도 저항한다. 목표 설정 과정 초기에 대다수 사람들은 어떻게 하면 상황을 더 낫게 만들 수 있을지 고심하며 계획 짜는 일에 열심히 달려든다. 코치와 고객이 어떻게 장애물을 극복할지에 대해 논의를 시작할 때도 비슷한 열심을 보인다. 그러나 변화에 대한 두려움이나 실천에 대한 머뭇거림은 코칭 과정을 서서히 멈추게 할 수 있다.

> 고객이 펼치고 싶은 상당히 명확한 그림을 갖고도 할 수 없는 온갖 이유들을 찾아내고 나면, 코칭 과정의 중간 단계에서 가장 강력한 저항이 나타난다.
> 저항하는 일들을 실행하는 비결은 그것과 함께 협력하는 것이다.
> 당신이 할 일은 저항을 제거하는 것이 아니다.
> _ 프레드릭 허드슨, 「코칭 핸드북」의 저자

변화된다면 어떻게 될지 모르기 때문에, 장애물을 다루는 것은 위협적일 수 있다. 고객은 앞으로 나아가지 않은 많은 이유들이 있고, 코치나 다른 사람에게서 압력을 느끼면 더욱 거세게 저항한다. 최선의 방법은 저항을 인정하고, 코치가 그것을 이해하고 있음을 보여 주기 위해 함께 대화하는 것이다. 그리고 나서 다시 미래의 희망과 목표와 목적에 집중하라. 이는 지속적으로 성장을 독려하고, 고객이 큰 변화의 필요성을 깨닫지 못하고 있을 때조차 장애물을 통과하기 위해 취해야 할 작고 실행할 만하고 보다 덜 위협적인 조치들이 있음을 깨닫도록 돕는다. 코치의 지원과 격려로 코칭 과정이 진행되면, 신뢰가 계속해서 쌓여가고, 사람들은 움직이기 시작하며, 변화와 장애물을 극복하는 것의 가치가 보다 선명하게 드러난다.

다른 장애물들

아마도 모든 장애물 가운데 가장 덜 알려진 것은 우리가 코칭하는 사람들 안에는 존재하지 않는 장애물이다. 이는 코치 자신 안에 잠복해 있는 장애물이다.

이런 것들은 우리를 곁길로 빠지게 하고 꼼짝달싹 못하게 하여 결국 다른 사람을 덜 효과적으로 안내하게 만든다. 내가 처음 코칭 과정을 이수할 때, 훈련생 중 하나가 '사기꾼 증후군'을 피하기 위해 어느 누구도 코칭하지 않노라고 말했다. 불안과 변화에 대한 두려움이 그녀를 방해하고 옴짝달싹 못하게 만들었던 것이다. 그녀는 아마도 혼잣말로 다음과 같이 되뇌던 것을 진실이라고 확신했던 모양이다. "코칭을 할 만큼 제대로 아는 것이 없어." "이것을 해낼 능력이 없는데." "아무도 나의 코칭에 반응하지 않을 거야. 게다가 나는 초보잖아." "사람들이 내가 불안해하는 것을 눈치 채면 어쩌지?" "내가 경험이 없다는 것을 알게 되면 어쩌지?"

이런 생각을 하는 사람은 그녀만이 아니다. 어느 증거 자료에 따르면 코치들은 대부분, 특히 코칭을 처음 시작할 때, 자신이 사기꾼 같다고 느낀다.[12] 더 놀라운 것은, 최고의 신임을 받고 놀라운 성과를 거두고 있는 사람조차 사기꾼 같다는 느낌이 들 수 있다는 연구 결과도 있다. 많은 유능한 사람들이 자신의 성취를 평가절하 한다. 코치가 확신이 부족하고 불안감과 내면의 그렘린 때문에 방해를 받으면, 코칭은 효과가 떨어지고 고객은 요긴한 안내를 받지 못한다. 불안이 너무 크면 코치는 주의를 딴 데로 돌리고, 코칭받는 사람은 코칭 과정에서 진전을 멈추고 혼자가 되었다고 느낀다.

어떻게 하면 가짜 같다는 느낌을 그치고, 더 큰 확신 속에서 코칭할 수 있을까? 경험이 많을수록 자격 미달이라고 느끼는 경향이 줄어든다는 사실을 인식하며 인내하는 것은 도움이 된다. 긍정적인 피드백에 귀 기울이라. 스스로 규정한 사기꾼은 칭찬을 잘 받아들이지 않는다. 칭찬을 평가절하 하거나 무시하고, 자신을 평가절하 하는 신념에 집착한다.

이에 덧붙여, 우리는 강박적인 노동 습관과 싸워야 한다. 무능력한 느낌은 종종 더 큰 성취를 바라며 더욱 열심히 일하도록 밀어붙이지만, 그러나 더 많이 일하는 것이 더 강한 확신을 준다는 증거는 없다. 친구나 상담가나 코치와 불안감을 논의하는 것도 도움이 된다. 코치 또한 고객과 마찬가지로 협력적이고 책임감 있는 관계에서 많은 유익을 얻는다.

> 한 배에 두 사람이 탔는데
> 그중 한 사람이 노 젓기를 멈추면 둘 다 제자리를 맴돌게 된다.
> _ 작자 미상

코치들이 직면하는 저마다 다른 장애물은 실수할지 모른다는 두려움과 계속적인 실수에 대한 자각과 함께 다가온다. 대부분 흔히 하는 실수는 고객에게 최선이 무엇인지 결정해 주고, 조언하고 방향을 잡아 주는 것이다.[13] 이는 분명 코치 자신의 불안정을 보여 주는 것이며 통제해야 하는 것이다. 그 밖의 실수로는 고객을 긍정하는 대신 판단하거나, 나중에 후회할 제안을 하거나, 코칭하는 동안 마음이 산만하여 집중하지 못하거나, 고객과 너무 적은 시간을 보내 고객이 필요한 지원과 안내를 충분히 받지 못했다고 느끼게 하는 것 등이 있다. 실수했을 때 최선의 대처법은, 실수를 인정하고 사과하며 그것을 시정한 다음 전진하는 것이다. 실수를 인정하고 자주 저지르지 않는다면, 사람들은 집중하다 잠깐 곁길로 빠지거나 지나치게 지시적인 코치라도 기꺼이 용서한다. 더 큰 문제는 코치들이 자신을 용서하지 못하거나 용서하지 않으려는 자세다.

코치가 코칭 과정 자체를 돌아보고 그 약점을 발견할 때, 저마다 느끼는 장애물은 매우 다르다. 내 고객 한 사람은 코칭의 전제에 대한 의심이 가장 큰 내적 장벽이었다. 그는 다음과 같이 말했다. "비전을 설정하는 것이 중요하다는 것을 인정합니다. 계획을 세우고, 목표와 단계적인 실행 방법을 설정하는 것이 중요하다는 것도 압니다. 코칭을 통해 사람들이 성장하는 것도 봤습니다. 그러나 코칭이 하나님을 배제한 인간 중심적인 과정이 아닌가 의구심이 듭니다." 그는 하나님이 때로 어떻게 우리가 전혀 기대하지 않았거나 코칭을 통해서는 발견할 수 없었을 새로운 비전과 방향을 주시는지에 대해 언급했다.

그 젊은 친구는 코칭의 세속적 토대에 대해 고민하는 것 때문에 혹시 자신의 코칭이 초점이 흐려지고 잠재적으로 효과가 떨어지는 것은 아닌지 의심했다. 우리는 함께 성경, 특히 계획을 인정하는 잠언의 몇 구절을 보며 논의했다. 또한 원형 코칭 모델과 다른 코칭 모델들이 유용한 지침임을 인정했다. 그러나 또한 크리스천 코치는 하나님이 주관하시고, 때로 코칭 훈련에서 배운 방법들을 뛰어넘어 개입하시는 것도 잊지 않아야 한다. 이런 것들은 크리스천 코치들이 깊이 생각하고 논의해야 할 중요한 주제들이다. 코칭이 대개 하나님이 개입할 가능성을 인정하지 않는 인간적인 방법이라는 것은 사실이다. 그러나 코칭은 또한 하나님이 우리에게 허락하신 인간적인 도구로 볼 수도 있다. 코칭은 결코 예기치 않았던 하나님의 개입을 대신할 수는 없지만, 그분이 자주 사용하시는 하나의 도구다. 하나님이 주권적인 목적을 이루기 위해 코칭을 사용하신다는 것을 깨닫게 되자, 내 고객은 코칭을 계속했다.

코치가 직면하는 장애물 중에는 코칭 과정과는 전혀 관계없는 것들도 있다. 훌륭한 코치인 한 친구가 뜻밖에 어머니를 여의고 갑작스럽게 연로한 아버지를 돌볼 책임을 떠안게 된 후, 그녀는 자신의 코칭이 점점 효과가 떨어지는 것을 알아챘다. 가족에게 일어난 사건은 코칭 기술과는 아무 상관이 없었지만, 그녀의 시간과 에너지를 고갈시켰다. 고객과 자신, 그리고 아버지의 유익을 위해 그녀는 짧은 휴가를 내어 삶을 재조정하고, 가족에게 일어난 사건이 코칭에 영향을 미치지 않게 될 때까지 코칭에서 물러나 있었다.

반드시 코칭 휴가를 내야 하는 것은 아니다. 그러나 한 가지 방법은 자신을 위해 코치를 찾는 것이다. 코치는 고객의 삶과 열정, 비전과 계획과 목표 등에 대해 매우 효과적으로 이야기할 수 있다. 그러나 코치 자신에게 집중하기는 더 어렵다. 보통 이럴 때는 다른 코치에게 도움을 받아 방향을 유지하고 장애물을 인식하며 행동을 취해 나아갈 수 있다. 그 결과 모든 사람이 유익을 누린다.

휴식 시간

연주회나 축구 경기 중간에 휴식 시간이 있듯, 우리도 최근 점점 주목받는 코칭의 세계를 계속 여행하다 이제 휴식 시간에 이르렀다. 우리는 그동안 코칭의 기원을 살펴보고, 그 의미를 정의해 보았으며, 이것이 어떻게 리더십과 변화와 연관되는지 살펴보았다. 코칭 기술에 대해 논의했고, 코칭이 실제적으로 어떻게 이루어지는지 그 실제적인 모델을 몇 장에 걸쳐 기술했다. 코칭을 탐험하고 싶은 사람은 누구나 이를 지도 삼아 활용할 수 있다.

이제 우리는 보다 구체적인 측면들을 살펴보려고 한다. 우선 서로 다른 환경에서 활동하는 몇몇 성공적인 코치들의 경험을 대략적으로 살펴보고, 그들의 코칭 기술을 특정 단체에 적용해 보겠다. 그런 다음 직업적인 영역으로 주제를 옮겨 더 훈련받기 원할 경우 어떻게 받을 수 있고, 코칭 자격증은 무엇이며, 자신과 문화적 배경이 다른 사람들을 코칭할 때 어떻게 적용할 수 있는가 등을 살펴보겠다. 또한 현재 위치와 코칭의 미래 방향을 살펴보고, 그런 다음 당신이 코칭 혁명을 어디서부터 시작해야 할지 결정하는 것을 도울 것이다. 그동안 기초적인 것을 살펴보았다. 이제는 코칭을 적용할 수 있는 흥미로운 방법들을 탐구할 것이다.

짧은 휴식 시간이 끝났다. 이제는 자리로 돌아가 우리 이야기의 결론적인 실천으로 이동해야 할 때다.

6부
코칭의 전문 분야

과도기 코칭과 라이프 코칭 | 관계 코칭과 결혼 코칭 | 경력 코칭
임원 코칭과 비즈니스 코칭 | 교회, 영성 그리고 코칭

14장 ·· 과도기 코칭과 라이프 코칭

내게는 스탠이라는 친구가 있다. 그는 우리 이웃에 살면서 가까운 교회에 나가고 있다. 스탠은 이혼 후 우리 지역에 있는 일자리를 맡아 남부에서 이주해 왔다. 이곳에 친구는 많지 않지만 교회에서 적극적이고 직장에서도 성공적이다. 그렇지만 스탠은 자기 직업에 보람을 느끼지 못하고 있다. 두 번이나 승진했는데도 일에 권태를 느끼는 그는 진정으로 목사가 되고 싶어 한다. 하지만 전적으로 신학교에만 다닐 여유가 없고, 그가 가진 화학 분야의 학위는 신학 과정을 밟는 데 큰 도움이 되지 않았다. 스탠은 지금 이혼과 이사로 시작된 긴 과도기를 지나고 있다. 그는 자신의 가치와 열정을 안다. 그에게는 비전이 있으며, 가고자 하는 곳에 도달하기 위한 계획도 있다. 그러나 그는 격려가 필요하고, 주기적으로 전략을 조정하도록 도와줄 누군가가 필요하다. 현실적인 하위 목표를 달성하고, 최종 목표에 계속 초점을 맞추도록 도와줄 수 있는 코치가 필요하다.

우리 모두가 이혼이나 이직이나 나라를 가로지르는 이사를 하는 것은 아니지만, 우리는 모두 과도기를 겪는다. 그중 어떤 것은 예측 가능하며 모든 사람에게 일어날 수 있는 일이다. 고등학교 또는 대학교에서 구직 시장으로, 독신에서 결혼 생활로, 10대 자녀를 기르던 집이 빈 둥지로, 직장인에서 은퇴자로 이동한다. 이런 변화들 중 많은 것이 인생의 각기 다른 계절에 찾아온다. 20대와 30대에 자립을 하고 직장에 들어간다. 40대, 50대에는 많은 사람들이 자신과 가정을 가꿔 가지만, 어떤 사람들은 너무 늦어서 바꿀 수 없게 되기 전에 새로운 방향으로 움직인다. 60대와 70대가 되면 은퇴를 하고 노년기로 진입하는 새로운 도전을 하게 된다. 말년은 회고와 여가 생활을 하며, 이루지 못한 목표나 기회 때문에 실의에 잠기는 시간이 되기도 한다. 이렇게 인생의 계절을 통과하면서 너나없이 직업과 결혼, 가정과 인생관에 변화를 겪는다.

다른 과도기는 정신적 상처가 더 깊고 예측하지 못한 것들이다. 우리 모두는 예기치 않게 해고된 사람, 배우자에게 버림받은 사람, 병으로 쇠약해진 사람, 사고나 가정 위기 혹은 자연 재해로 갑자기 혼란에 빠진 사람들을 알고 있다. 어떤 사람은 이 스트레스의 시기를 통과하기 위해 상담에 도움을 청하고, 다른 사람들은 생활을 재조정하고 질서와 성취감을 조금이라도 되찾기 위해 코치에게 도움을 구한다.

멘토, 친척, 이웃, 친구들이 과도기를 겪는 사람과 함께 편안하게 걸을 수 있던 시절이 있었다. 이렇게 격의 없이 도움을 주는 사람들은 격려와 지지를 아끼지 않았고 제안도 했다. 인생이 너무 분주하거나 스트레스가 쌓일 때 그들은 그곳에 있었다. 사람들이 위기에 처하거나, 결정을 하거나, 미래에 대한 꿈을 꾸거나, 그냥 이야기하고 싶을 때 그들은 들어주었다.

이 모든 것이 변하고 있다. 적어도 우리들 대다수가 살고 있는 이 세계의 구석구석이 그렇다. 삶의 속도는 더욱 빨라지고 모든 사람이 더 바빠졌다. 우리 중 대다수는 보살펴 주려는 마음은 덜하지 않지만, 시간이 턱없이 부족하다. 목사들은 몇 세기 동안 그랬던 것처럼 보살피는 역할을 계속 맡아 왔고, 세상은 여전히 시간을 내서 들어주겠다는 사람들로 가득하다. 그러나 코치들은 이전의 멘토들과 현명한 노인들이 남긴 공백을 메우기 위해 등장했다. 데이브 엘리스는 라이프 코칭에 관한 책에서, 라이프 코칭이란 다른 사람들이 삶의 질을 높이고, 열정을 발견하며, 인생 목적을 찾고, 한계와 두려움과 다른 장애물들에서 벗어나도록 돕기 위해 코치가 파트너십을 제공하는 과정이며, 이를 통해 목표와 인생의 꿈들을 이루어 갈 수 있다고 썼다.[1] 그 이름에서 나타나듯이 라이프 코칭은 삶을 향상시키는 것이다. 라이프 코칭을 할 때 많은 주제가 거론되겠지만, 이번 장은 이 특별한 코치들이 부딪히는 두 가지 가장 일반적인 문제, 즉 과도기를 통과하는 사람을 코칭하는 것과 고객이 자신의 삶에서 보다 균형을 찾게 하는 것에 초점을 둔다.

과도기를 통과해 나아가기

주디 산토스는 과도기를 거치는 많은 사람들을 코칭해 왔다. 전문 라이프 코치이며 크리스천 코치 네트워크[2]의 설립자이자 숙련된 코치 트레이너인 산토스는 아홉 달 동안 일곱 차례의 커다란 삶의 변화를 겪은 후에 과도기 코칭에 입문했다. 다음의 몇 장을 쓸 준비를 하면서, 나는 우리가 논의할 각각의 전문 영역에서 일하며 인터뷰에 응해 줄 노련한 코치 리더들을 수소문했다. 산토스는 내가 가장 만나고 싶었던 인물들 중 한 사람이었다. 산토스와는 시애틀의 한 카페에서 점심을 먹으며 대화했다.

"나는 이직, 이사, 상실 등으로 과도기에 놓인 수많은 사람들과 함께 일해 왔다. 우리는 잘 알지 못하는 것을 두려워하고, 우리 자신 또는 우리 능력에 대한 확신이 없으며, 과거에 즐겁게 누렸던 것 중에서 좋은 부분에만 집착하기 때문에 변화를 거부한다. 배 밖으로 발걸음을 내딛고 나서 베드로가 그랬던 것처럼, 우리는 때때로 하나님을 의심한다. 변화에 성공적으로 대처하려면 마음에서 우러나와야 한다. 자신이 어떻게 느끼는지에 정직해지고, 변화에 따른 감정을 숨기지 말라."

과도기를 거치는 사람들이 코칭 상황에서 이야기하는 변화는, 가족이 돌연사를 하거나 아이를 갑자기 잃었거나 태풍으로 집이 날아갔거나 하는 사건들이 아니다. 사람들은 과도기에 있으면서도 일반적으로 그것을 의식하지 못하지만, 나는 대개 과도기를 예측할 수 있다고 본다. 그 안에는 많은 도전이 있다. 사람들은 자신이 수없이 다양한 감정 변화가 일어나고 엄청난 혼선이 빚어지는 시기를 보내고 있다는 것을 의식하지 못한다. 만일 사람들이 지금이 주요한 변화의 시기이며 그래서 이 시기에 코치와 함께하고 있다는 사실을 깨닫는다면, 과도기를 훨씬 쉽고 완전하며 빠르고 훌륭하게 통과할 수 있다. 그 사람이 기꺼이 진실해지고 자신의 감정을 잘 인식한다면 과도기는 더 수월해질 것이다."

모든 과도기가 우리에게 부정적인 영향을 미친다고 쉽게 가정하지만, 어떤 경우 긍정적이고 환영할 만한 것이라고 산토스는 지적했다. 변화들 중 일부는 비자발적이지만 자발적인 것도 있으며 "앞으로 나아가는 것은 뭔가 더 좋은 상황을 만들 수 있다는 믿음에 근거해 의식적으로 내린 결정을 반영한" 것임을 또한 기억해야 한다. 어떤 경우에도 선택할 수 있는 것은 아주 많다. 그것들을 충분히 탐색하는 것이 코칭받는 사람에게 유익하다.

산토스가 이러한 통찰을 들려주었을 때, 각각의 과도기들을 다음과 같이 정리할 수 있지 않을까 하는 생각이 갑자기 떠올랐다.

	자발적 과도기	비자발적 과도기
긍정적(바람직한) 과도기	예: 더 좋은 집 마련	예: 예상치 않은 승진
부정적(바람직하지 않은) 과도기	예: 친구들과 멀어짐	예: 가족의 사망

과도기에 고객들은 자신이 과연 현명한 선택을 했는지 여부를 물어 볼 때가 있다. 심지어 자신들이 버리고 온 것을 되돌릴 생각까지 한다. 집을 산 사람이 새 집을 산 것이 과연 잘한 생각인지 의심할 때, 부동산업자들은 그것을 '구매자의 후회'라고 부른다. 이와 같은 과도기에 코치가 할 일은 충고하는 것이 아니

다. 코치는 고객이 하는 말을 들어주고, 그들의 비전과 목적과 가치관을 점검하며, 삶이 거기서 끝나지 않는다는 결론에 도달할 수 있도록 도와야 한다.

"망원경을 뒤로 돌려서 고객이 큰 그림을 볼 수 있게 도와주라"고 산토스는 제안한다. "고객이 명료해지도록 다음과 같은 강력한 질문을 하라."

- 지나치게 과장하거나 동정하지 말라.
- 당신의 고객이 그 과정의 모든 측면을 보고 있다고 가정하지 말라. 과정의 추이를 주목하라.
- 지원 체계의 중요성을 간과하지 말라. 당신은 고객의 인생에 안전판이 될 수도 있다.
- 고칠 것을 최소화하거나 잘못된 확신을 갖게 함으로써 고객의 비위를 맞추지 말라.
- 고객이 평안함을 느끼는 지점이 어디인지 주저 말고 물어 보라.
- 고객이 무엇을 겪고 있는지 당신이 정확하게 안다고 가정(또는 말)하지 말라. 당신은 모른다.
- 당신이 고객의 모든 것을 안다고 생각하지 말라. 때때로 고객은 당신에게 모든 것을 말할 생각이 없다.

"언젠가 나는 한 고객을 몇 년 동안 코칭했는데, 그녀의 인생에 매우 중요한 핵심 인물이 있었다는 것을 몰랐다. 저녁 파티를 주관하는 것부터 아이들을 돌보고 사업을 지원하는 것까지 고객의 모든 것을 도와주었던 사람이었다. 그 사람이 갑자기 사망할 때까지는 문제가 없었기 때문에 한 번도 이야기한 적이 없었다. 그녀의 부재는 내 고객의 삶에 감정적으로 또한 육체적으로 엄청난 구멍을 만들었다. 그 고객은 그녀가 죽었다는 소식과 함께 자신이 얼마나 큰 영향을 받고 있었는지를 내게 이야기했다. 만일 내가 그 사실을 몰랐더라면, 나는 당시 고객의 인생에 부적절한 도전을 제안했거나, 그녀의 속 깊은 감정 상태를 이해하지 못했을 것이다.

인생을 변화의 연속이라고 하지만 그것은 일련의 선택이기도 하다. 나이를 먹을수록 선택은 더 복잡해지기만 한다. 우리는 예수님을 영접할 것인지 아니면 거절할지를 선택한다. 평생의 친구를 선택하고, 교육을 선택한다. 직업을 선택하고 자녀를 낳을지 말지를 선택한다. 우리는 어떻게 살고 싶은지를 선택한다. 삶을 함께할 사람들을 선택한다."

대화를 계속할 때, 산토스가 크리스천 코치 네트워크 온라인 소식지에 썼던 몇 가지 지침이 생각났다. 과도기를 좀 더 수월하게 보내는 방법으로 그녀가 제안한 사항이 표 14-1에 열거되어 있다.

"과도기를 겪는 사람들을 코칭할 때는 개인과 이런 정보를 자주 나눈다. 이는 사람들이 자기 삶의 상황들을 평가하고 손실과 그에 따른 슬픔을 달래는 수준에서 벗어나도록 돕는다. 궁극적으로 코치는 사람들이 미래를 향한 비전을

표 14-1

과도기를 보다 수월하게 보내는 방법[3]

삶의 주요한 과도기들은 비록 우리가 그런 변화를 기대하고 긍정적으로 생각할 때조차도 혼란을 일으킬 수 있다. 코치는 다음과 같이 사람들을 도울 수 있다.

- 인생이란 변화의 연속임을 기억하라
- 모든 주요한 변화에는 이익과 손실이 모두 존재한다는 것을 알라
- 기대와 슬픔의 두 가지 느낌을 모두 존중하고 인정하고 허용하라
- 일기를 쓰고, 자신의 감정을 인정하고 표현하는 데 솔직해지라
- 뒤에 남겨 둔 것과 앞에 놓여 있는 것 사이에 놓인 다리를 건너가라
- 말해야 할 것을 이야기하고, 지나간 인생의 한 부분을 돌아보며, 그와 관련된 사람들에게 편지를 쓰기도 하면서 과거에 남겨 둔 부분을 정리하라
- 변화로 인해 삶이 압도되지 않도록 변치 않는 요소들을 공들여 유지하라
- 앞으로 경험하게 될 좋은 것들을 적어 보면서, 인생의 새 장을 흥미진진하게 맞으라
- 새로운 상황에서 사람들을 만나고 공동체 의식을 키우라
- 하나님은 결코 은혜가 임하지 않는 길로 당신을 인도하지 않으신다는 것을 기억하고 늘 기도하라

보게 하고 나아갈 길을 찾도록 격려한다." 산토스 코치는 이런 일을 하는 몇 가지 방법에 대해 말했다.

"우선 나는 그들이 무엇을 창조하고 싶어 하는지, 무엇이 하나님의 뜻일 거라고 느끼는지를 찾아내려고 한다. 많은 사람들이 실로 이 부분에서 오리무중이다. 하나님의 뜻을 찾는 것은 좌절감을 느끼게 할 수 있는 일이기 때문이다. 나는 그들이 진정 무엇에 열정을 느끼는지, 그들이 열광하는 것은 무엇인지를 찾아내기 위해 그에 관한 지표들을 경청한다. 그들이 그런 것들을 밝혀 내기는 어렵다. 코치로서 그들을 도와 그들 안에 무엇이 있는지 발견하는 것은 재미있는 일이다. 과거에 어떤 일을 즐겨 했는데, 불행한 상황에 처했거나 즐거워하는 일을 할 만한 시간과 공간이 허락되지 않아서 오랫동안 그것을 못한 사람들도 있다. 때로는 이것이 직업을 바꾸게 한다. 학교로 돌아가 재교육받기도 한다. 나는 이런 질문을 한다. '만일 당신이 원하는 삶을 그대로 설계한다면 어떤 모습일까요?', '하나님은 당신이 무엇을 하기를 원하신다고 생각합니까?', '당신의 계획에 주님을 어떻게 포함하나요?', '주님의 인도를 구하기 위해 당신은 무엇을 하고 있습니까?' 이런 질문들은 사람들이 자신의 상황을 새로운 시각으로 보도록 도전을 줄 때가 많다.

나는 과도기를 지나는 사람을 코칭하는 것은 다리를 건너는 것과 같다고 본다. 그들은 현재 자신의 주위 환경에 대해 잘 알고 있고, 다리가 저쪽에 있다는 것도 잘 안다. 그리고 다리 건너편이 이쪽보다 좋다는 것도 잘 알 것이다. 그러나 다리를 반쯤 건너면 이것이 정말 더 좋은 생각인지 의구심이 든다. 뒤쪽은 따뜻하고 자신을 반겨 주는 것 같은 반면, 저 멀리 있는 앞쪽은 차갑고 불길해 보인다."

인생의 과도기를 지나는 고객을 코칭할 때 주디 산토스는 코치로서 최선을 다한다. 그녀는 경청하고, 도전하며, 질문하고, 코칭받는 사람의 시야를 넓혀 주려고 노력한다. 또 그들이 미래의 그림을 그리도록 격려하고, 그들이 초점을 유지하도록 도우며, 선택할 수 있게 하고, 그들이 다리 건너편에 도착했을 때 함께 기쁨을 나눈다.

과도기의 변화

과도기를 지나는 사람들을 코칭하는 것은 사람들이 알고 있는 것보다 더 중요할지도 모른다. 이제껏 나온 연구에 따르면, 과도기에 변화에 실패할 경우 사회나 개인에게 커다란 비용이 발생한다.[4] 사람들이 실업 상태에서 새로운 일자리로 이동하지 못할 때, "그 공동체의 사회 구조는 해체된다. 폭력이 증가하고 가족은 흩어지며, 범죄와 약물 중독이 급증하고, 개인의 정신적·육체적 건강은 악화된다. 직업 적응 기술이 부족한 사람들은 실업 상태에 머물 가능성이 더 높다. 체포되는 사람 수, 낮은 학업 성취도, 낮은 기대감, 탈선 모임은 청년 실업과 깊이 연관되어 있다."[5] 이런 이야기는 주로 심리학자들이 하지만, 결론은 코치들에게 똑같이 적용된다. 과도기를 성공적으로 지나고 "일터로 돌아가는 개인들은 정신적·육체적 건강이 증진된다. 만일 우리가 개인들이 정신적으로 건강하고 전반적으로 사회에 기여하기를 바란다면, 우리는 자발적 과도기에 있는 그들을 지원하고, 비자발적 과도기를 거치는 동안 그들의 자원을 강화시킬 방법을 찾아야 한다."[6] 능력 있는 코치가 맡을 수 있는 더 중요한 역할은 어떤 것일까?

표 14-2

허드슨이 말하는 변화의 4단계[7]
1단계-부딪쳐 보는 단계: 꿈꾸고 계획하며 안정 상태 유지하기 성공과 안정, 창의력과 에너지의 시기다. 이때 사람들은 꿈을 꾸고, 프로젝트를 시작하며, 경쟁에서 이기려고 일한다. 사람들은 활력을 느끼며 도전하고 성취하며, 행복감에 젖고 낙관적이 된다. 또한 많은 사람들이 피로감과 시간 부족을 느끼며, 압도당하고 경쟁적이 되는 것을 느낀다. 사람들이 성공하고 나서 더 이상 도전하지 않을 때 이 단계는 끝난다. 그러고 나면 정체기에 이르며, 계기를 상실하고, 덫에 걸린 듯한 느낌이 든다. '예전에 다 해 본 것들이야' 하는 느낌이나 벽에 부딪힌 기분이 든다.

표 14-2

2단계 – 정체 단계: 부조화
이 시기에 사람들은 권태감, 옴짝달싹 못한다는 느낌, 실망감을 느끼며 목적을 잃었다고 느낀다. 또한 덫에 걸리고 퇴보하는 듯한 기분이 들며, 불안을 느껴 변화에 저항한다.
이 단계는 사람들이 자신의 꿈을 재평가하고 열심과 헌신을 새롭게 하여 1단계로 돌아가는 것으로 끝나거나, 자신의 생애 전반부를 마무리하면서 작별을 고하고 앞으로 나아간다.

3단계 – 고치를 만드는 단계: 새로운 열정과 목적 찾기
이 단계는 반성하고 전략적 계획을 짜고 인생을 평가하기 위해 안으로 움츠러드는 시기다. 사람들은 슬픔, 공허감, 외로움, 분노, 고뇌, 환멸을 느끼며 배신감을 느끼기도 한다. 프레드릭 M. 허드슨은 이렇게 썼다. "고치를 짓는 사람은 이전의 역할이 자신을 지배하지 못하게 한다. 한바탕 정체감의 위기를 겪고, 잠시 쉬면서 영혼을 탐색하는 시간을 갖는다. 고독 가운데 핵심 가치와 내적 평안에 닻을 내리고, 새로운 목적과 열정으로 도전받으며, 회복력 있는 자아로 성장한다. 인생이 본질적으로 변화한다."[8]
이 단계는 사람들이 새로운 방향을 정하고 다른 사람들과 어울리기로 작정하며 앞으로 나아갈 때 끝난다. 많은 이들이 새로운 취미를 찾고, 이사를 하거나 직업을 바꾸고, 더 영적으로 변하며, 학업을 다시 시작하기도 한다. 종종 행동에서 존재로 삶의 양식을 바꾼다.

4단계 – 준비에 들어가는 단계: 새 장 시작하기
사람들은 희망에 차 있고, 신뢰하며, 창의적이고, '존재의 가벼움'과 흥분을 느낀다. 다시 시작한다는 것은, 새로운 아이디어와 가능성을 창조하고, 새로운 아이디어와 프로젝트로 실험하며, 새로운 유형의 사람들과 네트워크를 형성하고, 새로운 목표와 가치에 따라 우선순위를 정하는 것을 수반한다.
이 단계는 사람들이 부딪쳐 보는 단계로 되돌아갈 때 끝난다. 사람들은 자주 성취감과 자신감을 느끼고, 스스로 동기부여 하며, 집중력이 생기고, 아무도 막을 수 없을 것처럼 느끼기도 한다.

프레드릭 M. 허드슨은 코칭 운동의 초창기 리더로서 수백 개 기업과 비영리 단체, 정부 기관, 대학, 개인 고객들과 함께 일했다. 그가 한 일은 주로 사람들을 성장시키고 과도기를 잘 통과할 수 있도록 도운 것이다. 이를 통해서 허드슨은 인생의 과도기(때로는 예상하기도 하고 예상치 못하기도 하는)는 표 14-2에 요약된 4단계를 포함한다고 제시했다.[9] 아마 당신은 이런 단계들을 거쳐 온 시기를 기억할 것이다. 혹은 당신이 코칭하는 사람의 인생에서 비슷한 것을 보았을 것이다. 허드슨은 개인은 물론 가정, 공동체, 교회, 기업, 대학, 그리고 다른 '인간 체제'도

표 14-3 코칭 그리고 변화의 4단계[10]

1단계 – 부딪쳐 보는 단계

코칭받는 사람의 목표	코칭 활동에 포함할 내용
■ 꿈꾸기(또는 다시 꿈꾸기)	■ 진로 지도
■ 계획 세우기	■ 시간 관리 향상
■ 행동 취하기	■ 스트레스 관리
■ 목표 달성하기	■ 네트워크 구축하기
■ 성공을 유지하고 즐기기	■ 삶의 균형 배우기
■ 새로운 목표와 꿈을 가지고 재평가하기	■ 성공을 받아들이고 즐기기

2단계 – 정체 단계

코칭받는 사람의 목표	코칭 활동에 포함할 내용
■ 희망을 계속 유지하기	■ 변화 격려
■ 부정적 감정을 극복하기	■ 실망시키는 것들에 대해 논의
■ 상황을 정리하기	■ 장차 다가올 것을 가늠해 보기
■ 변화를 수용하기	■ 혼잣말을 비롯해 파괴적인 행동을 피하도록 도전
■ 탈출 계획 세우기	
■ 떠나 보내기	■ 어떻게 작별할지 계획
■ 새로운 가능성 생각해 보기	

3단계 – 고치를 만드는 단계

코칭받는 사람의 목표	코칭 활동에 포함할 내용
■ 현상 파악을 위해 내부로 눈 돌리기	■ 일기를 쓰도록 격려
■ 가치관과 목표를 다시 생각하기	■ 안식년 보내기
■ 영적 회복	■ 영적·개인적 현상 파악
■ 새로운 목표를 계획	■ 변화를 격려
■ 신뢰와 자존감을 새롭게 하기	■ 취미, 훈련, 여행을 권유
■ 새로운 열정과 목표 발견하기	■ 전략적 계획 세우기

4단계 – 준비에 들어가는 단계

코칭받는 사람의 목표	코칭 활동에 포함할 내용
■ 새로운 방향으로 움직이기	■ 실험을 권장하기
■ 새로운 아이디어와 가능성 창조하기	■ 새로운 아이디어와 프로젝트 시도
■ 새로운 모험을 시도하기	■ 네트워크와 새로운 우정을 격려하기
■ 보다 창의적으로 되기	■ 새로운 우선순위와 전략을 선택
■ 가치관 재평가	■ 생활방식 단순화하기

이 단계를 거친다고 본다. 만일 그렇다면 과도기 코칭의 핵심은 사람들이 이런 변화를 잘 통과하도록 돕는 것이다. 표 14-3은 허드슨이 제안한, 과도기 코칭을 잘할 수 있는 방법이다.

이 모든 일에서 하나님은 어디 계신가? 허드슨은 말하지 않지만, 크리스천 코치들은 변화가 일어날 때는 언제나 하나님이 임재하신다는 것을 안다. 우리가 온갖 활동 중에 그분을 잊어버릴 때조차 하나님은 **부딪쳐 보는** 단계의 열심을 이해하신다. 하나님은 정체 단계를 이해하시고, 우리가 돌파할 수 있도록 도우시며, 분노와 배신감과 실망에 대처할 수 있게 하신다. 우리에게 앞으로 나아가려는 동기가 부족할 때 그분은 종종 코치의 사역을 통해 붙들어 주신다. 우리가 고치를 만드는 단계에서 마침내 앞으로 나아갈 준비가 되면, 하나님은 우리가 잠시 멈추게 하신다. 그동안 우리는 하나님이 주신 목적과 열정, 그리고 방향에 대한 새로운 감각을 찾게 된다. 그러고 나서, 그분께 우리를 맡겨 드리면, 하나님은 자기 쇄신 과정과 새로운 **부딪쳐 보는** 단계로 나아가도록 우리를 인도하신다. 만일 당신이 코칭하는 사람들에게서 이 단계들을 발견하지 못했더도 결국은 보게 될 것이다.

인생의 균형 찾기

로라 휘트워스와 공저자들은 유명한 라이프 코칭 책에 이렇게 썼다. "일정, 노력, 스트레스 그리고 시간과 에너지가 드는 것들로 가득 찬, 혼돈스럽고 속도 빠른 이 세상에는 균형이라 불리는 것에 대한 동경이 있다."[11] 저자들은 많은 고객들이 코칭받으러 오는 이유는 계속되는 변화와 삶의 스트레스를 더 이상 조절할 수 없기 때문이라고 덧붙였다. 이런 코칭 고객들이 균형에 대해 구체적으로 도움을 요청하는 경우는 거의 없다. 그들은 제대로 정리가 안 되거나 안정성이 부족한 삶의 어떤 영역에 초점을 맞추고 찾아온다. 하지만 "균형이라는 주제는, 드러나든 드러나지 않든, 모든 코칭 요청에서 언제나 코칭의 배경을 이루는 한 부분이다."[12]

　균형이란 정적인 평형 상태가 아니다. 그것은 개발 가능한 기술이며, 우리가 '예'와 마찬가지로 '아니요'라고도 말할 수 있게 하는 기술이다. 또 우리를 다른 방향으로 이끌고 선택의 자유를 박탈하려는 세상에서 평정심을 유지할 수 있게 하는 기술이다. "균형을 찾게 되면 고객은 자기 삶의 소중한 우선순위를 조율하기 원하고 스스로 더 많은 결정권을 행사하는 반면, 환경이나 다른 사람들의 기대와 요구에 영향을 덜 받는다."

　크리스토퍼 맥클러스키는 자신의 삶과 가정에 균형을 찾기 위해 노력한 라이프 코치로서, 다른 이들도 균형 잡힌 삶을 살도록 코칭했다. 맥클러스키는 탬퍼 베이에 있는 상담소를 떠나 오조크 산맥 기슭에 있는 작은 농촌 마을로 이사갔다. 그와 가족들은 시끌벅적한 도심의 분주함보다는 덜 복잡한 생활방식을 원했다. 그들은 이제 평온한 전원에서 말과 가축, 완만한 언덕과 넓게 트인 들판에 둘러싸여 살고 있다. 거기서 맥클러스키는 전화로 강의를 진행하며, 라이프 코치 훈련 연구소의 전문 크리스천 코칭 프로그램(Professional Christian Coaching Program) 책임자로 일하고 있다.[13] 또한 그는 내가 알기로 가장 성공한 크리스천 코칭 훈련 기관의 하나인 크리스천의 생활을 위한 코칭(Coaching Christian Living)의 대표이기도 하다. 크리스토퍼 맥클러스키는 나에게 코칭을 소개했고, 내가 정식으로 훈련을 받을 때와 코치 트레이너로 성장했을 때, 그리고 이 책을 쓸 때 가장 많은 격려를 해준 사람이다. 나는 미주리에 있는 그의 농장으로 전화해서 라이프 코치와 균형 잡힌 생활방식에 관해서 이야기를 나누었다.

　"균형을 찾기 위한 코칭은 사람들이 삶에서 무엇을 가장 소중히 여기는지 분별하고 난 후 그 소중히 여기는 것을 중심으로 생활에 질서를 부여하도록 도와주는 것부터 시작한다." 맥클러스키가 이야기를 시작했다. "만일 그들이 균형 잡힌 생활이 어떤 모습인지에 관한 개인적인 비전이 없다면 자신의 삶에 균형이 잡혀 있지 않다고 느낄 것이다. 그래서 우리는 우선 그들이 가장 소중하게 여기는 것을 확인하는 것부터 시작한다. 그런 다음 그것들로부터 나타나는 비전을 명확히 한다.

우리 인생의 한 시점에서 균형 잡혔던 것이 다른 시점에서는 완전히 균형을 벗어날 수도 있다. 한동안 어떤 행동이 우리의 우선순위에서 더 우위에 놓일 수도 있다. 즉 다른 것들이 순위에서 밀려난다는 뜻이다. 그러나 우리의 가치관과 비전에 근거해 의식적으로 그런 선택을 한다면 여전히 균형을 찾을 수 있다.

우리가 가장 깊이 간직한 가치관을 점검하지 않고, 명확한 비전이 없을 때, 그리고 우리가 상황에 휘둘릴 때 불균형이 일어난다. 그럴 때 우리는 다른 사람의 비전을 추구하거나 세상이 가치를 두어야 한다고 말하는 것을 뒤쫓는다. 중요한 것보다 급한 것을 처리한다. 목적에 이끌리지 않는다.

목적이 이끄는 삶을 사는 사람들은 인생의 어느 시기에 한 영역에 많은 에너지가 필요하다는 것을 안다. 그래서 그들은 그 영역을 수용하기 위해 생활방식을 바꾼다. 그러고 나서 그것이 끝나면 인생의 그 시점을 마무리 짓는다. 그들은 그 시기의 목적이 무엇인지 안다. 그들은 여러 다른 중요한 일을 동일한 시점에 하려고 하지 않는다. 삶에 더 많은 짐을 계속 얹어 놓으려 하지도 않는다. 자신이 어떤 일을 왜 하는지 그 이유를 알고, 그 일을 행하고, 그런 다음 그 일을 마칠 때 균형이 이루어진다. '아니요'라고 말해야 할 때를 알아야 가장 중요한 일에 '예'라고 말할 수 있다."

우리는 긴 대화를 나누다가, 제한된 시간에 모든 것을 끝내려고 할 때 모든 사람이 느끼는 압박감에 관해 이야기했다. 맥클러스키는 다음과 같은 설명으로 대답했다. 균형이란 단순히 모든 공을 공중에 계속 떠 있게 하는 문제가 아니다. 공들 중 몇 개를 내려놓고 할 일을 계속 추가하지 않으려면 시간이 걸리고 원칙이 있어야 한다. 가치관을 다시 파악하고, 코치에게 종종 실행 여부를 확인해 달라고 책임을 주는 것도 유익하다.

가족이 이사할 때 맥클러스키는 그 과도기를 수월하게 이행하기 위해 개인 코치를 고용했다. "내가 받은 코칭의 일부는 어떻게 코칭 분야로 진입할 수 있을지를 알아보는 것이었다. 그러나 그 대부분은 우리가 비전대로 살아가기 위한 계획을 만드는 것이었다. 계획은 매우 중요하다. 만일 코치가 고객이 구체적인 계획을 개발하고 그것을 책임지도록 돕지 않는다면, 그는 코치로서 고객을 실패하게 만드는 것이다. 계획은 시간이 지나면서 바뀔 수 있지만, 코치는 반드시 지금 **있는** 계획을 책임지고, 고객이 그 계획에 따라 일하도록 격려해야 한다. 코치는 고객에게 계획을 꼭 지키게 한다. 고객이 주의력을 잃어버렸을 때, 코치는 고객의 가치관과, 그가 지금 하고 있는 것을 왜 해야 하는지를 고객에게 상기시켜야 한다.

이 과정에서 장애물은 생기게 마련이다. 그것들은 피할 수 없으며 정면 대응해야만 한다. 그래야 나중에 다시 나타나 괴롭히지 않는다. 해도에 나온 항로를 돛단배로 항해한다고 가정해 보자. 선장에게는 자신이 가고자 하는 곳의 비전과 거기까지 가는 이상적인 항로가 있다. 또 그에게는 현실 감각이 있으므로 항로를 따라가는 사이 장애물이 나타나면 항로를 몇 번이나 변경해야 할 것이다. 많은 코치들이 이 문구를 좋아한다. '나는 바람의 방향을 바꿀 수 없다. 하지만 돛을 조절할 수는 있다.' 장애물이 있으면 즉각 대처해야 한다. 그러면 당신은 장애물이 종종 여정에 흥미를 더하고 성장에 유익한 풍부한 기회가 된다는 것을 알게 될 것이다."

삶의 균형을 위한 라이프 코칭

크리스토퍼 맥클러스키는, 고객이 과도기에 대처해 인생 항로를 항해해 갈 수 있도록 코치들이 도울 때, 코치들에게 도움이 될 멋진 이론을 이렇게 설명한다. "각 꼭지점에 예배, 일, 놀이라는 세 단어가 적혀 있는 삼각형을 상상해 보라. 만일 당신이 잠을 자거나 샤워나 운전과 같은 일상적인 일을 하는 시간을 빼면, 매일 우리가 하는 일은 대부분 예배와 일과 놀이라는 광범위하게 정의된 세 가지 행동에 해당할 것이다.

물론 예배는 교회에서 보내는 시간과 아침에 드리는 헌신 예배, 기도하는 시간, 묵상, 침묵, 홀로 있는 시간 등이다. 또 예배는 자신의 가족을 돌보거나, 몸져 누운 병자를 방문하거나, 교회에서 직분을 맡아 섬기거나, 자녀가 다니는 학교에서 자원봉사를 하거나, 공동체에서 활동하는 것들을 포함한다. 이 모든 것을 통해서 하나님은 크게 영광받으실 수 있다. 그러나 예배는 또한 뜻밖의 순간에 하나님을 체험하는 경우도 포함한다. 우리는 일몰에 일을 멈추고 한 잔 마시거나, 다람쥐가 도토리를 묻는 것을 보거나, 여름날 얼굴에 스치는 산들바람을 느껴 보거나, 모이를 주는 곳에서 새들과 노닐거나, 햇볕을 쐬며 손주들이 놀면서 웃는 소리를 들을 수 있다. 당신이 이런 일들을 할 때 하나님을 인정하게 되고, 당신이 경험하고 있는 것에 감사드리며, 그분의 선하심을 찬양하게 된다.

이 모든 예배 행위의 핵심은 그 행위들이 우리에게 무엇인가를 요구한다는 것이다. 그 일들은 집중하는 시간을 들이지 않고는 이루어지지 않는다. 또한 그런 일을 할 때, 하나님을 영화롭게 할 뿐 아니라 우리 기분도 상쾌해진다. 진정한 예배는 우리가 최고의 소명을 이행하는 것이며, 웨스트민스터 교리문답에 기록되어 있듯이 '하나님을 영화롭게 하고 그를 영원토록 즐거워하는 것'이다.

우리가 일상생활에서 하는 거의 대부분이 일이다. 직장 일, 집안일, 각종 요금 지불하기, 잔디 깎기, 장 보기, 그 밖의 손이 가는 일들이 있다. 우리는 직장에서 많은 시간을 보낸다. 예배와 마찬가지로, 일은 우리에게 무엇인가를 요구할 뿐 아니라 되돌려 준다. 일을 잘 끝내고 난 후에는 피곤하기는 해도 그로 인해 활력을 느낀다. 직장에서 하루 업무를 성공적으로 마쳤거나, 각종 요금을 모두 지불하고, 정원 잔디가 말끔히 깎인 것을 보거나, 냉장고를 채우고 나면 매우 만족스럽다.

놀이는 잘 균형 잡힌 삶에 마지막으로 들어가는 재료다. 사람마다 다르지만 놀이는 '텔레비전을 보며 빈둥거리거나' 아무것도 하지 않는 것은 분명히 아니다. 예배나 일과 마찬가지로, 진정한 놀이는 집중된 시간과 노력을 요한다. 교회 야구 팀에서 뛰든, 운동을 하든, 말을 타든, 취미 생활을 하든, 악기를 연주하든, 독서를 하든, 데이트를 하든, 자녀들과 게임을 하든, 놀이는 우리에게 무엇인가를 요구하며 무엇인가를 돌려준다.

그것은 모든 활동에 대한 리트머스 검사가 된다. 모든 활동은 우리 쪽에 어떤 종류의 투자를 요구한다. 어느 정도 계획을 세우는 일이나 주의 집중 또는 어떤 형태의 행동 참여를 요구하는 것이다. 그리고 그 각각이 우리에게 무엇인가를 되돌려줄 것이다. 우리가 진정한 예배 시간을 보내면, 그 시간은 하나님께 영광을 돌리고 우리 영혼은 복을 받는 호혜적인 관계를 만족시켜 준다. 하루를 열심히 일하면 피곤하지만 우리가 성취한 것으로 인해 기분이 좋다. 또한 진정한 놀이는 땀이 나게 하거나, 강습에 돈을 들이게 하거나, 다른 사람들이 낭비라고 생각하는 데 돈을 쓰게 하거나 남들이 비능률적이라 여기는 것에 시간을 소비하는 것일 수 있다. 하지만 진정한 놀이는 늘 우리 영혼을 만족시켜 준다.

대다수 사람들은 그런 식으로 살지 않는다. 화살표가 그려진 삼각형을 보라(그림 14-1). 대다수 사람들은, 특히 서양 문화에서는 일을 '숭배'한다. 우리는 일을 위해 희생하고 일에 삶의 초점을 맞춘다. 일을 통해 우리는 안정감을 얻고 자신이 가치 있다고 느낀다. 하나님 대신 일이 우리의 숭배 대상이 되어 버린다. 그리스도인들은 자신의 안정감과 가치를 하나님께 얻어야 하는데도 그렇다. 우리는 하나님께 헌신해야 한다. 우리가 그렇게 할 때 그분은 우리에게 진정 필요한 것을 우리 영혼에 부어 주신다. 그런데도 우리는 일을 숭배할 때가 매우 잦다."

"우리는 일을 숭배할 뿐 아니라 놀 때도 '일'하듯 한다. 우리들 중 많은 이에게 놀이란 힘든 일이다. 놀이에 충분한 가치를 부여하지 않기 때문이다. 그래서 우리는 놀이에 투자할 시간이나 돈이 없다. 내가 말을 샀을 때 재정적인 면에서는 그럴 여유가 전혀 없었다. 그러나 나는 승마로 인한 놀이 시간에 가치를 둔다. 나는 어머니가 종종 이런 말씀을 반복해서 인용하시는 것을 들었다. '만일 내게

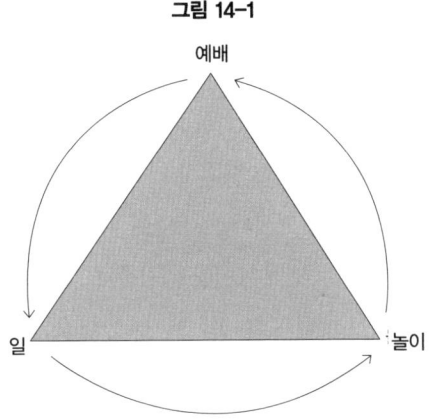

그림 14-1

동전이 두 개 있다면, 하나로는 빵을 사고 다른 하나로는 히아신스를 사겠다. 왜냐하면 히아신스가 내 영혼을 풍요롭게 하기 때문이다.' 놀이는 내 영혼을 풍요롭게 한다. 나는 내 말의 이름을 히아신스라고 지었다. 말이 내 영혼을 풍요롭게 하기 때문이다.

우리가 놀기로 마음먹을 때도, 우리는 종종 그것을 경기로 만들어 버린다. 우리 야구 팀은 이겨야 하고, 우리는 악기를 최고로 잘 연주해야 한다. 취미 생활은 부업으로 만들어 버린다. 우리는 목표를 세우고, 성과를 계속 주의 깊게 살펴보며, 놀이에서 끝까지 재미를 짜 낸다. 돈을 받지 않는다는 것만 다를 뿐 일과 똑같다.

다시 한 번 그림을 보라. 우리는 예배 시간에 논다. 예배를 진지하게 받아들이지 않고, 우선순위에 두지 않는다. 예배는 뒷전이다. 우리는 규율이 부족하다. 다시 말하지만 예배에 충분한 가치를 두지 않기 때문이다. 결과적으로 우리는 예배를 통해 하나님이 우리를 충만하게 채우시도록 하지 않는다. 우리는 우리 영혼을 굶주리게 한다. 생명의 양식을 먹지 않고 생명의 물을 마시지 않기 때문이다.

우리가 일을 숭배하고, 놀이를 일처럼 하며, 예배 때 놀면, 우리는 완전히 균형을 잃은 것이다. 아무것도 우리에게 자양분을 줄 수 없다. 일을 해도 돌아오는 것이 줄어드는 지점까지 이른다. 우리는 여전히 쏟아 붓지만 아무것도 돌려받지 못한다. 놀이와 예배는 그 자체로 우리를 풍요롭게 하지만 우리는 그만큼 우선순위를 부여하지 않는 것이다.

라이프 코치가 상당한 도움을 줄 수 있는 것이 이 지점이다. 라이프 코치들은 사람들이 보다 균형 잡힌 삶이 어떤 것일지 곰곰이 생각하도록 도와줄 수 있다. 코치는 사람들이 자신의 중심 가치와 가치관에 따른 비전을 확인하도록 도울 수 있다. 그리고 삶을 그 비전에 부합시킬 계획을 전개하도록 도울 수 있다. 코치는 생동감 있는 예배, 의미 있는 일, 진정한 놀이가 자신에게 무엇인지를 분명히 하도록 사람들을 도와줄 수 있다.

산만하고 갈피를 못 잡고 일을 벌려 공중에 너무 많은 공이 떠 있게 하기가 쉽다. 균형 잡힌 삶은 그런 모습으로 나타나지 않는다. 균형 잡힌 삶은 무슨 일을 하든지 현재에 충실하게 한다. 일을 하고 있을 때는 일에 전적으로 자신을 쏟아 부을 수 있다. 그런 다음에 일이 끝나면 정말 끝난 것이다. 손을 씻고 나가서 놀 수 있다. 사무실에 있는 일 더미에 마음을 쓰지 않고 충분히 놀 수 있다. 예배드릴 때면 하나님의 일에 완전히 집중할 수 있다. 우리는 그분의 존전에서 은혜를 받고 누릴 수 있다. 주의를 끌려고 야단인 다른 것에 정신을 빼앗기지 않기 때문이다.

균형 잡힌 삶을 향한 열정적인 추구는 내가 책상 게시판에 붙여 놓은 표어처럼 우리에게 도전을 준다. '나는 내가 존재하는 그 시점, 바로 그 지점에 있기를 원한다.' 균형은 우리가 일에 대해 생각하지 않고 예배에 집중할 수 있게 해준다. 그것은 우리가 다음 휴가를 생각하지 않고 일하게 해준다. 우리가 마음 편히 놀 수 있게 한다. 균형 잡힌 삶은 우리가 우리의 가치관과 비전에 근거하여 우리가 있는 바로 그 시점 그 자리에 있게 해준다."

이것이 코치들을 지원하는 모델이지만, 그 이상의 쓰임새가 있다. 당신은 이것을 고객에게 설명함으로써, 고객이 더 위대한 삶의 균형을 발견하고, 과도기에 효과적으로 대처하며, 다른 라이프 코칭 주제를 접하도록 도와주는 지침으로 사용할 수 있다.

15장 ·· 관계 코칭과 결혼 코칭

처음 리키 버드송(Ricky Birdsong) 코치에 관한 이야기를 들은 지 거의 10년이 지났다. 그가 삶을 비극적으로 마친 지 오래됐지만 아직도 그의 이야기는 내게 감동을 준다. 그의 책 「인생이라는 게임에서 자녀를 코칭하기」(*Coaching Your Kids in the Game of Life*)에서 버드송은 고등학교 1학년 때, 애틀랜타에 있는 프레드릭 더글러스 고등학교 복도를 아무 생각 없이 걸어가다가 그의 삶을 영원히 바꾸어 버린 목소리를 들은 바로 그 날에 대해 이야기했다. 마치 커다란 천둥소리가 복도에 울려 퍼지는 것처럼 들렸는데, 그 학교 남학생들은 누구나 그 목소리의 주인공이 누구인지 알고 있었다. 키는 193센티미터에 가슴이 딱 벌어져, 보는 것만으로 존경심을 갖게 만드는 그 남자는 레스터 코치였다. 그날 그의 우렁찬 목소리가 버드송을 부르고 있었다.

"이봐, 자네!" 그는 195센티미터인 버드송을 위 아래로 훑어보면서 말했다. "자넨 농구도 안 하면서 이 복도를 어슬렁거리기엔 너무 커." 잠시 말을 멈춘 그는 이어 이렇게 말했다. "이따가 3시 반에 체육관에서 보자. **오늘 말이야**."

버드송은 농구에 대해 아무것도 몰랐다. 농구화도 없었고, 홀어머니는 경제적 여유가 전혀 없었다. 그러나 가 보지도 않는 것은 마음에 걸렸기 때문에 그는 체육관에 갔고, 그날로 새로운 인생 여정이 시작되었다. 버드송은 훌륭한 경력을 쌓았으며 정상에 올랐다. 대학 농구 팀을 18년 동안 코칭했고, 마침내 노스웨스턴 대학 와일드캣츠 팀의 수석 코치가 되었다. 그러나 그는 고등학교 복도에서 그날 시작된 레스터 코치의 가르침을 잊지 않았다. 레스터 코치 덕분에 버드송과 다른 선수들은 목적을 가진 팀 구성원이 되는 것의 중요성을 알았다. 버드송에게 해낼 수 있는 비전을 주었고, 어린 제자들이 각자의 목표를 달성할 수 있도록 도와주었다.

버드송의 농구 인생은 예기치 않게 시작됐던 것처럼 갑자기, 예기치 않게 끝나고 말았다. 따뜻한 어느 여름 밤, 집 근처를 걸어가던 버드송은 백인 우월주의자의 총에 맞아 쓰러졌다. 몇 달 뒤 리키 버드송이 쓴 코칭에 관한 책이 나왔는데, 그것은 농구 이상을 다룬 것이었다. "코치로서 나는 선수들에게 영감을 불어넣고 그들을 준비시켜 꿈을 이룰 수 있게 해줄 책임이 있다. 농구라는 경기는 내 선수들에게 더 크고 더 중요한, 인생이라는 게임을 준비시키는 도구일 뿐이었다."[1]

버드송은 레스터 코치가 오래전부터 이 일을 어떻게 해 왔는지에 대해 설명했다. "만일 모든 아이들이 자신을 불러내서 믿음을 주고 목표를 주고 자신의 잠재력을 발휘하도록 도와주며 함께 일하는 레스터 코치를 만난다면, 변화가 일어날 것이다. 지금도 나는 차를 몰고 가다가 길모퉁이에서 서성거리는 아이들을 보면, 그 무리 중 한 녀석을 보며 '누군가 너를 위해 옛날 레스터 코치님이 내게 했던 그대로 해줄 수 있다면' 하고 생각한다. 그러면 그 아이는 길모퉁이를 방황하거나…또는 감옥에서…또는 부랑자 시체 안치소에서 인생을 끝내지 않을 것이다. 그의 인생의 기로에 어떤 사람이 다가와 '이봐, 자네. 힘내라고! 넌 무엇이든 할 수 있어! 우리 오늘 3시 반에 만나자'라고 한다면 어떻게 될까? 그 아이는 그곳에 갈 것이고, 그로써 그의 인생이 바뀔 것이다.

그러나 그렇게 돌아다닐 코치가 충분치 않다."[2]

관계 코칭

관계는 거의 모든 코칭의 핵심이다. 그리스도인인 리키 버드송은 농구 게임 이상인, 인생이라는 게임에서 젊은이들을 코칭하도록 부름받았다는 것을 분명히 느꼈다. 그의 책은 자녀들이 미래에 대한 비전을 갖고, 가치관을 지키며, 장애물을 뛰어넘는 능력을 갖도록 부모가 자녀를 코칭하는 법을 코칭한다. 또한 그들이 어떤 결정을 내릴 때 부모의 지지와 존재를 인식하게 하는 방법에 대해 코칭한다. 이런 유형의 코칭은 거꾸로 아이들이 부모를 코칭하기 위해 배울 수도 있다. 목사는 성도를, 관리자는 직원을, 교수는 학생을, 친구는 친구를 코칭하는 것을 배우고 있다. 이 모든 코칭이 관계와 관련이 있다. 많은 경우, 새로운 관계를 형성하거나 기존 관계를 증진하기 원하는 사람들을 코칭하는 것과 관련되어 있다. 이 모든 것이 관계 코칭이라고 알려진 성장 일로의 전문 영역에 해당한다.

지난 몇 년 동안 나는 관계를 전공한 여러 코치를 알게 됐지만, 내가 배운 것 대부분은 예전에 내 학생이었던 제프 윌리엄스와의 긴 대화에서 비롯됐다. 졸업 후 그는 결혼과 가족 문제 치료사로서 성공적인 경력을 쌓았다. 그러고 나서 결혼과 가족 관계를 강화하고 치유하기 위해 만들어진 결혼 관련 정부 부처로 옮겨 관리직을 두어 차례 맡았다. 지금 윌리엄스는 그를 가장 활기차게 만드는, 개인과 부부의 관계 증진을 코칭하는 일에 정착했다. 그와 그의 아내는 부부들, 특히 그리스도인 부부들을 격려하고 준비시켜서 하나님의 목적을 이루도록 그들의 결혼 생활을 강화하고 치유하는 것을 특별한 소명으로 여기고 있다. 그들은 몇몇 부부들에게 자신들이 하는 것과 같은 사역을 할 수 있도록 직접적인 서비스를 제공하거나 훈련한다.[3] 윌리엄스는 코치로서 훈련받고 상당한 경험을 쌓았기 때문에, 나는 관계 코칭이 다른 유형의 코칭과 어떻게 다른지 물어 보았다. 그가 이와 같이 명료하고 사려 깊은 대답을 했을 때 나는 놀라지 않았다.

"나는 다른 유형의 코칭보다 관계 코칭에서 더 강렬한 느낌을 받는다. 내가 하는 라이프 코칭은 주로 목적과 일정, 그리고 가치관에 관한 것이다. 비즈니스 코칭은 주로 개인적·조직적 성과 목표에 대한 것이고, 경력 코칭은 강점, 재능, 기질에 주안점을 둘 때가 많다. 관계 코칭은 주로 즐거움, 고통, 혼란을 다룬다. 관계 코칭을 찾게 되는 계기는 대개 실망, 배반, 또는 관계상의 불만족스러운 영역과 같은, 고통스러운 어떤 것이다. 관계 코칭은 사람들이 능숙하고 성공적으로 관계를 맺는 자신의 능력을 믿도록 도와준다."

거기서부터 우리는 관계 코칭의 독특함과 그것이 어떻게 이루어지는가에 대해 이야기했다. "관계 코칭이란, 내 고객이 건강하고 즐겁고 생산적인 관계를 맺고 유지할 능력이 있다는 것을 믿는 훈련이다"라고 윌리엄스가 말문을 열었다. "관계 코칭은 고객의 주제에서 시작한다. 관계에 대한 성경적 원리에 어긋나지 않게 잘 맞춰져 있는 목표는 성장이나 변화를 위한 목표만큼이나 공정한 것이다. 내가 보기에 관계 코칭은, 하나님, 배우자, 자녀, 우정, 사업 동업자, 목회 동역자 또는 큰 관심을 가진 모든 사람과의 관계에 관한 것이다. 중요한 관계를 강화하거나 치유하고 그들 자신의 성장과 변화에 기꺼이 책임지려는 사람이면 누구나 관계 코칭에서 유익을 얻을 수 있다고 나는 믿는다.

나는 원활한 의사 소통을 위해, 관계의 목적을 찾기 위해 찾아오는 모든 고객들과 관계 코칭을 하려고 노력한다. 한 사람을 코칭할 때, 나는 그 고객이 관계에서 경험하기 원하는 이상적인 미래에 관해 질문하는 데 많은 시간을 들인다."

결혼 코칭

윌리엄스는 부부 코칭에 가장 큰 관심이 있었다. 그것은 특수한 형태의 관계 코칭이다. 나는 서가에 꽂혀 있는 그 어떤 코칭 서적에서도 답을 찾아내지 못했던 몇 가지 질문에 대해 제프 윌리엄스가 대답해 줄 수 있을 것이라고 확신했다.

첫 번째 질문. 결혼 코칭이란 무엇인가?

제프는 내게 다소 공식적인 서면 답변을 했다. "부부 코칭은 부부의 성장과 치유와 변화를 촉진하는 데 코칭의 개념과 기술을 응용한 것이다. 개인 코칭에 적용되는 모든 것이 부부 코칭에 적용된다. 부부 코칭의 목표는 두 배우자 모두 실천하기로 동기부여 된 성장 목표와, 그 목표를 이루기 위한 행동 단계를 정확하게 찾도록 이끄는 것이다. 일단 목표가 정해지면, 코치는 부부와 협력하여 행동 단계를 선택하고 전개한다. 이런 과정은 개인을 코칭하는 것보다 훨씬 더 도전적이다. 왜냐하면 목표를 협의하여 결정하고 행동 단계를 선택하기 전에, 배우자 각각의 관점을 도출하고 명료화하며 서로 이해해야 하기 때문이다."[4]

나는 윌리엄스와 그의 아내 질이 결혼 코칭을 함께 하고 있다는 것을 알았다. 그래서 두 번째 질문을 했다. 부부로서 함께 코칭하는 것에 대해 어떻게 생각하는가?

"우리 관계에 무척 도움이 된다. 우리는 함께 일하면서 의미심장한 어떤 것을 얻는다. 부부가 서로의 차이를 이해한다면 위대한 팀을 만들 수 있다. 그러나 함께 코칭하려면 하기 전에, 중간에, 끝난 후에 많은 소통을 해야 한다. 소통을 통해 우리는 코칭 과정 내내 우리의 목표와 방법을 명확히 하며, 어떤 질문을 하거나 부부 간 대화의 다른 측면에 초점을 맞출 때 그 이유를 분명하게 알 수 있다.

부부들은 부부인 우리에게 말하는 것을 좋아한다. 남녀 모두의 관점을 대변해 주기 때문에 더 많이 이해받는다고 느낀다. 게다가 부부들은 우리가 갈등 해소와 소통의 예의, 그리고 특별한 관계 기술들을 시범 보여 줄 때 큰 도움을 받는다. 이를테면 우리는 적극적 경청이나 민감한 문제에 대해 대화하는 법을 알려 준다."

내가 요청하자 윌리엄스는 짧은 사례 하나를 들었다. 그것은 결혼에 연관된 문제가 아니라 해도, 코칭 세션이 어떻게 시작될 수 있는지를 보여 준다. "밥과 레니는 결혼 생활이 침체되어 있다는 것을 인정했다. 그들에게는 큰 문제가 없었고 상담을 원하지도 않았지만, 대다수 부부처럼 몇 가지 문제는 있었고, 상황이 악화되지 않도록 적극적으로 해결하고 싶어 했다. 두 사람은 더 이상 지속하고 싶지 않은 몇 가지에 주목하며, 몇 가지 목표를 세우는 데 합의했다. 밥이 일 때문에 바쁜 기간 동안 두 사람의 소통은 단절되었다. 그때 레니는 밥이 자기 말을 들어주지 않으며, 관심도 없다고 느꼈다. 그 결과 그녀는 밥과의 잠자리에 적극적으로 응하지 않게 되었다. 대다수 남자들에게 그렇듯이 그것은 밥에게 문제가 됐다. 그는 의사 소통을 증진한다는 데 동의하고, 관계를 더 자주 갖기 원했다. '우리는 상담이 필요하지도 원하지도 않아요. 그러나 우리는 지금 꼼짝 못하고 있고, 코칭이 흥미롭게 들립니다. 그게 뭔가요?'

부부 코칭이란, 부부가 결혼 생활을 하면서 어떻게 성장하고 변화할 수 있는지에 관한 대화라고 그는 설명했다. 코치로서 제프와 질은, 부부가 자신들의 관계에서 무엇이 달라지기 원하는지를 알아보기 위해 질문할 것이다. 그들은 이렇게 말한다고 한다. "당신들이 성장하거나 변화할 수 있는 영역을 탐색하는 것부터 시작해서, 그것을 한두 가지 매우 구체적이고 측정 가능한 목표로 좁혀 나가겠다. 당신들은 내내 목표와 그것을 이루기 위한 구체적인 행동 단계를 세우고 선택하게 될 것이다. 우리는 당신들의 대화를 진행시키고, 지지와 격려를 보내며, 당신들이 세운 목표를 성취하도록 책임질 것이다. 코칭은 당신들이 원하는 동안 계속된다. 당신들이 원하는 것을 달성했을 때쯤 우리에게 코칭이 끝났다고 말하면 된다. 코칭은 당신들이 진행하며, 우리는 당신들의 성장과 변화를 돕는 종(servants)이다. 코칭 시간과 빈도, 우리에게 이야기할 내용을 포함해 코칭 과정의 어떤 변수든 당신들이 원하는 대로 자유롭게 조정할 수 있다. 모든 것을 당신들 뜻대로 할 수 있다. 우리는 하나님이 당신들 안에서 성장과 변화를 시작하셨고 그분이 원하시는 모습대로 결혼 생활을 만들어 가시겠다는 신호에 당신들이 응답했기 때문에 이런 대화를 하고 있는 것이라고 전제한다. 그러므로 당신들은 하나님의 말씀을 경청하고 서로 경청해야 하며 우리에게도 귀를 기울여야 한다. 우리 역시, 그분과 당신들의 말을 경청하며, 당신들이 솔직한 생각과 감정을 소통하는 과정이 수월하게 진행되도록 도울 것이다. 우리는 마치 정원

사처럼 성장 과정은 돕지만, 성장하게 만들지는 않는다. 그것은 하나님과, 그분이 하시는 일에 응답하는 당신들에게 달려 있다."

이어서 윌리엄스는 이 부부를 위해 몇 가지 지침을 세웠다. "첫째, 우리는 이 과정에서 당신들을 섬기는 종이다. 당신들과 동행하며 성장을 돕는 것은 성스러운 특권이다. 둘째, 우리는 직업 정신을 발휘해 항상 열심히 일할 것이다. 우리는 가장 효율적으로 돕고자 한다. 우리는 당신들을 영원히 고객으로 잡아 둘 욕심도 없지만 그렇다고 너무 빨리 보내겠다는 뜻은 아니다. 코칭을 언제 끝낼 것인지 함께 결정할 수 있다. 셋째, 만일 뭔가 마음에 들지 않는다면 그렇다고 말하라. 우리 역시 코칭 과정에 함께 있으며, 더불어 성장하고 변화하기를 원한다. 우리가 더 많은 도움을 줄 수 있도록 가르치라. 만일 우리가 그러지 못한다면, 해고하라. 그럴 경우, 우리는 전문가로서 당신들이 다른 코치를 만날 수 있도록 도울 것이다."

이런 '부부' 코칭 관계는 세 번째 질문으로 우리를 이끌었다. 그 질문은 다소 논란의 여지가 있을 수 있다. 내가 아는 모든 관계 코치와 결혼 코치는 심리 치료사로 훈련받았고, 대부분 코치로 이직하기 전에 결혼 상담가로 일해 왔다. 결혼 코칭은 많은 부분 상담처럼 들렸다. 그렇다면, 코치들이 치료사나 상담가가 아니거나, 관계 코치 또는 결혼 코치로서 특별한 훈련도 받지 않았다면, 어떻게 그들이 관계 코칭을 할 수 있는가? 윌리엄스의 대답은 상담 훈련을 받지 않았거나 상담 자격증이 없는 코치가 상담의 영역으로 넘어가는 것에 대한 경계심을 담고 있다. "모든 코치들은 고객에게 무엇을 하라고 말하는 것을 자제해야 한다. 치료사가 아닌 코치들, 이를테면 교회나 공동체의 결혼 사역에 고용된 평신도 코치들은, 부부의 관계를 코치가 책임지겠다거나 그들의 관계에 대해 어떤 결정을 내려야 한다고 말하는 것으로 해석될 수 있는 언행은 어떤 것도 하지 않아야 한다. 치료사가 아닌 코치들은, 부부의 대화를 유연하게 이끌고 서로 나누도록 격려하며 감정적인 대화 또는 어려운 대화를 나누는 방법을 가르치는 훈련을 받아야 한다. 그들은 친밀해지고, 갈등을 해소하고, 강렬한 감정을 말하고 들으며, 관계의 변화를 요청하고 협상하는 것을 도울 도구를 갖춰야 한다. 또한 치료사가 아닌 결혼 코치들은 경험 많은 결혼 코치들에게 자신이 일하는 것을 보여 주고, 그들이 책임지고 코칭해야 할 관계에 대해 지속적으로 컨설팅 또는 지도를 받아야 한다."

기본으로 돌아가기

이번 장은 리키 버드송이 코칭한 이야기로 시작했다. 그는 어린 농구 선수들이 팀에서 함께 운동하도록 코칭했다. 제프 윌리엄스는 우리를 데리고 관계 코칭의 미로를 통과했으며, 가능성 있고 복잡하며 단연코 중요한 이 전문 코칭 영역에 대해 눈을 뜨게 해주었다. 우리는 직장에서 긴장 관계가 발생할 때 관여하는 기업 코치나, 교회 위원회에서 일하면서 반목이 있는 곳에 조화를 이루어 내려고 애쓰는 코치들이 하는 일에 대해서는 아직 보지 못했다. 우리는 일과 가족 사이에서 자주 야기되는 가족의 긴장에 대해서도 의견을 나누지 못했다. 이 모든 것 역시 관계 코칭에서 다루는 문제들이다.

이번 장에서는 상담가와 코치 사이에 상존해 온 긴장의 핵심적 원인 가운데 몇 가지를 지목했을까? 분명히 코칭의 방법들은 개인, 부부, 집단이 건강한 사람들 안에서 관계를 개선하도록 하는 데 적용할 수 있다. 그러나 결혼 상담과 결혼 코칭 간의 경계는 매우 희미해서, 특히 결혼 치료, 갈등 해소, 관계의 문제들에 대해 수준 높은 훈련을 받지 않은 코치들은 그 경계선을 넘어갈 가능성이 높아 보인다.

성공적이고 화려하며 상당한 노력이 필요하고 시간을 많이 써야 하는 직업에 종사하는 오랜 친구 한 사람이 생각난다. 그는 아내와 다섯 자녀가 있다. 몇 년 전에 그의 장남이 정신이 번쩍 드는 말을 해서 아버지에게 큰 충격을 주었다. "아빠, 제가 함께 뭘 하자고 부탁드리면 아빠는 항상 '나중에'라고 말씀하시죠

그러나 그 말이 '절대 안 돼'라는 뜻이라는 걸 알아요." 그는 자녀들에게 그런 말을 듣고 싶지 않았다. 달라지고 싶었다. 그가 코치를 고용한 적이 있는지는 알 수 없지만, 일에 짓눌린 생활방식과 욕구 불만에 차 있는 가족 관계를 수습하려면 도움이 필요했다.

그가 이 이야기를 했을 때 나는 코칭 모델에 대해 생각했다. 내 친구는 일과 가정에서 맞닥뜨린 문제들을 인식하고 있었다. 그는 자신 안에 있는, 그리고 업무 환경에 있는 장애물들을 알고 있었다. 심지어 자신이 가고자 하는 목표에 대한 생각도 있었지만, 거기까지 어떻게 가야 하는지는 몰랐다. 그의 아들이 던진 한마디는 많은 부모들이 생각하지 않았던 것을 깨닫게 해준다. 부모가 자신의 결혼 생활과 자녀들에 대해 원하는 가치관과 비전을 명확하게 그린 그림을 갖고 있어야 한다는 것이다. 만일 당신이나 당신이 코칭하는 사람이 이런 것을 갖고 있지 않다면 부모 역할에 대한 정확한 방향도 없는 것이다. 동료들, 텔레비전, 인터넷, 다른 매체를 포함해서 문화는 오히려 그 가족에게 세속적인 가치관과 방향성을 주입하고 고착시킬 것이다. 그러나 가족이 하나의 비전을 붙들고 정말로 중요한 가치관과 일치하는 삶을 살기에는 지금도 결코 늦지 않았다. 내 친구와 그의 아내는 가족을 위한 방향을 설정하고 관계에 다시 불을 붙여야 한다. 관계 코칭이 그것을 도와줄 수 있다. 그러나 진을 빼는 문제들이 관계 안으로 슬금슬금 기어든다면, 관계 코치는 심리학적으로 더 기민한 상담가에게 자리를 양보해야 한다.

16장 ·· 경력 코칭

마샤는 자기 직업을 싫어한다. 매일 아침 그녀는 침대에서 나와 차를 타고 30분간 꽉 막힌 길을 달려 사무실에 도착한다. 그녀는 별로 안락하지 않은 의자에 앉아, 지지리 재미없는 사람들과 그다지 도전적이지 않은 일을 하고, 무심한 상사에 관해 험담하며 하루를 보낸다. 꾸며 낸 이야기처럼 들릴지도 모르지만, 마샤는 가상의 인물이 아니다. 그녀는 실제로 존재하는 사람이다. 우리는 그녀의 불만스러운 업무 환경에 대해 여러 번 이야기를 나눴다. 그녀가 지금보다 어렸을 때, 부모님은 그녀가 대학에 가는 것을 말렸다. 그래서 집 근처에 있는 회사에 지원했고 그 이후 계속 다니고 있는 것이다. 마샤는 더 잘할 수 있는 능력이 있지만, 변화를 일으킬 만한 동기나 용기가 부족하다. 다른 업종이나 일자리를 찾기보다, 비참하지만 그래도 안정적인 지금 직장에 눌러앉는 편이 더 쉽다.

    일은 대다수 성인들의 삶에서 중심을 차지한다. 우리가 누구인지를 정의해 주고, 우리의 자아상을 형성하며, 우리의 생활 수준을 결정한다. 수많은 연구 결과가 보여 주듯, 일은 우리의 육체적·정신적 건강과 관련이 있다.[1] 실업 또는 불완전 고용 상태인 사람들은 육체적으로 더 많은 문제를 갖고 있으며, 자기 일을 좋아하는 근로자에 비해 우울증에 빠지기 쉽다. 우리가 코칭할 때마다 일에 대해 언급하지는 않겠지만, 고객들이 제기하는 거의 모든 문제가 일과 관련이 있다.

이를테면 노동 환경이 얼마나 변화하고 있는지 생각해 보라. 비숙련 노동자들이나 대학을 나오지 않은 마샤 같은 사람들에게는 일자리가 점점 줄어들고 있다. 몇 년 전과 비교해 볼 때 많은 직업이 더 많은 교육, 더 특화된 훈련, 더 수준 높은 자격과 능력을 요구하고 있다. 이직에 관한 연구에 근거한 기사에 따르면, 한 직업 또는 경력에서 다른 것으로 이동하기 위해서는 적응력과 자기 인식이 필요하다.[2] 믿을 만한 근로자지만 변화를 싫어하고 자기 인식 능력이 뛰어나지 않으면 그것은 문제가 된다. 직업이나 경력을 바꿔야 하는 경우, 매끄럽고 성공적인 이직은 그의 에너지 수준과 이동하려는 용기와 개인의 정서적·정신적·사회적 능력에 좌우된다. 이직과 새로운 것에 적응하는 것은 직업을 바꾸는 사람의 가족 관계, 영성, 생활방식, 재정에 영향을 미칠 수 있다. 마샤가 보람 없는 일을 싫어하면서도 계속 붙어 있는 것이 과연 놀라운 일인가?

경력 코칭의 기본

키이스 웹은 싱가포르에 사는 코치 겸 코치 트레이너로서, 비영리 기관, 기독교 목회, 팀, 개인들이 서로 다른 문화의 영향을 증대할 수 있도록 돕고 있다. 그는 다음과 같이 썼다. "경력 코칭은 고객의 열정과 기술, 그리고 가치를 그들의 일과 잘 맞추어 조정하는 데 초점을 맞춘다." 평생 동안 우리는 직업을 보통 열 번쯤 바꾸며, 미국 근로자의 90퍼센트는 자기 일을 좋아하지 않는다고 한다. 이는 우리의 직업이 핵심적인 열정과 강점을 자극하지 않는 경우가 많기 때문이다. 경력 코칭은 고객에게 자신의 소명, 강점, 가치, 기여할 수 있는 것을 발견할 기회를 제공하고, 그것들을 일과 잘 맞추거나 더 성취감 넘치는 삶을 위해 은퇴를 관리하도록 도와준다."[3]

경력 코칭을 더 잘 이해하기 위해 나는 설립자인 수잔 브리튼 휘트컴(Susan

Britton Whitcomb)이 대표로 있는 코치 훈련 기관인 경력 코치 아카데미(Career Coach Academy)[4]의 경력 관리 인증 코스에 등록했다. 따뜻하고 활동적이며 코치로서 대단히 뛰어난 휘트컴은 자신이 만든 상세하고 실제적인 강의 계획표에 따라 기초 경력 코칭을 가르쳤다. 그 강좌는 외면상으로는 기독교적 관점으로 가르치지 않았지만,[5] 휘트컴이 그리스도인이라는 사실은 처음부터 분명했다. 어느 날 그녀는 나를 불러 그녀의 새 책 「그리스도인의 직업 여행: 하나님이 당신을 위해 계획하신 일 찾기」(The Christian's Career Journey: Finding the Job God Designed for You)[6]를 한번 읽어 보고 추천해 줄 의향이 있는지 물었다. 코칭에 관한 책은 아니지만, 코치가 자신과, 직업 문제로 고민하는 고객에게 적용할 수 있는, 매우 실제적인 기독교적 관점을 보여 준다.

하나님의 관점에서 보면 일은 네 가지 주요 목적이 있는 것 같다고 휘트컴은 말한다. 일은 우리가 인생 이야기를 쓰는 장소이며, 우리의 믿음을 성장시키는 인큐베이터이고, 우리의 능력과 영향력을 키우는 운동장이며, 우리가 하나님의 형상과 사랑을 반영하는 무대다. 경력 계획과 계발 면에서 우리의 가치관, 강점, 은사, 성격의 특징, 관심, 열정에 대해 알면 도움이 된다. 그러나 그 어느 것도 우리의 삶에 대한 하나님의 세 가지 소명에 응답하는 것만큼 중요하지는 않다. 첫째, 우리는 그분을 **따르는 사람이 되라고** 부름받았다. 이는 가장 우선적인 소명이다. 둘째는 **그분의 일을 하라는** 직업적 소명이다. 셋째는 **끝까지 인내하며** 예수님을 닮으라는 지속적이고 신실한 소명이다. 이것들은 평생 단 한 번뿐인 소명이 아니다. 소명은 우리가 듣고 실천하기 원하시는 왕이신 하나님이 반복해서 전달하신다.

잘못된 신념과 회개하지 않은 죄, 그리고 약한 믿음은 하나님의 음성을 듣는 것을 어렵게 만들 수 있다. 그럴 때조차도 누구나 듣고자 하면 그분의 뜻을 분별할 수 있고, 겸손하고 찬양하는 태도로 경청할 수 있으며, 그분이 전하시는 바를 기꺼이 받아들일 수 있고, 공손하게 행동으로 응답할 수 있다. 이 모든 것은 휘트컴이 정의한 어떤 유형의 코칭 고객에게도 적용되는 중요한 배경이다. 그녀는 그들을 경력 탐색자, 경력 사냥꾼, 경력 정복자라고 불렀다.

경력 탐색자는 직업이나 경력을 찾고 있는 사람이다. 만일 우리가 고등학교 직업 상담가에게 가면, 십중팔구 일련의 검사를 받고 상담가와 이야기하며 가능성을 살펴보게 될 것이다. 탐색자는 나이와 상관없다. 이 코칭 고객들은 자신이 가장 잘 할 수 있는 것에 대해 알고 있을지도 모른다. 자신들이 하고 싶은 일에 대해 자주 생각하지만, 미래는 불분명하고 발걸음을 내딛기가 몹시 힘겨울 것이다. 경력 코치는 이 고객들을 도와 강점, 재능, 관심사를 찾도록 질문을 한다. 때로는 가능성 있는 방향을 명확히 하기 위해 평가 검사를 한다. 코치는 탐색자들이 직업 선택을 현명하게 하거나 더 좋은 일자리를 찾거나 더 만족스러운 직업으로 이직하도록 돕는다.

경력 사냥꾼은 방향이 더 분명하다. 대개 그들은 자신의 강점을 알고 있으며 하고 싶어 하는 일에 대해서도 명확한 생각이 있다. 그들은 움직일 준비가 되어 있지만 어디로 어떻게 가야 할지 모른다. 그들은 함께 경력을 관리하고, 취업 기회를 모색하며, 면접을 준비하고, 연봉을 협상하는 방법을 배우는 데 적극적으로 임할 파트너를 원한다.

경력 정복자는 자신의 경력을 찾아냈고 현재 직업에 만족할지도 모른다. 그들은 직업을 바꾸려고 하지는 않지만, 일과 관계의 균형을 잡거나 일정 관리를 더 잘하거나 사무실에서 의사 소통을 더 잘할 수 있도록 도움받기 원할 것이다. 이런 사람들은 승진을 준비하거나 경력을 향상시키는 기술을 계발할 때 도움을 받으면 유익하다. 이 거대한 코칭 시장은 경력 선택보다는 경력을 키우고 향상시키는 쪽에 더 적합하다.

이런 경력 문제가 우리가 이제까지 고찰한 다른 전문 영역과 어떻게 만나는지 주목하라. 경력 문제는 라이프 코칭, 관계 코칭, 과도기 코칭, 그리고 영성의 형성과 성장에 관한 코칭의 한 부분일 수 있다. 또한 경력 문제는 구직자가 일자리를 찾지 못할 때, 일자리를 잃었을 때, 오래된 경력이 갑자기 끝났을 때, 가장 중요한 주제로 부각될 수 있다.

이번 장을 쓰면서 나는 경력 코치 아카데미의 훈련 안내서를 살펴보고, 거기서 가장 중요한 결론을 요약해 내기로 결심했다. 하지만 나는 곧 이 엄청난 정보 수집의 사명을 포기했다. 그 대신, 휘트컴과 오랜 시간 동안 토론했다. 나는 그녀가 경력 코칭에 입문하게 된 이유와, 무엇 때문에 경력 코치들을 훈련하게 되었는지에 대해 물어 보았다.

한 경력 코치가 걸어온 길

휘트컴은 자신의 경력 과정을 하나님이 지시하신 것으로 본다. "그분은 감사하게도 나를 비전이 없는 채로 두지 않으셨다"고 그녀는 말했다. "하나님은 엄청난 성취감을 느끼는 일로 나를 이끄시려고 사람과 사건들을 사용하셨다." 음악 치료 학위를 받고 대학을 졸업한 휘트컴은 치료사로 일자리를 얻었고, "세상을 치유"하는 데 헌신하기로 다짐했다. 많은 젊은 졸업생들처럼 그녀도 중요한 어떤 것은 나중에 찾기로 결정하고, 캘리포니아의 고향 마을로 돌아가 비서직으로 일했다. 어느 날 그녀는 이력서를 대필해 주는 일을 시작하려는 사람을 만났다. 그녀는 그 계획에 참여했고 나중에 그 사업을 인수해 소유주가 되었다.

"나는 이력서 쓰는 일이 즐거웠다. 그러나 어떤 사람들은 '일자리는 얻었지만 난 그 일이 싫어요'라고 말했다." 얼마 후 이 사업은 구직 서비스로 확대되었다. 그 즈음 휘트컴은 경력 코칭 워크숍에 참석했고 자석처럼 이끌리는 것을 느꼈다. 그녀는 코치 훈련에 푹 빠졌으며 얼마 후 경력 코치 아카데미를 설립했다. 그녀와 친구 낸시 브랜튼은 나중에 리더십 코치 아카데미도 만들었다.[7] 현재 휘트컴은 구직 전략가 인증 과정을 비롯한 다양한 훈련 프로그램을 운영하고 있다.

휘트컴은 경력 코칭을 어떻게 정의하는가? "기독교적 관점에서 보면, 하나님이 사람들을 불러 명하신 것을 명확하게 알도록 도와주는 것이다. 코칭 관계는 사람들을 앞으로 나아가게 하고, 그들의 일을 소명과 가치에 맞게 정렬하며, 시장이든 선교지든 목회 지역에서든 하나님이 쓰시는 사람이 되라고 용기를 불어넣는 인큐베이터다."

휘트컴이 경력 코칭을 특별한 소명으로 보는 것은 확실하다. 그것은 인간의 독특성에 박자를 맞추는 것 그 이상이다. 하나님이 사람들의 삶에서 더 큰 역할을 하시도록 문을 여는 것이다. 그것은 우리의 꿈을 실현하는 것보다 더 중요하다. 그것은 사람들이 하나님이 고용하신 '변화를 일으키는 힘'이 될 수 있으며, 어떤 직업을 선택하든 중요한 사역을 담당할 수 있다는 것을 깨닫게 해준다. 나는 "무슨 일을 하든지 마음을 다하여 주께 하듯 하고 사람에게 하듯 하지 말라"[8]는 성경의 권고가 생각난다. 경력 코칭은 사람들이 하나님의 일꾼으로 일하도록 더 잘 구비시킬 수 있다.

그녀와 대화하는 동안, 나는 경력 코칭과 경력 상담의 차이점에 관해 질문했다. 휘트컴은 그 두 영역을 가르는 경계선이 점차 흐릿해지고 있다는 데 동의했다. 같은 기술을 많이 사용하지만 상담가들은 보다 치료적 관점으로 접근한다. 그들은 과거를 살펴보고 그것이 직업을 결정하는 데 어떻게 영향을 미치는지를 파악하는 데 더 관심을 기울인다. 그들은 분석하고 설명하고 말해 준다. 반면, 경력 코치는 현재와 미래에 초점을 맞추고, 고객이 일을 통해 무엇을 창조하고 싶어 하는지를 도출하기 위해 강력한 질문을 활용한다. 코치나 상담가 모두 직업 선택과 경력 개발을 촉진하기 위한 평가 도구를 사용한다. 검사는 고객이 미심쩍어하는 것을 확인시켜 주기도 하지만, 무엇을 해야 하는지를 알려 주기보다는 명료하게 알 수 있도록 도와주는 도구다.

휘트컴은 경력 코치들을 훈련하는 사람이기 때문에 우리는 이 영역에서 교육이 중요한 이유에 대해 논의했다. "교육은 경력을 오랫동안 지속하는 데 필요한 자원에 대한 전문성과 지식을 갖추도록 도와준다"고 했다. 일례로 직업을 바꾸는 과정에서 많은 사람들은 어떻게 새로운 직업을 찾고, 이력서를 쓰며, 인맥을 만들어 숨어 있는 취업 시장으로 들어갈 수 있는지 알아야 한다. 고용 절차, 예상 면접, 준비 방법에 대해 알면 도움이 된다. 개인 브랜드와 고용 시장에서 자신의 위치를 어떻게 잡을지 아는 것은 중요하다. "대다수 고용자는 우리의 꿈 따위에는 관심이 없으며, 회사의 손익분기점을 넘기는 데 이 취업 희망자가 어떤 기여를 할 수 있을지에만 관심을 둔다"는 것을 고객들이 알도록 돕는다. 이 모든 것은 경력이라는 주제에 대해 전문성을 가진 코치들이 제공할 수 있다. 그들은 라이프 코치나 관계 코치로 일할 때 보다 많은 자원을 공유할 수 있다.

성령은 경력 코치를 지지하신다. 성령은 과정을 인도하고, 경력 관리의 핵심에 하나님과 우리의 관계가 있다는 믿음을 갖고 일할 수 있게 하신다. 하나님은 우리의 존재를 주관하고, 우리가 직업을 통해 할 일이 무엇인지 깨닫도록 우리에게 지혜를 주신다.

경력 코칭, 상담 그리고 리더들

이 책의 초판을 쓰고 있을 때, 20년 동안 경력 관리를 상담하고 프로그램을 개발해 온 전직 경력 상담가가 한 일을 알게 되었다. 마조리 윌 호퍼는 코치로 직업을 바꾼 뒤 리더들, 기업 임원들과 함께 일했고 경력과 관련하여 그들을 코칭했다.[9] 일찍이 나는 그녀에게 경력 코칭이 경력 상담과 어떻게 다른지 이야기해 달라고 청하고 답변을 들었다.

"경력 상담에서는, 특히 대학교에서는 검사와, 결정을 내리기 위한 구체적인 단계에 초점을 맞춘다. 과정을 진행할 때 보다 공식적인 경향이 있다. 이것이 개인의 전반적 필요에 맞추는 경력 코칭과 다른 점이다. 경력 코칭은 어떤 경력을 설계하려면, 혹은 현 단계에 꼭 맞는 인생 계획을 계발하려면 무엇을 배워야 하는지에 초점을 맞춘다.

경력 탐색 코칭을 해 보면, 개인들은 자신이 어떤 경력을 원하는지 알지 못한다. 코칭 접근법은 어떤 공식을 주는 것이 아니라 그런 탐색을 방해하는 것이 무엇인지를 찾아낸다. **경력 개발** 코칭을 할 때 보면, 개인들은 어떤 경력 분야 안에 전형적으로 지향하는 방향이 있다. 그러나 그들은 이미 경력이 있는 분야에서 직업을 구하거나, 자신만의 특정 분야를 찾기 원한다. 코칭은 사람들이 무엇을 놓치고 있는지를 발견하고, 다음 단계로 넘어가는 데 방해가 되는 것이 무엇인지를 찾아내는 접근법을 쓴다.

내 고객 중에 미래학자라고 해도 좋을 만한 사람이 있었다. 그는 늘 미래를 보고 그 안에 머물러 살다시피 했다. 그것은 그의 자산 중의 하나였지만, 손해가 되기도 했다. 그는 '이렇게 될지도 모른다'는 가상 속에 살았다. 불행히도, 어떤 이유 때문에 비전에 빨리 도달하지 못하게 되면 그는 비관하고 다른 목표를 쫓아갔다. 미래에 사는 것이 그가 성공하는 것을 가로막았다. 현재의 단계들에 초점을 맞춰야 자신이 소망하는 미래로 갈 수 있다는 생각을 못했다. 예전에 정말 하고 싶었던 것과 앞으로 하기 원하는 것에 대해 파악하는 것도 중요했지만, 그는 그 일에 뛰어들어야 했다. 그래야 매일 자신의 이상을 향해 행동 단계를 밟아 나아갈 수 있다."

나는 호퍼에게 혹시 사업이 망하거나 예기치 못한 해고로 경력이 중단된 사람들과 일해 본 적이 있는지 물었다. 그녀는 자기 회사를 팔고 새로운 소유주에게 인수인계를 하기 위해 1년 여간 그 회사에 머물렀던 한 고객에 대해 이야기했다. "그가 자리에서 물러난 후, 새 소유주는 관리를 제대로 못했고 결국에는 회사가 파산하고 말았다. 그로 말미암아 내 고객도 수입에 영향을 받았다. 그는 성공했고 최고의 자리에까지 올랐다. 그러나 그가 통제할 수 없는 환경으로 말미암아 그것이 다 사라져 버렸다. 대다수 성인들이 그렇듯이, 인생에서 만족스럽지 못한 환경 때문에 그는 자신의 경력과 직장 생활을 재검토해야 했다. 그는 무슨 일이 일어났는지, 정말 중요한 것이 무엇인지, 앞으로 무엇을 해야 하는지를 묻고 있었다.

직장 생활을 시작하는 젊은 성인들과는 달리, 좀 더 연배가 있는 근로자들은 자신의 재정적인 필요와 개인적 가치관, 그리고 삶의 상황을 훨씬 더 많이 고려해야 한다. 자신의 능력, 부족한 점, 생활방식, 직업적 관심사, 사회와 가족에 대한 영향을 생각해야 하며, 이런 것들을 자신이 좋아하고 가치를 두는 것과 대비해 어떻게 균형 잡아야 할지 고려해야 한다. 나를 찾아오는 사람들은 거의 항상 진퇴양난에 빠져 있다. 이를테면 자신이 꽉 붙잡고 있는 가치와 재정 상태가 충돌하는 것이다. 그들은 쉽게 해결책을 찾지 못한다. 이 시점에서 코칭은 가장 큰 도움이 된다. 왜? 코치는 질문을 통해 성인들이 흔히 하는 쓰레기 같은 이야기나 지레짐작을 모두 걸러 내기 때문이다. 수많은 사람들이 경력에 관한 딜레마를 코치에게 도움받아 신속히 해결해 왔다.

나는 세속적인 업계에서 일하고 있지만, 내가 하는 모든 일에 기독교적 관점이 스며들어 있다. 내가 알고 있는 개념과 고객에게 소개하는 개념에도 배어 있다. 그러나 그것을 굳이 기독교적 개념으로 소개하지는 않는다. 고객이 알아들을 수 있는 방식으로 말해야 한다.

최근에 용서에 대해 한 고객에게 이야기했다. 기독교적 패러다임이 내게 매우 큰 비중을 차지하고 있기 때문에, 어떤 사람들은 용서를 이해하지 못할 수도 있다는 생각을 미처 못했다. 그 고객은 기독교적인 것을 대단히 싫어해서 나는 그가 들을 만한 방식으로 용서에 대해 설명했다. 용서가 어떤 행동인지, 왜 그것이 리더로서 자신의 진로를 개척해 나가는 데 필수적인지 알려 주어야 했다."

변화무쌍한 경력

경력 코칭은 고객들이 한 기업이나 단체, 또는 개인 사용자를 위해 일할 것이라고 가정하는 경향이 있다. 이는 한 회사에 다니거나 직업이나 경력을 바꾸어 경력을 쌓아도 결국은 이 모든 것이 우리가 모시는 고용주들의 손바닥 안에 있다는 생각이다.

적어도 이 세상의 몇몇 곳에서는 변화가 일어나고 있다. 몇 년 전, 「자유 직업인들의 나라」(Free Agent Nation)라는 책은, 미국의 수많은 근로자들이 자유 직업인이며 "직장을 자주 바꾸고, 기술적으로 뛰어나며, 성취감을 추구하고, 자신을 믿는 독립적 근로자"라는 점을 밝혔다.[10] 많은 사람들이 집에서 일하거나 혼자 힘으로 살아가는 자유 직업인들이다. 그들은 **변화무쌍한 경력**을 가진 것으로 묘사되는데, 이는 그리스 신화에 나오는 프로테우스의 이름을 딴 것으로 보인다. 그 신은 다가오는 위협에 적응하기 위해 아메바처럼 형태를 바꿀 수 있다.[11]

변화무쌍한 경력은 조직이 아니라 개인이 책임을 진다. 자유, 성장, 자기 성취감, 이동성이 직업의 안정성, 급여, 직함, 또는 직위보다 중요하다. 이런 가치들은 학부생과 대학원생부터 전문가와 모든 직종 또는 사업에 종사하는 개인들에 이르기까지 경력 스펙트럼 전반에 걸쳐 나타난다. 이런 사람들은 불가피하게 자기 인식과 적응력을 갖고 있다. 대부분 항상 배우는 사람들이며, 새로운 경험에 열려 있고, 과도기에 직면해서도 회복력이 강하며, 미래 중심적이고, 새로운 도전을 두려워하지 않는다. 그들은 업계가 어떻게 변하고 있는지 주목하며, 끊임없이 자신의 역량을 재평가하는 사람들이다. 구직난의 시대에 변화무쌍한 경력자들은 적정 수준에 못 미치는 조건에서 가능성을 볼 수 있다. 많은 사람들이 혼자 힘으로 여러 가지 일을 하고 있지만, 자유로운 정신과 태도를 간직한 채 회사에 속해 일하는 사람들도 있다.[12] 몇몇 독자들은 이 문단을 읽으면서 자신의 모습을 발견할지도 모른다.

이 논의는 코칭에 함축된 최소한 두 가지의 의미를 보여 준다. 첫째, 변화무쌍한 경력자를 코칭하는 것은 그런 기질이 부족한 고객을 코칭하는 것과는 다를 것이라는 점이다. 자유 직업인과 변화무쌍한 경력자들은 코치에게 도전할 수도 있다. 그러나 코치가 다소 자유로운 사고방식의 소유자이며 변화무쌍한 사람이라면 그들과 함께 일하는 것도 활기차고 흥미로울 것이다. 둘째, 성공적이며 독립적인 코치는 변화무쌍한 경력자가 되어야 할 것이다. 이런 특징이 없다면 경력 코치와 고객은 보다 구조화된 환경에서 일을 가장 잘 할 수 있을 것이다.

경력 코치는 경력 선택과 성장의 모든 단계에 있는 사람들과 일한다. 하지만 어떤 코치들은 더 전문적이다. 그들은 기업이나 조직의 리더들과 일한다. 바로 임원 코치라고 알려진 이들이다. 그들은 우리가 알기로는 코칭의 선구자 역할을 한 사람들이다. 기업 혹은 다양한 업계에서 일하는 전문가들이지만, 그들의 기술은 대기업을 훨씬 뛰어넘는다. 다음 장에서 이런 리더십 중심의 코치를 몇 사람 만나 보자.

17장 ·· 임원 코칭과 비즈니스 코칭

컨퍼런스 또는 세미나에 갔을 때 우리에게 도전을 주는 인사들이 대단한 면면을 과시하며 연설하는 것을 들어 본 적이 있는가? 다양한 층의 흥미로운 사람들과 아이디어를 나누고 필기를 하며 책 몇 권을 집어 들고, 배운 것을 적용해 보겠다는 생각에 고무되어 집으로 돌아와서는 그 모든 것을 잊어버렸던 경험이 있는가? 누구나 해 본 경험이다. 일화가 많은 한 연구 근거는 컨퍼런스, 특히 강의가 그다지 지속적인 영향을 주지 못한다는 것을 보여 준다.[1] 일단 평범한 일상과 일터로 돌아오면, 우리는 처리해야 할 일들의 압박과 현실에 휩쓸려 버리고 만다. 우리는 컨퍼런스에서 필기한 공책과 새롭게 배운 것들을 옆으로 밀어 두고 이전의 일정으로 빠져들어 간다. 배운 것을 적용해 보지도 못한다. 코칭 강좌를 이수하거나 심지어 이 책을 읽을 때조차도 똑같은 결과가 생길 수 있다. 훈련 프로그램이 변화를 일으키는 데 실패할 때, 얼마나 많은 돈과 에너지와 시간이 낭비되는지 생각하면 정신이 번쩍 든다.

비용에 민감한 회사들과 교육 분야의 연구자들, 그리고 소수의 교회들까지도 컨퍼런스에서 훈련받은 것이 일터로 제대로 전달되는지, 그리고 이것이 어떻게 더 좋아질 수 있는지를 꼼꼼하게 관찰해 왔다는 것은 결코 놀랄 일이 아니다. 일례로 어느 연구 조사에 따르면, 컨퍼런스 참가자들이 컨퍼런스 계획 수립에 참여했을 때, 컨퍼런스에서 배운 것을 적용할 지침을 제공할 때, 참가자들이 배운 것을 활용할 기회가 있는 일터로 돌아갈 때 배운 것을 더 잘 적용할 가능성이 높다고 한다.[2] 훈련 효과는 참가자들이 컨퍼런스나 세미나가 끝난 후에 일대일로 임원 코칭을 받을 때 훨씬 더 좋아진다.

한 결정적인 연구에서, 31명의 관리자 집단이 훈련 프로그램에 참여한 후 각자 업무로 복귀했다. 그들의 생산성이 상대적으로 높은 수준인 22.4퍼센트 향상됐기 때문에 그 훈련은 분명히 성공적이었다. 추가로, 훈련받은 몇 사람이 8주 동안 일대일 코칭을 받았다. 코칭에는 목표 수립, 협력적 문제 해결, 피드백 받기, 자의식 향상, 관리자에게 조언받기, 최종 결과에 대해 평가받기가 포함되었다. 훈련만 받은 그룹과 비교했을 때, 훈련과 코칭을 함께 받은 그룹은 생산성이 88퍼센트 향상되었다. 연구자들은 임원 코칭이 실천과 피드백이 일어날 수 있는 안전하고 개인화된 환경을 마련해 주었다고 결론 내렸다. 훈련은 일정 기간 동안 추상적 학습을 제공했지만, 코칭은 참가자 각각의 업무 책임에 따라 구체적인 행동과 프로젝트에 실제로 참여하도록 자극했기 때문에 그 이상이었다.[3]

이는 비즈니스계와 비즈니스 리더들에게 코칭을 적용할 수 있는 방법 가운데 한 예에 불과하다. 임원 코치는 기업의 비전 세우기와 장기 계획 수립을 지원하고, 그들로 하여금 장애물을 극복하고 목표에 도달할 수 있게 한다. 코치는 임원들과 팀원들의 경력 개발을 안내하며, 새로운 업무 역할로 이전하고 있는 사람들을 지원한다. 또한 더 수준 높은 책임을 맡게 되는 젊은 리더들을 코칭하고, 기업들이 보다 집중력 있고 효율적이며 생산적이 될 수 있게 돕는다.

바쁘게 사는 수많은 CEO와 임원들은 코칭을 좋아한다. 코칭이 일상적인 비즈니스의 급류에 놓치기 쉬운, 회사나 개인의 문제를 다루도록 도와주기 때문이다. 이런 분야의 코칭은 실질적이며 목표에 초점을 맞춘 일대일 교습 형태일 때 가장 효과적이다. 이런 코칭은 임원의 성과를 향상시키고, 그가 조직의 문제를 극복하도록 도와주며, 경력 또는 회사의 탈선을 방지해 준다.[4] 최고의 임원 코칭은 솔직하고 신뢰할 만한 피드백을 제공한다. 이런 피드백은 강요하거나 시간을 너무 많이 빼앗지 않으며 앞으로 나아가는 데 필요한 실질적인 아이디어를 생각나게 한다. 이 모든 것은, 임원 코칭은 "혼돈의 세상에서 관리자의 지혜를 계발하는" 과정이라고 한 어느 책 제목에 요약되어 있다.[5]

임원들은 기업 환경을 이해하고 사람들을 관리하는 것과 갈등 해소에 대해 아는 코치들을 원할 때가 많다. 당신이 이런 기대 수준에 맞추어 코칭하려면, 능력과 자기 확신을 보여주어야 하고, 대다수 임원들이 들어 보지 못한 통찰력 넘치고 대담한 질문들을 던질 용기가 있어야 한다. 기업인들은 조직에서 더 높은 자리로 올라갈수록 덜 솔직한 피드백을 얻게 되며, 믿을 수 있는 사람 혹은 뭔가를 얻어내려고 하지 않는 사람들과 터놓고 문제를 논의할 기회가 적어진다. 많은 기업인, 특히 임원들은 늘 압박 속에 살며, 동료들이 별로 없고, 그들을 이해하는 친구를 찾기는 더 힘들다. 흔히 이런 리더들은 일에 대한 코칭뿐만 아니라 가족들, 불안감, 자의식, 그리고 경력과 관련된 지침이 필요하다.

현업에서 일하는 임원 코치

임원 코칭은 대개 조직에서 최고 또는 상위 계급에 있는 리더들, 이를테면 CEO, 부사장, 관리자들과 함께 작업하는 것이다. 실제로 코칭은 조직 내의 지위와 상관없이 이뤄질 수 있으며, 코치의 역할은 그가 일하는 곳에 따라 결정된다. 이번 장에서 우리는 임원 코칭을 조직 내 코칭, 비즈니스 코칭, 기업 코칭을 포괄하는 용어로 사용할 것이다. 이 모든 것은 업무와 관련한 도전과 개인적인 도전을 통해 기업인들을 돕고, 그들이 배운 것을 조직에 이득이 되는 결과로 바꿀 수 있게 하는 것이다.[6]

나는 기업계에서의 코칭에 대해 알고자, 린다 밀러와 매우 능력 있는 임원 코치 세 사람에게 도움을 요청했다. 마스터 인증 코치(MCC)이고 중견 기업 코치인 밀러는 시간을 쪼개 두 조직에서 일하고 있다. 그녀는 코치 어프로치 미니스트리(Coach Approach Ministries)[7]라는 단체를 통해 목사, 교단 지도자들과 함께 목회 사역을 하고 있고, 켄 블랜차드 컴퍼니(Ken Blanchard Companies)에 고용되어 코칭을 위한 국제 연락 업무를 맡고 있다.[8] 그녀가 공저한 탁월한 책 「조직 내에서의 코칭: 켄 블랜차드 컴퍼니가 해 온 최고의 코칭 실무」(Coaching in Organizations: Best Coaching Practices from the Ken Blanchard Companies)[9]는 기업계에서의 코칭을 소개하는 것으로는 가장 유용하다. 밀러의 웹사이트[10]에 가보면, 진지한 자료들이 많지만, 그녀의 온화함과 유머 감각도 엿볼 수 있다. 홈페이지에 들어가면 개구리 울음소리와 함께 간단한 수수께끼가 나온다. 개구리 다섯 마리가 통나무 위에 있는데 네 마리가 뛰어내리기로 결심했다면 몇 마리가 남았을까? 정답은 다섯 마리. 왜냐하면 결심하는 것과 실행하는 것에는 차이가 있기 때문이다. 밀러는 기업의 리더들이 이 두 가지를 다 하도록 돕는다.

임원 코칭 초창기에 밀러는 어떤 회사의 부사장을 만났는데 그는 선임 중 한 사람을 위해 코치를 고용하기 원했다. 그 임원은 밀러가 과연 그 일을 해낼 수 있을지 의아해했다.

"그가 내게 가장 처음 물은 것은 '당신을 어떻게 신뢰할 수 있습니까?'였다. 그는 내가 자신이 일하는 특정 업계에서 일해 본 적이 없다는 것을 알고 있었다. 나는 웃으며 말했다. '저도 모르겠습니다. 저는 학위나 배경 또는 그 밖의 어떤 것이 저를 신뢰할 만한 사람으로 만든다고 생각하지 않습니다. 오늘 저와 이야기해 보시고, 끝날 때쯤 제가 신뢰할 만한지 말씀해 주십시오.' 그러자 그는 나를 닦달하듯 캐물었고, 나는 그저 대답만 했다. 끝날 즈음, 그가 말했다. '좋습니다. 당신은 믿을 만합니다.' 다음날 그는 내게 전화해서 웃으며 말했다. '당신, 정말 능수능란하더군요.'

내 신뢰도를 입증할 수 있는 다른 방법은 없다. 나와 코칭을 할 사람은 나보다 학위가 많고, 나를 면접한 사람은 미국 최고 명문 학교에서 학위를 받았다. 그래서 나 자신에 관해 이야기해 봐야 내가 신뢰할 만한 사람이라고 설득할 수 없다는 것을 알았다. 그러나 그 사람에게 나를 알려야 했다. 우리는 내가 코칭하게 될 특정 기업 또는 특정 개인에게 어떤 도전이 있는지를 살펴보고, 우리가 그 도전들에 대처할 수 있는지, 어떻게 할 수 있는지를 알아야 했다.

기업에서 일한 경험이 없는데 기업체에서 신뢰를 얻고 싶다면 꼭 넘어야 할 커다란 장애물이 있다. 나는 그런 배경이 없었다. 내가 처음 기업 영역에 들어섰을 때, 과연 제대로 해낼 수 있을지 확신이 서지 않았다. 그러나 모든 사람이 말했다. '걱정 말아요. 당신은 업계에 진입할 수 있는 존재감이 있잖아요. 잘 될 겁니다.' 나는 그 존재감이란 말이, 겉과 속이 같은 것, 오만하지 않으며 신뢰감을 주는 것, 사랑 안에서 진정성을 갖고 진실을 말하는 것, 억지로 가치를 창조하기보다 신뢰를 창조하여 발현하는 가치를 의미한다는 것을 깨달았다.

어떤 코칭 컨퍼런스에 갔을 때, 한 번도 만난 적이 없는 한 여성과 인사를 나눴다. '당신은 이전에 본 적이 없는 존재감을 지녔군요' 나는 그녀가 코칭할 자리를 찾고 있고 결국은 해낼 것임을 알았다. 단지 10분 동안 그녀를 만났을 뿐인데 그녀의 몸가짐을 보고 그것을 알았다. 그것이 그녀의 존재감이다."

밀러는 목회자들과 기업 리더들을 모두 코칭해 보았다. 그래서 리더로 인정받은 적이 없고, 자신을 리더라고 생각하지도 않는 코치도 과연 그런 코칭을 할 수 있는지 물어 보았다. 밀러는 코치의 능력에 대해 지적했다.

"코칭받는 리더는 코치가 자신에게 줄 것이 있는지 알 필요가 있습니다. 코치는 리더의 특성과 리더가 당면한 도전에 대해 알고 있어야 하며, 깊이와 내용이 있어야 한다. 리더십 경험이 전혀 없는 코치에게 리더가 어떤 반응을 보일지는 확신할 수 없다. 코치가 신뢰받을 만하다는 것을 보여 줄 무엇이 있어야 하며, 대개 대화가 시작된 지 2분 안에 신뢰성이 드러난다. 대부분 이런 것은 말로 표현되지 않는다. 대화 시간이 몇 분밖에 주어지지 않기 때문이다. 리더들을 코칭하는 사람들은 정말로 조화로워야 한다고 생각한다. 말과 행동과 몸가짐, 이 모든 영역이 일치해야 한다. 이것은 금방 나타난다."

우리는 잠재적 리더들을 코칭하는 도전으로 화제를 옮겼다. 밀러는 열정이 있었다.

"코칭은 조직 안에서 전도유망하고 고속 승진하는 사람들에게 가장 확실하게 가치를 발한다고 생각한다. 그들이 그 위치까지 올라오기 위해 이제까지 무엇을 해 왔든, 그들은 분명히 옳았다. 그러나 많은 경우, 다음 단계의 리더십 역할로 나아가기 위해 완전히 다른 일련의 능력이 필요하다. 그들은 달라진 역할에서 어떻게 네트워크를 구축해야 하는지 알아야 한다. 관리하기보다 이끄는 법을 알아야 한다. 유망한 목회자와 리더들에게 코칭은 매우 가치 있는 것이지만, 한 가지 중요한 논점이 있다. 코칭은, 그렇게 생각될 수도 있지만, 곤경에 처했거나 어려움을 겪는 사람들만을 위한 것은 아니다. 코칭은 잘하고 있는 사람들, 다음 단계로 발전할 준비가 되어 있거나 그들 앞에 무엇이 놓여 있는지 생각할 준비가 되어 있는 이들에게 도움이 된다. 이 사람들은 목회지나 회사의 입장에서 대단히 소중하며, 코칭은 그들을 발전시키고 붙들어 놓는 데 큰 도움이 될 수 있다.

예를 하나 들어 보면, 내가 코칭했던 유망한 리더 중 한 사람은 매우 큰 전문 서비스 회사에 있다. 그는 성과가 대단히 좋아서 다음 지위로 승진할 수도 있었다. 내가 그 회사에 고용됐을 때, 승진을 가로막는 몇 가지 관계상의 문제가 그에게 있다는 정보를 들었다. 그래서 그와 나는 그 이야기부터 시작했다. 그가 사람들과 소통하는 방식, 그 때문에 깨지거나 상처받은 관계들이 드러났다. 우리는 계획을 짰다. 어떻게 하면 그가 그 사람들 각자에게 돌아가서 상황을 개선할 수 있을까? 그렇게 해서 그가 앞으로 나아갈 때 과연 그들이 추천하고 지원해 줄까? 그의 자발성과 그들의 반응은 정말 강력한 것으로 나타났다. 또한 우리는 그가 신용할 만한 상황에서 신용하지 않고 있다는 것에 대해 이야기했다. 그는 앞으로 나아가려면 신용하기보다 신용받아야 한다고 생각했다. 그래서 우리는 신용하는 것에 대한 견해를 바꾸기 시작했다. 그는 그리스도인이 아니었지만, 나는 '주어라, 그리하면 받을 것이요'라는 원칙에 대해 함께 나누었고, 그는 그것을 실천했다."

이 이야기는 세속적인 기업에서 크리스천 코치의 역할에 대한 토론으로 이어졌다. "나는 목회자나 크리스천 리더들을 코칭할 때, 성경을 많이 활용하고 함께 기도한다. 기업 리더들과 함께 있을 때 나는 하나님에 관한 대화를 열 수 있을 만한 모든 말을 항상 경청한다. 만일 그런 말이 나오면 영적 문제에 대해 이야기해도 좋겠느냐고 양해를 구한다. 믿음이 없는 기업 리더들과 함께할 때도, 그 상황에 맞는 성경 구절이 있으면 그것을 함께 나누자고 요청한다. 그들은 언제나 동의한다. 몇몇 사람은 완고한 불신자였지만, 이제까지 싫다고 말한 사람은 없었다. 사실 그들은 자주 감사를 표했다. 나는 리더들에게 더불어 진실을 이야기하고 나눌 수 있는 사람들이 많지 않다고 본다. 그래서인지 나와 함께 일했던 사람들은 매우 개방적이었다. 리더십에 초점을 맞추는 코치들은 리더에게 진리를 말할 수 있을 만큼 민감하고 대담해야 한다. 우리는 진리가 우리를 자유롭게 한다는 것을 알고 있기 때문이다.

나는 항상 주님께 나의 관점이 아니라 하나님이 보시는 관점으로 그 사람을 보게 도와 달라고 기도하고 간구한다. 나는 주님의 눈을 통해 그 사람을 보기 원하고, 하나님의 관점이 그 사람이나 나의 관점과 다르더도 그분의 관점을 알고자 한다. 크리스천 코치로서 우리는 성령에 깊이 의지할 수 있다. 나는 주님이 주시는 직관을 예감할 때가 많다. 그 '직관'이 주님에게서 온다는 것을 알기 때문에, 나는 그것에 의지한다. 달리 말하면, 주님은 그 사람의 주의를 끌기 위해 그것을 자주 사용하신다. 이것은 분명한 진실이다."

시작부터 업무에 적응할 때까지

이제 마르셀 헨더슨과의 긴 대화로 넘어가자. 그녀는 미국에서 가장 큰 금융 기관에서 임원 코칭을 총괄한 사람이다.[11] 임원 계발 담당 부사장이라는 중책을 맡았지만, 헨더슨은 따뜻하고 우아하며 현실적이다. 그녀는 150명에 달하는 임원 코치들을 관리 감독하고, 코칭의 지침과 표준을 확립하며, 코칭의 질을 보장하고, 효과를 평가하는 책임을 맡았다. 그녀는 조직의 이익에 부합하는 최고의 코칭 관행을 마련하기 위해 다른 조직들에서 일어나는 일들을 늘 주시한다. 또한 "재능 발견과 인적 자본 계획에 맞추어 코칭을 조정하는 것과, 코치들의 육성을 감독하는 것에 관해" 고위 리더들과 상의한다.

나는 헨더슨에게 임원 코칭에 대한 정의를 내려 달라고 부탁했다. 임원 코치는 "리더들의 파트너가 되어 그들이 전문가적 성과를 증진하거나 향상할 수 있도록 일련의 목표를 확인하고 발전시키는 것을 돕는 노련한 전문가"라고 대답했다. 코치가 하는 일에는 리더의 성과에 관한 문제를 수집하고 분석하는 것, 더 큰 자의식을 함양하는 것(다양성과 다른 문화를 받아들이는 능력 포함), 행동 계획을 개발하도록 돕는 것, 리더가 행동을 변화시키기 위해 하는 작업을 지속적으로 지원하는 것도 포함된다. 그러나 이것이 전부는 아니다. 이런 코치들 중에서 최고는 자신이 제공하는 코칭의 결과물을 측정 가능하게 보여 주는 능력을 지닌 사람이다.

우리는 유망한 리더들을 찾아내고 지원하여 그들이 자신의 재능을 계발하고 더 훌륭한 리더십 역할을 준비하게 만드는 코칭에 대해 논의했다. 임원 코치로서 헨더슨은 조직의 최고위급 리더들과만 일했는데, 그런 일들 중에는 '탑승시키기'라는 작업이 있다. 이는 새로운 직원들이 회사에 잘 적응하도록 도와주고, 새로 뽑히거나 승진한 리더들이 자신의 업무 역할에 적응하도록 지원하는 과정이다. 헨더슨은 임원들 가운데 40퍼센트가 새로운 직위로 이동하는 데 실패하고 18개월 안에 회사를 떠난다는 조사 결과를 말해 주었다.[12] 실패한 사람들 중에서 70퍼센트는 기업 문화, 사람들, 사내 정치, 또는 업무를 완수하는 방법을 이해하고 연계하지 못해 회사를 떠났다. 대다수 사람들이 처음 몇 개월 안에 회사를 떠날 결심을 한다. 이와 대조적으로, 새로운 역할로 이동하는 사람들을 위한 코칭이 있는 경우, 계속 남아서 성장하기가 훨씬 더 용이해진다. 이는 신임 목사, 근로자, CEO, 그리고 회사 안팎의 리더들을 코칭하는 것에 대한 충격적인 암시를 담고 있다.

임원 코칭의 다양성을 논의하면서 나는 헨더슨에게 어떻게 이 일을 시작하게 됐는지, 임원 코치가 되려면 어떻게 해야 하는지에 대해 물었다. "나는 미국 기업에 코칭이 처음 도입되던 즈음에 적시적소에 있었다. 그때 우리 회사는 리더에게 핵심 역량을 갖추게 하려던 참이었다. 우리는 리더들에게 어떻게 그런 역량을 발휘하는가에 관한 공식적인 피드백과 코칭을 제공하려고 했다.

나는 이전에 리더십과 관리 분야를 훈련받은 덕분에 선발되어 공식적인 피드백과 코칭 과정을 훈련받았다. 그것이 내가 코칭 분야에 입문하게 된 계기였다. 10년도 더 된 이야기다. 그때 이후로 나는 회사 안팎의 수많은 코칭 훈련 모임에 참여했고, 회사는 그것을 완벽하게 후원하고 비용을 전액 지원하여 선임 리더들을 지원하는 노련한 사내 코치들을 확보했다."

대화 중에 코치들이 종종 이전 경험과 배경에 맞는 일로 이동한다는 것이 분명해졌다. 헨더슨은 임원 코치가 되기 위해 비즈니스 경험이 꼭 필요한 것은 아니지만, "어떤 리더들은 비즈니스 경험이 없는 코치와는 함께 일하려고 하지 않는다"고 말했다.

헨더슨은 대기업에서 일하면서 종교적인 언급을 거의 하지 않는다. 그녀의 코칭 철학은 어떠할까? 그녀가 대답했다. "내가 기업 현장에서 일하기 때문에 영성에 관해 말할 수 없을 거라고 다들 생각하지만, 나는 의견이 다르다. 내가 코칭을 하는 방법은 기독교적이다. 내가 제대로 나 자신을 준비하면 성령이 놀라운 일을 하실 수 있다는 것을 안다. 고객과 함께 있을 때, 나는 직관과 같은 선천적인 재능과 기술을 사용한다. 고객을 만나기 전에 나는 성령께서 분별하시고 이끌어 주실 것을 기도한다. 코칭 세션이 끝난 후에는 고객이 더 유능한 리더가 되기 위해 도달하고자 하는 목표를 가지고 앞으로 나아갈 용기를 갖게 해 달라고 기도한다. 좋은 리더십은 그리스도를 닮은 것이고, 코칭에 의해 리더들은 더 효과적이 되며, 비록 우리가 전혀 언급하지 않아도 그들은 그리스도를 닮은 행동을 하기 시작한다는 것이 나의 철학이다.

둘째, 임원 코치로서 나는 코칭할 때 통전적 관점을 견지한다. 고객들이 자신에 관한 모든 것을 던져 코칭에 몰입하도록 격려한다는 뜻이다. 몇 년 동안 코칭을 해 보고 나서 나는 우리의 인생이 영역별로 나뉘지 않는다는 것을 알게 되었다. 우리는 기업 현장 안에 있든, 밖에 있든 모두 영적인 존재들이다. 만일 고객이 영적 실천 혹은 신념에 관한 주제를 제기하면, 그들이 건강, 복지, 교육 또는 관계에 대한 주제를 꺼낼 때 하는 것과 똑같이, 그것을 코칭에 어떻게 포함시키기 원하는지를 물어 볼 것이다. 우리 삶의 이 모든 영역은 우리가 누구인가, 우리가 자기 분야에서 얼마나 효과적으로 일하는가로 구성되어 있다. 만일 그들이 그런 주제를 제기하지 않으면, 그들이 영적 실천에서 놓쳤을지도 모르는 것과, 나중에 그들이 삶의 더 큰 목적이나 비전을 찾을 때 드러날 수도 있는 것에 대해 코칭을 통해 알게 해 달라고 기도하고 소망한다."

대기업에서 소기업 소유주들까지

거의 매일 아침 나는 살고 있는 집에서 몇 블록 떨어지지 않은 번화가에 자리 잡은 평범한 가정집 앞을 차를 타고 지나간다. 2-3년 전 나는 그 집 주인이 차고 문을 떼어 내고 커다란 유리창으로 교체하는 것을 보았다. 그로부터 얼마 후, 파티복과 결혼식 드레스를 전문으로 파는 새 가게의 광고판이 붙었다. 몇 주 후 유리창 안쪽에 그런 옷들이 걸렸지만, 그 가게가 문을 닫고 다시 차고로 되돌아갔을 때도 나는 놀라지 않았다. 뭐가 잘못된 걸까 궁금했다. 돈을 그 실패한 벤처 기업에 쓸어 넣고 실의에 빠져 있을 사람들을 생각하니 슬펐다.

소기업의 실패는 상대적으로 흔한 일이고, 소유주들이 자기 사업을 살리려고 온갖 노력을 다하는 것 역시 흔하다. 그곳이 또 다른 비즈니스 관련 코칭 영역이다. 임원 코칭이라고 말하지는 않지만, 그 초점은 더 큰 기업들이 직면하고 있는 것과 거의 비슷한 문제들에 맞춰져 있다. 소기업 코칭은 생산 마감일, 재정 문제, 관리상의 딜레마, 마케팅 문제, 그리고 대기업들과 마찬가지로 근로자 문제들을 포함해 독특한 도전 과제를 갖고 있다. 대기업과는 달리 소기업은 가족 구성원들이 핵심 근로자이거나 주요 투자자, 아니면 양쪽 다인 경우가 많다. 소기업 코치 빌 집(Bill Zipp)은 "소기업 코칭에서는 비즈니스와 개인적 문제가 얽혀 있다"고 썼다.[13] '비즈니스를 코칭한다'는 것은 강하고 자립적인 기업을 세운 회사의 리더들과 일하는 것이다. 개인 코칭은 사업하는 개인의 건강한 관계와 균형 잡힌 생활방식을 만든다.[14] 나는 소기업 코칭을 전문으로 하는 몇 사람을 알지만, 더 좋은 정보를 얻기 위해 게리 우드에게 다시 연락을 취하기로 결정했다. 그는 캐나다의 토론토 북쪽에서 코칭 회사를 운영하고 있다.

우드는 예수 그리스도를 따르는 헌신적인 신자이며 다방면에 재능이 많은 코치로서, 관점을 유지하도록 도와주는 오래된 개인 코치가 있다. 그리스도인이 된 후, 우드와 그의 아내는 한 기독교 비영리 기관의 전임 행정직을 10년 동안 맡는 등 사역에 참여하게 되었다. 그는 여러 이사회를 섬겨 왔고 그것이 어떻게 기능을 발휘하는지, 되는 것은 무엇이고 안 되는 것은 무엇인지 알게 되었다. 기업 비즈니스 인증 코치가 된 이후 "포춘 100대 기업"의 임원부터 목사, 지역 공동체 조직의 책임자들, 그리고 더 효과적으로 더 만족스럽게 앞으로 나아가기 원하는 소기업 소유주들까지 다양한 고객들과 개인 코칭과 임원 코칭을 해 왔다.

나는 개인 코칭과 임원 코칭 서비스를 제공하는 우드의 회사에 대해 질문했다.[15] 그는 이렇게 대답했다.

"나는 주로 임원들과 리더들을 대상으로 일한다. 그들 중에는 지금 사업을 개발하고 있거나, 사업이 너무 커져서 감당하기 어려워 압박감을 느끼는 사람들도 있다. 몇 년간 고객 중 80-95퍼센트는 그리스도인 기업 소유주들과 전문가들, 임원과 리더 그리고 목사들이었다. 그들이 코칭을 받으러 오는 이유는 달라지기 원하기 때문이다. 그들은 내게 모든 것을 드러내 놓는다. 나는 그들에 관한 각종 숫자들을 알고, 그들의 경쟁자와 고객을 안다. 내가 그들과 함께 작업하는 목적은 그들이 성공하는 것을 보기 위해서다.

일례로 전 세계를 두루 돌아다니는 한 그리스도인 컨설턴트가 있었다. 그는 대다수 시간을 혼자 일하기 때문에 함께 일하면서 자기 생각을 나눌 수 있는 파트너를 원했다. 내가 그를 도와주는 방식이 바로 그런 것이다. 나는 그가 개인적으로나 직업적으로 발전할 수 있도록 돕는다. 우리의 시너지 효과 덕에 그가 혼자 생각했던 것보다 더 크게 생각하게 되었다."

우드는 예전에 여러 가지 사업을 했고 직장 생활 대부분을 소기업 소유주로 지냈다. 비즈니스 경험이 없는 사람도 이 영역에서 코칭할 수 있느냐고 우드에게 물었다. "불가능하지 않다. 소기업 소유주들은 누군가와 이야기 나누고 싶은, 일에 관한 관심사가 있다. 이를테면 그리스도인 고객들과는 그들이 자신을 헐값에 팔고 있는 점에 대해 대화를 나누고 그들의 임금 구조를 살펴본다. 사업 감각이 없는 코치라면, 이런 영역을 다룰 때 그다지 편치 않을 것이다. 인간관계 문제에만 매달릴 뿐, 사업적인 문제는 회피할 것이다. 하지만 나는 양쪽 모두 자유자재로 다룰 수 있다. 돈이나 정책, 근로자 또는 다른 어떤 것에 대해서든 말하는 데 거리낌이 없다. 내 경우 사업 경험이 이 모든 것을 결합시켜 준다. 이런 주제들에 관해 이야기할 때 편안하고, 개인적이거나 영적인 문제로 화제를 돌리는 것 역시 편안하다."

나는 우드에게 이런 영역에서 뒤처지지 않기 위해 리더십과 비즈니스에 관한 책과 잡지를 읽느냐고 물었다. 예상했던 대로 그는 그렇다고 대답했다. "나는 정기적으로 대형 서점에 가서 생활과 일, 그리고 리더십에 관한 모든 분야의 최근 경향을 알아본다. 나는 고객들이 사용하는 용어를 알고 싶고 이해하고 싶다. 내가 할 수 있는 최대한의 도움을 주고 싶다. 좀 전에 말한 고객과 같은 사람이 찾아오면, 그의 사업에 관해 도와줄 수 있는 것을 찾으려고 책이나 인터넷으로 달려간다.

나는 무엇이든 고객의 사업에 관한 것을 알려고 노력한다. 전문 용어를 알면, 함께 일할 때 내가 고객의 일을 이해하는 사람이라는 느낌을 줄 수 있다. 우리 고객 누구에게나 적용되는 핵심 요점은 지식, 통합, 적용이다. 내가 비즈니스 코치로서 하고 있는 일은 그들이 개인적·직업적으로 이미 가지고 있는 지식을 취하여, 그들 자신의 삶에 통합한 후, 적용할 수 있게 돕는 것이다. 우리가 세미나에 참석해서 지식을 얻고 사실들을 습득하지만, 정작 그것을 통합하고 활용하지 못할 때가 많다는 것이 문제다. 바로 이 대목에서 코칭이 빛을 발한다. 코칭은 사람들이 직업적으로나 개인적으로 자신의 지식을 통합하고 적용하도록 도와주기 때문이다."

우드와 통화를 하는 동안, 그가 교회 위원회를 코칭하는 것에 대해 묻고 싶어졌다. 팀 구성원들을 코칭하거나 기업의 이사들을 코칭하는 것과 원리는 비슷해 보였다. 이런 일을 하는 데 필요한 코치의 역량에 대해 물었다.

"위원회 경험을 한 것이 확실히 유리하다고 생각한다. 지금까지 몇 년 동안 여러 위원회에 몸담아 왔다. 경험해 보면, 위원회의 미묘한 차이를 알게 된다. 그것을 파악하는 데 결코 오랜 시간이 걸리지 않는다.

위원회의 역동성은 종종 사람들과 관련되어 있다. 어떤 사람은 조용하며, 다른 사람들은 앞에 나서기를 잘하고 말이 많다. 그런데 조용한 사람들은 자신들이 제안할 것이 없다고 생각한다. 이런 사람들이 나서서 말하게 하고 제안할 것이 있다고 믿게 하려면 코칭해야 한다. 또한 끊임없이 말하는 사람들을 멈추게 하고 다른 이의 말에 귀 기울이게 하기 위해서도 그들을 코칭해야 한다. 말이 적은 사람들은 더 크게 말하고 자신들이 기여하는 가치를 깨달아야 하며, 말이 더 많은 사람들은 좀 더 자제하고 적극적으로 경청하며 협력해야 한다. 그리고 몇 사람은 위원회에서 물러나 참신한 에너지와 비전, 그리고 새로운 리더십을 위해 길을 열어 주어야 한다.

사람에 관련된 문제와 함께, 과정에 대해서도 살펴볼 필요가 있다. 위원회는 대개 리더나 소수의 몇 사람에게 의존하게 되기 때문에 질문을 하지 않는다. 그들은 리더가 모든 것을 다 관장할 수 있어야 한다고 가정한다. 그러면 위원회가 탄력을 잃는 것은 당연하다. 일주일 걸릴 일이 그 이상으로 지연되기 십상이다. 며칠 있으면 다음 회의가 열리는데 아직도 역할 분담이 끝나지 않은 채로 남아 있다.

이럴 때 훈련과 통신 기술이 도움이 된다. 나는 위원회 사람들을 매주 다자간 통화로 연결해서 만나게 한다. 이제 그들은 서로 대화하고 다른 사람들을 충분히 이해할 만큼 만났으며, 서로의 이야기에 귀를 기울이고 있다. 또한 그들의 실천을 확인하고 책임을 묻는 코치가 있어서 다음 통화를 할 때까지 함께 일한다. 그 코치가 바로 나다. 위원회 구성원들은 다음주에 내가 전화를 걸어서 무엇을 했는지 확인할 것을 안다. 이제 그들은 자신들이 원하는 것이 무엇이고 무엇을 반드시 해야 하며 어떻게 목표를 달성해야 하는지에 대해 명확히 알게 되었다. 위원회의 발전이란 이런 것이다."

무능한 위원회와 함께 일해야 하는 리더들을 어떻게 코칭했는지 궁금해서 물었다. "위원회를 놓고 기도한다. 위원회 사람들의 의사 소통과 행동 방식에 대해 잘 알고 그에 맞춰 일해야 한다. 단지 아이디어를 만들어 내기보다 비전을 풍부하게 만드는 사람이 되어야 한다. 리더는 위원회에 있는 각 사람들이 갖고 있을 수 있는 비전의 작은 조각들을 모아서 그것을 종합한 후 모든 사람이 이해하고 주인 의식을 가질 수 있게 표현한다. 그 비전을 중심으로 위원회를 결집하고, 그 후에는 위원회 구성원들이 스스로 책임지게 만든다. 이것은 기업과 마찬가지로 교회에서도 적용된다. 리더는 진정으로 책임지는 모범을 보임으로써 다른 사람들에게도 책임져야 한다고 요구할 권리를 얻는다."

그 반대의 경우에는 어떻게 할까? 능동적인 위원회가 정체된 목사나 리더를 어떻게 다룰 수 있을까? "우선 위원회에 소속된 한 사람부터 시작해야 한다. 그는 경건하고 현명하며 리더에게 신뢰받는 사람이어야 한다. 몇 가지 개인적인 노력을 함께 해야 하는데 한 달에 한 번 정도 하는 일이 아니고, 헌신과 시간이 필요하다. 그런 일이 있었던 한 교회가 생각한다. 위원회 구성원들은 현명하게도 목사가 나 같은 코치와 함께 일하도록 길을 열어 주었다. 결국 목사와 교회 모두에게 좋은 결과가 있었다. 그 밖의 경우, 코칭을 통해서 목사나 리더 자신이 정말 원하는 곳에 있지 않거나, 효과적으로 일할 수 있는 곳에 있지 않다는 것을 깨닫게 할 수도 있다.

그것은 변화와 전환의 문제다. 변화는 우리가 물리적으로 무엇을 해야 하는 것이고, 전환은 우리의 머리와 마음에서 일어나는 어떤 것이다. 그러므로 우리는 목사 혹은 리더에게 이렇게 말한다. '우리는 이곳 상황이 변화하기를 원한다. 당신은 해야 할 일을 하지 않고 있다.' 그러나 만일 우리가 그의 머리와 마음에 감동을 주지 못하고 그를 돕지 못하며 그가 전환할 수 있도록 지원하지 못한다면, 곧바로 답답한 상황에 빠질 것이다. 코치를 만나게 하라. 많은 목사들이 자신이 어떤 사람이고, 어디로 가고 있는지 모를 수 있다."

최근 몇 년 동안 게리 우드의 코칭 사업은 새로운 방향으로 가고 있다. 리더와 그 밖의 고객들이 소진에 대처할 수 있도록 돕는 것이다. 그동안 많은 사람들을 코칭하면서 "너무나 많은 리더들과 전문가들이 직업상의 소진을 경험하고 있다는 결론에 도달했다. 사회적 관점으로 보면, 리더 한 사람이 일선에서 물러나거나 사라질 때, 다시는 중요한 책임을 맡지 않겠다고 결심할 때, 우리는 20-55년의 경험 많은 리더십, 혁신, 공헌을 모두 잃게 된다. 우리의 코칭 프로그램은 기업인들이 생산성을 유지하고 삶과 일의 균형을 향상시키는 것을 돕도록 설계되어 있다.

실제로 그것은 두 가지 목적이 있다. 리더와 전문가들이 소진을 이겨낼 수 있도록 지원하고, 그들이 전술을 바꿔서 의미 있는 동기, 프로젝트, 사람들의 삶에서 변화를 일으키는 프로그램을 가지고 계속 나아갈 수 있도록 돕는 것이다. 나는 크리스천 리더들과 임원들을 마음에 품고 있지만, 누구라도 도울 수 있으면 행복하다. 우리 사회에는 좋은 리더와 전문가들이 절실히 필요하다. 스트레스와 과로와 소진으로 그들을 잃어서는 안 된다."[16] 이것은 비즈니스계의 모든 분야에서 일하는 코치들의 중요한 역할이다.

크리스천 코치를 위하여

당신이 비즈니스계나 기업에서 코칭할 때 그리스도의 증인으로 남아 있기란 결코 쉬운 일이 아니다. 코칭받는 사람의 문제에 사로잡혀서 당신이 그리스도인으로서 헌신한다는 것을 잠시나마 잊어버리기 쉽다. 그러나 내가 이 책을 쓰면서 만난 사람들은 그러지 않았다. 그들이 비그리스도인인 고객들과 대화할 때 기독교적 주제를 자주 나타내지는 않지만, 하나님이 주신 소명과 능력을 철저히 의식하고 있었다. 게리 우드는 그들 모두를 대변해 이렇게 말했다. "우리는 영원의 무게를 지닌 문제가 일어나지 않을 거라고 생각하면 절대 안 된다. 결코 회사의 이익을 위해 그리스도인의 헌신을 뒷전으로 미뤄 놓을 수 **없다**."

밀레도 항구를 마지막으로 방문했을 때, 사도 바울은 자신의 사역을 회고해 보았다. 그는 앞으로 고난이 다가올 것을 알고 있었고, 에베소에서 온 그리스도인들에게 거짓 선지자들이 예수님을 따르는 양떼를 늑대처럼 공격할 것이라고 경고했다. 바울 자신은 많은 어려움을 겪었지만 후회는 없었다. "나는 오늘 고백한다. 내가 주 예수께 받은 사명을 다하는 데 쓰지 않는다면 내 생명은 아무 가치도 없다."[17]

하나님은 우리 모두를 교회나 기독교 사역 영역에서만 일하게 하지 않으셨다. 그분은 우리 대다수를 세속적인 세상으로 보내시고, 그 일이 기독교적인 것으로 보이지 않을지라도 우리가 할 수 있는 만큼 일하게 하셨다. 당신이 코칭받는 사람과 함께 기도할 수는 없을지라도 그를 위해 기도할 수는 있다. 당신이 만나는 모든 코칭 주제들을 감당하기는 어려울지라도 하나님께 인도해 달라고 구할 수 있고, 궁극적으로 예수님 안에서 당신에게 필요한 것이 채워진다는 것을 알 수 있다. 당신의 가치관이나 신념이나 복음적 관심사를 코칭받는 사람에게 모두 터놓고 말할 수는 없겠지만, 당신의 빛을 사람들에게 비추어 당신의 가치관과 선행을 보게 할 수는 있다. 조만간 모든 이가 그 빛이 당신의 하나님 아버지에게서 온다는 것을 인정하게 될 것이다.[18] 그리스도께서 원하시는 대로 신실하게 살아온 사람들이, 다른 사람들, 심지어 기독교에 반대하는 이들도 그리스도를 보게 하고 그분께 나아오게 만든 사례는 수없이 많다.

만일 하나님이 당신에게 원하시는 일이 코칭이라고 정말로 믿는다면, 당신이 부르심을 받아 섬기는 곳 어디에서든 하나님이 사람들의 삶에 영향을 미치게 하기 위해 이 도구를 사용하는 특권을 주셨고 그 때문에 당신이 코칭하고 있다는 것을 절대로 잊지 말라.

18장 ·· 교회, 영성 그리고 코칭

이머전트 교회(emergent church)라는 말을 언제 처음 들었는지 확실치 않지만, 그것은 곧바로 내 관심을 사로잡았다. 어렸을 때 나는, 아무도 그런 용어를 쓴 적은 없지만, 원리주의라고 말할 수 있는 전통적인 교회에 이끌려 갔다. 고등학교 시절 나는 교회에서 열심히 활동했고, 대학을 다니고 작은 기독교 대학에서 처음 가르치는 일을 할 때까지 내 믿음과 기독교적 가치관을 지켰다. 사는 동안 단 한 번도 근본적인 믿음을 심각하게 의심해 보지 않았지만, 세월이 지나면서 교회에 대한 환상이 사라졌다. 주일 성수를 했고 지금도 하고 있지만 점점 교회를 사교 집단으로 보게 되었다. 교회는 제자 삼는 것에 관해 말하고 믿음이 독실하지만 지역사회나 세상에 그다지 영향을 미치지 않는 좋은 사람들로 가득했다. 이런 분석은 단지 한 남자의 제한적 관점에서 나온 부당한 것임을 알지만, 나는 많은 신자들이 보이는, 세상 일에 관여하지 않는 태도에 여전히 갈등하고 있다.

나는 신학교 교수로 있을 때 처음으로 포스트모더니즘과 구성주의와 동양 철학의 영향력이 커지고 있다고 들었다. 분명히 세계관과 가치관, 그리고 도덕적 기준에 주요한 문화적 변동이 일어나고 있었지만, 전통적 교회들은 변화를 의식하지 못하는 것처럼 보였다. 음악은 약간 변했을지도 모른다. 그러나 많은 회중은 왜 젊은 사람들이 교회를 떠나고 있는지, 왜 새로운 사람들이 들어오지 않는지 의아해하면서 옛날과 똑같은 방식으로 예배를 드렸다. 이런 환경에서 대형 교회들이 등장했고, 많은 교회가 중요한 선한 영향력을 미치고 있지만 종교는 점점 인기를 잃고 있다. 교회에 다니는 수많은 성도를 포함해, 예수님을 좋아하고 영성에도 관심이 있지만 종교나 교회는 싫어하는 이들에 대한 책들을 읽을 때 놀라는 사람은 거의 없다.[1]

몇 년 전, 젊은 세대와 접촉하고 있고 비전통적인 방식으로 예배를 드리지만 믿음의 성경적 기초에 대한 헌신이 확고한 젊은 리더들과 예수님의 제자들이 주축을 이룬 새로운 운동을 발견했을 때 나는 열광했다. 그 리더들 중 몇 사람을 알게 됐고, 그들의 책을 읽기 시작했으며, 그들이 하고 있는 일, 즉 그들의 지역 사회와 영향권 안에 있는 영적 탐구자들을 찾아가는 것을 보고 감동했다. 사도행전 17장의 사도 바울이 떠올랐다. 데살로니가와 베뢰아의 공회당에서 가르칠 때는 매우 전통적인 방식으로 접근한 반면, 아덴의 그리스인들에게 말할 때는 매우 현대적이었다.

보다 새로워진 교회들은 대부분 성경적·신학적 정통성에 뿌리를 두고 있다.[2] 다수는 매체가 만들어 낸 포스트모던한 사회와 연결되어 일하고, 바울이 고대 그리스에서 보았던 것과 비슷한 가치들을 포용하면서 그 자리에 머물러 왔다. 슬프게도 이 집단의 다수는 그들의 뿌리에서 벗어나 바깥 사람들에게는 도저히 기독교적으로 보이지 않는 믿음과 행동에 빠지고 말았다. 이 집단에서 나온 어떤 저작물들과 풍조는 나 같은 그리스도인들이 이머전트 또는 이머징 같은 용어를 쓰는 것을 피하게 만들었다. 그래도 나는 자신들의 문화에 민감하며, 우리가 살고 있는 세상과 소통하고 이해하기 위해 헌신하고, 예수님을 섬기며 세상에 빛이 되는 데 열심인 사람들에게 동류 의식을 느낀다. 그들의 방법이 내가 선호하는 것과 다르거나 혹은 내가 성경적이라고 생각하는 것과 다를 수 있지만 그들의 기여와 선구자적 태도를 높게 평가한다.

몇 년 동안 나는 대학원 과정에서 코칭과 교회에 관하여 가르쳤다. 대개 우리는 교회 밖에서의 다양한 경험을 포함해서 교회들의 다양한 유형을 관찰하는 것부터 시작한다. 우리는 국가의 모든 부분과 모든 조직, 모든 직장과 모든 가정, 그리고 모든 교회가 저마다 고유의 문화를 갖고 있다는 데 동의한다. 오순절파, 정통 장로교, 아프리카계 미국 흑인, 전통 가톨릭, 남부 침례교, 초대형 교회, 또는 식탁에 둘러앉아 만나는 가정 교회를 생각해 보라. 각각 신학 이론과 예배 방식은 물론, 때때로 목회자의 성격을 반영하는 저마다 독특한 개성을 갖고 있다. 각각은 말은 안 하지만, 옷 입는 방식, 쓰는 말, 다른 사람들과 관계 맺는 방식, 소위 "우리 식"에 관해 일반적으로 용인되는 기준을 갖고 있다. 이 모든 것을 교회 문화라고 한다. 이런 교회 문화는 건물, 프로그램, 소속된 교단, 혹은 인쇄된 선언서보다 사람들과 교회 리더들의 말과 행동에 더 많이 내재해 있다.[3]

이 모든 것은 코치들에게 엄청난 관련이 있다. 교회에 코칭을 도입하는 것은 동떨어진 문화에 기독교를 소개하거나, 술집에서 20대 풋내기들에게 예수님을 증언하는 것과 비슷하다. 만일 당신이 접촉하고자 하는 사람들의 가치관, 리더들, 용인된 행동, 믿음, 사고방식을 무시한다면 당신은 결코 멀리 갈 수 없을 것이다. 코치가 코칭 기술을 비즈니스 현장이나 교육 기관이나 지역사회 조직들에 도입할 때도 똑같다. 전문가 집단을 포함한 몇몇 집단들이 코칭을 거부하고 코칭이 가져다줄 수 있는 이익을 놓치는 이유는 코치의 문화적 둔감성 때문인지도 모른다.

교회에 코칭 도입하기

가끔 목사들에게서 자기 교회에서 코칭 프로그램을 개발하는데 도와 달라는 전화가 온다. 전화해 온 이들 중 일부는 내가 교회 리더들과 소그룹들에게 코칭하는 법을 가르쳐 주고, 전체 회중을 대상으로 코칭 세미나를 해주기를 원했다. 자신이 코칭받는 것에 대해 묻는 이들도 있었다. 한두 사람은 교회 회중이 하나님이 주신 강점에 맞게 섬길 수 있도록 돕기 위해 강점 중심의 코칭을 도입하기 원했다.[4] 그들은 모두 목회의 영향력을 극대화하는 데 큰 관심이 있었다. 그들은 코칭이 유용할지도 모른다고 생각했지만, 거의 대부분, 교회에 코칭을 도입해서 얻으려고 하는 것이 무엇인지 확실히 알고 있지는 않았다.

표 18-1은 목회 상황에 코칭을 적용할 수 있는 몇 가지 방식을 보여 준다. 수많은 선구자들이 선도적으로 그 길을 이끌고 있다.[5] 프랜 라마티나는 최초로 지역 교회에 코칭을 도입한 사람 중 하나다.

라마티나는 코칭으로 오기 전에 비즈니스계에서 일했다. 거기서 그녀를 일중독자라고 직설적으로 말하는 현명하고 자상한 멘토 한 사람을 만났다. 그는 그녀에게 말했다. "다른 사람에게 업무를 위임하는 것을 배우지 못한다면, 당신은 완전히 소진될 것이다. 사람들을 하수인처럼 부리는 행동을 중단하고 그들에게 당신의 삶을 투자해야 한다." 라마티나는 변화하기 시작했고 얼마 안 가서 성공적인 비즈니스 코치가 되었으며, 이후 애틀랜타의 한 대형 교회에 직원으로 합류하게 되었다.[6] 나는 그녀에게 교회로 옮기니 어떤지 물었다.

"대단히 큰 변화였다. 25년간 남성들과만 일했다. 그러다가 하나님이 여성들의 삶에 영향을 미치도록 나를 일으켜 세우셨다. 내가 코칭 회사를 확장하고

표 18-1

코칭과 사역: 간추린 적용 범위

- 목사 코칭
- 개인 리더 또는 교회 성도 코칭
- 소그룹과 소그룹 리더 코칭
- 교회 위원회 코칭
- 교회 외곽 사역 코칭
- 기독교 관련 조직 코칭
- 리더십 개발 코칭
- 코칭과 사명
- 교회 성도들의 코칭 훈련
- 변화 과정의 회중 대상 코칭
- 목사 교체기의 회중 대상 코칭
- 구체적 문제에 대한 코칭
- 코칭과 비전 만들기
- 코칭과 전략 기획
- 코칭과 교회 갈등
- 코칭과 영적 지도

있을 때 내가 다니는 교회에서 여성 공동체 사역을 세우는데 비상근으로 일해 줄 수 있느냐고 물었다. 전부터 나는 '다른 여성들에게 내 인생을 투자하고 있다'고 말하는 생활방식의 본을 보이려고 노력했다. 그들을 정기적으로 만나서 개인적인 영적 성장에 대해 이야기하고 그들이 자신의 삶을 다른 여성들에게 효과적으로 투자하도록 코칭했다. 우리는 공동체의 지원 구조를 리더들을 위한 코칭-멘토링 과정에 맞추어 만들었다."

라마티나를 처음 만났을 때 그녀가 내게 그 교회의 목사 앤디 스탠리가 쓴 「비저니어링」이란 책을 선물로 준 기억이 난다.[7] 당시 그녀는 스탠리가 코칭의 원리를 잘 알고 있다고는 생각하지 않았지만, 그의 전 생애는 코칭과 연관이 있었다. 라마티나는 자기 공으로 인정하지 않겠지만, 스탠리 목사가 코칭을 열정적으로 받아들이게 된 데는 그녀의 영향이 있을 것이라 생각한다. 다음 세대 리더들을 위한 책에서 그는 이렇게 썼다. "코칭이 없이는 어떤 영역에서도 당신의 잠재력을 극대화하지 못할 것이다. 그것은 불가능하다.…당신이 최고의 차세대 리더가 되려면 다른 사람들에게 도움을 요청해야 한다. 자기 평가가 도움은 되지만, 다른 사람의 평가가 필수적이다. 당신은 리더십 코치가 필요하다. 좋은 코치는 당신의 가능성 대비 성과를 평가해 줄 것이다. 좋은 코치는 당신이 할 수 있는 것을 알고, 당신을 한계까지 밀어붙일 것이다. 혼자 힘으로 하는 것보다 나를 코칭해 주는 누군가와 함께할 때 더 멀리, 더 빠르게 갈 수 있다."[8] 나는 목사들에게 코칭과 리더십에 관해 이야기할 때 이 말을 스크린에 띄워 놓는다.

나는 라마티나에게 모든 사람, 특히 교회 현장에 있는 이들이 코칭으로 유익을 얻을 수 있다고 생각하는지 물었다. 그녀는 대답했다. "사람들이 코칭받기를 원치 않는다면 코칭할 수 없다. 코치 훈련을 하는데 어떤 코치는, 자신은 세상 사람들 중 단 20퍼센트만 코칭이 가능하다고 믿는다고 했다. 나도 그것이 사실이라고 믿는다. 우리 자신이 성령 앞에 무릎 꿇고 그분이 우리 삶을 변화시키도록 할 때에만 진정으로 코칭받을 수 있다고 믿는다. 코칭은 개인적인 삶의 변화를 수반하기 때문에 우리는 그것을 선뜻 시작하려 들지 않는다.

아동 병원 응급실에서 일하던 어떤 간호사 이야기를 들려주고 싶다. 그녀는 병원에 있는 아이들을 위해 자기 삶을 투자하는 믿음 좋은 독신 여성이지만 빚이 많았다. 나는 재무 관리 경력이 있어서 재정 부분에 관해 그녀를 코칭하고 있었다. 어느 날 그녀에게 물었다. '당신에게 1백만 달러가 있다면 그 돈으로 무엇을 하겠는가?' 그녀는 말했다. '암에 걸린 아이들의 가족들을 위해 바닷가에 휴양소를 짓겠다. 암에 걸린 아이들을 둔 가족들에게 어떤 일이 일어나는지 아는가? 이혼하고, 파산하고, 가족이 뿔뿔이 흩어지며, 아이들과 연락을 끊게 된다.' 나는 그녀의 열정이 무엇인지 알 수 있었다. 그래서 말했다. '그것은 꿈이라기보다 하나님이 당신에게 주신 비전처럼 들린다. 나는 당신이 그것을 놓고 기도하며 하나님이 당신의 인생을 걸고 그것을 하기 원하시는지 알아보도록 격려하겠다.' 그녀는 내 말을 진지하게 받아들였다. 그녀는 비전에 관해 기도했고, 하나님은 그녀가 세 가지 일을 하도록 이끄셨다. 빚을 갚고, 하나님이 그녀가 하기 원하시는 것을 무엇이든 할 수 있도록 재정적으로 안정을 되찾았다. 모범적이지 못했던 가족과의 관계도 개선했다. 1년 6개월간 자신이 맺고 있는 관계들의 다양한 측면에 대해 코칭을 받으러 나를 찾아왔고, 그 문제들을 해결하기 위해 해야 할 매우 어려운 몇 가지 일을 해냈다. 나는 그녀에게 부채에서 벗어날 수 있는 방법을 알려주었고, 그녀는 내 말에 따랐다. 지금 그녀는 등대 가족 쉼터 (Lighthouse Family Retreat)에서 전무로 일하면서 암에 걸린 아이들과 그 가족들을 돌보고 있다. 초창기에 나는 쉼터 이사회 의장을 맡았고, 그녀는 하나님이 그녀에게 주신 자원을 계속 활용하고 있다."

지역 교회 사역을 넘어선 코칭

토니 스톨츠퍼스는 목사와 교회 그리고 코치들을 위한 코칭 자료를 개발할 때도 크리스천 코치들을 결집해 사역하게 만드는, 과묵하지만 유능한 리더다.

그의 웹사이트에는 목사와 크리스천 코치들을 위한 자료들이 가득하고, 그가 쓴 책들은 코치 훈련 프로그램에 널리 활용된다.[9] 코칭 분야에 있는 많은 사람들과 달리, 스톨츠퍼스는 유명해지거나 돈을 많이 벌려는 욕심이 없다. 그의 인생은 리더십 성품을 함양하는 데 헌신하겠다고 말한 그대로다.

"나의 사명은 리더들이 모든 상황에서 하나님의 목적을 알고 몰두하도록 돕는 것이다." 스톨츠퍼스는 목사들을 코칭하는 데 주안점을 두고 있는 한 웹사이트에 있는 소개 페이지에 이렇게 썼다.[10] "하나님의 목적이라는 관점에서 보면, 여건은 그대로인데 목사들이 더 큰 영향력을 발휘해야 할 때, 너무나 많은 목사들이 정체에 빠지거나 소진되거나 좌절하여 목회지를 떠난다. 같은 일을 더 많이 하는 것으로 충분하지 않을 때, 한 사람으로서 본질적으로 변화하기 원하고, 그렇게 하면 당신의 목회가 완전히 변화될 수 있을 때" 그때가 바로 목사들이 스톨츠퍼스 같은 코치들을 만나고 "하나님도 함께 만나는" 시점이다.

토니 스톨츠퍼스와 이야기를 나눌 때마다 나는 도전을 받는다. 그는 아무런 훈련도 받지 않고 코칭하려는 사람들이 끼치는 영향에 대해 우려한다. 그는 우리가 코칭을 유행하는 새로운 프로그램 정도로 보는 것은 아닌지 걱정한다. 새로운 프로그램은 아니지만 일대일 관계를 통해서 완전한 변화를 창출함에도 불구하고, 많은 사람들은 큰 회의를 열어서 신속한 결과를 얻는 모양새를 원한다. "코치들은 때때로 마치 우리가 받은 훈련만으로 모든 준비가 끝난 양, 교계에 코칭을 도입하는 것에 대해 비현실적인 기대를 품는다. 우리는 성품이 사역을 위한 기본적인 자질이라고 생각하지 않으며, 기술 훈련이나 세미나를 이끄는 능력 역시 아니라고 생각한다.

성품은 삶에서 비롯되고 기술과 방법론은 훈련에서 나온다. 방법론은 변화된 삶을 위한 경로가 되는 정도까지만 사람을 변화시킨다. 코칭은 방법론이며 그 자체로 목적은 아니다. 우리는 교회 사역과 교회 리더들의 효율성에 어떤 코칭이 기여할 수 있는지 더 잘 이해해야 한다."

스톨츠퍼스는 자신이 발행하는 소식지에서 교회에 코칭을 끌어들이는 방법들을 제안했다. 처음에는 "실제로 먹힐 만한 코칭의 정의를 제시하는 것이 도움이 된다. 내가 자주 쓰는 정의는 이것이다. '코칭이란 사람들에게 해야 할 일을 말하지 않고 성장하도록 도와주는 훈련이다.' 또한 코칭과 다른 훈련들, 이를테면 멘토링을 대조하는 것도 도움이 된다." 코칭을 사람들이 이미 하고 있는 것, 이를테면 양육과 접목하는 것도 좋다. 마지막 귀뜸은 이것이다. "코칭을 보여 주지도 않고 설명하려 들지 말라. 대다수 사람들은 코칭을 본 적이 없다. 실제로 코칭하는 것을 보면 코칭이 무엇인지 훨씬 더 잘 이해할 수 있을 것이다. 그러므로 말만 하지 말고 보여 주라."

스톨츠퍼스는 캐나다에 있는 한 교단과 함께 한 일에 대해서 말했다. 리더들은 기본적인 코칭 기술을 목회 동역자들에게 가르쳐 주고 싶어 했다. 그래서 그는 전화와 직접 대면하는 대화형 워크샵을 활용하는 훈련 프로그램을 만들었다. 목표는 교단 내부의 목사들 가운데 핵심 코칭 그룹을 만드는 것이었다. 그 그룹은 코칭하는 법을 다른 사람들에게 가르치도록 훈련받고 준비될 것이다. 이 목사들이 모두 코치가 될 거라고는 생각하지 않았다. 어떤 사람은 코칭 이외의 사역을 감당하는 데 적합한 강점과 재능, 소명을 갖고 있다. 그러나 이 교단 사람들을 가르치는 한 가지 목표는 장기적인 관계들보다 뜻밖에 만난 사람들을 코칭하는 법을 배우게 하는 것이다. 이는 경청하기, 좋은 질문하기, 피드백 주기와 같은 코칭의 핵심 기술을 매일 하는 대화의 일부로 편하게 쓸 수 있게 하자는 뜻이다. 이런 점에서 코칭은 다른 사역을 향상시키는 데 도움을 주는 유용한 수단이 될 수 있다.

스톨츠퍼스의 접근 방식은 내게 리더십 훈련을 요청했던 한 대규모 패러처치 기관에서 내가 했던 작업과 비슷하다. 확실한 잠재력을 가진 리더들을 선발해 소그룹을 만든 후, 참가자들 모두를 일대일로 코칭하는 데 뜻을 같이하는 전문 코치들을 수소문했다. 몇 달 동안 코칭 훈련을 받고 나서 참가자들은 공식 세미나와 전화 후속 서비스의 형태로 훈련을 받았다. 목표는 코칭 방법을 사용해 사람들을 이끌 수 있도록 가르치는 것이다. 비슷한 프로그램이 아시아에서도 진행되고 있다. 아시아의 한 선교 기관이 코칭을 통해 다른 사람들을 이끄는 방법과 코칭 기술을 다른 사람들에게 가르치는 방법을 기관 리더들에게 훈련하기 원한다. 그 프로그램은 계속 진행되고 있다. 내 역할은 참가자들 각자를 코칭해서 그들이 코칭을 체험할 수 있게 하는 것이었다. 그 후 우리는 일주일 동안 후속 세미나를 했다. 최종적으로 우리는 참가자들 가운데 몇 사람을 선별해서 다른 사람들을 훈련시키는 법에 대해 가르칠 것이다.

코칭 전문가들이 개인적으로 유료로 코칭하는 것과는 별개로, 코칭이 기독교 공동체 안에서 강력한 영향을 미칠 수 있는 방법들을 여기 소개한다.

- 수많은 교회에서 소그룹 리더들을 코치라고 부른다는 것을 알게 된 후로, 스톨츠퍼스는 소그룹 리더들을 코칭하는 것을 사역의 초점으로 삼았다. 그들 소그룹 리더들은 아무런 코칭 기술 훈련도 받지 않고, 코칭이 무엇인지에 대해 전혀 알지 못하며, 코칭이 그룹 구성원들을 가르치거나 충고하거나 지도하는 것과 다르다는 인식조차 없이 '코치'라는 명찰을 달고 있다. 지금 이 글을 쓰고 있는 내 앞에 두 교회에서 만든 코칭 핸드북이 놓여 있다. 이 책들은 디자인은 훌륭하지만, 코칭 내용이 무엇인지 알 수 있는 근거는 전혀 보이지 않는다. 그중 한 권에는 코치의 역할이 리더십 팀을 개발하고 보살피며, 사역을 지원하고, 회의를 주관하는 것이라고 적혀 있다. 이것들은 가치 있는 목표이기는 하지만 코칭은 아니다. 스톨츠퍼스는 소그룹 리더들이 기존 코칭 기술을 활용하고, 그들의 목표를 분명히 하며, 그룹의 효과성을 더욱 높이는 방향으로 움직이도록 가르치기 위해 훈련 세미나를 이끌고 자료를 만들어 왔다.
- 동료 코칭(peer coaching)은 토니 스톨츠퍼스가 주도하는 또 하나의 운동으

로, 지금 수많은 교회들로 확산되고 있다.[11] 동료 코칭은 서로의 성장을 돕기 위한 목적으로, 책임감 있고 진실한 동료 관계를 만드는 데 활용할 수 있는 코칭 원칙들을 배운 두세 친구들이 만나는 것이다. 이는 몇 년 전 교회들 사이에서 유행했고, 아직도 스데반 사역[12] 같은 그룹에 존재하는 평신도 상담과 유사한 것이다.

- CMI(Coaching Mission International)는 선교와 관련된 코칭을 하는 여러 집단 중 하나다. CMI는 "선교 리더들이 더 큰 효율성과 더 강건한 개인 생활 그리고 전 세계 선교 기관들과의 전략적 파트너십을 통해 그들의 사명을 성취할 수 있도록 코칭"하고자 한다. 현재 CMI는 아시아, 아프리카의 선교사들과 함께 일하지만 대상이 더 확대되기를 바라고 있다. 이곳의 이사인 티나 스톨츠퍼스 호스트에 따르면, 그들의 목표는 "탁월하고, 전문적인 훈련을 받았으며, 타문화 경험이 있는 코치들을 모아서, 현장 직원들과 다른 사람들을 관장하는 최고위 선교 리더들을 코칭하는 데 투입하는 것"이다. CMI는 국내의 리더들이 코칭 기술을 사용하도록 훈련하고 있고, 은퇴하고 돌아온 선교사들을 선교 코치로 훈련한 후 재배치해 그들이 지닌 문화적 이해와 언어 능력과 관계들을 활용할 예정이다. 전반적으로 이런 계획은 코칭을 통해 선교에 강력한 영향을 미치려는 목적으로 고안된 창의적인 것이다.[13]

- 선교의 일환으로 코칭하는 것은 크리스천 코칭을 독특한 형태의 사역으로 확산시키는 한 가지 방법이다. 그것은 BAM(Business As Mission)이 제공하는 모델에 기반하고 있다. 이 그룹은 접근하기 힘든 지역사회에 복음을 전하고 제자를 삼는 것과 결합하여, 사업가들이 능숙하게 실무를 처리하도록 돕는 데 헌신하는 범세계적인 운동이다.[14] 비슷한 방식으로 몇몇 코치들이 CAM(Coaching As Mission)을 확대하고 있다. 그들은 자신의 코칭을 사역으로 보고, 전문적으로 훈련받은 숙달된 크리스천 코치들이 윤리적이고

정직하게, 선한 사업 관행에 따라 서비스를 제공하도록 격려한다. BAM의 사명을 다른 말로 바꾸어 표현하면, 영적으로 무장된 코치들이, 접근하기 힘든 지역사회에 제자 삼기와 복음 전파를 하면서 능숙하게 코칭을 실천하는 것을 보여주는 것이다. 또한 CAM 모델은 코칭을 제한적으로 경험한 사람들을 가르쳐 국내외 여러 지역사회에서 일하게 하고, 전문 코치들과 함께 지금은 존재하지 않는 영역의 코칭을 개발한다. CAM은 적어도 몇 가지 무료 서비스를 제공하고 있다. 그것은 그리스도인의 소명으로서의 코칭을 입증하는 하나의 모델이다.

영적 코칭

어느 날 오후, 한국에서 열린 한 세미나에서 강의하고 있을 때 기운이 뚝 떨어지는 것을 느꼈다. 점심 식사를 한 지 얼마 안 됐고, 시차에 적응할 시간도 없었는데 일정은 무척 빡빡했으며 강의실은 후덥지근했다. 청중 가운데 몇 명이 (내 말에 동의해서가 아니라 졸음이 와서) 고개를 끄덕이는 것을 보았다. 통역자도 집중하기 어려워하는 것 같았다. 분명히 휴식 시간이 필요했다. 그래서 나를 비롯해 모두가 피곤해 보이니 이제 모두 기지개를 켜고 활력을 재충전할 시간을 갖자고 했다. 사람들이 흩어지자마자 한 열성적인 남자가 강단으로 달려와서 내게 작은 병에 담긴 인삼 음료를 건넸다. 그는 에너지를 빨리 회복시켜 줄 것이라면서 내가 막 마시려고 했던 커피 대신 인삼 음료를 마셔 보라고 재촉했다.

병에 붙어 있는 상표는 한글로 쓰여 있고, 나는 잘 모르는 사람의 조언을 따를 생각이 없었다. 무엇인지도 모르는 것을 꿀꺽꿀꺽 마실 수는 없었다. 그런데 통역자는 나처럼 망설이지 않았다. 그는 인삼 뿌리로 만든 이 액체가 전혀 해롭지 않으며 활력을 줄 수 있다는 것을 알고 있었다. 그 음료가 내게 생기를 불어 넣었는지 기억은 안 나지만, 나는 세미나 중에 다른 참석자가 준 인삼 음료 여러 병과 인삼차 상자를 가지고 집으로 돌아왔다.

우리가 어떤 마법의 묘약을 마시고 영적으로 활력을 되찾을 수 있다면 재미있지 않을까? 물론 그런 것은 없다. 그리스도인의 삶에 활력을 회복시키고, 강화시키며, 인도하는 분은 성령이다. 그러나 매력적인 강사들의 열정적인 선포에도 불구하고, 지속적인 영적 성장과 갱신은 대부분 서서히 진행된다. 이것은 우리가 기도, 고독, 예배, 말씀 묵상, 금식, 봉사, 성찰과 같은 영적 훈련에 꾸준하고 신실하게 헌신할 때 가능하다. 대개 영적 갱신은 우리들의 실천을 확인하고, 우리를 위해 함께 기도하며, 수세기 동안 영적 지도로 내려온 것을 지도해 줄 수 있는 사람들을 만날 때 이루어진다.

영적 지도는 한 사람이 자신과 하나님의 관계를 통해 다른 사람을 돕는 것이다. 이는 인삼 음료를 주는 것처럼, 조언하거나 설교하거나 가르치거나 상담하거나 공식을 알려 주는 것이 아니다. 영적 지도는 "하나님과 더 깊은 개인적 관계를 쌓고자 도움을 구하는 한 사람이 다른 사람을 만나, 하나님을 점점 더 알게 되고 하나님의 뜻에 순종하는 데 초점을 맞춘 대화와 기도를 하는 과정"이라고 정의되어 왔다.[15] 영적 지도자는 다른 사람이 하나님과 좀 더 친밀한 관계를 만들고 함양하도록, 그리고 그 관계와 일치하는 삶을 살도록 이끈다.[16] 그 과정은, 함께 삶과 영적 훈련에 대해 대화를 나누며, 기도하고, 성경에 대해 토론하며, 하나님의 인도하심에 귀를 기울이고, 격려해 주는 것이다. 크리스천 리더는 자신이 영적 거인이라고 주장하지 않는다. 오히려 하나님과 개인적으로 동행하려고 하며, 자신의 영적 여정에 다른 사람들과 겸손히 동행하는 것을 즐거워한다.

영적 코칭은 영적 지도와 비슷한 원리들을 자주 사용하지만 목표가 다를 수 있고, 그 과정에 코칭을 사용한다. 나는 (앞 장들에서 언급한) 크리스토퍼 맥클러스키에게 영적 코칭의 정의에 대해 물어 보았다.[17]

"영적 코칭은 한 사람이 하나님과 보다 친밀한 관계를 추구하고 발전시키며 살아가도록 돕는 일에 관한 것이다. 대다수 그리스도인들은 구세주가 필요하다는 것을 알고 있다. 그들은 죄인으로서 회개하는 기도를 드렸고, 세례를 받았으며, 교회에 등록했고, 신앙의 도덕률에 따라야 한다고 생각하며, 지체로서의 삶을 살고 있고, 성경 공부에 참여했다. 일대일 제자 훈련까지 받았을지도 모른다. 그러나 많은 사람들이 하나님 아버지와의 유대감 또는 친밀감이 부족하다고 불평한다. 그들은 주님의 음성을 듣거나 그분의 인도를 느끼지 못하는 것처럼 보인다. 자신의 영적 은사와 소명도 확실하지 않다. 주님이 자신의 삶 가운데 역사하신다는 증거를 보려고 애쓴다. 깊이 안다고 느끼지 못하는 대상에게 강한 믿음을 갖기 어렵기 때문에 그들은 믿음에 관한 쟁점들을 붙들고 씨름한다. 성경은 그들이 '경건의 모양은 있으나 그 능력은 부인한다'고 말한다. 그들은 영적 평안, 기쁨, 만족, 풍요로운 삶의 성취를 아직 경험으로 알지 못한다. 그러나 이는 진실한 노력이 부족하기 때문이 아니다.

나는 이 문제가 대체로 친밀감에 대한 익숙함과 편안함이 부족한 데 원인이 있다고 믿는다. 급변하고 단절적이며 첨단 기술로 둘러싸인 우리 문화는 어떤 종류의 친밀감에도 대단한 반응을 보이지 않는다. 많은 사람들이 자신이 진정 누구인지, 무엇을 생각하고 느끼는지 알지 못한다고 불평한다. 즉, 자신을 친밀하게 알지 못한다. 헌신해야 할 것들과 집중력을 분산시키는 것들이 너무 많기 때문에 참된 반성과 내적 성찰을 할 시간을 만들려면 비상한 노력이 필요하다. 그러나 우리가 자신을 친밀하게 알고자 한다면 반드시 그렇게 해야 한다.

우리는 자신을 알지 못할 뿐 아니라 서로를 친밀하게 알지 못할 때가 많다. 이는 부분적으로 소규모 공동체의 소멸, 맞벌이 가정의 증가, 높은 이혼율, 그리고 가족이 전 세계에 흩어져 사는 상황 때문이다. 우리의 관계는 단절되어 있기 때문에, 하루에 수백 명을 쉽게 만날 수 있지만, 그들 중 누구와도 친밀한 관계를 맺지 못한다.

만일 우리가 우리 자신과 깊이 연결되어 있지 않고 다른 사람들(특히 배우자와 아이들)과 일상적으로 풍요로운 친밀함을 나누고 있지 않다면, 우리가 볼 수도, 만질 수도, 들을 수도 없는 누군가와 친밀감을 느끼지 못하는 것은 당연하다. 하나님은 거기 계시고 우리는 그분과의 친밀감을 나눌 수 있지만, 만일 우리가 육적인 면에서 친밀감을 나눌 줄 모른다면, 영적인 면에서 친밀감을 느낀다는 것은 상상하기 어렵다.

부부가 두 사람만의 시간을 갖는 것이 반드시 필요한 것처럼, 하나님과 단 둘이 시간을 보내는 것은 절대적으로 중요하다. 나는 모든 고객에게 매일 개인 묵상을 하고 개인적인 영적 은거 시간을 일정에 넣으라고 권한다. 그러나 다른 사람들과 친밀한 관계를 맺지 않은 채 하나님 아버지와 친밀한 관계를 추구하는 사람들은 지적인 관계만을 발전시킬 위험이 있다. 우리는 하나님과, 그리고 서로와 사랑하는 관계를 맺도록 설계되었다. 하나님이 '남자가 독처하는 것이 좋지 못하니'라고 하신 것은 그분 자신이 우리에게 충분하지 않다고 말씀하신 것이 아니다. 우리가 그분과의 관계를 경험하는 일 대부분이 우리 서로의 관계를 통해서 이루어진다고 말씀하신 것이다. 요한일서 4:12은 '어느 때나 하나님을 본 사람이 없으되 만일 우리가 서로 사랑하면 하나님이 우리 안에 거하시고 그의 사랑이 우리 안에 온전히 이루어지느니라'고 한다. 우리가 다른 사람들과 친밀감을 나누는 애정 어린 관계에 우리 자신을 개방할 때, 우리 안에서 그리고 우리를 통해 하나님의 믿기 어려운 친밀감을 느끼게 된다."

우리에게 영적 코칭의 몇 가지 예를 보여 줄 수 있느냐고 물었다.

"물론이다." 맥클러스키가 대답했다. 그는 크리스천 코칭에 관한 라디오 방송을 들은 한 남성에게 전화를 받은 것을 기억했다. 전화를 건 사람은 72세인데, 제대로 살아보기도 전에 죽을까 두렵다고 했다. 그들은 영적 코칭을 시작했다. "그 남성은 내가 이제까지 만나 본 가장 독실한 그리스도인 중 한 명이었다. 나는 그의 구원에 관해 전혀 의심하지 않았지만 그는 하나님 아버지와의 친밀함을 거의 경험하지 못했다. 하나님 아버지가 자신을 드러내시는 것을 보면 놀라울 뿐이다. 그는 살아나고 있었다. 우리는 서로 연결되어 있고 그 연결에 목적이 있었다는 것을 말하는 것 말고는 달리 할 말이 없다. 그가 내게 마음을 열자 하나님의 사랑이 더욱 온전해졌다. 나를 통해 그의 안에서 역사하시는 성령 때문이었다.

내게는 또 다른 고객이 있었다. 그리스도인이 아닌 유대인 기업 소유주였다. 그는 영적 코칭을 원했는데 그가 이런 말을 했을 때 깜짝 놀랐다. '전에 뉴에이지 성향이 강한 영적 코치와 함께 일한 적이 있다. 차라리 그리스도인이 낫겠다고 생각한다.' 그는 우리와 같은 신앙을 갖고 있지는 않았지만, 하나님을 갈망했고 그분을 찾았으며 마음이 열려 있었다. 그는 말했다. '내가 가장 원하는 것은 하나님과 더 깊이 동행하는 것이다.' 그는 교리 문제를 놓고 토론하기를 원치 않았다. 그는 단지 하나님께 더 가까이 가는 관계를 원했다. 그리고 같은 인간이지만 하나님이 내주하시는 나와 연결이 되자, 하나님은 그를 자신에게로 끌어당기셨다. 관계가 깊어지면 교리에 관한 토론도 하게 되리라는 것을 알고 있었다. 그러나 처음에 그는 코칭의 탐색하는 속성을 통해 하나님과 그분의 사랑을 경험하기 원했다."

맥클러스키는 특히 영적 코칭에서 전형적인 코칭 대화는 코치와 고객 사이의 대화라기보다 그가 "술술 풀리는 독백"이라고 부르는 것에 더 가깝다고 했다. "코치는 하나님이 고객의 마음에 직접 이야기하시도록 고객이 요청하고 들을 수 있게 돕는다. 코치는 가능하면 눈에 뜨이지 않으려 하고, 질문을 하거나 탐색할 여지를 남겨 놓으며 경청하되 참견은 하지 않는다. 일기 쓰기, 기도, 금식, 성경 찾기 또는 침묵 속에서 홀로 하나님과 시간 보내기처럼 과제도 그들 자신을 보여 주는 것 같다. 고객은 코치가 물어 보는 몇 가지 질문에 대해 자신이 대답하는 말들을 경청할 때 이와 같은 내면의 요구를 듣는다."

결론적으로 나는 맥클러스키에게 코치 자신의 영성에 대해 질문하고, 어떻게 하면 영적 코치가 될 수 있는지를 물었다. 그는 이렇게 대답했다. "자신이 가고 있지 않은 여정에 누군가를 데려갈 수는 없다. 만일 당신이 진정한 영적 코칭을 하고 있다면, (당신 자신의 영적 코치와 함께) 당신이 영적으로 위치하는 곳을 항상 주목하며, 늘 자신을 확장하고 성장시켜야 한다.

영적 코칭을 하기 원하는 사람은 누구든지 자신의 신앙 여정을 오랜 시간을 두고 유심히 지켜봐야 한다. 그러면서 기독교 신앙이 지시하는 바를 따르며, 자신의 영적 가치관과 은사와 소명을 철저히 지켜 나가면서 자신이 온전하게 살아가고 있는지 확인해야 한다. 존 오트버그는 교회 전반을 향해 강력한 질문을 던졌다. 이는 영적 코치가 되고자 생각하는 사람이면 누구에게나 적용되는 질문이다. '당신이 다른 사람들에게 들어와 살라고 초대하는 삶은 실제로 당신 자신이 살고 있는 삶인가?' 당신은 당신의 목자와 그분의 푸른 초장에 익숙하고 친밀해야 한다.

또 다른 핵심은 코치의 역할은 가르치거나 조언하는 것과는 거리가 멀다는 사실을 기억하는 것이다. 그렇게 하는 것은 제자 훈련에 가깝다. 코칭 관계는 가르치기보다는 파악하는 것이다. 당신이 주제를 꺼내지 말고 고객 안에서 역사하시는 성령이 그 코칭 시간을 주도하시도록 하라."

아마 이것이 교회와 함께 일하기 원하는 코치들에게 필요한 지침일 것이다. 성령의 인도를 주목하고, 크리스천 코치들에게 특별한 기회를 제공하고 있는 현장에서 섬길 기회를 찾으라.

영혼의 친구들

하나님이 내 인생 가운데로 인도해 주신 젊은 리더들과 친밀한 우정 여행을 함께하는 것보다 내게 더 큰 성취감과 만족감을 주는 것도 없다. 우리는 식당이나 찻집에서 얼굴을 맞대고 만나지는 못해도 전화나 컴퓨터를 통해 정기적으로 만난다. 우리는 인생, 경력, 가정, 개인적으로 힘든 일, 때로는 하나님과 더 친밀해지는 방법에 대해 이야기한다. 나는 이런 사람들과 함께 있는 것이 늘 즐겁고, 그들 또한 기꺼이 내 곁에 항상 함께하려는 것 같다. 나는 이런 영적 관계가 흔한 것이라고 생각하지 않는다. 깊은 영적 관계는 흔치 않다. 그들에게 코칭료를 받고 전문 코칭을 하지는 않지만, 우리 사이에는 격려, 친밀한 나눔, 기도, 비전 제시, 그리스도인의 깊은 사랑이 넘쳐흐른다.

때때로 우리는 코칭 원형 모델의 각 요소에 대해 이야기를 나눈다. 우리의 현재 상태, 우리의 목표, 우리의 강점과 가치관, 인생의 비전, 계획 그리고 우리의 진보를 가로막는 장애물들. 늘 같은 순서는 아니지만 우리는 이런 주제를 자연스럽게 그리고 자주 이야기했다. 우리는 비약적인 성장을 경험하지 않았다. 우리는 그 길을 함께 걸었고 때로는 서로 어울려 다녔다. 그러나 모래밭에 남겨진 발자국들을 돌아보니 하나님이 우리와 동행하시고 이끄신 것이 보인다. 우리가 서로 격려하고 동기부여 하고 때로는 함께 즐거워하거나 축하할 때도 코칭의 방법을 무수히 사용했지만, 그 가운데 어떤 것도 공식적인 코칭은 아니었다. 때때로 우리는 서로를 코칭했지만 '늬' 자도 입에 올린 적이 없다. 여러 가지 면에서 이처럼 우애 넘치는 동행은 실제 삶에 적용된 코칭을 보여 준다. 하루도 빠짐없이 나는 잠시 멈춰서 이에 대해 생각하고 감사를 드린다.

7부
코칭의 실제

직업과 사업으로서의 코칭 | 다문화 상황에서 코칭하기 | 코칭의 도전 | 코칭의 미래

19장 ·· 직업과 사업으로서의 코칭

「꿈을 주시는 분」은 브루스 윌킨슨이 쓴 매혹적인 책으로, '보통 사람'이라는 이름을 가진 평범한 사람이 익숙한 땅을 떠나 꿈을 주시는 거룩한 분이 주신 큰 꿈을 찾아가는 이야기다.[1] 보통사람이 안전지대를 떠나 접경 지대의 적병들과 길을 가로막고 있는 사나운 거인들을 뚫고 가는 것은 쉬운 일이 아니다. 약속의 땅에 도달하려면 광야를 통과해야 한다. 나는 소설을 잘 읽지 않지만, 이 책은 코칭에 대한 알레고리이기에 구입했다. 이 책은 많은 코칭 고객과 그들의 코치 대부분이 경험하는 여행을 묘사하는 이야기다. 윌킨슨은 이야기를 마친 후에 독자들이 책에 나온 내용을 활용해 다른 꿈꾸는 이들이 여행을 떠날 수 있게 돕도록 초청한다. 표 19-1은 그 과정을 요약한 것이다.

이따금씩 나는 윌킨슨의 책을 내 코칭 고객에게 추천한다. 그 이야기는 하나님이 자신의 삶을 계획하시고 여행 중에 인도하심을 용기 있게 믿는 사람들에게 여정에서 만날 수 있는 것이 무엇인지를 생생한 그림으로 보여 준다. 그분은 여러 가지 방법으로 인도하시는데, 때로는 코칭을 이용하신다.

15년간 나는 코칭 운동이 발전하는 것을 보고 영향을 받으며 이에 관여해 왔다. 그러면서 이제는 상식적으로 알고 있는, 코칭에 대한 실제적인 질문이 생겨

표 19-1

「꿈을 주시는 분」의 여정[2]

이스라엘 백성이 애굽에서 약속의 땅까지 간 서사 이야기는, 하나님의 백성이 꿈에 도달하고 그분을 위해 위대한 일을 시도할 때마다 성경 전체에 반복적으로 나타나는 유형을 보여 준다. 거의 모든 경우에 그들은

- 개인적인 꿈 또는 부르심을 인식하고, 그것을 수행하기로 결단한다
- 안전한 장소를 떠날 때 두려움에 직면한다
- 주변 사람들의 반대에 직면한다
- 믿음을 시험하는 시련의 기간을 견뎌 낸다
- 순종과 성화의 중요성을 배운다
- 꿈의 성취를 가로막는 거인들과 싸운다
- 꿈을 성취하여 자신의 최고 잠재력에 도달하고, 하나님께 영광을 돌린다

모든 꿈꾸는 사람에게 기쁜 소식은, 여행에서 만나는 각 단계와 장애물은 꿈을 가로막기 위한 것이 아니라 하나님이 약속하신 성취를 돌파하도록 돕기 위한 것이다.

났다. 때때로 우리는 모두 다음과 같은 것들을 궁금해한다. **나 자신을 위해 코칭을 받아야 하는가? 어떻게 코치를 찾아야 하는가? 코치가 되어야 할까? 어디서 훈련을 받아야 하는가? 인증 코치가 되는 것이 중요한가? 이 영역에 발을 들여 놓으면 어디서 코칭할 사람들을 찾을 수 있을까? 코칭은 한때의 유행인가, 아니면 지속될 것인가? 교회에서도 할 수 있는 것인가? 보수를 받는 전문 코치는 어떻게 될 수 있는가? 코치를 생계 수단으로 삼을 수 있는가? 코칭이 효과적이라는 실제적인 증거가 있는가?** 이 책의 남은 장들에서 이런 질문에 답변할 것이다. 또한 온라인과 그 외 다른 곳에서 정보를 찾는 방법을 제시하여 끊임없이 발전하고 성장하는 코칭 분야에 계속 발맞추어 가도록 돕겠다.[3]

처음 코칭에 대해 배우고 이것이 어떻게 효과를 발휘하는지 깨달으면, 많은 사람들이 코칭에 참여하고 싶어 하고, 심지어 사람들이 꿈에 도달할 수 있도록 돕는 전문 코치가 되는 것까지 생각할 정도가 된다. 이것이 당신의 목표는 아닐지도 모른다. 당신의 목표는 교회나 직장이나 가정에서 코칭을 활용하는 것일

수도 있다. 어쩌면 당신은 코칭에 대해 탐색하면서 코치를 찾아 코칭을 받기로 결정했을지도 모른다. 이것이 당신의 큰 꿈을 찾고 그것을 추구하는 한 가지 방법이 될 수 있다. 어쩌면 이제 코치가 되고 싶은지 스스로에게 물어야 할 때인지도 모른다.

> 자신의 과거와 현재를 돌아보라. 그러면 삶을 건강하고 온전하게 가꾸도록 돕는 코치가 보일 것이다. 그들은 적당한 때에 적당한 장소에서 삶의 모호한 문제들을 헤쳐나가도록 열정적으로 안내하는 사람들이다.
> _ 토마스 밴디, 「코칭 체인지」의 저자

이 책을 알거나 코칭에 대해 듣기 훨씬 전부터 당신은 이미 오랫동안 코칭을 하고 있었을지도 모른다. 다른 사람들이 찾아와서 당신에게 인도해 달라고 청하는 것이 자연스럽게 보이는 것처럼, 코칭으로 사람들을 돕는 것이 당신에게 자연스러울 수 있다. 어쩌면 이런 경험이 없을 수도 있지만, 당신은 함께 시간을 보내거나 함께 동행하며 유익을 얻는 사람들에게 무엇인가 줄 것이 있다는 것을 감지할 것이다. 상황이 어떠하든지 사람들을 당신에게 보내 주셔서 그들을 코칭하게 해 달라고 하나님께 간구하라. 하나님께 지혜를 구하고, 코칭을 할 때 하나님이 인도하시고 은혜 베푸시도록 의탁하라. 코칭할 때 서로 책임질 수 있는 사람을 적어도 한 명 이상 찾으라. 이 책과 다른 책에 나오는 원리들을 적용하기로 결심하라. 할 수 있으면 그 이상 훈련받는 것을 진지하게 고민해 보라. 이 책의 웹사이트(www.christiancoachingbook.com)를 주기적으로 방문하여 훈련 기회와 새로운 자료와 정보를 갱신하라. 당신을 통해 사람들을 코칭하고 삶을 변화시키시는 하나님을 주목하라. 다음 단계는 당신 자신의 큰 꿈을 찾으려 할 때 함께 동행할 수 있는 당신을 위한 코치를 찾는 것이다.

코치 되기

몇 년 전, 당시 코칭의 아버지로 알려진 토머스 레너드(Thomas Leonard)가 인도하는 훈련 세미나에 참석한 적이 있다. 훈련 막바지에 그는 참석자를 앞으로 불러 배운 것을 요약해 보도록 했다. 어떤 젊은 여성이 나와서 자신은 얼마 전에 대학을 졸업했다고 밝히고는 직업을 선택하며 겪은 좌절감을 설명했다. 그러고는 이제 탐색을 끝냈노라고 말했다. 세미나에 참석한 뒤, 그녀는 전문 코치가 되기로 결정했다. 그녀는 새롭게 선택한 직업으로 사람들도 돕고 상당한 수입도 거둘 수 있을 것이라고 말했다.

세미나가 끝난 후 그녀가 어떻게 되었을지 나는 종종 궁금했다. 초보 코치들은 코칭 경력을 쌓는 것이 그다지 어렵지 않고, 억대 연봉을 받기 쉬운 길이라고 생각하기 쉽다. 현실은 매우 다르다. 많은 코치들이 일감을 구하거나 유료 고객을 찾으려고 고군분투하고 있다. 개인 코칭에서 성공하는 사람들은 대개 탁월한 마케팅 기술이 있고, 자신과 코칭 사업을 홍보하는 데 적극적이다. 대부분 자신이 코칭 역량이 출중하고 효과성이 입증되었고 자신감이 있다는 것을 보여 주는 능력이 있다. 이런 일은 초보 코치에게 커다란 도전이다. 기업은 코칭에 비싼 코칭료를 지불하는데, 대부분 경험 많고 유능한 코치를 찾지, 훈련도 별로 받지 않고 사업에 대한 전문 지식도 없이 열정만 있는 신출내기 대학 졸업자를 찾지는 않는다.

물론, 이런 사실이 사람을 낙담시키기는 하지만, 그럴 의도는 아니다. 전문적인 유급 코치가 되는 것이 어렵다는 것을 알려 주려고 한 말이다. 그렇다고 불가능한 것은 아니다. 코치로서 재정적·직업적 성공을 거두는 것은, 특히 장애물을 극복하고 성공하리라고 결단한 코치라면, 가능하다. 여러 유능한 코치들이 개인 코칭을 하려 하지 않는다는 것은 숨길 수 없는 사실이다. 그들은 코칭 서비스가 필요한 기업, 기관, 대학, 교회와 같은 곳에서 일자리를 찾는다.

코칭에 좀 더 깊이 발을 들이기로 결정했다면 어떻게 해야 하는가? 가능하면,

당신에게 코칭에 대해 말해줄 수 있고, 깊이 숙고하고 코치가 되기 위해 발걸음을 내딛는 당신을 코칭해 줄 수 있는 훈련받은 코치를 찾으라. 유능한 크리스천 코치를 찾으려면 크리스천 코치 협회 웹사이트를 방문하는 것도 도움이 된다.[4] 많은 코칭 센터와 강사들도 코칭 서비스를 제공하고 상담을 하고 있다. 코칭 강사로서 나는 수강생들에게 코칭 훈련을 받기 전이나 받는 동안에 먼저 코칭을 받아보라고 권한다. 이는 잠재적 코치들에게 과정이 어떻게 진행되는지를 보여주는 강력한 학습 경험이 된다. 많은 코치들이 전화로 코칭을 하고 있으므로 근처에 살지 않아도 된다. 부록 K는 코치를 찾는 구체적인 지침을 제공한다.

그러고 나면 다양한 선택 사항을 고려하라. 이따금 상담가나 컨설턴트, 교사나 목사 등 사람을 돌보는 이들은 자신이 교육받고 경험한 것이 저절로 유능한 코치가 되도록 구비시켜 준다고 가정한다. 그 결과 코칭 훈련을 필요 없는 것으로 간주한다. 그러나 공식적인 코칭 훈련을 받는다면 많은 사람들이 코칭의 독특성을 이해할 것이다. 코칭 수업과 지도가 잠재적 코치들뿐 아니라 관련 분야에서 일하는 사람들도 구비시킬 수 있음을 깨달을 것이다. 훈련이 좋다면, 훈련받은 코치는 코칭 분야에서 더 탁월할 수 있고 코칭받는 사람에게 더 소중한 존재가 될 수 있다.[5]

어떤 신학교와 신학 대학원에서는 코칭 분야의 과정들을 개설하고 있으며 그 수가 점점 증가 추세다. 보다 인기 있는 것은 독립적인 코칭 훈련 프로그램이다. 레이 카(Rey Carr)는 캐나다에 사는 코칭 강사로 코칭의 최근 경향을 추적하며 코칭 훈련 학교들에 관한 정보를 모아 편찬했다. 이 책을 쓸 무렵 북미 지역과 해외 지역에 독립적인 훈련 학교가 300곳 있었다.[6] 그곳들은 거의 100개가 넘는 코치 인증 프로그램을 제공하는데, "어떤 곳은 이름은 같지만 폭넓은 연구와 실습을 요구하는 곳부터 단지 전화 통화 두세 통이면 되는 곳까지 저마다 요구 조건이 달랐다." 카는 "일반 대중뿐 아니라 코치와 코치가 되는 데 관심을 가진 사람들 모두 혼동하고 방황하기 쉽다"고 평가했다.[7]

코칭 훈련의 수준이 학교마다 다르지만, 그렇다고 탁월한 훈련 프로그램이 없는 것은 아니다. 평가는 하지 않았지만 레이 카는 많은 코칭 훈련 학교에 대해 간략한 설명을 덧붙였다. 국제 코치 연맹은 그보다 적은 학교들을 소개했는데, 모두 국제 코치 연맹의 훈련 기준을 충족시킨 곳들이다. 이런 학교에서 훈련받는 것은 비싸고, 그 강조점이 세속적인 경우도 있다. 그럼에도 이런 학교의 훈련은 국제 코치 연맹의 인증을 받은 것이며, 엄격하고(때로는 비현실적일 만큼), 표준적인 수준을 갖춘 것으로 널리 인정받는다. 국제 코치 연맹 웹사이트에 들어가서 '인증'을 클릭해 보라. 그러면 국제 코치 연맹이 인증하는 코치가 되는 방법을 알 수 있을 것이다.[8] 훈련과 인증 과정은 시간이 걸리지만 이런 노력으로 당신은 더 나은 코치가 되고, 이런 기준들이 코칭 자격을 얻으려는 사람은 누구나 거쳐야 하는 기본 사항이 될 날을 대비하게 될 것이다.

현재 코치들 간에 자격증을 포함하여 인증 제도의 가치와 필요성에 대해 상당한 찬반 양론이 있다는 것을 주목해야 한다. 가장 유명하고 성공적인 코치들 중에는 표준적인 인증 자격은 없지만 눈부신 역량으로 성과를 내는 이도 있다. 아마 많은 코치들이 자기 이름 뒤에 영문 머리글자 C(Certified)로 시작하여 C(Coach)로 끝나고 그 사이에 전문 분야를 넣어 기록하는 것을 본 적이 있을 것이다. 이 모든 인증 자격이 실제로 무엇을 의미하는지 의아해하는 사람도 있을 것이다. 그러나 인증 자격이 없거나 수준이 저급한 자격을 가진 사람들을 포함하여 점점 많은 사람들이 코칭 분야에 뛰어들면서, 표준적인 훈련과 인증 절차에 대한 압력이 점점 세지고 있다.[9] 언젠가 그렇게 될 때까지는, 개인이나 학교들이 인증 자격을 주기 원하면 줄 수 있다.

코칭에서의 신용

리더십 코치인 스티브 오그네는 수없이 실패했던 코칭 관계를 분석하여 기록했다.[10] 대개 코치는 실패의 원인을 고객에게 돌리면서, 고객이 무책임하고 코칭할 수 없는 상태라고 해명한다. 그러나 자세히 관찰하면 문제는 종종 코치에게 있다. 코치가 인격적으로 불안정하고, 영적·감정적으로 성숙하지 못하며, 다른 사람에게 민감하지 못하고, 확신이 없을 때, 코치가 신용을 유지하고 성과를 거두기란 어려운 일이다.

내 친구 하나는 20대부터 코칭을 시작한 성공한 코치다. 지금은 다르지만 초창기에는 흰머리가 하나도 없어 그가 코칭하고 싶어 했던 비즈니스 리더들에게 너무 젊게 보였다. 그가 새로 만난 고객에게 처음 받은 도전은 거의 대부분 능력과 자신감을 보여 주는 것이었다. 고객들은 자신의 코치가 젊어 보이는 것과는 달리 지혜롭고 명민하며 유능하다는 것을 깨닫고 나서야 긴장을 풀고 코칭 과정을 시작했다.

> 당신의 삶은 당신의 것이 아니다. 하나님께 속한 것이다. "너 자신이 되라"는 것은, 하나님이 당신을 사명을 위해 창조하셨고 당신과 당신의 사명을 당신보다 더 잘 알고 계심을 깨닫고, 하나님이 원하는 모습이 되고 행하라는 뜻이다.
> _ 레너드 스윗, 「영성과 감성을 하나로 묶는 미래교회」(Postmodern Pilgrims)의 저자

모든 코치는 다음의 질문을 묻고 대답해야 한다. 다른 사람을 코칭할 수 있는 권리 혹은 신용은 어디에서 오는가? 대답 중에는 코치의 인격도 포함된다. 표 2-1에는 유능한 코치를 특징 짓는 자질들이 열거되어 있다.[11] 이런 자질들은 광고하거나 과시할 필요가 없다. 코치가 깊이 생각하지 않아도 자연스럽게 나타나는 것들이다. 고객이 코치를 긍정적으로 받아들이면, 대개 신뢰가 뒤따르고 코칭은 성공한다.

그러나 신용은 좋은 사람으로 받아들이는 것 이상을 포함한다. 동안으로 보이는 내 친구처럼 코치는 코칭 고객의 삶에 대해 말할 수 있는 권리를 얻어야 한다. 이런 신용은 적어도 다음의 여섯 가지 근원에서 나온다. 이 외에 다른 것들

도 있다.

첫째, 신용은 코치의 **명성**에서 온다. 수술을 받아야 할 때, 사람들은 그 분야에서 최고로 알려진 의사에게 받고 싶어 한다. 코치도 마찬가지다. 둘째, 코치의 **위치**도 중요하다. 큰 회사는 때로 사내 코치를 고용해 관리자와 회사 직원들과 함께 작업하도록 한다. 이런 코치는 회사를 대변하고 때로 직원 고객을 회사에서 승진시킬지 보류할지를 추천하는 권한이 있기에 신용이 있다. 셋째, 신용은 코치의 **전문 지식**과 관련된다. 동안으로 보이는 내 친구가 코치 일을 시작했을 때, 기존의 명성이나 회사에서의 위치가 없었지만, 자신의 능력을 분명하게 보여 주었기에 코칭할 수 있는 기회를 얻었다. 얼마 지나지 않아 그에게 코칭을 받았던 고객들은 다른 사람들에게 그의 코칭 역량을 입증해 주는 열렬한 지지자가 되었다. 코칭을 가르치거나 책을 쓰는 사람들이 전문 지식이 있을 것이라고 여기는데, 이는 잠재적인 고객들에게 신뢰감을 준다. **훈련**과 **인증 자격** 또한 마찬가지다. 코치가 코칭 기술을 계발하기 위해 공식적인 과정을 거쳤음을 보여 주기 때문이다. 우리가 살펴보았듯이 이것이 어느 정도로 신용을 주는지에 대해서는 코치 간에 논쟁이 있다. 어떤 상황에서는 코치가 인증을 받았다는 사실이 도움이 되지만, 많은 고객들은 코치가 결과를 내서 능력을 입증해 보이는 것에 관심이 있지 인증 자격에 대해서는 그다지 관심이 없다.

신용을 보여 주는 다음 표지는 다른 어떤 것보다 더 중요하다. 이는 코치와 고객이 상호 존중하고 신뢰하는 **관계**다. 만일 내가 코치를 찾는다면, 민감하고 신뢰할 수 있는 사람을 찾고 싶다. 헌신된 그리스도인으로서 진실하고 사람을 돌볼 수 있는 사람을 찾고 싶다. 이는 고객들에게 코치가 받은 훈련과 명성, 그 외 신용을 보여 주는 다른 어떤 표지보다 더 중요한 것일 수 있다.

경험 또한 도움이 된다. 이는 코칭 경험을 포함하지만 그것을 넘어서 고객이 중요하게 여기는 영역의 경험도 포함한다. 내 훈련생 하나는 가정 폭력을 당하는 여성을 전문적으로 코칭했다. 그녀는 코칭 기술이 매우 탁월했는데, 좋은 코치이기 때문만이 아니라 그녀 자신이 가정 폭력을 당하다 벗어났기 때문이다. 그녀는 고객이 처한 상황을 경험해 보았기에 고객에게 신뢰받았다.

코칭의 분야

가정 폭력을 당하는 여성과 함께하는 코치에게 어떤 일을 하느냐고 묻는다면, 그녀는 이 특수한 분야가 자신에게 가장 적합한 틈새라고 말할 것이다. 다른 사람과도 코칭할 수 있다. 그러나 그녀는 그 분야에서 전문가다. 주로 특정한 코칭 고객들에게 집중한다. 이렇게 분야를 전문화하는 것은 코칭 영역에서 일반적이다. 특정 분야에 국한하지 않는 일반적인 코치는 흔치 않다. 특히 탄탄하게 자리 잡은 코치일수록 더욱 그렇다. 이에 대해서는 14장부터 18장까지에 나와 있는데, 특정 분야에 대한 신용과 전문 지식을 갖춘 코치에 대해 다룬다. 표 19-2에서와 같이 틈새 분야가 있으면, 특별한 능력과 관심과 경험이 있는 특정 영역에서 일할 수 있다. 전문 분야는 코치가 가장 편하게 느끼는 분야이고, 특별히 훈련받은 것에 집중할 수 있는 분야이고, 코칭의 영향력을 너무 광범위하게 확장하지 않고 전문 지식을 쌓아 올릴 수 있는 분야다.

코치는 어떻게 자신에게 적합한 분야를 발견하는가? 자신의 관심과 경험을

표 19-2

코칭 분야의 사례	
■ 비즈니스 코칭	■ 부모 코칭
■ 경력 관리 코칭	■ 관계 코칭
■ 교회 코칭	■ 과도기 코칭
■ 기업 코칭	■ 이사회 코칭
■ 임원 코칭	■ 관리자 코칭
■ 리더십 코칭	■ 신입 코치 코칭
■ 라이프 코칭	■ 소그룹 인도자 코칭
■ 결혼 코칭	■ 작가 코칭

고려할 때, 나에게 가장 이상적인 고객이 누구일지를 먼저 생각하라. 자신에게 다음과 같은 질문을 던져 보라. **어떤 사람의 삶이 흥미롭게 느껴지는가? 함께 있고 싶은 사람은 어떤 사람인가? 함께 일하고 싶은 사람은 어떤 사람인가? 내게 조언이나 지도 또는 코칭을 받으러 오는 사람은 어떤 사람인가? 이 사람들의 삶과 일 가운데 나의 주의와 관심을 끄는 것은 특히 무엇인가?** 이 모든 것과 비슷한 것은 무엇인가? 당신의 대답은 자신에게 가장 적합한 분야와 가장 효과적으로 일할 수 있는 사람을 찾는 단서가 된다.

이런 질문들을 나 자신에게 던지면, 곧바로 특정 분야가 펼쳐진다. 나는 회사, 학교, 교회와 같은 조직을 벗어나 독립적으로 일하는 것을 좋아한다. 나는 삶의 방향, 직업, 영적 생활, 지치도록 달려가는 생활방식에 대해 의논하고 싶어 하는 외국인을 포함한 젊은 전문가들과 전도유망한 리더들이 가장 잘 맞는다. 여기에 드러나는 주제를 주목하라. 크리스천 리더들과 잠재적인 리더들을 인도하여 인생에서 보다 큰 성취감과 균형, 그리고 감동을 누리도록 하는 것이다. 나는 코칭을 할수록 이 분야에서 더 전문화된다.

자신에게 적합한 분야를 고려할 때, 어느 분야에 경험이 있고 어떤 필요가 있을 것인지 생각해 볼 수 있다. 이를 '틈새 코칭'이라 부른다. 카리사는 부동산 영업에서 성공했다. 그러나 스트레스가 덜한 직업으로 옮기기로 결심했고 코치를 고용했다. 코칭 후에 놀랍게도 그녀는 코치가 되기로 결심했고, 지금은 새로운 경력을 쌓기 위해 훈련을 받고 있다. 카리사는 코칭 과정을 수강하면서, 자신이 코칭을 받고 유익을 얻은 것을 생각하며 다른 중개업자들의 필요를 기술했다. 그녀는 경험을 쌓아 가고 부동산 업계에서 만난 많은 사람들과 연락하면서, 부동산 중개업자들을 코칭하는 개인 사무실을 열 계획을 세웠다. 카리사는 눈에 보이지만 누구도 채우려 하지 않은 필요를 충족시키며 그 틈새를 코칭할 것이다.

코칭 윤리

카리사는 코칭 훈련의 일환으로 코칭 윤리에 대해 배울 것이다. 이런 강좌는 그다지 흥미롭지는 않지만, 고객과 코치 모두를 보호하고, 이후 더 커질 수 있는 윤리적인 문제를 방지하도록 깊이 생각하게 만든다. 코칭은 정부 기관이 통제하는 것이 아니기에, 코치 각자가 현존하는 법 조항을 위반하지 않는 한 법률적·직업적 결과에 대한 위험 없이 자신이 옳다고 생각하는 것을 할 수 있다. 그러나 법적으로 잘못된 것이 아니지만 대다수 코치가 비윤리적이라고 보는 다음의 행동 사례들을 검토해 보라.

- 코치가 자신이 받은 훈련이나 인증 또는 자격 요건을 허위로 진술한다.
- 연구자가 편향적이고 타당한 과학적 절차에 근거하지 않은 코칭 효과에 대한 보고서를 출간한다.
- 대중 강의(또는 친구와 나누는 대화)에서 코치가 코칭 고객에 대한 개인 정보를 공유한다.
- 코치가 부정확하거나 근거 없는 정보를 마치 사실인 것처럼 고객에게 제시하여 공유한다.
- 코치가 코칭 관계를 자신의 개인적·재정적 이익 혹은 다른 이익을 위해 이용한다.
- 코치가 연구되거나 확정된 코칭 절차에 근거하는 것이 아니라, 개인의 편견이나 의견에 근거하여 유효성이 의심스러운 방법을 사용한다.

위의 사례들은 명백하게 잘못된 문제로 보인다. 그러나 코칭 윤리의 객관적인 지침이 없으면, 소수의 코치가 많은 사람들을 잘못 인도하여 코칭에 대한 거짓되고 그릇된 인상을 심어 줄 수 있고, 무고한 고객을 이용할 수 있으며, 고객의 경력, 삶, 꿈, 관계에 심각한 해를 끼칠 가능성이 있다.

다행히 코치가 지켜야 할 윤리적 규범과 기준이 있다. 윤리 규범은 대부분 비슷하며 대다수 코치들은 이를 충실히 따르고 있다. 국제 코치 연맹의 인증을 받은 코치는 연맹의 윤리 서약을 깰 경우 자격을 잃을 수도 있다. 세계 주요 코칭 기관들의 윤리 규범을 조정하는 작업이 한찬 진행 중이다. 목표는 전 세계적으로 수용할 만한 하나의 기준을 만드는 것이다. 기독교적 토대를 수용할 것 같지는 않지만, 크리스천 코치 네트워크와 같은 기관의 윤리 규범을 공인된 코칭 기관들의 규범과 조율하는 방안을 모색 중이다. 크리스천 코치 네트워크의 개정된 윤리 규범은 표 19-3에 나오는 것과 같다.

표 19-3
크리스천 코치 네트워크 윤리 기준[12]

크리스천 코치로서 나는
1. 고객이나 동료와의 관계에서 개인적·공동체적으로 예수 그리스도를 영화롭게 하며, 최고의 성실함(integrity)으로 책임감 있게 임한다.
2. 법적 한계 안에서 고객의 비밀을 엄수할 것이다.
3. 고객에게 진행 과정, 코칭료, 환불, 기대 사항, 보증을 포함한 코칭 관계의 성격에 대해 명확히 밝힐 것이다.
4. 허락 없이 고객의 이름을 누구에게도, 어떤 목적으로도 밝히지 않을 것이다.
5. 신용이 필요한 자료들의 저작권, 상표, 지적 재산권을 존중하며 신용할 것이다.
6. 나는 이익 다툼을 지혜롭게 피할 것이다. 어떤 갈등이든지 일단 일어나면 내 입장에서 염려하는 부분을 지체 없이 알려 줄 것이다.
7. 나 자신을 정직하고 명확하게 내 고객에게 보여 주고, 내 전문 영역 안에서만 코칭할 것이다.
8. 나 자신의 삶에서 적극적으로 행복과 온전함, 그리고 지속적인 배움을 추구할 것이다.
9. 만일 내 전문 영역이 아니거나 익숙한 영역이 아닐 경우, 고객을 다른 코치에게 추천하여 가능한 한 가장 좋은 코칭을 받도록 할 것이다.
10. 그리스도의 이름과 코칭 직업을 비난하거나 명예를 실추시키지 않고, 코치로서 기독교적 가치관을 존중하며 처신할 것이다.

크리스천 코치 네트워크는 국제 코치 연맹이 전문 코칭의 기준으로 정한 윤리 규범을 지지하고 준수한다.

코칭 사업과 코칭 사역

서른일곱 살인 패트릭은 심리학 박사 학위가 있으며 개인 상담 사업이 번창하고 있는 상담가다. 그는 몇 년간 많은 돈을 들여 훈련을 받고, 다방면에 유능한 상담가가 되었다. 그는 그것을 최고 수준의 공인된 심리학 교육 기관에서 탁월한 훈련을 받은 덕분으로 여겼다. 그러나 그가 받은 훈련은 두 가지 중요한 요소가 결여되어 있었다. 패트릭은 리더십 과목을 수강하지 않았는데, 자신이 상담 기관 협회에서 리더십 책임을 맡고 있는 지금에야 그것을 깨달았다. 젊은 전문가로서 상담 치료는 성업 중이었고 상담받으러 오는 사람들은 호전되었다. 그러나 패트릭은 자신의 상담 사업을 운영하느라 고군분투했다. 운영에 필요한 전문 지식과 경험이 부족했고, 도울 수 있는 사람을 찾기가 어려웠다.

이는 패트릭만의 일이 아니다. 나는 여덟 명 또는 열 명의 상담가를 떠올릴 수 있고, 그와 다름없는 코치들을 떠올릴 수도 있다. 사실 나는 그들 모두를 말하고 있다. 그들은 사람들을 돌보는 사람을 대표한다. 기술은 뛰어나지만 사업을 운영하는 능력과 자신감이 부족한 코치도 포함된다. 패트릭이 훈련받은 학교와는 달리 오늘날 많은 코칭 훈련 기관에서는 코칭 사업을 할 마음이 없는 코치라도 홍보와 사업에 관한 과정을 밟도록 하고 있다.

> 코칭 사업이 번창하도록 키워 가는 것은 하나의 도전이다.
> 수익성 있는 사업이라고 전망하지만, 코치들은 처음 몇 년 동안은
> 성장과 수익이 더딘 여느 작은 사업을 시작하는 것과 비슷하다고들 말한다.
> 마케팅을 잘하는 코치가 큰 성공을 거둔다.
> _ 린 그로드즈카(Lynn Grodzwki), 웬디 앨런(Wendy Allen), 「코칭 비즈니스와 실무」(The Business and Practice of Coaching)의 공저자

주디 산토스는 코칭 비즈니스를 성공적으로 운영하는 방법을 아는 코치다.

그녀는 성공적인 코칭 비즈니스를 세우기 위해서는 훌륭한 코칭 수준을 갖추는 것 외에도 다음과 같은 것들이 필요하다고 제안했다.

- 비즈니스에 대한 기본 지식과 이해
- 현실적인 사업 계획을 세울 수 있는 능력
- 재정적 기복이 있더라도 사업을 지속해 나갈 수 있는 충분한 초기 자본금 확보
- 부기, 세금, 사업과 관련된 행정 업무를 처리할 수 있는 능력
- 혼자 일하고 시간을 잘 관리할 수 있는 능력
- 탄탄한 홍보 계획을 발전시키고 활용하는 것을 포함하여 효과적으로 홍보할 수 있는 기술, 지식, 훈련
- 인터넷과 기본적인 컴퓨터 프로그램 활용 능력
- 코칭 기술 능력
- 공인된 코칭 훈련 수료증서나 그 외 신용을 얻을 수 있는 것
- 도중에 장애물이 나타나도 계속해서 나아가리라는 결심[13]

코칭 훈련의 일환으로 마케팅 과정을 들어야 했을 때 나는 거부감이 들었다. 놀랍게도 그 과정을 듣고 나자, 코치가 알아 두면 코칭료를 받든지 받지 않든지 이익을 거둘 수 있는 원리들이 있음을 깨닫게 되었다. 이런 지침은 기업을 상대로 코칭을 하는 임원 코치뿐 아니라 교회의 소그룹 리더나 성도를 코칭하는 목회자들도 적용할 수 있다.

마케팅의 제1원리는 코칭 훈련을 받고 코칭을 할 수 있다고 해서 사람들이 저절로 몰려들지 않을 것임을 아는 것이다. 많은 사람들이 코칭이 무엇인지 모르기에 알려야 한다. 어떤 코치는 '엘리베이터 연설'이라고 알려진 것을 시도한다. 엘리베이터 연설은 엘리베이터 문이 닫히고 다음 층에서 열릴 때까지의 시

간 동안 당신이 하고 있는 일을 간략하게 진술하는 것이다. 다음 문장의 빈 칸을 채워 보라. "나는 _____을 도와 _____합니다." 첫째 칸에는 코칭하는 사람을 적는다. 둘째 칸에는 당신이 하는 일을 적는다. 예를 들면 다음과 같다. "나는 직장에서 곤경에 빠진 사람을 도와 새로운 방향을 찾도록 합니다." "나는 교회의 소그룹 리더를 도와 더 효과적으로 소그룹을 인도하도록 합니다." "나는 삶의 과도기를 거치는 사람을 도와 새로운 방향을 찾게 합니다." 엘리베이터 연설에서는 코치나 코칭이라는 단어를 사용하지 않음을 주의하라. 이것들은 대화를 진전시키기 위한 문을 여는 짤막한 진술들이다. 대개 당신이 선택한 틈새 영역을 반영한다.

디모데전서 2:7에서 사도 바울이 진술한 예를 따르는 것도 한 가지 대안이 된다. 바울은 "내가 믿음과 진리의 교훈을 이방인에게 가르치기 위하여 설교자와 사도로 선택받았습니다"라고 기록했다. 당신이 무엇으로 선택받았는지 더욱 명확하게 설명하기 위해 다음 문장의 빈칸을 채워 보라. "나는 _____을 위하여 _____으로 선택받았습니다." 당신을 잘 아는 사람에게 이 문장을 말해 주고, 이에 대해 동의하는지 아니면 또 다른 제안을 하는지 보라.

둘째, 자신의 불안정성을 인식하라. 많은 사람들이 코칭 과정을 수강하지만, 자신을 어떻게 홍보해야 할지 모르고, 너무 불안정하여 내면의 그렘린이 "넌 할 수 없어"라고 말하면 한 발짝 물러난다. 어떤 사람은 자신을 홍보하는 것이 사실을 조작하거나 고객에게 강요하는 것이라고 생각하여 거부한다. 홍보는 사람들에게 코칭이 무엇인지 알려 주거나 가르쳐 주는 한 형태라고 생각하라. 홍보나 자신을 광고하는 것이 자연스럽지 않다면, 이것을 사업 수단으로 생각하기보다 사람들의 인식을 고취시키는 것으로 생각하라. 많은 코치들이 무료 코칭 세션을 열기 때문에 사람들은 코칭이 무엇이고 어떻게 이루어지는지 볼 수 있다. 흥미를 불러일으키고 코칭에서 경험한 것을 나누는 것보다 더 나은 방법은 없다.

셋째, 마케팅과 사업 수완을 계발하라. 도와줄 수 있는 숙련된 사람을 찾으라. 마케팅 과정을 수강하거나, 코칭 서비스를 홍보할 방법을 제시하는 책들을 보라.[14] 본격적으로 뛰어들기 전에, 아직 유료 코칭을 시작하지 않았더라도 다음 질문에 답하고 이를 발전시켜 보라.

- 나의 핵심 고객은 어떤 사람인가? 내가 가장 코칭하고 싶은 사람은 어떤 사람인가?
- 이 사람들이 원하거나 필요로 하는 것 중에 내가 제공할 수 있는 것은 무엇인가?
- 결과는 무엇인가? 내가 무엇을 제공해야 하는가? (이것이 당신의 틈새 영역과 관련된다).
- 내가 코칭 서비스를 제공할 충분한 자격이 갖추어졌다는 것을 보여 주는 표지는 무엇인가?
- 사람들이 나의 어떤 점을 보고 코칭을 요청하겠는가?
- 사람들에게 코칭을 받아 보라고 어떻게 설득하겠는가?
- 내가 시작할 수 있는 방법은 무엇인가?

코칭을 활용할 수 있는 잠재적인 고객, 목회자, 기업가 또는 기관 대표에게 다가가라. 이런 사람들에게 존경을 표하면서 접근할 수 있는 가장 좋은 방법은 무엇인가? 그 사람이 당신과 당신이 제공하려는 것에 대해 무엇을 알고 싶어 하겠는가? 그런 정보를 구체적으로 얻을 수 있는 가장 좋은 방법은 무엇인가?
   코칭 강의를 듣고, 코칭 기술을 연습하고, 코칭 책을 읽고, 코칭 강의 녹음을 듣고, 친구들에게 코칭에 대해 이야기해 줄 수 있다. 당신은 코치로서 신뢰를 쌓을 수 있지만, 코칭받고 싶어 하는 사람이 나타나지 않으면 이 모든 준비는 헛될 것이다. 코칭에 성공하려면 적어도 어떤 식으로든 항상 홍보를 해야 한다.

방해꾼, 친구 그리고 응원자

지금까지 이 책을 읽어 왔다면, 1장에서 '코칭 혁명'이라 말한 것이 당신에게 잘 맞는지 생각해 보았을 것이다. 어떤 사람은 책을 내려놓고 다른 곳으로 갔을 것이다. 어떤 사람은 자신의 열정, 가치, 강점, 목표, 그리고 자신의 삶에 하나님이 주신 비전에 대해 생각하도록 자극받았을지 모른다. 어쩌면 당신은 코칭에 대한 관심을 계속 발전시켜 지금보다 더 나은 코치가 될 것이다. 하나님이 정말로 당신의 삶을 향해 큰 꿈을 계획하셨다는 사실을 생각해 보도록 격려받았을 수도 있다.

> 당신이 하고 싶고 되고 싶은 모습을 발견하는 열쇠는,
> 하나님이 주신 큰 꿈에 눈뜨고 그것을 성취하는 여행을 떠나는 것이다.
> _ 브루스 윌킨슨, 「꿈을 주시는 분」의 저자

삶의 여정 어디에 있든지 「꿈을 주시는 분」의 비유에 따르면, 우리는 자신의 발전을 돕거나 방해하는 누군가를 만날 가능성이 있다.[15] 첫 번째는 **방해꾼**(우리를 저지하려는 적)들이다. 이들은 네 가지 메시지를 가지고 방해한다. **기우가 심한 사람**은 위험에 대해 말하며 앞으로 나아가기에 안전하지 않다고 한다. **전통주의자**는 틀에 박힌 일상에 집착하며 "이것은 우리가 해 온 방식이 아니야"라고 말한다. **패배주의자**는 결코 목표를 성취할 수 없을 것이라고 주장한다. 꿈꾸는 일은 일어날 수도 없고 일어나지도 않을 것이며, 당신이 제안한 것이 불가능하다고 생각한다. **적대자**는 전진하는 것을 막기 위해 권력과 협박을 사용한다. 당신이 코치가 되려는 꿈을 비롯하여 꿈을 좇아가는 것을 저지하는 방해꾼들은 무엇이며 또 누구인가?

우리를 지지해 주는 **친구**는 다르다. 친구들은 당신에게 관심이 있다. 당신을 돕기 위해 눈에 띄는 행동을 하지는 않더라도 그들은 당신을 인정하고 지지한

다. 그 다음은 우리가 꿈을 추구할 수 있도록 도와주는 응원자들이다.[16] 그들은 당신이 하려는 것을 믿어 준다. 그들은 응원단장과 같다. 그러나 그 이상이기도 하다. 그들은 자신이 할 수 있는 것으로 도와준다. 당신을 믿어 준다. 당신이 일을 성취하도록 도와준다. 그들은 당신이 자신의 가능성과 능력을 의심할 때조차 발전과 성공이 가능하다고 믿는다.

코치로서 성장하는 것을 포함하여 당신의 인생을 향한 하나님의 꿈을 생각할 때, 방해꾼들과 마주칠 것을 예상하라. 하나님께 여정을 함께 걸을 친구들을 보내 달라고 간구하라. 그리고 계속해서 나아가도록 도울 적어도 한두 명의 응원자를 보내 달라고 기도하라. 이 책이 당신의 코칭 여정에 친구가 될 수도 있을 것이다. 아마도 언젠가는 당신 자신이, 현재 있는 곳에서 하나님이 원하시는 곳으로 가고자 하는 사람들을 위해 친구나 응원자가 될 것이다.

20장 ·· 다문화 상황에서 코칭하기

내가 받아본 것 중 최고의 코칭 훈련은 창의적 리더십 센터(Center for Creative Leader)가 후원하는 사흘짜리 집중 워크숍 과정이었다.[1] 참석자는 열두 명이었다. 심리학자인 나를 제외하고는 모두 사업가였다. 우리 중 미국에서 태어난 사람은 아무도 없었고, 열 명이 유럽에 살고 있었다. 우리는 다양한 일터 환경에서 코칭을 적용하는 법을 배우러 온, 문화적으로는 다양했지만 목적이 같은 집단이었다.

창의적 리더십 센터의 훈련과 코칭은 평가, 도전, 지원의 세 가지 주요 과제를 중심으로 구성되어 있다. 이 세 가지 모두는 코칭에서 성과를 거두기 위해 필요하고, 언제라도 순서에 상관없이 나타난다. 코칭을 하다 보면, 이들 중 한둘은 다른 것보다 더 두드러지게 나타난다.

평가의 목적은 코칭받는 사람에 대해 가능한 한 명확한 그림을 얻기 위한 것으로, 이는 성과에 대한 측정과 그 사람이 살고 일하는 곳에 대한 정보를 포함한다. 평가를 수행하면서 코치는 질문하고, 경청하고, 관찰하고, 주제를 명확하게 하며, 신뢰 관계를 형성하기 위해 노력한다. **도전**은 어려운 질문을 던질 뿐 아니라 고객과 의사 소통했던 것을 요약하고, 저항하는 문제를 다루고, 코칭에 대한 서로의 전제를 대조해 보고, 목표를 명료화하는 작업을 포함한다. 도전은 여러 가지 형태를 띠지만, 한 가지 공통점이 있다. 불안정을 초래한다는 점이다. 도전은 고객이 현재 지닌 역량과 고객에게 안전지대를 벗어나도록 하는 요청 사이에 불균형을 초래한다.[2] 코치는 새로운 대안들을 모색하도록 자극하고 앞길을 가로막는 장애물을 극복하도록 도전한다. **지원**은 격려하고, 피드백을 주며, 책임감을 갖고 돌보며, 때로는 고객이 선택하고 변화를 거칠 때 코치가 함께 있어 주는 것이다. 지원은 고객을 도와 자원을 찾고, 새로운 기술을 배우며, 목표에 도달했을 때 축하하는 것 등을 포괄한다. 이 모든 것은 한 사람이 다른 사람에게 영향을 미쳐 성과를 향상시키고 고무적인 결과를 향해 나아가도록 하는, 신뢰하고 헌신하는 **관계**의 범위 안에서 이루어진다. 목표는 **결과**를 얻는 것이다. 이는 고객의 개인적이고 직업적인 발전과 성과, 행동, 태도, 리더십의 변화(향상)를 포함한다.

앞서 다섯 단어(평가, 도전, 지원, 관계, 결과)를 강조해 표현했다. 각 단어는 창의적 리더십 센터가 지향하는 모델의 핵심 개념으로, 각 문화마다 다른 의미를 띨 수 있다.[3] 예를 들면 다음과 같다.

- **평가.** 서양인들의 생각에 평가란, 합리적이고 객관적이며 행동과 성과에 대한 측정 가능한 평가를 의미한다. 서양인들은 이 책의 부록에 나오는 것과 비슷한 측정 도구를 사용하는 것을 좋아한다. 이런 도구는 대부분 한 나라에서 계발된 것이라서 다른 사회의 사람이 번역하여 동일하게 적용하기가 쉽지 않다. 많은 나라에서 서구 식 평가 도구를 사용하지 않고 가치 있게 여기지도 않는다. 이런 나라들에서는 개인이 받은 교육이나 그가 속한 그룹이나 팀의 효율성과 관련하여 주관적으로 사람을 평가한다. 코치와 고객이 평가에 대한 다른 관점을 갖고 있으면 다문화적 코칭은 복잡해진다.
- **도전.** 캐나다, 오스트레일리아, 뉴질랜드, 영국, 미국 등과 같은 나라에서

는 도전한다는 것이 대개 자신의 목표를 확장하고, 장애물을 극복하도록 격려하고, 목표를 성취하도록 행동 계획을 만들고, 성과 향상을 위해 노력하도록 촉구하는 것을 의미한다. 이는 개인을 자신의 안전지대에서 벗어나게 하여 새로운 행동으로 이동하게 하는 것이다. 이와 대조적으로 아시아 국가의 많은 사람들은 개인의 성취와 조직의 조화를 가치 있게 여긴다. 이런 환경에서 코칭 고객은 개인이 책임 지고 변화를 일으키도록 촉구하는 도전에 저항하기 쉽다.

- **지원.** 창의적 리더십 센터 훈련에서 만난 사업가 성향의 동료들은 마치 상관이 권위적으로 지시를 내리는 것처럼 고객이 문제를 해결하도록 직면시키려는 경향이 있었다. 동료들은 내가 너무 심리학적으로, 너무 치료적 관점으로 접근하여 부드러운 격려만을 하려 한다며 비판했다. 배경과 경험이 다르기에 지원을 보는 관점도 달랐다. 다른 배경과 문화적 관점을 가진 유럽인 동료들은 내가 지원하는 방식을 지지하거나 가치 있게 보지 않았다. 효과적으로 지원하고 싶다면 "코치는 코칭받는 사람에게 가장 의미 있고 가치 있는 것이 무엇인지 묻고 탐색해야 한다"는 창의적 리더십 센터의 제안은 유용하다.[4]
- **관계.** 좋은 관계는 효과적으로 소통하고 신뢰하며 정직하고 서로 존중하며 상처받기 쉽기는 해도 기꺼이 자신을 개방한다. 이런 특징은 많은 서구 국가들에서 가치 있게 여긴다. 비록 많은 사람들이 깊은 관계에 들어가거나 오랫동안 지속하지 못한다 하더라도 이런 특징들이 있으면 관계가 빠르게 발전한다. 서구 국가들에서 전화 코칭은 효과적이고 쉽게 받아들인다.

다른 문화에서는 관계를 돈독히 하는 데 더 많은 시간이 걸리고 계속 얼굴을 맞대고 만나야 한다. 이런 관점을 지닌 사람들에게 전화 코칭은 미국에서보다 더 피상적이고 덜 효과적인 방법이다. 내 친한 친구 하나는 프랑스 사람이다. 그는 파리에서 태어나서 인생 대부분을 거기서 살았다. 그는 농담 삼아 프랑스 사람들은 겉은 단단한 빵 껍질로 둘러싸여 있지만 속은 부드러운 바게트 빵과 같다고 말한다. "외피를 통과하는 데는 시간이 걸리지만 일단 내부로 들어서면 프랑스 사람들은 매우 따뜻하고 수용적이며 평생 동안 친구가 된다는 사실을 알게 될 것이다." 동감한다.

심지어 파트너십조차 문화마다 다른 의미를 갖는다. 어떤 나라에서 코치와 고객의 파트너십은 동등한 관계다. 다른 곳에서 코칭 파트너십은, 코칭받는 사람이 지시적이고 권위적이며 지혜를 알려 주는 멘토 또는 스승과 같은 전문가에게 안내를 받는 관계다.

- **결과.** 모든 문화에서 결과는 중요하지만, 종종 다르게 정의된다. 우리가 살펴본 것처럼 어떤 아시아 문화에서는 개인의 성과보다는 팀 구성원이 함께 일해서 전체로서 이익을 내는 결과에 초점을 맞춘다.

문화가 중요한 이유

자신의 교회나 공동체에서 코칭해 보고 해외에 나가서, 적어도 단기 선교 여행이라도 가서 코칭해 보려는 계획이 없으면, 이 내용이 중요하지 않아 보일 수 있다. 오래전, 나는 다문화 상담이라는 과목을 들었는데 핵심 내용을 아직까지 기억한다. 모든 상담은 심지어 자신이 속한 공동체에서조차 다문화적이다. 코칭도 이와 마찬가지라 믿는다. 비록 한 번도 이웃들과 멀어져 본 적이 없다 하더라도, 문화는 당신의 코칭을 형성한다.

문화는 한 그룹의 사람들 내에 공유하는 신념, 관습, 가치관, 사고방식들의 집합으로 볼 수 있다. 보다 공식적인 정의는, 문화는 공통의 역사, 물리적 환경, 생활 장소, 언어, 종교 등이 사회 구성원들을 형성하여 공통의 가정(assumption), 가치관, 믿음, 세계관을 발전시키고 형성시킨 것으로 본다.[5] 어떤 문화 내에서든 상당한 차이점은 존재하지만, 일반적으로 거의 모든 나라나 지정학적 지역에는 고유한 사고방식과 세계를 바라보는 방식이 있다. 이를테면 미국인의 관점과 행동 양식은 대개 서유럽, 중동, 아시아 국가들, 라틴 아메리카 사람들과 다르다. 심지어 캐나다 사람들과 미국 거주민들조차 비록 이웃이고 긴 국경을 마주하고 있음에도 다르게 생각한다. 가족이나 개인이 이민 올 때, 문화적 관점도 가지고 오기 때문에 때로 갈등을 초래한다.

이웃의 범위 안에도 다양한 하위 문화 집단이 존재한다. 각각 다른 종파, 사업, 직업, 연령 집단, 또는 유사한 인종이나 사회경제학적 배경을 가진 사람들이 있다. 모든 교회가 저마다 고유한 문화를 지닌 것처럼 모든 가정도 그러하다. 연령, 교육, 과거 경험, 성별, 직업 또는 가족 배경 등이 나와 다른 사람을 코칭할 때, 나는 이미 다문화 코칭 상황에 놓인 것이다.

물고기가 자신이 수영하는 물을 인식하지 못하는 것처럼, 우리는 대개 문화적 관점과 기대가 다른 누군가를 만나기 전까지 문화에 대해서 그다지 깊이 생각하지 않는다. 코치와 같이 문화적으로 민감한 사람은 시간을 내어 가치관, 신념, 태도, 소속감 같은 자신의 문화적 관점을 깊이 생각한다. 특히 당신이 속해 있는 단체에 대해 생각해 보라. 이를테면 나는 백인이며, 결혼했고, 나이가 많고, 남성이고, 기독교 심리학자다. 이런 집단에 속하는 것은 내 고객이 모르는 특별한 관점과 소속감을 준다. 고객과 코치 사이의 차이가 장벽을 형성하는 것을 감지하거나, 문화적 차이와 소속 단체의 차이가 고객과 다른 사람과의 관계를 방해하는 것으로 나타나면, 코치는 이 문제를 본격적으로 제기할 수 있다.

표 20-1은 코칭에 영향을 미칠 수 있는 문화적 차이점들을 요약한 것이다. 코칭은 개인이 비전을 펼치고, 목표를 설정하고, 자신을 숙련시키고, 변화하기 위해 주도적이 되는 데 강조점을 둔다. 이런 개인적인 성향은 서구, 특히 미국에서는 일반적이다. 그러나 아시아 많은 나라들의 집단 문화에서는 자기 주장과 개인의 발전을 그다지 강조하지 않으며, 집단의 조화, 충성, 공동체를 위한 희생을 더 중시한다. 여기서 고객의 목표는 집단을 강화하는 것일 수 있고, 더 강력한 단합일 수도 있다. 코치가 이런 차이를 이해하지 못하면 코칭 과정은 지체될 것이다.

표 20-1

코칭에 영향을 주는 문화적 차이

다음의 각 항목은 연속적이다. 개인과 문화는 양 극단이나 그 사이 어디쯤에 위치한다.

1. 개인/ 자율적 – 집단/ 집합적

개인주의는 자신을 내세우고 주장하는 사람들의 사회를 특징적으로 나타낸다. 독특성, 주도성, 우월성, 자기 계발 같은 것들을 가치 있게 여긴다. 집단적 사회는 단체와 가족에 대한 헌신, 사람 사이의 조화, 집단의 유대를 중요시한다. 종종 집단의 기대와 연대보다 개인이 우선하거나 개인의 경력을 우위에 두는 개별적인 행동을 반대한다.

2. 평등주의 – 계급주의

평등주의 문화에서 모든 사람은 동등하게 취급받는다. 직함, 학위, 지위, 위치를 받아들이지만, 중요하게 여기지는 않는다. 소통 시 이름을 부르는 것이 일반적이다. 코칭에서는 고객이 자신의 선택에 기반하여 결정을 내리고 행동을 취한다. 계급주의 사회에서는 개인의 위치, 지위, 직함, 역할, 권력에 큰 가치를 부여한다. 이런 사회에서는 코치를 주로 힘 있고, 지혜 있고, 조언할 수 있는 능력이 있는 권위자로 본다.

3. 전통적 – 비전통적

모든 문화는 지난 역사와 기존 전통에 자부심이 있지만, 과거에 집착하는 정도는 다르다. 보다 전통적인 사회는 과거와 현재를 지향한다. 이런 문화에서는 전통을 보전하고, 현 상태를 유지하며, 사회적 책무를 완수하고, 체면을 차리고, 적당하게 행동하는 것이 중요하다. 반대로 어떤 집단은 덜 전통적이고 그다지 과거에 매여 있지 않다. 이런 문화에서는 변화에 더 크게 개방되어 있고, 새로운 것을 기꺼이 시도하며, 미래에 집중한다. 한 문화 내에서도 전통적이지 않고 자유분방하며 젊은 사람들과, 더 늙고 더 전통적인 방식에 고정되어 있는 사람들 사이에는 차이가 있을 수 있다.

4. 표현하는 – 표현을 삼가는

큰 맥락에서 인격은 한 개인이 감정이나 태도를 표현하는 방식을 결정하지만, 문화 역시 영향을 미친다. 표현을 중시하는 문화에서는 슬픔, 흥분, 기쁨, 분노와 같은 감정들을 개방적으로 표현하는 것을 받아들인다. 표현을 삼가는 문화에서는 감정이 그다지 강렬하지 않고, 개인의 감정과 태도를 숨기는 것을 보다 용인한다.

또 다른 예는 코칭을 가르치는 것과 관련된 것이다. 훈련생들이 배우는 방식 역시 문화마다 다를 수 있다. 서양에서는 훈련생들을 토론과 코칭 실습에 참여하도록 격려하고, 모든 사람을 역할 모델에 참여시키고 서로 평가하도록 한다. 세미나 인도자와 참석자를 서로 과정을 자극하며 함께 배우는 동등한 관계로 본다. 다른 문화에서는 강사가 지식을 전수하는 데 있어 보다 두드러지는 역할을 하고, 훈련생들은 필기를 하고 지식을 모으는 수집가가 된다. 이런 문화에서 훈련생들은 대화나 역할 훈련에 그다지 참여하려 하지 않는다. 훈련생들은 강사가 당황스러워할지 모르는 위험을 감수하며 어리석거나 엉뚱해 보이는 질문을 하기보다는 듣고 필기하는 것을 선호한다. 어느 아시아 국가의 세미나 주최 측은 나에게 "코칭에 대한 정보만 전해 주세요. 우리가 익명으로 질문을 종이에 써서 제출할 때까지 당신과 대화하거나 질문하기를 기대하지 마세요"라고 말했다.[6]

이 모든 것은 문화의 토대에 따라 코칭과 코칭 훈련 방식도 영향을 받는다는 사실을 보여 준다.[7] 어떤 문화에서는 고객이 해결책을 갖고 있다거나 코치가 조언을 주는 사람이 아니라는 개념을 받아들이기가 어렵다.

그렇다면 코치는 어떻게 다문화적으로 사역할 수 있을까? 과정을 촉진시키는 최소한 네 가지 핵심 지침이 있다. 이 지침들은 당신이 속한 공동체에 있는 사람들과 다문화적으로 사역할 때도 적용할 수 있다.

1. 자기 인식. 코치는 자신이 전제하고 있는 것, 세계관과 가치관, 사물이 작동하는 방식에 대한 관점을 인식하고 있어야 한다. 서구에서 훈련받은 코치는, 좋은 코치란 항상 개인의 발전과 주도권 그리고 문제 해결에 초점을 맞춘다는 것을 전제한다. 고객은 동의하지 않을 뿐 아니라 코치의 신념에 저항하고, 협력하기를 거부하고, 혼란스러워할 수 있다. 코치가 자신의 문화적 관점을 인식하지 않고는 다른 문화의 고객을 코칭하기 어렵다.

> 미국에서 코칭이 급속도로 확산되는 것은 우연이 아니다.
> 미국 문화는…개별적이고, 평등하며, 성과 중심적이고, 변화에 익숙하고, 행동 지향적이다.
> 코치는 전 세계 어디에서나 이와 같을 거라고 가정해서는 안 된다.
> _ 린 딜레이(Lynn Delay)와 맥신 달튼(Maixine Dalton), 창의적 리더십 센터

중국에서 1년간 임원 코치들을 훈련하는 프로그램에 참여했을 때, 나는 훈련을 시작하기 전에 먼저 참석자들과 강사들이 개인 코칭을 몇 회 하도록 부탁했다. 이후 우리가 직접 얼굴을 마주하며 훈련 장소에서 만났을 때, 모든 사람이 서로를 알았고 모두 나를 알았다. 아마도 우리가 서로 친숙했기에, (중국 출신이 아닌) 참석자 한 사람이 내가 코칭에 대해 전제하는 내용 일부에 의문을 제기했다. 훈련받으러 온 사람들 모두 갑자기 이 의문 제기에 동의했다. 그들은 호의적인 사람들이다. 나는 그들을 잘 알고 그들 각 사람을 존중한다. 그러나 후에 그 사람들 모두가 내가 전제하는 일부 관점에 의문을 제기하는 것을 보며, 그들이 다른 전제를 가진 다른 문화의 사람과 파트너십을 갖고 일할 수 있는지를 알아보기 위해 나를 시험하는 것은 아닌지 의심이 들었다. 첫날 오후에 나눈 토론은 (적어도 나에게는) 때로 긴장감이 돌았지만, 그것을 계기로 우리는 토론과 상호 이해를 가능하게 하는 기본적인 문화적 전제를 탐색했다. 나를 포함하여, 그 집단에게 자기 인식은 집단 훈련 과정에서 중요한 일부였다.

2. 문화적 인식. 코치는 다른 문화에 대해 민감하게 반응하는 것을 결코 과소평가해서는 안 된다. 당신이 다른 나라에 코칭을 하거나 코칭을 가르치러 간다면, 가기 전에 그 나라, 문화, 작업 환경에 대해 가능한 한 많이 공부하라. 인터넷을 검색하고 당신이 일할 나라를 알고 있는 사람을 찾아보라. 그곳에 도착하면 문화적 화제가 무엇인지 물어 보라. 열정적이고도 겸손한 학습자가 되라. 다른 문화를 배우고자 하는 열망이 있다면, 당신과 다른 관습과 전통에 경의를 표하고 기꺼이 존중할 것이다.

자국에서 문화적 배경이 다른 사람들과 일하더라도, 그 사람들의 문화적 배경과 출신 국가에 대해 배우려고 노력하라. 그러면 다양한 문화에 대한 대응 능력이 더 매끄러워지고, 코칭이 더 효과적으로 바뀌어 가는 것을 느낄 것이다.

> 다문화적 경험이 있는 코치는 다른 문화적 패러다임을 더 쉽게 이해하고 받아들인다.
>
> _ 티나 스톨츠퍼스 호스트와 폴 힐하우스(Paul Hillhouse), 국제 코칭 선교회(Coahing Mission International)

일전에 해외로 나가서 대학생들을 위한 기독교 잡지 창간을 도왔던 편집자와 이야기를 나눈 적이 있다. 그는 창간에 필요한 자금을 후원한 기관의 지원으로 파송되었다. 현지 편집자들과 새 잡지를 창간할 리더들을 훈련시켜 자립하게 하고, 편집자와 그의 아내가 돌아온 후에도 계속 잡지를 발행할 수 있도록 가르치기 위해서였다.

얼마 지나지 않아 이런 시나리오에 문제가 있다는 것이 분명하게 드러났다. 현지 편집자들은 그 편집자가 이 분야에서 매우 숙련된 사람이므로 그곳에 남아서 계속 잡지 출간을 주도할 것이라 기대했다. 잡지를 창간할 자금이 해외에서 조달되었기 때문에, 그들은 더 많은 돈이 계속 들어올 것으로 예상했다. 편집자와 그를 후원하는 기관이 전제한 내용과 현지 공동체의 사람들이 생각한 내용이 전혀 달랐던 것이다. 그 결과 모험적인 사업은 무너지고, 잡지 출간은 중단되고, 편집자와 그의 아내는 집으로 돌아왔다. 사업이 시작되기 전에 이 일에 관여한 모든 사람이 이런 문화적 관점의 차이를 이해했다면 사고를 방지할 수 있지 않았을까?

3. 학습에 대한 관점. 성인 학습의 관점에서 볼 때 문화적 차이가 존재한다. 어떤 나라에서는 계속적인 성인 학습이 긍정적으로 인식되고 널리 시행되고 있다. 다른 곳에서는 졸업장이나 학위를 받으면 학습은 끝난다고 전제한다. 이런 문화에서는 세미나를 마치면 수료증을 수여하고, 사무실에 자랑스럽게 걸어 놓고 자신이 무엇을 배웠는지 보여 준다.

당신의 관점이 무엇이든 문화적 관점과 코칭의 발전에 대해, 그리고 당신 자신에 대해 배울 기회를 열어 두라. 배울 수 있는 최고의 방법은 질문을 하는 것이다. 고객에게 시작해 보라. 고객이 위대한 선생이 될 수 있다. "당신의 나라에서 성공한다는 것은 어떤 모습일까요?" "당신의 나라에서 진전을 이루는 적절한 방법은 어떤 것일까요?" "당신의 공동체에서 우정을 쌓아 가기 위해 할 수 있는 것은 무엇인가요?" "당신의 일터 문화에서 좌절감을 표현할 수 있는 적절한 방법은 무엇인가요?" 이런 질문들은 코칭 과정에서 고객에게 초점 맞추는 것이지만, 또한 코치가 고객이 살고 일하는 문화를 더 잘 인식할 수 있게 한다.

코치는 다문화적으로 코칭할 때 방심하지 말고 배우는 태도를 유지해야 한다.
시간, 책임감, 정체성에 대한 고객의 관념을 파악하고,
갈등을 다루는 방법을 배우는 것은 코칭 효과에 필수적이다.
_ 티나 스톨츠퍼스 호스트, 폴 힐하우스, 국제 코칭 선교회

오해의 신호에 민감하라. 이런 신호는 움츠림, 과도한 반응, 저항, 고객이나 코치의 혼동 같은 것들이다. 이해하지 못한 것이 있으면, 궁금한 것을 표현하고 보다 명확하게 말해 달라고 요청하라.[8]

4. 섬기는 자세. 특히 당신이 외국에 있다면, 자신을 고객의 문화 세계에 초대받은 손님으로 여기라. 코치는

- 민감하고
- 겸손하고
- 진정성이 있어서 당신이 정말 좋아하는 것이 무엇인지 사람들이 알 수 있고
- 동의하지 않을 때조차 존중하고
- 유연성 있고
- 새로운 생각에 열려 있고
- 긴장을 완화할 수 있는 유머 감각이 있어서 웃을 수 있다

이 중 대부분이 신뢰를 쌓고 유지하는 것과 관련 있다. 코치와 고객이 서로 이해하려고 노력하고 문화적 차이를 존중하면, 코칭은 부드럽게 진행될 것이다. 오해나 긴장을 감지한다면, 사전에 적절하게 문제를 제기하여 서로 다른 이해를 명확히 하라.

국내의 사례: 다음 세대 리더 코칭하기

10년 전쯤에 나는 포스트모던 문화와 미디어의 영향을 받고 첨단 기술에 능숙한 헌신된 그리스도인이자 젊은 크리스천 리더들을 위한 컨퍼런스에 초대받았다. 도착한 후에 내가 컨퍼런스 인도자보다 서른 살이나 많은 것을 알게 되었다. 그 또한 컨퍼런스에 참여한 사람들보다 열 살이나 많았다. 컨퍼런스가 열리기 몇 달 전에 그를 만났는데, 그는 내가 젊은 세대에게 배우는 데 열려 있다고 생각해서 나를 초대한 것이었다. 나는 그의 도전을 열렬하게 수락했다. 컨퍼런스에서 며칠간 나는 경청하고 어울리며 돌아다녔다. 나는 당시 유행한 포스트모더니즘과 후기 구조주의 같은 시대 사조를 알고 있었다. 그러나 눈을 번쩍 뜨게 하고 두뇌를 확장시키는 경험에 대면할 준비는 되어 있지 않았다. 나는 이머징 교회로 알려진 교회를 소개받고, 나와 다르고 내 세대 대다수 사람들이 생각하는 것과는 몇 광년 떨어진 젊은 세대의 관점을 편안하게 소개받았다.[9]

당시 나는 코칭 기반을 단단히 다지고 있었다. 코칭과 젊은 세대를 연결할 수 있을지에 대답할 만한 충분한 지식이 쌓여 있었다. 문신을 하고, 피어싱을 하고, 포스트모던 시대의 관점을 가진 컨퍼런스 참석자 세대에게도 근대적 전제와 기업 비즈니스 문화에 뿌리를 둔 코칭이 효과적일 수 있을까? 수년간 쌓은 경험을 통해 나는 코칭이 포스트모던 세대에 매우 적합하지만, 새롭게 적용할 필요가 있다고 결론 내렸다. 이는 지리적으로 같은 사회에 사는 젊고 포스트모던한 고객[10]과 함께하기 원하는 코치라면 누구에게나 해당하는 다문화적 문제다.

어떤 코치라도 그 출발점은 고객을 아는 것이다. 탁월한 연설가는 연설하러

단에 서기 전에 청중을 알고 있다. 최고의 선교사나 다문화 기업가는 큰 작업을 시작하기 전에 대상 문화를 익숙하게 파악해 둔다. 마찬가지로 한 세대 문화에서 다른 세대로 건너가기 원하는 코치는 함께 일하려는 세대를 알아야 하고 이해해야 한다.

얼 크렙스(Earl Creps)는 이 분야에서 그 누구보다 뛰어나다. 그는 교수이자 작가이며, 컨퍼런스 강연가이자 교회 개척자다. 그는 또한 떠오르는 젊은 리더들과 함께 어울리는 데 있어 전문가다. 그는 커피숍에서 사람들을 사귀고 그들의 관심사와 음악에 대해 배우며, 그들의 생각에 귀 기울이고 첨단 기기 다루는 법을 배우려고 노력한다(마흔이 넘은 사람들은 대부분 따라가기 어려울 것이다). 얼 크렙스는 나이 든 세대와의 진정성 있는 관계에 굶주린 많은 이들에게 멘토가 되어 주었다. 그는 또한 정반대 방향의 멘토링을 믿고 있는데, 그에 따르면 젊은 리더들은 기꺼이 배우려 하는 나이 든 이들에게 멘토가 되어 준다.[11] 정치 분석가들은 버락 오바마가 대통령 선거에서 승리한 이유에 대해 많은 설을 제시하지만, 대다수 사람들이 동의하는 것은 한 가지다. 오바바는 첨단 기기를 다루는 데 능숙하고, 희망을 찾는 젊은 유권자들과 관계 맺는 법을 배웠으며, 그들이 선거 운동에 큰 힘을 실어 주었다는 것이다.

다음 세대 사람들을 코칭하는 데 있어 그들의 핵심적인 특징을 아는 것은 중요하다. 그러나 문화는 변한다는 사실을 기억하라. 따라서 여기서 쓰는 내용은 이 책이 출판 시장에 나왔을 때면 한편으로는 이미 시대에 뒤처진 것일지 모른다. 또한 모든 문화 집단은 규정에 들어맞지 않는 개인들로 구성되어 있다. 유능한 코치, 교사, 영업자, 사역자는 고유한 개인의 필요와 떠오르는 문화적 트렌드에 발맞추기 위해 자신의 방법을 수정해야 한다. 그럼에도 코치들이 다음 세대나 포스트모던 리더들과 다문화 코칭을 할 때 흔히 발견하는 일반적인 특징들이 있다.[12] 이들 집단은

비전 제시와 목표 달성보다 가치와 경험을 더 중시한다. 이 책의 기초를 구성하

는 코칭 과정은 근대적이고, 많은 기관, 학교, 교회를 특징짓는 결과 중심적 관점을 바탕으로 생겨났다. 이는 현대 코칭이 발전한 비즈니스계와 기업들이 널리 수용한 목표 지향적 관점이다. 그러나 이런 관점은 부모가 성공하기 위해 밀어붙이고, 때로는 가치와 타협하고, 인생의 중요한 과정을 놓쳐 버리는 것을 본 젊은 세대가 사는 포스터모던 시대에는 사라지고 있다.

> 근대 리더들이 주로 비전과 이를 성취하고자 하는 열망으로 움직인 반면,
> 포스트모던 시대의 젊은 리더들은 비전과 비전 제시를 조작적이고 추정적인 것으로 본다.
> 이들은 리더가 구체화하고 실천했던 진정성 있는 가치들에 훨씬 더 끌린다.
> _ 스티브 오그네, 「목회 변화를 위한 코칭」의 저자

스티브 오그네는 포스트모던 세대의 정신 구조를 이해한다. 오그네는 "많은 젊은 리더들이 그 개념과 단어에 저항하지만, 그들에게 비전은 여전히 중요하다. 사람들은 여전히 자신이 어디로 가고 있는지 알고 싶어 한다"고 썼다. 그러면 포스트모던 코칭 고객에게 이 문제는 어떻게 제기되는가? 오그네는 다음과 같은 질문을 던진다. "만일 향후 5년간 당신의 가치관에 따라 살 때 하나님이 그것을 복되게 하신다면, 어떤 일이 일어날 것 같은가?" 계획 세우기를 마뜩찮아 하는 요즘 세대의 저항감을 해결할 방법으로 오그네는 실현 가능한 미래에 대한 이야기를 꿈꿔 보도록 제안한다. 그는 다음과 같이 썼다. "코치는 포스트모던 리더들이 그들의 계획이나 비전을 그들이 살아낼 이야기로 보게 함으로써 꿈을 꾸고 계획을 세우도록 도울 수 있다."[13] 이는 덜 전통적인 고객에게 영향을 미치기 위해 보다 전통적인 코칭을 수정하여 적용하는 사례다.

말과 사실보다 이미지와 이야기가 더 중요하다. 이는 하나님의 말씀을 기초로 사역을 세우되, 이야기를 들려주고 소품과 그림과 동영상을 설교에 활용하는 것이 얼마나 중요한지 아는 목사와 교회 리더들에게 도전이 될 수 있다. 예수님

은 사실적인 진리를 말씀하실 때조차 풍부한 이미지가 담긴 비유로 이야기하셨다. 젊은 고객과 함께하는 코치는 종종 이미지, 은유, 이야기를 활용한다. 이런 코치는 이야기와 시각적 이미지가 사실보다 더 오래 기억에 남는 것을 알고 있기에, 고객이 사용하는 이미지를 듣고, 그것을 대화에 활용한다. 이를테면 고객이 미래로 가는 다리에 대해 이야기한다면, 코치는 이어지는 대화에서 다리 이미지를 활용한다.

개인적인 성공보다 공동체를 세우는 것이 더 중요하다. 이 장의 시작 부분에서 언급한 컨퍼런스에서 참석자들은 세미나와 강연에 큰 흥미를 보이지 않았고 내용을 기록하지도 않았다. 그러나 함께 모여 서로의 이야기를 듣고 공동체를 세우는 데는 흥미를 보였다.

윌리엄 테니브리튼(William Tenny-Brittian)은 대학원생이었을 때 이런 접근법을 '부족 코칭'이라고 명명했다. 이는 어린 리더가 개인적으로 코칭받지 않고 동료 공동체 가운데서 코칭받는 과정이다. 여기에는 몇 가지 유익이 있다. 부족 코칭은 공동체를 장려하고 관계를 세운다. 코치의 개입에만 의존하지 않고 집단 학습과 참가자들의 경험을 토대로 한 동료 코칭을 자극한다. 이는 다음 세대 리더들의 사역을 특징짓는 팀 접근 방식과 일치하고, 상호 책임성은 일방적으로 책임을 지는 코치보다 공동체 정황에서 가장 잘 발전할 수 있다는 신념에 발맞춘 것이다.[14] 이 접근법은 팀이나 그룹 코칭과 유사하게 그룹이 작고(대략 4-7명), 공통의 필요나 관심사가 있으며, 적어도 몇 달간 적어도 2주에 한 번 정도 모임에 헌신할 때 가장 효과적이다.

권위와 전문 지식에 수동적으로 복종하는 것보다 적극 참여하고 주인 의식을 갖는 것을 더 선호한다. 이 세대는 자신의 교육을 계획하는 데 참여하고, 오감으로 경험하는 예배에 참여하고, 상담을 받으면 어떻게 치료받을지 결정하는 데 참여하고 싶어 한다. 코칭을 크게 개조하지 않아도 되는 이유가 여기에 있다. 코치는 고객이 코칭 주제를 설정하고 각 사람이 코치의 질문과 자극에 반응하여 행동 계획을 짜 올 것을 전제한다. 조언, 미리 계획한 프로그램, 지시적인 상명하달 식 리더십은 포스트모던 세계에서 가차 없이 내동댕이쳐진다.

종교가 아닌 영성을 가치 있게 여긴다. 나이 든 그리스도인들과는 달리 젊은 세대는 종교적 배경에서 자라지 않았다. 그들은 기초적인 기독교 교리를 잘 알지 못하고, 성경적 도덕과 원리에 대해서도 거의 알지 못한다. 그러나 그들은 초월자와 연결되고 싶어 한다. 많은 이들이 과거에 안정감을 주고 의지할 곳이 되어 주던 신비롭고 예전 중심적인 예배에 매력을 느끼는데, 이는 그런 예배 형식을 낡고 진부한 것으로 거부했던 그들의 구도자 부모와는 다르다. 다음 세대 리더들과 그들의 또래는 종종 예수님을 존경하고 그분에 대해 더 알고 싶어 하지만, 교회나 종교, 특히 교단에 속한 종교에는 별 관심이 없다.[15] 포스트모던 시대의 사람들은 또한 진정성 있는 믿음과 실천이 따르는 신념을 지닌 사람들과의 관계를 중요시한다. 크리스천 코치는 진정한 역할 모델이 없는 많은 사람들에게 강력한 멘토가 될 수 있다.

이런 특징들은 계속 열거할 수 있다. 위에서 이미 언급한 것에 덧붙여 포스트모던 시대의 많은 사람들은 사회학적·생태학적 문제에 매우 관심이 많다. 많은 이들이 과학 기술, 음악, 미디어에 열중하며 성장해 왔다. 그들은 심지어 중독될 정도로 서로의 소통을 이어 주는 장치에 몰두한다. 그런 장치는 두뇌를 자극하고, 전 세계의 '친구들'과 연결해 주고, 그들의 관심을(심지어 코칭 시간이나 교회에서조차) 끌기 위해 경쟁하고, 그들이 생각하는 방식을 바꾸기까지 한다. 다음 세대 리더들의 각 특성은 코치와 고객이 함께하는 방식에 영향을 미칠 수 있다.

> 포스트모던 시대의 리더를 코칭하는 것은 콩고로 가는 선교사를 코칭하는 만큼 수고롭다. 첫째 당신은 언어와 신념과 전반적인 이해와 관습을 배워야 한다. 그리고 나서야 비로소 대화를 시작할 수 있다. 그러면 엄청난 배움이 시작될 것이다.…
> 늙은 개가 새로운 묘기를 배울 수는 있지만, 그러려면 기꺼이 늙은 개의 습관을 버리고,

기꺼이 늙은 개의 세계관을 단절해야 한다.

_ 윌리엄 테니브리튼, 차세대 코칭 리더

문화는, 포스트모던 시대의 사고를 하는 사람들을 대상으로 코칭을 발전시키고, 수행하고, 다른 집단에게 적용하는 방법에 막대한 영향력을 행사한다. 가장 유능한 코치는 다문화적 문제들을 인식하고 이것들을 기꺼이 다루고자 한다.

코칭 문화 세우기

이 장에서 우리는 다문화 상황에 초점을 맞추었지만, 많은 코치들이 기업, 기관, 교회에서 코칭 문화(때로는 코칭 풍토라고 부른다)를 세우는 데 관심을 기울인다. 마이클 릴리브릿지(Michael Lillibridge) 박사는 기업 임원 코치이자 심리 치료사 훈련을 받은 전문 강사다. 몇 년 전에 그는 '피플맵(People Map)'이라는 평가 도구를 개발했고[16], 요즘은 대기업들과 일하고 있는데, 그런 대기업 리더들은 회사의 모든 관리자들이 모든 직원들과 관계를 맺고 코칭 원리를 적용해 이끌어 주기를 바라고 있다. 그중 한 회사를 예로 들면 CEO와 임원들은 코칭을 통해 서로 성장하고 있다. 그래서 그들은 직원들에게 코칭 훈련을 시키는 것이 중요하다는 것을 알고 있다. 이런 방식으로 그들은 코칭을 지지하고 코칭 문제에 민감한 회사 문화를 만들어 가고 있다.

> 코칭 문화란 리더들과 관리자들이 조직 내의 다양한 기능을 수행하는 데 코칭 기술과 태도를 일상적으로 적용하는 것을 뜻한다.
> 이들은 코칭 기술을 사람을 계발하기 위해서만이 아니라 관리할 때도 활용한다.
> 이런 바람직한 상태에 이르기 위해서는 조직 내의 더 많은 개인들이
> 코칭에 대해 이해하고 기본적인 코칭 기술을 익혀 적용해야 한다.
> _ 섀런 팅(Sharon Ting), 「코칭 핸드북: 리더 코치 가이드」의 공동 편집자

켄 블랜차드 컴퍼니는 코칭 문화 형성에 깊이 헌신하는 회사로 "이곳 사람들은 코칭 기술이 있고, 상대방의 허락하에 성장, 발전, 성과, 과업, 목표 등에 관한 시의적절한 대화를 나눈다. 이는 피드백 문화로 이곳 사람들에게는 익숙하다." 이런 문화에서는 사람들을 능력 있는 존재로 보고, 개인의 발전을 마감 시한보다 중요시하며, 실수를 배움의 기회로 여기고, "미래에 초점" 맞춘 피드백을 제시한다.[17]

코칭 문화를 어떻게 이룩하는가? 대개는 기업, 협회 또는 교회와 같은 기관의 최고위 리더가 코칭에 영향을 받고 코칭을 자신의 조직에 열정적으로 도입하면서 시작한다. 전에 일부 직원들을 대상으로 코칭 세미나를 개최했던 한 회사와 일한 적이 있다. 그 회사의 리더들은 코칭 세미나에 단 한 명도 참석하지 않았다. 초청 강사가 떠난 후, 모두 일터로 돌아갔고 아무것도 변하지 않았다. 몇 달 후 또 다른 코칭 세미나가 열렸는데, 그 강사는 워크숍 전에 회사에 대해 알아보았고, 강의 내용을 회사 문화에 적용시키려 노력했다. 회사의 고위직 리더 모두가 세미나에 참가자 자격으로 참석했고, 세미나가 끝날 때 코칭 훈련이 미래에 회사가 발전하는 데 중요한 요소가 될 것이라고 선언했다. 전담 코치 트레이너를 고용했고, 기대했던 것처럼 코칭에 대한 관심과 효과가 빠르게 자라났다.

세미나를 개최하기 전에 회사 리더들은, 적절한 후속 프로그램을 개발해 훈련 워크숍이 끝난 후 월요일부터 바로 시작하도록 준비했다. 세미나 이후 참석자들은 팀 내에서 적어도 한 사람 이상을 코칭해야 했다. 코칭 세션 중 2회는 마스터 코치가 관찰하여 참석자들을 지원하고, 피드백을 주고, 평가했다.

때로 코칭 풍토를 촉진하기 위해 외부 코치들이 들어오기도 한다. 대안적으로 또는 추가적으로, 선발된 직원들이 코치 훈련을 받고 과제로 코칭 임무를 부여받는다. 코칭은 리더십 계발이나 다른 훈련 프로그램에 포함되어 있다. 만일 여세가 사그라들지 않고 코칭이 생산성과 효율을 증대한다는 증거가 나타나면,

코칭은 점차 조직의 운영과 리더십의 한 방편이 된다. 점진적인 과정이지만, 결국 코칭 마인드가 회사 전체에 스며든다.

회사에 적용한 코칭 풍토 개발은 교회나 선교 단체와 같은 조직에도 적용할 수 있다. 물론 예수님은 우리를 제자 삼으라고 부르셨지, 코칭 문화를 세우라고 부르지는 않으셨다. 우리는 하나님을 사랑하고 높이고 섬기며 그분을 찬양하기 위해 존재하지만, 코칭은 더욱 효과적으로 그분을 높이고 다른 이들에게 사역하도록 하나님이 우리에게 허락하신 하나의 도구가 될 수 있다. 다문화 상황의 코칭을 포함하여, 코칭이 하나님의 위대하고 거룩한 목적을 성취하기 위한 도구임을 기억한다면, 그분의 영광을 위해 활용할 수 있다.

21장 ·· 코칭의 도전

댄을 어디서 처음 만났는지 기억이 나지 않는다. 한동안 우리는 같은 교회를 다녔고, 지금도 이따금씩 상점에서 마주치거나 거리를 지날 때 만나면 인사를 주고받는다. 언젠가 우리는 멈춰서서 코칭에 대한 이야기와, 댄이 개인 코칭 센터를 힘겹게 운영해 가는 이야기를 나눈 적이 있다.

처음 코칭을 접하고 댄은 곧바로 매료되었다. 댄은 코칭 강좌를 몇 개 더 수강하며 코칭으로 상당한 수입을 벌어들이는 전문 코치에 대해 듣게 되었고, 자신이 좋은 코치가 될 수 있는 잠재력이 있음을 발견했다. 댄은 나에게 "난 코칭을 사랑해, 난 코칭에 열정이 있어"라고 여러 번 말했다. 충분한 조사를 해 보지도 않고 댄은 직장을 그만두고 코칭 센터를 열기로 했다. 댄은 코칭 소식지를 발행하고, 코칭 서비스를 홍보하는 방법을 배우고, 틈새 분야를 발견했다고 결론내렸다. 그러나 다른 수많은 사람들처럼 댄은 유료 고객을 확보하지 못했다. 이따금씩 댄은 코칭 강좌를 듣거나 코칭 컨퍼런스에 참여했지만, 댄에게 코칭을 받고 싶어 하는 사람은 없었고, 특히 유료일 경우는 더 그랬다.

이와 비슷한 상황에 놓인 사람들이 수없이 많다. 그들은 코칭 역량을 계발해 왔고, 인생을 변화시키는 코칭의 잠재력을 믿는다. 그들은 코칭을 강력하게 지지하며, 그 열정은 다른 코치와 함께 교제하며 강화된다. 코칭의 가능성에 대한 신념에 벅차 대다수 코치들은 큰 에너지와 열정을 보인다. 유능한 코치가 되기 위해 에너지와 열정만 있으면 다 되는 것은 아니지만, 이것 없이는 누구도 코칭에 깊이 들어갈 수 없다. 그러나 낙천적이거나 매우 열정적인 사람이라도 반드시 짚고 넘어가야 할 도전이 있다는 사실을 깨닫게 된다. 조만간 이런 도전적인 문제들은 대부분 해결되겠지만, 오늘날 이런 문제들은 코칭 운동의 많은 부분을 특징짓는 열정을 꺾을 수도 있다.

장애물을 직면하는 것은 전혀 재미있지 않다. 나는 차라리 이 장을 책에서 삭제하고 싶다. 독자들도 얼른 이 장을 건너뛰고 싶을 것이다. 곧이어 다룰 내용은 방해가 될 수 있다. 그러나 이 도전을 정면으로 직면하면 눈을 가린 채 도망가는 것을 피할 수 있고, 극복할 방법을 찾아 더 훌륭하고 유능한 코치로 발전할 수 있다. 여러 면에서 이 부분은 코칭 원형 도표의 네 번째 요소에 해당하며, 코치인 우리 자신에게 적용할 수 있다. 이는 장애물을 응시하고 통과하는 것이다.

역량: 누가 자격 있는 코치인가

어디서나, 누구라도, 훈련과 코칭 경험이 있든 없든, 코칭 역량을 입증하는 증거가 있든 없든 자신이 코치라고 주장하고 코칭 사업을 시작할 수 있다. 스스로 코치라 주장하거나 극히 적은 훈련을 받은 코치라도 자신을 설득력 있고 열정적이고 효과적으로 홍보하면, 고객들을 모집하고 도울 수 있다. 그러나 이런 코치들은 코칭을 제대로 이해하지 못하고, 오도하고, 심지어 해를 끼칠 수도 있다.

이를테면 제대로 훈련받지 않은 코치가 감정적 고통이나 상담 원리를 제대로 이해하지 못한 경우 일으킬 수 있는 해를 생각해 보라. 몇 년 전에 "하버드 비즈니스 리뷰"에 실린 설득력 있는 논문은 임원 코치가 고객의 심리학적 역기능의 근거를 찾아내지 못할 경우 일으킬 수 있는 "매우 실제적인 위험성"을 경고했다. 때로 코치는 이런저런 방식으로 감정적 문제를 더 악화시킨다.[1] 호주의 연구자인 앤서니 그랜트(Anthony M. Grant)가 라이프 코칭을 받으러 오는 고객의 25-52퍼센트는 심각한 정신 건강 문제를 안고 있을 가능성이 있다고 연구 결과를 밝혔지만, 이 문제는 코칭 분야에서 거의 논의되지 않는다. 그랜트는 "많은 코칭 고객들이 코칭을 사회적으로 수용할 만한 치료의 한 형태로 본다"고 결론 내렸다. 그는 "코칭 업계는 코치 훈련에서 정신 건강의 필수적인 부분을 다루어 코치가 이를 적절하게 인식하고 주의할 수 있도록 명시할 분명한 책임이 있다"고 주장했다.[2] 이런 경고에도 불구하고 수준 높은 훈련 프로그램에서조차 정신 질환의 징후나 영향에 대해 언급하지 않는다. 그 결과 좋은 의도를 가진 코치들이 정신 건강 전문가의 개입이 필요한 건강하지 못한 태도, 행동, 영향력을 간과한다.

이에 대하여 많은 코치들이 자신들은 심리 치료사가 아니라고 올바르게 응답한다. 그러나 코치들이 코칭에 방해가 될 수 있는 문제나 코치보다는 전문 훈련을 받은 상담가가 다루어야 할 문제를 진단할 만큼 충분히 숙련되어 있지 않으면, 역량 있거나 책임 있는 코치라 할 수 없다. 이것이 심리학자나 상담 전문가들이 코칭 업계에 뛰어들 여지를 주는 이유다. 이들은 많은 코치들이 부주의하여 정신 건강 문제를 야기하거나 훈련이나 공인된 자격 없이 치료 요법을 시행하지는 않는지 의구심을 품는다.

또 염려되는 것은, 역량이 부족하거나 제대로 훈련받지 않은 코치가 코칭 분야에서 활동하며 끼치는 부정적인 영향력이다. 전문 지식 없이 자신이 코치라고 주장하며 코칭에 대한 코칭료를 부과한다면, 이것이 코칭 업계 전체 이미지에 어떤 영향을 미치겠는가? 잘 훈련받고 훌륭한 자격을 갖춘 이들이 전문 영역에서 코칭하는 일에 어떤 영향을 미치겠는가? 더 큰 방해 요소는 일부 전문 상담가들이 기존 정신 건강 전문직의 윤리적·법률적 제한에서 벗어나고자 코칭으로 옮기려 하는 것이다. 이런 관행의 결과 코칭 분야 전체가 타격을 받고 있다.

비록 어떤 이는 코칭 분야에 역량이 부족하고 어떤 이는 높은 기준이나 상식이 부족하나, 이런 우려 가운데서도 코칭에 대한 열정은 증가 추세다. 좋은 소식은 코칭 업계의 여러 단체들이 적극적으로 코치의 역량에 대해 도전한다는 사실이다. 이런 문제들은 이미 해결되고 있고, 윤리적 기준이 더욱 발전하며 적용되고, 훈련 프로그램이 점차 표준화되고, 가용성이 높아지고, 코치를 찾는 사람들이 유능한 코치를 찾는 데 필요한 보다 명확한 안내 지침을 얻으면서 앞으로 더 나아질 것이다.[3]

공신력: 자격 인증이 필요한가

인증 코치가 된 후 나는 다른 사람들도 분명 생각해 보았을 몇 가지 질문에 직면했다. **수많은 기관들이 제공하는 훈련 프로그램 중 좋은 프로그램은 어떻게 선별하는가? 수준 높고 널리 인정받는 인증 프로그램과 비용을 내기만 하면 수료증을 주는 프로그램은 어떻게 구분하는가? 도대체 수료증이 필요하기는 한 것인가? 수료증이 더 유능한 코치가 되는 데 도움이 되는가?** 이런 질문들은 코칭 훈련과 인증의 가치와 질에 대한 계속되는 논쟁의 핵심을 이룬다.

코칭 훈련 과정은 매우 유용할 수 있고, 수료증을 발급하는 대다수 프로그램은 적어도 가치 있는 배움의 기회를 제공한다. 많은 훈련 기관에서 역량을 입증하는 인증서를 발급한다. 그러나 훈련과 수료증은 프로그램 제공 단체가 훈련하고 입증하는 한에서만 유효하다. 인증 코치가 종종 자신의 인증서를 언급하며 자랑스러워해도, 코치를 고용하는 대다수 고객이나 조직에서는 그런 증서를 그다지 중시하지 않다는 것을 보여 주는 증거가 있다.[4] 이런 잠재 고객들은 코치의 역량과 결과를 도출하는 입증된 능력에 더 관심이 있다.

코칭 훈련, 인증, 자격에 대한 논의가 오가는 가운데, 수준을 향상시키고 다양한 코칭 훈련에 표준을 세우려는 노력이 계속되고 있다. 이 분야에 뛰어들고자 하는 새로운 코치가 많으면, 훈련과 인증 프로그램은 계속해서 확산될 것이다. 이는 각 코치의 역량을 보여 주는 보다 객관적이고 수긍할 만한 표지를 요구할 것이다.

그러나 코칭 훈련 프로그램이나 코치 인증을 공인하는 일이 그것이 필요한 사람들을 자유롭게 하기보다 오히려 질식시킬 수 있다. 일부 학교의 학점 인증 프로그램은 인증해 주는 사람들이 짜 놓은 가치의 틀에 훈련 기관과 개인을 억지로 집어넣는다. 이는 결국 공인 기관의 가치와 다른 저마다의 창의성을 억압하고 독특한 관점을 억누르는 것이다. 인증 기준을 지나치게 낮게 세워 의미 없는 것으로 만들 수도 있는 반면, 지나치게 높게 세우고 값비싸게 책정하여 새로운 사람이 코치 협회에 들어오지 못하게 할 수도 있다. 현재는 이 문제가 그다지 중요하지 않을지 모르지만, 언젠가 중요한 문제가 될 수 있다. 훈련과 인증 문제가 앞으로 보다 명확해지기를 바라지만, 조만간 코치나 코치 트레이너로서의 행보에 영향을 미칠 수 있다.

신뢰성: 코칭이 정말 효과가 있는지 어떻게 아는가

코칭 훈련 기관들은 수강자들을 모으려고 때로 코칭의 효과와 코칭 훈련에 대해 현란한 수식을 갖다 붙인다.[5] 그러나 코칭이 효과적이라는 탄탄한 증거가 정말 있는가? 코칭이 성공한 이야기는 넘치지만, 만족한 고객들이 하는 이런 증언은 매우 주관적이고 정확한 지표가 아니라는 것을 문외한이라도 안다. 코치를 고용하고 비용을 지불하는 회사뿐 아니라 개인 고객도 코칭이 실제로 효과가 있고 코칭을 열정적으로 옹호하는 사람들이 주장하는 것처럼 신뢰할 만하다는 것을 입증하는 보다 확실한 근거를 보고 싶어 한다. 코치의 주장을 입증하라고 요구하는 목소리는 도전이 될 수 있지만, 코칭이 정말 효과적이라는 것을 확신 있게 보여 줄 수 있다면, 코칭 분야를 활성화하는 커다란 촉매제가 될 것이다.

코칭 업계가 그 효과에 대해 근거 없는 주장을 만드는 함정에 빠질 리 없다는 것을 확신해야 한다. 코칭은 만병통치약이 아니다. 코칭이 당신이 공상하는 삶을 실현시켜 주리라는 것을 입증할 연구도 없고, 믿을 이유도 없다.

_앤서니 그랜트, 시드니 대학 코칭 심리학부 디렉터

코칭을 평가하기 위한 다양한 방법이 사용되고 있다. 그런 방법들은 다음과 같다.

- **주관적 보고.** 가장 단순하지만 아마 가장 편향적인 접근법이 코치나 고객 개인에게 의견을 말하거나 후기를 써 달라고 요청하는 것이다. 분명 이것은 코칭 기관에서 가장 흔히 사용하는 방법이다.[6]
- **질문지와 설문지.** 이 또한 주관적이고 편견에 치우치기 쉽다. 특히 질문이 엉성하다거나 대답하는 사람이 진실을 말하지 않을 때는 더욱 그러하다. 그럼에도 이 방법은 개인적인 이야기를 하는 것보다는 체계적인 방법이다. 어떤 코치나 코칭 회사는 고객이 코칭을 시작한 지 한 달쯤 지난 후에, 그리고 코칭을 완료할 때까지 세 달 간격으로 코치 만족 질문지를 준다. 설문지를 합하여 결과를 도출하는 이런 방법은 개별적 코칭과 전반적인 코칭 효과를 평가하는 데 대략적인 자료를 제공한다.
- **360도 피드백.** 일반적인 기업 환경에서 360도 도구는 직업 수행 능력, 대인 관계 기술, 리더십 역량, 태도, 그 외 한 개인이 직장에서 보여 줄 수 있는 거의 모든 특성이나 행동들을 다루는 질문지다. 회사나 기관에서 360도 피드백 질문지는 한 사람의 부하, 상사, 팀장, 동료, 고객, 그 외 마치 360도 원을 그리는 듯 그 사람을 둘러싼 모든 사람이 작성한다. 대개 평가받는 사람 또한 질문지에 응답해야 한다. 정직한 답변을 장려하기 위해 무명으로 작성한다. 그 결과는 가장 가까이서 그를 관찰하고 그와 함께 일한 사람들이 그를 어떻게 인식했는지를 보여 주는 그림이다. 코칭에서 360도 평가는 코칭이 어떤 차이를 일으켰는지를 알아보기 위해 시작할 때와 끝날 때

실시한다. 때로는 동일한 방식으로 평가 전후에 다른 심리 검사를 하기도 한다.

- **투자 수익률(ROI).** 이것은 가장 드문 평가 방법인데, 그 이유 중 하나는 가장 어려운 방법이기 때문이다. 기업은 특히 재정적으로 압박을 받는 시기에 코칭 비용이 재정 증가와 그 밖의 다른 이익을 창출한다는 증거를 보기 원한다. 투자 수익률은 코칭에 투자한 대가로 무엇이 돌아오는지를 보여 주는 증거를 도출하려는 것이다. 측정 가능하거나 드러나는 이익이 없으면 대개 코칭은 종료된다.

- **증거 중심 연구.** 때로 사람들은 코치와 코칭 업계 전체에 대해 다음 질문에 설득력 있게 대답해 주기를 요구하기도 한다. "코칭에서 사용하는 특정한 방법들이 효과가 있고, 정말 당신들이 주장하는 변화를 일으킬 수 있다면 명확한 증거는 무엇인가?"

정신 건강 직종에서 증거 중심 연구는 커다란 쟁점이 되었는데, 보험 회사나 관련 서비스로 재정을 지출하는 회사들이 치료 방법과 개입에 대해 증거를 요구하기 때문이다. 상담에서 '증거 중심 실무'는 심리학자나 효과를 입증한 사람들의 성과를 일컫는데, 이는 객관적인 실험 연구, 유능한 전문가의 자세한 관찰, 선호도 보고, 상담받는 사람의 경험 등에 근거한다. 코치들은 효과 있는 방법이 무엇인지를 밝히는 연구가 중요함을 인식하고 동료 상담가들과 함께하고 있다. 다소 이른 결론들이 증거 중심 코칭에 관한 핸드북에 실려 있다. 저자이자 편집자들에 따르면, "전문가의 엄격함과 고객의 생생한 경험이 통합된 적절한 코칭 방법론은 포괄적이고 유연하고 강력한 코칭 모델을 낳을 것이다."[7) 책은 학술적이고, 재미있지는 않다. 그러나 코칭에 진지한 관심이 있는 사람들에게 이 책은 저자들 말대로 "대중 심리학 자기 계발 분야에 있는 코칭 서적들과 달리" 견고한 코칭 원리들을 설명하는 좋은 자료가 된다.[8)

앞으로 코칭이 건재하려면, 코칭을 옹호하는 사람들의 열정에 못지않은 입증된 결과를 보여 줄 실험에 근거한 자료가 필요할 것이다. 현재 코칭은 연구와 신뢰성의 근거가 미약하다. 그러나 이런 상황은 변하고 있다. 연구 수준이 점점 향상되고 있고, 코칭의 효과성을 입증하는 데이터 기반 근거가 증가하고 있다.

직업적 도전: 코칭은 직업인가

이 문제를 토론할 필요를 못 느끼는 사람들도 있다. 그들에게 코칭은 다른 직업과 같다. 이와는 반대로 코칭이 언젠가는 직업처럼 되겠지만, 아직 진정한 의미에서 직업은 아니라고 보는 견해도 있다. 기존 직업과는 달리 코칭은 인가받지 않고, 규제가 없는 분야다. 코치가 되는 데 공인된 기준이 없다. 누구라도 코치라고 자처하고 이 명칭을 사용할 수 있다. 또한 코칭 훈련 기관에도 일반적으로 인정하는 신뢰성 있는 기준이 없다. 현재 코칭 업계는 학계에서 신뢰받지 못하고, 존재감도 미미한 실정이며, 학술적 연구 근거도 매우 제한되어 있다. 훌륭한 윤리 기준이 있고 몇몇 코칭 기관이 노력하고 있기는 하지만, 훈련, 실무, 윤리 규정의 기준을 시행할 능력이 없다. 전 세계의 코치들이, 코칭이 점차 인정받고 유용한 분야로 자리 잡도록, 훈련과 실무 기준을 세우기 위해 함께 모이고 있다.[9] 기준을 시행하고 단속하기 전까지 윤리 헌장과 규정은 유용하기는 하나 일반적으로 지침에 불과하다.[10]

> 부분적으로는 코칭에 대한 학문적 관심이 증가한 결과, 코칭에 대한 기준이 상당히 격상하고 있다. 코칭 고객과 코칭 훈련을 받고자 하는 사람들은 코칭이 견고한 증거 중심 접근법을 취할 것을 요구하고 있다. 그러나 코칭이 진짜 직업이 되려면 가야 할 길이 한참 멀다. 여전히 진입 장벽이 없는 상태다. 누구든 자신을 코치라고 부를 수 있다. 더 혼란스러운 것은 자격 요건을 갖추지 않고 전혀 훈련을 받지 않았어도 누구든지 코치 트레이너라고 자처할 수 있다는 점이다.

많은 코칭 훈련 기관이 잘하고 있다. 그러나 이런 문제들은
아직 논의되지 않은 난점들이다.

_ 앤서니 그랜트, 코칭 연구자, 시드니 대학

가치: 코칭은 성경적 진리와 어느 정도 부합하는가

가치를 배제한 코칭이란 존재하지 않는다. 모든 사람은 가치를 지니고 있고, 모든 직업도 마찬가지다. 코칭에 관한 책을 읽거나 코칭 과정을 수강하면 저자나 강사의 신념을 반영하는 가치관을 보게 될 것이다. 사람들이 이런 가치관을 거의 인정하지 않고 분명하게 언급하지도 않는다는 사실을 알아챘을지 모르겠다. 분명 우리 대부분이 가치를 당연하게 여기고 그에 대해 거의 생각하지 않기 때문이다. 민감한 그리스도인이라면 코칭의 기초를 구성하는 세속적인 전제를 눈치 채는 데 오랜 시간이 걸리지 않는다. 이를테면 일부 코치는 고객을 확보하고, 탁월한 역량을 쌓아 올리고, 신용을 얻고, 많은 돈을 벌어들이는 데 매우 커다란 압박을 느낀다. 특히 기업계에서 많은 돈을 벌어들일 수 있는데, 기업에서 코칭 서비스에 지불하는 비용은 매우 비싸다. 소비주의와 물질주의의 엔진은 예수님과 제자들을 몰아가지 못했다. 그러나 우리 사회의 많은 부분을 몰아간다. 이것들이 크리스천 코칭을 포함하여 너무 많은 전문 코칭을 몰아가는 것은 아닌가?

이전 장에서 코칭이 인본주의적인 심리학과, 현실은 개인의 주관적 경험에 근거한다는 널리 퍼진 신념에 기반한 것임을 살펴보았다. 그에 덧붙여 "코칭은 동양적 사고, 특히 선불교와 직간접적인 관계가 있다." 선불교는 "외부의 것을 숭배하게 하는 함정을 피하고 그 대신 자기 인식을 수용한다."[11] 암석처럼 견고한 코칭의 전제는 우리의 필요와 문제의 모든 해답은 내부에서 찾을 수 있다는 것이다. 한 통찰력 있는 분석에 따르면, "코칭은 자기 계발 운동에서 시작하여 상품화되고, 많은 자기 계발 과정과 같이 포장되었다. '당신은 꿈을 실현할 자

격이 있다. 바로 지금!'이라는 강력한 메시지를 많은 통로를 통해 전달한다. 그 누구도 당신의 인생을 함께 고민하지 않기에, 코치가 당신을 위해 존재한다. 당신의 목표는 당신이 되고 싶은 사람이 되는 것이다."12) 이는 코칭 운동에 상당히 스며들어 있다.

코칭의 이런 기본적인 전제를 알지 못한 채 많은 크리스천 코치들이 생각 없이 코칭의 핵심 가치들을 수용한다. 희망적인 것은 그보다 많은 크리스천 코치들이 성경에 계시된 하나님의 말씀을 기반으로 코칭하고 있다는 점이다. 우리는 코치와 고객 모두 존귀한 사람이고, 하나님의 형상대로 창조되었으며, 죄로 인해 망가졌지만 그리스도께서 우리 죄를 위해 죽으셨기에 구속될 수 있다고 전제한다. 우리는 코칭에 결함이 있지만, 하나님이 변화를 일으키는 방편 중 하나로 사용하시는 유용한 도구라고 평가한다. 모든 해답이 우리 내부에 있고, 성경의 가치와 하나님의 뜻을 인식하지 못한 채 오로지 고객의 목표만을 다룬다는 전제를 믿지 않는다. 성경은 하나님 자신이 주신 지혜이자 삶의 지침이며, 하나님의 아들 예수 그리스도를 믿는 믿음으로 이 땅에서의 풍성한 삶과 죽음 이후의 영생으로 안내하는 길이다.13)

많은 코치들이 코칭이 완벽하게 비지시적일 수 있다는 대중적 신념에 도전한다. 고객이 자신의 의제를 설정하고 코치가 이를 도울 방법을 찾지만, 완벽하게 비지시적인 코칭은 비지시적 상담이 불가능한 것이 입증된 것처럼 하나의 신화에 불과하다는 것을 코치들은 알고 있다. 비지시적 상담을 신뢰하는 코치조차 때로 고객에게 승락을 구하는데, 지침을 나누고 도전하며 지원할 뿐 아니라 코치가 외부에서 관찰하고 경험한 것을 제안하기 위해서다.

> 내가 코칭 고객과 함께하는 방식은 로저스의 내담자 중심적 방법일 수 있지만, 나의 코칭 세계관과 실행 계획은 그리스도 중심적이다. 성경은 계획을 짜고, 목표를 세우고, 결승점을 향해 전력을 다하라는 권고들로 가득하다.

바울은 존경할 만하며 참되며 옳은 것들을 생각하고, 이런 것들을 행할 것을 격려한다(빌 4장). 이와 마찬가지로 베드로는 덕, 지식, 인내와 같은 것을 장성한 분량까지 더하라고 권면한다(벧후 2장). 이런 말씀들은 "뒤에 있는 것들은 잊어버리고" 목표를 향하여 분투하며 나아가도록 우리를 동기부여 한다(빌 3장). 나는 하나님이 목적을 가지고 성령의 능력을 통해 사람에게 창의성과 낙관성의 불꽃을 심으시고 전진하도록 격려하신다고 믿는다.

_ 토머스 그레이, 코칭과 상담 전문가

기대에 대한 우려: 코치가 되는 대가는 무엇인가

크리스토퍼 맥클러스키가 전문 상담가 일을 버리고 다른 지역으로 이사해 코칭 사업을 시작한 것은 커다란 모험이었다. 맥클러스키 가족은 코칭 고객을 찾기 어려운, 도시 지역에서 멀리 떨어진 외딴 지역의 농장에서 살기로 했다. 개업 초기부터 고객을 찾고 코칭하는 것은 전화로 해야 했다. 이 모든 일에는 상당한 재정적·감정적 비용이 들었다. 성공하기 위해 이런 대가를 치르려는 코치는 거의 없다.[14] 이 장 시작 부분에서 언급한 댄의 경우 전혀 고려하지 못한 비용이다.

어떤 사람은 기업이나 기관이나 교회 내에서 코치가 되기도 하지만, 이런 자리는 찾기 어렵고, 특히 경험이 없는 사람은 더욱 어렵다. 또 다른 사람들은 자신의 본래 직장에서 비전임직으로 옮겨서 일하면서 저녁이나 주말에 종종 무료로 코칭을 한다. 다른 사업과 마찬가지로 전문 코치가 되는 데는 많은 시간이 걸린다. 성공하려면 독립적인 전문 코치는 홍보, 사업 계획, 세금, 법인 회사 문제 등 독립 사업을 운영하는 데 필요한 요소들을 알아야 한다. 덧붙여, 잠재 고객에게 코칭의 본질과 유익에 대해 가르쳐야 한다. 보다 어려운 도전은 잠재 고객이 코칭료를 지불할 확신을 갖게 하는 것이다.[15]

어디서 하든 코칭은 도전해 볼 만하고 보상이 따르는 일이 될 수 있다. 그러나 항상 쉽지만은 않고 때로는 긍정적이지도 않다. 만일 당신이 코치라면, 당신의 고객 모두에게 마음이 가지는 않을 것이고, 또한 고객들도 모두 당신과 수준 높은 친밀감을 느끼지는 않을 것이다. 이런 경우에는 긴장을 공개적으로 논의하는 것이 가장 좋다. 때로는 개성이나 가치관의 차이가 너무 커서 극복하기 어려울 때도 있다. 어떤 때는 코칭받는 사람이 코칭 과정에 저항하거나 방해해서 진전하지 못한다. 코치에게 문제가 있을 때도 있다. 코칭이 진전하지 못한다고 느낀다면 안전지대 또는 익숙한 지역에 있는지 아니면 밖으로 나왔는지를 생각해 보라. 코칭을 하며 코칭받는 사람에게 깊은 인상을 심어 주려 하거나, 다른 일에 정신을 팔고 진심으로 경청하지 않거나, 존경심을 보여 주지 않거나, 비판적이거나, 생색을 내거나, 고객에게 성적 매력을 부각시키려 하거나, 부모처럼 행동하거나, 코치에게는 중요하지만 고객에게는 전혀 그렇지 않은 방향으로 코칭을 이끌어 가려 하지는 않는가? 코치는 고객의 개인적인 의제를 설정해 주거나 삶을 감독하도록 고용되지 않는다. 그렇게 하다가는 저항에 부딪힐 것이다. 때로 우리는 이런 연약함 한두 가지에 걸려 넘어질 수 있지만, 코치 또는 상호 책임성 있는 파트너와 함께 관계에 대해 정직하게 논의한다면 우리가 보지 못했던 태도나 매너리즘을 경계할 수 있다. 코칭 경험이 고객의 이상에 못 미치는 경우, 이를 처리하는 최선의 방법은 정중하게 관계를 끝내고 다른 코치에게 코칭받도록 인계하는 것이다.

한 검토자가 위의 단락들을 읽고는 이 장은 "통과하기 어려운 무서운" 장이라고 썼다. 이전 장들이 보여 준 햇살 가득한 코칭의 초상화에 구름을 드리운다. 그럼에도 이 책을 먼저 읽고 평해 준 내 친구는 "전문가의 관점에서 볼 때, 모든 요점이 중요하고 꼭 다루어야 하는 것"이라고 결론지었다. 이런 도전들에 직면하고 현재의 장애물을 극복하는 것은 보다 나은 코치가 되는 데 필요한 것이다. 이런 구름 뒤에는 푸른 하늘과 코칭의 밝은 미래가 있다. 우리가 결론을 내릴 장에서 그곳으로 나아갈 것이다. 계속 읽어 주기 바란다.

22장 ·· 코칭의 미래

이 책을 완성하기 몇 주 전, 16개국에서 온 63명이 심도 있는 코칭 컨퍼런스를 개최하기 위해 아일랜드에 모였다. 그들은 코칭 고객, 교육가, 기업 리더들을 대표하며, 코칭 전문가들과 코칭 기관을 대표하는 사람들이었다. 그들은 시간을 투자하여 국제적으로 연계해 코칭의 강점과 그 필요성에 집중하고, 미래를 위한 의제를 설정하여 논의해 왔다. 집단마다 차이점도 많이 있었지만, "사람, 기관, 사회의 잠재력을 드러내는 코칭의 힘"에 대한 공통된 믿음을 갖고 있었다. 그들은 최근 부각되는 코치라는 직업이 성장하고 성숙하도록 협력하고자 하는 바람을 나누었다. 닷새 동안 전 세계에서 아일랜드에 모인 사람들은 함께 논의하여 결론을 이끌어내고 "더블린 코칭 선언"(The Dublin Declaration on Coaching)을 작성했다.[1] 이 문서는 코칭의 수준과 영향력을 향상시키기 위한 제언들을 포함해 "지구촌 코칭 공동체"의 현 상태를 간명하게 진술하여 주목받았다.

더블린 선언은 학문적이고 학술적이어서 읽기가 쉽지는 않다. 코칭에 특별한 관심이 있지 않은 한 그 내용을 공부하기가 쉽지 않을 것이다. 코칭 전문가들이 미래에 대해 예상하는 것을 모르는 채로는 효과적으로 코칭할 수 없다. 하나님을 의지하지 않고는 코칭이 다음 수년간 어떻게 발전할지 아무도 예측할 수 없다는 사실을 우리는 잘 알고 있다. 표 22-1에 요약된 것처럼, 더블린 문서는 다음 10년, 20년 후의 코칭 방식을 형성하는 데 있어 중요한 논점들을 지적하고 있다.

몇 년 전 대중적으로 인기를 끈 책 한 권은 코칭의 부상과 그 잠재력을 열정적으로 다루었다.[2] 그 책의 저자는 변화하는 일터에서 지시하지 않고 코칭해야

표 22-1

더블린 코칭 선언

더블린 코칭 선언은 두 쪽짜리 선언서에 아홉 개의 세부 사항이 첨부된 문서다. 각 항목은 현 상태와 논점들, 우려 사항, 그리고 미래의 발전과 향상을 위한 탄탄한 제언들을 담고 있다. 아홉 개의 세부 사항은 아래와 같다.

- **코칭의 직업적 위치**. 코칭은 많은 훈련생들을 배출하고 문화를 형성한다. 코칭이 표준적이고 공인된 직업으로 어떻게 자리 잡을 수 있을까?
- **코칭의 지식적 기초**. 의학, 약학, 생리학처럼 코칭 분야를 구체적으로 한정해 알고 있는 사람은 없다. 코칭은 합의된 지식적 기초가 필요하다.
- **코칭 연구**. "연구는 실무에 생명을 공급하는 피와 같다." 그러나 연구에 대한 다른 정의들도 있다. 코칭을 효과적으로 보여 주기 위해 보다 유용하고 보편적으로 인정할 수 있는 연구를 자극할 방법은 무엇일까?
- **코칭의 핵심 역량**. 코칭의 핵심 기술은 무엇인가? 다른 문화, 나라, 상황에 따라 코칭은 달라지는가? 보편적으로 수용할 수 있는 코칭 역량은 존재하는가?
- **코칭 윤리**. 코치들을 위한 다양한 윤리적 규범이 있다. 윤리적 실천과 의사 결정을 위한 실제적인 지침이 동반된 보편적인 윤리 규정이 필요하다.
- **코칭 교육과 계발**. 현재 코칭 교육의 질, 형태, 훈련의 성격과 인증 절차는 매우 다양하다. 이런 것들을 어떻게 국제적으로 표준화할 수 있을까? 어떤 종류의 교육과 훈련이 가장 효과적인가?
- **코칭 분야의 지도 그리기**. 코칭은 많은 용어를 다른 학문 분야, 특히 심리학에서 차용해 정의하고 있다. 코칭이 포괄하는 것은 무엇인지 어떻게 명확히 할 수 있으며, 이것은 관련 분야와 관련 직업과는 어떻게 다른가?
- **코치 선정과 코칭 평가**. 보편적으로 인정하는 선정 기준, 코칭 기준, 코칭 지침, 코칭 효과에 대한 평가 기준이 없다. 어떻게 이것들을 주의 깊게 개발하고 얼마나 빨리 발전시킬 수 있을까?
- **사회와 코칭**. 코칭은 유료 편성, 무료 편성, 기관과 협회 등 다양한 환경에서 일어난다. 어떻게 하면 삶의 다양한 환경에 있는 사람들에게 코치가 코칭 기술을 발휘할 수 있을까?

할 필요를 자각한 관리자들에 대해 썼다. 자기 팀에서 성과를 얻고자 하는 관리자는, 낡은 명령 통제 식 접근을 포기하고, 사람들이 거대한 잠재력을 표출하도록 권한을 부여하는 코칭 모델을 수용해야 한다. 저자에 따르면 코칭을 일터에 도입하면 얻을 수 있는 유익이 많다. 코칭의 유익은 생산성, 효율성, 신뢰성, 수익성 증가로 나타난다. 직원들은 코치와 코치형 관리자에게 개인적인 관심을 받을 때 자신의 풍부한 잠재력을 발휘할 수 있다. 그 결과 직원들은 더 나은 경력을 쌓고, 보다 행복한 삶을 영위하며, 관계를 더 견고히 다질 수 있다.

이는 지나치게 낙관적인 시각일 수 있지만, 널리 퍼진 코칭에 대한 열정을 반영한다. 어느 성공한 코치는 최근 들어 코칭에 대한 열정과 "사람의 잠재력의 핵심을 끌어내 그가 결코 꿈꿔 보지 못했던 곳으로 안내하는 방법"에 대해 썼다. 다른 저자들은 코칭은 예수님이 기독교 공동체가 지니고 있는 가능성을 끌어내기 위해 사역과 사람들에게 사용하신 접근법이라고 주장했다.[3] 린다 밀러와 채드 홀은 "예수님은 코치 이상이었다"고 썼다. "그는 멘토가 되어 주고, 가르치며, 고치고, 우리의 죄를 속량하셨다. 결국 세상은 코치가 아닌 구세주를 필요로 했다. 그러나 예수와 코치가 동의어는 아니더라도, 우리는 둘 사이에 있는 강력한 유사성에 주목해야 한다."[4] 우리는 코칭이 다가오는 미래에 점증하는 영향력을 미칠 다양한 방법을 기대할 수 있다.

> 예수의 성품을 연구하는 데 평생을 보내고, 리더들과 일하며 경력을 더 쌓은 후, 나는 다음과 같은 결론에 도달했다. 나사렛 예수보다 영속적인 결과를 얻은 더 나은 코칭 모델이 없다는 것이다.
> _ 로리 베스 존스, 「인생 코치, 예수」의 저자

혁신과 미래 트렌드

급격히 변화하는 시대에 미래를 예견하기란 점점 더 어려워진다. 확실히 알 수 있는 것은, 하나님이 여전히 다스리고 계시고, 변화는 점점 빨라질 것이라는 점이다. 지금 내가 쓰고 있는 내용은 당신이 읽을 때쯤이면 이미 낡은 것이 되었을지 모르겠다. 그러나 보다 폭넓게 숙고해 보는 것은 코칭의 미래 방향을 형성하는 데 도움이 된다. 물론 당신도 덧붙일 내용이 있을 것이다.

코칭은 더 많이 알려지고 더 많이 수용될 것이다. 몇 년 전, 코칭은 운동선수들에게만 해당되는 용어였다. 그러나 이제는 그렇지 않다. 거의 모든 사람이 보이스 코치와 운동 코치를 알고 있다. 미디어, 교육, 예술 분야에서도 코칭에 대해 알고, 사업하는 많은 사람들도 코칭을 안다. 임원 코칭은 불과 몇 년 전만 해도 "예전의 황량한 서부 지역, 즉 혼란스럽고 미개척 상태이며 위험하고 거대한 희망만 있었던 지역"이었지만, 그 영향력이 점차 성장하고 있다.[5] 지난 10년간 라이프 코칭이 수익을 가져다 줄 것이라는 장밋빛 전망이 현실이 아니라 환상에 불과하다는 사실이 입증되었지만, 마찬가지로 그 영향력을 확장해 왔다. 크리스천 코칭 역시 성장 일로에 있지만, 교회 리더들은 이를 사역과 명백한 연관성 없이 기업계에서 들여온 또 다른 유행으로 보고 뛰어들기를 주저하고 있다. 코칭 원리는 모든 영역에서 연관성이 보다 명백하게 나타나고, 상담까지는 필요하지 않지만 지침을 원하는 사람들을 돕는 입증된 방법으로 자리 잡아 더 널리 수용될 것이다.

더 좋은 훈련 프로그램과 더 많은 자료들이 나올 것이다. 지난 몇 년간 공식적인 훈련 프로그램이 폭발적으로 증가해 왔다. 어떤 대학에서는 학위 프로그램과 코칭 실용 강좌의 가치를 보았다. 학계에서 코칭을 받아들이는 것은 느린 편인데 이는 연구 기반이 한정적이고 학문 영역으로서의 신뢰성이 적기 때문이다. 보다 일반적인 형태는 비즈니스계의 코칭 과정이나 상담가를 위한 훈련 프로그램이다. 흔히 코칭을 기준과 수준에 있어서 상당한 격차를 보이는 공인되지 않은 독립적인 훈련 프로그램으로 가르친다. 그러나 더 많은 수강생을 확보하기 위한 경쟁으로 인해 더 좋은 프로그램이 인기를 누릴 것이고 그렇지 않은 것은 사라질 것이다. 책, 보도 기사, 단기 훈련 자료들이 더 흔히 눈에 띌 것이다. 그러나 다시 말하지만, 그 질은 편차가 크다.

첨단 기기 발전으로 코치는 편의를 누릴 것이다. 첨단 기기는 코칭, 특히 라이프 코칭을 할 때 중요한 촉매제로 부상했다. 다음 사항을 검토해 보고 자신만의 생각들을 목록에 더해 보라.

- 인터넷 웹카메라를 이용하면 전 세계 어디에 있든지 얼굴을 맞대고 코칭과 코칭 훈련을 할 수 있고, 비용이 들지 않는다. 일대일 소통과 적어도 두 사람 이상이 함께하는 코칭과 코칭 훈련이 가능하다.
- 첨단 기술을 이용하여 원거리 학습을 하면, 훈련생이 코칭에 대한 이론 수업을 수강하고, 다른 학생들과 상호 교류하며, 같은 학급 내에서 소그룹 토의를 진행하고, 코칭 경험을 쌓는 것을 감독하고, 파워포인트 슬라이드를 보고, 동영상과 설명을 볼 수 있다.
- 다양한 무선 기기를 통해 문서를 교환하고, 책임 있는 역할을 지속하며, 국내든 해외든 쉽게 소통할 수 있다.

조직들은 리더들이 일터에서 더 나은 코치가 되도록 가르치는,
코치로서의 리더 개념에 관심을 갖는다. 이런 목표를 겨냥한 수많은 훈련 프로그램이
쏟아져 나온다. 조직들은 리더들을 코칭 기술을 구비한 코치가 되게 하여
보다 건강한 코칭 문화를 형성할 방도를 찾고 있다.

_ 브라이언 언더힐(Brian O. Underhill), 「성과를 내는 임원 코칭」(Executive Coaching for Results)의 공저자.

코칭은 점차 리더십의 기초가 될 것이다. 앞에서 리더십의 핵심이 변하고 있고, 이는 교회에서도 마찬가지임을 살펴보았다.[6] 효과적인 조직과 교회는 교단 사람들을 비롯한 외부인이 그들에게 해야 할 일을 말해 주는 것을 원하지 않

다. 가장 효과적인 사업과 사역은 조직과 주변 세계를 창의적으로 바꾸도록 권한 위임을 받고 자율성을 허락받은 사람들의 팀을 중심으로 형성되었다. 교회 회중이 전통으로 얽매인 단체에서 팀으로 바뀌고 있다. 어떤 곳에서는 목사들이 무미건조하며 훈계를 늘어놓는 교사에서, 동기를 부여하고 격려하고 성경적 진리를 가리키며 성령으로 충만하여 사람들이 성장하도록 자극하는 멘토이자 코치로 변신하고 있다. 우리가 사는 세상에서는 "팀 구성원 모두가 지도자이며 팀 구성원 모두가 추종자다. 코치는 각 사람이 언제 지도자가 되고 언제 추종자가 될 것인지 분별하도록 돕는다."7) 몇 마디 문장으로 요약하면 리더십의 혁명적 변화같이 들리지만, 이는 비즈니스계와 다른 조직들에 이미 영향을 미치고 있다. 이것은 우리가 사역하는 방식에 혁명을 일으킬 수 있다. 그 중심에는 코칭이 있고, 리더십의 새로운 모델로 점차 부상하고 있다.

코칭은 두 사람 사이의 관계에서 팀, 집단, 동료들로 확장될 것이다. 코칭의 흐름 하나는, 소그룹, 이사회, 심지어 회사 직원이나 교회 회중 전체가 한 팀으로서 동시에 코칭에 참여하는 것이다. 동료 코칭은 두 사람 이상이 참여하여 팀 구성원, 수업 참석자, 또는 교회 구성원을 구비시키는 데 초점을 두고 서로 코칭하는 것이다. 이는 교회에서 수년 동안 효과적이었던 평신도 상담과 같다. 리더십 훈련 프로그램은 이와 유사한 방식으로 관리자들을 가르쳐 일상에서 리더십을 발휘하고 다른 사람들과 협력할 때 코칭을 활용할 수 있도록 한다.

코칭이 직업 영역을 넘어 관계의 주요 흐름이 될 것이다. 이 장과 이전 장에서 논의한 많은 부분은 훈련받은 인증 코치가 코칭 서비스를 제공하고 그 대가로 코칭료를 받는 전문 코칭에 관한 것이다. 이것이 당신이 현재나 미래에 희망하는 자리일 수 있다. 그러나 전문 코치가 되거나 코칭 훈련을 받거나 코칭 서비스에 대해 비용을 부과하려는 의향이 없다면 어떻게 할 것인가? 코칭을 다른 사람을 섬기고 영적 은사를 발휘하며 교회에 기여하고 그리스도를 섬기는 방식으로 본다면 어떻게 할 것인가? 당신이 자신을 코치라고 부를 의향 없이, 일터와 삶의 자리에서 코칭 방법을 활용하는 것이 목표라면 어떻게 할 것인가? 코칭 혁명에 당신을 위한 자리가 있는가?

이전 장에서 검토한 바와 같이 많은 도전이 있지만, 나는 '그렇다'고 믿는다. 상담, 심리, 그리고 다른 정신 건강 관련 직업 영역을 생각해 보라. 각각은 높은 훈련 기준과 엄격한 인증 지침이 있고, (많은 나라에서) 유료로 서비스를 시행할 자격을 부여하며 법률적인 제한을 두는 전문 직종이다. 그렇다고 해서 누군가가 비공식적으로 친구를 상담하거나, 교구 목사가 교구 식구들을 상담하거나, 교사가 학생을 상담하는 것을 제한하지는 않는다. 자신을 전문가로 밝히거나 비용을 부과하지 않으면 전문적이고 법률적인 제한이 적용되지 않는다. 이는 코칭에 있어서도 마찬가지이며, 점차 전문적인 자격을 갖출 것을 요구한다.

대다수 독자들은 자신을 코치라고 부르거나 비용을 부과하지 않고 일터에서, 삶에서, 사역에서 코칭 원리를 사용할 것이다. 당신이 이 책을 읽거나 부상하는 코칭 직업에 대해 들어 보기 훨씬 전부터, 당신은 이미 수년간 코칭을 해 왔을 수도 있다. 생활방식 전체가 코칭일 수도 있다. 어떤 사람이 당신에게 찾아와서 안내를 청하는 것이 자연스러운 것처럼, 코칭이 당신에게 자연스러울 수 있다. 그러나 당신은 이런 경험을 코칭 사업으로 전환하지 않는다.

어디 있든지 사람들이 당신에게 코칭을 받으러 오도록 하나님께 간구하라. 하나님께 지혜를 구하고 하나님의 인도와 은총 속에 코칭이 이루어지도록 맡겨드리라. 적어도 당신이 책임 있게 돌볼 수 있는 한 사람을 찾되, 특히 당신의 개인적 관심사나 문제를 그에게 부주의하게 투영하는 실수를 저지르지 않도록 주의하라. 이 책의 원리들을 적용하기로 결단하라. 할 수 있거든 더 많은 훈련을 받고 더 많은 책을 읽으라. 이 책에 나온 웹사이트(www.christiancoachingbook.com)를 정기적으로 방문하여 훈련 기회와 새로운 자료에 대한 정보를 얻으라. 그리고 하나님이 당신을 통해 다른 사람들을 코칭하시고 삶을 바꾸시는 것을 보라.

자기 돌봄과 셀프 코칭

자신의 삶을 향상시키기 위해 코칭을 받고 싶어 하는, 긍정적이고 정상적으로 활동하는 개인이라도 코칭은 에너지를 소진하는 일이 될 수 있다. 아마도 코치는 상담가보다는 소진이 덜 일어날 것이다. 그러나 사람을 돕는 직종에 있는 이들은 사람들과 집중적으로 에너지를 쏟고 나면 소진된다. 소진에 대한 치유책은 적용하기 어렵지만, 다음과 같다.

- 한계선을 설정하고 유지하는 법을 배우라.
- 전화, 이메일, 문자, 무선 통신 기기를 절제하라.
- 휴식, 긴장 완화, 운동을 위한 시간을 마련하라.
- 잠자리에 들기 전까지 일하는 것을 피하라. 특히 화면을 쳐다보는 것은 숙면을 유도하는 멜라토닌을 억제할 수 있으므로 피하라.
- 당신을 지지하고, 함께 있으면 재미있고, 일과 상관없는 사람들과 지속적으로 교제하라.
- 일정을 단순화하라. 창의성과 생산성을 갉아먹고 에너지를 소진시키는 것들을 제거하라.
- 독서, 음악 감상, 악기 연주, 다른 바람직한 활동들을 통해 두뇌를 자극하는 시간을 확보하라.
- 성찰하고, 일기를 쓰며, 삶의 방향을 재정렬할 수 있는 시간을 자주 만들라.
- 책임감 있는 코치와 계속해서 연락하라.
- 무엇보다 기도하고, 성경을 공부하며, 사적으로나 공적으로 예배하고, 하나님을 위해 시간을 보내라.

셀프 코칭은 어떤가? 코치나 코치가 아닌 누구라도 자신을 스스로 코칭할 수 있는가?

이 책을 쓰면서 만난 마조리 윌 호퍼는 이렇게 말했다. "해 보았다. 그러나 코치를 두는 것만큼 성공적이지는 않았다. 자신을 코칭하는 것은 행동을 변화시키고 결과를 성취하는 코칭 기술과 도구를 얼마나 알고 있는지에 달려 있다. 대다수 사람들은 이것들을 알지 못한다. 나는 부모 역할에 대해 나 자신을 스스로 코칭한 적이 있다. 목표를 설정하고, 장애물과 관련 문제들을 확인한 후, 새롭고 다양한 접근 방법을 고안해 냈다. 이렇게 했는데도 가장 큰 변화는 코치를 통해 코칭을 받고서야 일어났다. 코치는 고객이 놓친 정보, 상황에 대한 다른 관점, 옛 방식의 경기에서 이기게 하는 새로운 경기를 제시한다. 코치는 가장 적절한 시간에 필요한 변화를 만들어 내기 위하여 적절한 질문을 던진다. 코치는 나를 책임감 있게 붙들어 준다."

내가 상담했던 대다수 코치들은 이처럼 셀프 코칭에 대해 회의적이었다. 당신은 자신에게 질문하고, 대답을 생각해 보고, 지식을 확장하기 위해 시험해 볼 수 있지만, 자신에 대해 객관적인 관점을 유지하며 적실한 질문을 하고, 마치 다른 사람이 보는 것처럼 자신을 바라보는 것은 불가능하다. 자신의 올가미에서 벗어나지 않고는 자신을 책임감 있게 돌볼 수 없다. 홀로 산을 오를 수도 있다. 그러나 경험 있는 누군가가 격려해 주고, 당신이 알아차리지 못한 위험을 지적하며, 자기 페이스를 유지하도록 일깨우고, 진정으로 당신을 믿어 주고, 그만두고 싶을 때 재촉하며 함께 산을 오른다면 훨씬 수월하다.

점점 속도를 떨어뜨리다 결국에는 멈추고 동기가 사라지는 것이 스스로 자신을 돕는 행동에 있어 가장 큰 장애물일 것이다. 혼자 다이어트를 하거나 꾸준히 운동을 하거나, 새해 결심을 지켜 나갈 때, 인터넷 강의를 수강할 때, 계속해서 동기를 유지하기가 쉽지 않다. 누군가가 격려하고 책임 있게 붙들어 주지 않으면 스스로 자신의 리더십 기술을 향상시키거나 영적 훈련을 시작하는 것은 더욱 어렵다. 세미나 이후 후속 학습이나 영속적인 변화 역시, 코치가 참가자를 도와 자신의 행동 계획을 기억하게 하고, 세미나에서 배운 것을 지속적으로 적용하게 하며, 동기부여 정체나 다른 장애물을 통과할 수 있도록 도울 때 가장 활발하다. 민감한 코치는 이런 상황에서 참가자와 함께하며 참가자가 산을 오르도록 돕는다.

그럼에도 불구하고 스스로 적용할 때 효과가 있는 코칭 원리들이 있다. 셀프 코칭이 최대의 효과를 거두려면, 강력한 동기부여가 되어야 하고, 자신이 이행하기 원하는 선택 사항과 변화를 적용하기 위해 행동을 취해야 한다. 만일 누군가가 책임감 있게 지지해 주고, 격려하고, 진전된 부분을 논의하고, 생각에 도전하고, 객관적인 관점으로 이야기해 준다면 가장 좋다. 궁극적 변화는 하나님께 있다는 것을 또한 기억하라. 셀프 코칭에서 진보는 성령의 인도를 받을 때 가장 효과적이다.

우선 삶에서 변화를 원하는 문제 한두 가지, 많으면 세 가지를 적어 보라. 구체적이어야 한다. 이를테면 "훨씬 더 행복해지는 것"이라고 적지 말라. 너무 막연하다. 더 행복해지려면 어떤 구체적인 변화가 따라야 하는지 물으라. 이를테면 다음과 같다. "일주일에 두 번 이상 각각 한 시간씩 독서와 음악 감상을 한다." "차고에 있는 모든 잡동사니들을 깨끗하게 치운다." "직장에서 승진한다." 이런 것들은 모두 구체적이고 측정 가능하다.

그리고 나서 7장에 요약한 원형 모델을 거치도록 하라. 이것을 셀프 코칭의 지침으로 활용하라. 하나님께 자신을 돌아볼 수 있도록 인도해 달라고 간구하라. 이 책의 3부, 4부, 5부를 다시 보라. 부록에 있는 질문지와 양식들을 완성해 보라. 자신의 비전과 목표, 성장을 위한 계획, 완수 기일이 적힌 구체적인 행동 단계 등을 기입하라. 다시 한 번 기억하라. 이 과정을 친구가 끝까지 함께하며 도와주고, 격려하며, 책임감 있게 붙들어 준다면 더 좋을 것이다.

자신을 코칭하는 것이 가치 있는지 의심이 들지 모르지만, 모든 코치가 이런 견해인 것은 아니다. 셀프 코칭을 열렬히 옹호하는 셰릴 리처드슨(Cheryl Richardson)을 생각해 보라. 리처드슨은 인증 마스터 코치로 국제 코칭 연맹의 초대 회장이었고, "전문 코치"(*Professional Coach*) 지의 독자들이 선정한 미국 내 최상위 코치 10인 중 한 사람이다. 수년간 리더 코칭에서 성공을 거둔 후 그녀는 자신의 코칭 원칙을 책에 담았는데, 뉴욕 타임스 베스트셀러 목록에 오를 정도로 인기를 거두었다. 이후 그녀는 토크쇼에 출연하여 셰릴 리처드슨과 코칭을 모두 널리 알렸다.[8]

리처드슨은, 독자들이 스스로 자신에게 코칭 원리를 적용할 수 있지만, 자기 삶을 위해 배우고 계획한 것에 근거하여 실천하지 않는 한 효과가 없다고 확고히 믿고 있다. "실천만이 인생에 긍정적이고 영속적인 변화를 만들어 낸다."[9] 이런 영속적인 변화를 이루어내도록 가장 강력한 동기를 부여하는 힘은 변화에 관심이 있는 친구들을 파트너나 그룹으로 삼는 것이다. 리처드슨은 셀프 코칭에 대한 책을 사는 사람들이 대개 책은 읽지만, 결코 그 원리를 적용하지 않는다고 결론 내렸다. 동기부여 되지 않아서가 아니다. 다른 복잡한 일들이 넘쳐서 좋은 의도를 몰아내고, 누군가가 책임 있게 붙잡아 주지 않으면 자기 향상을 위해 세운 계획을 보류하게 되기 때문이다.

기독교적 관점에서는 셀프 코칭을 할 때 동기부여가 충분하고 코칭 파트너가 있더라도 고려해야 할 더 큰 문제가 있다. 사람은 죄인이고 불완전하기 때문에 스스로 변화를 일으킬 수 없다. 우리는 변화되기 위해 스스로 노력할 수 있고 다른 사람들도 우리를 도울 수 있지만, 우리 삶을 변화시킬 수 있는 분은 오직 하나님이다. 이런 이유로 코치와 고객이 인생의 과도기에 성령의 인도와 변화시키는 능력을 구할 때 가장 효과적인 변화가 일어난다. 셰릴 리처드슨이나 다른 저자들의 책은 분명 많은 사람들에게 도움을 주지만, 그들은 성경적 관점을 도외시한 채 우리 모두가 자신을 재창조할 수 있는 내적 능력을 가졌다고 전제하고 하나님을 그 과정에서 제외한다.

성경은 자기 향상을 위한 여러 권면으로 가득하다. 성경의 어떤 부분은 코칭 지침과 유사하다. 베드로서에서 사도 베드로는 삶에 특별한 성품, 즉 덕, 지식,

절제, 인내, 경건, 형제 우애, 사랑 등을 더하도록 더욱 힘쓰라고 말한다. 이런 성품을 더하기 위해 힘쓰는 사람들은 효과 없고 열매 없는 상태를 벗어나게 될 것이라고 약속한다.[10]

성품 형성을 위한 이런 가르침은 우리 힘으로 할 수 있는 자기 변화의 행동 지침이다. 베드로는 또한 "그의 신기한 능력으로 생명과 경건에 속한 모든 것을 우리에게 주셨으니 이는 자기의 영광과 덕으로써 우리를 부르신 이를 앎으로 말미암음이라"고 기록한다.[11]

분명 하나님은 우리가 자신을 향상시키는 동시에 성령을 통해 예수 그리스도로 말미암는 변화를 받아들이기를 기대하고 계신다. 셀프 코칭을 포함한 코칭에 하나님이 빠지면 영속적인 변화는 제한적으로만 성공을 거둘 것이다. 가장 효과적인 코칭은 하나님께 성령의 능력과 인도를 구하는, 훈련받은 코치가 시행하는 것이다. 그것이 바로 크리스천 코칭이다.

가능성과 펭귄

오랜 세월 동안 처음에는 학생으로, 나중에는 전문가, 교수, 작가로서 나는 기독교 상담이 발전하는 과정을 지켜보았다. 기독교 상담은 초기에 제대로 형성되지 않은 직업군으로 시작하여, 처음에는 논리정연하고 비평적인 일부 교회 지도자들에게 강력한 반발을 받다가 점차 크고 건강하게 발전하여, 수많은 사람들에게 치유와 영적 갱신을 가져다주는, 하나님이 사용하시는 도구가 되었다.

그러나 기독교 상담은 일부 건강하지 못한 방향으로도 나아갔다. 학생들과 교수들은 기독교적 신념을 상담가가 하는 모든 것에 통합하기 위해 논의했지만, 대개 실천보다는 말이 앞섰다. 하나님을 기쁘시게 하고 성령의 인도를 받기 원하면서도, 많은 사람들이 전문 기관을 기쁘게 하는 일에 더 초점을 맞추고 상담 경력을 쌓고 성공하는 개인적인 동기를 위해 움직이고 있다. 우리의 지식을 동원하여 미성숙한 사람들을 돕기 원하지만, 우리가 받은 훈련은 대부분 우리와 같은 사람을 돕는 데 집중되어 있다. 상담이 필요한 사람들이 많다는 것을 인식하고, 위기에 처한 사람들에 대한 민감성 역시 성장했지만, 여전히 사회적·인종적 차이에 대한 인식과 상담에 문화적 적용이 필요하다는 인식은 상대적으로 부족하다. 상담 분야에서 이런 흐름은 모두에게 해당하는 것은 아니지만, 이는 기독교 지원 직종이 어떻게 성경적 가치에서 미묘하게 벗어나 사람들을 도울 때 하나님을 바라보지 않을 수 있는지를 보여 준다. 코칭에서는 비슷한 실수를 저지르지 말아야 한다.

코칭의 미래는 밝다. 새로운 코치들이 이 분야로 뛰어들고 있고, 새로운 리더십이 형성되고 있으며, 새로운 방법, 새로운 훈련, 최신 기술 문명을 활용할 수 있다. 나는 교회 예배석에 앉아 있는 평범한 사람들, 이웃과 공동체에 실망한 사람들, 희망 없이 살아가는 온 세상 사람들에게 영향을 미칠 코칭의 가능성을 생각하면 극도로 흥분된다. 우리가 현재 사용하는 코칭 방법들은 그들의 현실에 적합하게 적용될 것이다. 이것들을 국제적으로 활용하려면 문화적으로 변용하고 다듬어야 한다. 코칭 분야는 다년간 경험을 쌓은 헌신되고 숙련된 사람들이 다시 틀을 잡아 가고 있다. 코칭은 점차 젊은이들을 사로잡을 영역으로 부상할 것이다. 그들은 코칭을 포스트모던 세대에게 다가갈 수 있는 도구로 만들고 적용할 것이며, 커다란 영향력을 미치도록 하나님께 쓰임받을 것이다.

밖으로 나가 코칭하라!
_ 토마스 밴디, 「코칭 체인지」의 저자

이것이 사실인지 지어낸 이야기인지는 모르지만, 일전에 펭귄에 대해 읽은 적이 있다. 펭귄은 물속에 뛰어들고 싶지만 수면 아래 포식자가 숨어 있을지도 모른다. 물속이 안전한지 알아보려면 한 마리가 먼저 뛰어들어야 한다. 그것은 위험한 모험이다. 어떤 때 그 첫 번째 펭귄은 비극을 맞이한다. 그러나 다른 때는 그 펭귄이 리더가 된다. 첫 번째 펭귄이 뛰어들면 나머지 펭귄 모두가 그 뒤를 따라 뛰어들어 함께 수영한다.[12]

이 책이 코칭에 대한 유익한 정보를 주고 당신의 열정을 자극하기를 바란다. 당신이 격려를 받고 코치가 되는 과정을 시작할지 모르겠다. 코칭이 직면한 도전에 영향받아 이 분야를 더욱 향상시키리라 동기부여받았을 수도 있다. 만일 나이가 젊거나 마음이 젊은 독자가 코칭이 세상에 영향을 미칠 가능성이 있음을 엿보았다면 나는 정말 흥분할 것이다. 당신이 코칭의 미래에 대해 커다란 비전, 도달해야 할 목표, 행동 계획을 품었을지 모르겠다. 이 책을 처음 읽었을 때와 다르게, 하나님이 당신을 사용하셔서 모험을 감수하고 코칭 분야에서 리더가 되게 하시기를 기원한다. 코칭에 대해 결론 맺는 이 마지막 말을 당신에게도 적용할 수 있을 것이다.

뛰어들라.

첫 번째 펭귄이 되라!

부록 A ·· 인생 그래프

당신은 삶의 여러 영역에서 얼마나 만족하고 있습니까? 삶의 각 영역에 해당되는 점수를 1부터 10 사이 숫자에 동그라미로 표시해 보십시오. 만일 어떤 항목에서 1을 선택했다면, 당신은 그 영역에서 완전히 불만족한 상태라는 뜻입니다. 10을 선택했다면 당신은 완전히 만족스러우며 그 영역에서 더 이상 행복할 수 없다는 뜻입니다.

전반적인 만족도는 날마다 변할 것입니다. 그러나 당신이 **현재 어느 지점에 있는지** 전반적으로 평가해 보십시오. 해당되지 않는 항목은 건너뛰어도 됩니다.

불만족					만족					
1	2	3	4	5	6	7	8	9	10	신체적 건강
1	2	3	4	5	6	7	8	9	10	정신/정서적 건강
1	2	3	4	5	6	7	8	9	10	직업/고용 만족도
1	2	3	4	5	6	7	8	9	10	재정적 안정
1	2	3	4	5	6	7	8	9	10	부부/연인 관계
1	2	3	4	5	6	7	8	9	10	가정생활(직계 가족)
1	2	3	4	5	6	7	8	9	10	확대 가족(친척, 인척)

1	2	3	4	5	6	7	8	9	10	친구/사회생활
1	2	3	4	5	6	7	8	9	10	오락/여가
1	2	3	4	5	6	7	8	9	10	생활방식(분주한 정도)
1	2	3	4	5	6	7	8	9	10	개인적인 인생 성취도
1	2	3	4	5	6	7	8	9	10	개인적인 영적 생활
1	2	3	4	5	6	7	8	9	10	교회/종교 생활
1	2	3	4	5	6	7	8	9	10	육체적 안락(주택, 이웃, 자동차 등)
1	2	3	4	5	6	7	8	9	10	기타 _____

이제 동그라미 표시를 연결해서 그래프로 만드십시오.

모두 완성했으면 다시 한 번 평가하되, 이번에는 모든 사정이 이상적이라 가정하고 **당신이 원하는 지점**의 숫자에 네모 표시를 하십시오.

네모 표시를 연결해 보십시오. 현재 당신이 있는 지점과 당신이 원하는 지점 간에 가장 큰 격차가 있는 영역들은 무엇입니까? 이 영역들을 코칭받으면 유익할 것입니다.

부록 B ·· 코칭 가능성 평가

이 평가 양식은 잠재 코치(potential coach)가 제안받은 코칭 관계의 성공 가능성을 판단하는 데 도움을 주고자 설계한 것입니다.

잠재 고객 성명: _____

다음은 잠재 고객에 대한 인터뷰입니다. 각 문장마다 왼쪽 빈 칸에 아래에 해당하는 숫자를 써넣으십시오.

    3_ 이 사람에게 확실하게 맞거나, 맞을 가능성이 매우 높다
    2_ 이 사람에게 맞는 것처럼 보인다
    1_ 이 사람에게 맞을지도 모른다
    0_ 이 사람에게 맞지 않거나 맞을 가능성이 거의 없다

    ____ 변화하고 성장하기 원한다
    ____ 지난 1년간 변화하거나 성장하려고 노력했다

____ 새로운 가정(assumption), 가치관, 행동에 대해 기꺼이 고려하고 있다

____ 현재 상담을 받고 있지 않다

____ 코칭 과정을 방해할 수 있는 개인적 문제들이 있다는 증거가 없다

____ 그것이 현명한 것이라면, 더 훈련받고, 독서하며, 변화와 성장을 일으킬 그 밖의 활동에 기꺼이 참여할 용의가 있다

____ 필요하다면 삶을 재구성할 용의가 있다

____ 코칭은 멘토링이나 충고, 또는 상담이 아니라는 것을 이해한다

____ 미래에 대해 생각할 수 있다

____ 아직 도달하지 못한 목표가 있다

____ 코치와 협력적 관계로 일할 용의가 있다

____ 열린 마음으로 다른 사람들에게서 배운다

____ 목표를 향해 기꺼이, 지속적으로 나아갈 것처럼 보인다

____ 다른 사람을 책임질 용의가 있다

____ 코칭 과정에서 하나님의 인도를 기대한다

____ 코치와 협력하고 잘 통하는 관계를 맺을 것 같다

____ _____

____ _____

덧붙이고 싶은 문장이 있으면 자유롭게 쓰십시오. 옳고 그른 답은 없습니다. 점수가 높을수록 성공적인 코칭 관계가 될 가능성이 높습니다.

부록 C ·· 코칭 설명서

코칭이란 무엇인가

이 단어가 최초로 쓰였을 때는 말이 끄는 운송 수단(사람들을 현재 있는 곳에서 가고자 하는 곳으로 데려다 주는 마차)이라는 뜻이었다. 현대에는 버스가 같은 역할을 하기 때문에 이런 자동차들을 코치라고 부르는 경우가 많다. 오늘날 코치는, 운동선수와 팀이 어느 한 곳에서 그들이 원하는 더 나은 곳으로 이동하도록 돕는 사람을 지칭할 때가 훨씬 많다. 타이거 우즈도 골프 실력을 향상시키는 데 도움을 주는 코치가 있다.

    코치는 또한 음악가, 대중 연설가, 배우들을 돕는다. 그들은 자신의 기량을 향상시키고 장애물을 극복하며 항상 집중하고 그들이 원하는 지점에 이르기 위해 코칭에 의존한다. 코칭은 전 세계적으로 기업과 업계에서 매우 인기가 높다. 임원 코치들은 관리자와 비즈니스 리더들이 변화에 대처하고 새로운 관리 스타일을 개발하며, 현명한 결정을 내리고, 보다 유능해지며, 활동 과잉의 생활방식에 대처하고, 스트레스를 다루는 데 도움을 준다. 임원 코치들은 업계에 있는 사람들과 함께 일하면서 그들이 현재의 수준에서 벗어나, 코칭받지 않았을 때 이루었을 것보다 능숙하고 보다 큰 성취감을 느끼며 보다 자신 있는 수준으로 나아갈 수 있게 돕는다.

간단히 말하면 코칭은 사람들이 현재에서 벗어나 그들이 열망하는 더 큰 능력과 성취감을 향해 나아가도록 안내하는 것이다. **크리스천** 코칭은 한 개인이나 집단이 현재 그들이 있는 지점에서 하나님이 원하시는 지점으로 이동하는 과정에서 함께 일하는 기술이며 실천이다.

왜 누구나 코치를 원하는가

코칭은 다음과 같은 사람을 돕는다.
- 구속에서 벗어나려는 사람
- 신뢰를 쌓으려는 사람
- 미래를 향한 비전을 확장하려는 사람
- 꿈을 이루려는 사람
- 잠재력을 펼치려는 사람
- 기술을 향상시키려는 사람
- 과도기를 통과하는 사람
- 목표를 향해 실천적인 조치를 취하는 사람

코칭은 상담과 어떻게 다른가

상담 또는 치료와 달리 코칭은 덜 주눅 들게 하고, 문제 해결보다는 사람들이 자신의 잠재력에 도달하도록 돕는 쪽에 가깝다.
- 코칭은 과거의 고통스러운 영향을 극복하기 위한 치료가 필요한 사람에게는 맞지 않는다. 코치는 비전을 세우고 미래를 향해 나아가려는 사람을 돕는다.
- 코칭은 과거를 돌아보지 않는다. 코칭은 앞을 보는 것에 관한 것이다.
- 코칭은 치유에 관한 것이 아니라 성장에 관한 것이다.

- 코칭은 약점을 극복하는 것보다 기술과 강점을 세우는 데 더 주력한다.
- 대개 코칭은 상담가/내담자 관계보다 덜 공식적이다. 일반적으로 코칭은 평등한 두 사람의 파트너십으로, 그중 한 사람이 다른 사람에게 유익이 될 경험, 관점, 기술 혹은 지식을 지니고 있다.

코치는 다른 사람들을 어떻게 도와주는가

- **코치는 역량 향상을 자극한다.** 좋은 코칭은 사람들을 도와서 자신이 더 잘 될 수 있고, 자신을 패배시키는 습관이나 불안정성을 극복할 수 있으며, 관계를 관리하고 새로운 능력을 개발하며 지속적으로 향상시키는 효과적인 방법을 발전시킬 수 있다는 것을 기대하게 한다.
- **코치는 비전을 자극한다.** 많은 개인과 조직(교회를 포함해서)들은 명확한 비전이 없다. 그들은 몇 년 동안 해 왔던 것을 별다른 변화 없이, 또한 앞으로 달라질 것이라는 기대도 없이 계속 하고 있다. 코치는 개인과 조직이 현재 이후를 생각하고 보다 분명한 미래상과 그에 도달하기 위한 계획을 생각할 때 그들과 함께 일한다.
- **코치는 사람들이 인생의 과도기를 통과하면서 성장하도록 돕는다.** 이를테면 새로운 직업, 승진, 이사, 사랑하는 사람의 죽음, 새로운 경력의 시작, 또는 은퇴와 같은 인생의 중요한 변화를 겪을 때마다 우리는 불확실성과 재조정의 필요성에 직면하게 된다. 경험 많은 코치는, 사람들이 자신의 인생 목표를 재평가하거나 새로운 직업을 찾거나 생활방식을 바꾸고 훈련받고 재정 상태를 재평가하고 정보를 찾는 일을 더 잘 할 수 있게 도움으로써 그들이 현명한 판단을 내릴 수 있도록 한다.
- **코치는 그리스도인들의 영적 여정을 인도한다.** 많은 그리스도인들이 믿음의 기본은 이해하지만 제자가 된 것 같지는 않다. 그들은 더 오랫동안 영적 여정을 걸어 왔고, 그리스도를 닮고자 노력하며, 성장의 장애물을 지적할 수

있고, 영적 여정을 인도할 수 있는 사람과 함께 집중된 시간을 보낼 필요가 있다.
- **코치는 사랑 안에서 진실을 말한다.** 좋은 코치는 해로운 행동 패턴을 못 본 척하지 않는 것이 도움을 주는 최선의 방식이라는 것을 알고 있다. 코치는 사람들이 직면해야 하고 바꾸어야 하는 태도와 행동을 취급하도록 주의를 환기시킨다.

코칭은 어떻게 진행되는가

코칭은 주로 고객이 중심이 되며 목표 지향적인 관계다. 모든 코칭 상황은 독특하지만, 대개 코치는 고객이 변화를 원하는 **문제를 탐색**하는 것부터 시작한다. 그는 어떤 영역에서 성장하기를 원하는가? 때로 고객은 더 좋은 리더가 되거나 더 좋은 자기 관리자 또는 미래의 목표에 대해 더욱 선명한 관점을 지닌 사람이 되고자 한다. 그리스도인들은 코칭을 통해서 하나님이 자신들을 이끌고 가실 그곳을 알고자 하는 것 같다.

또한 **현재 고객이 있는 위치를 알아야** 한다. 그의 강점과 약점, 능력, 관심, 열정, 은사, 가치관, 세계관, 그리고 소망이 무엇인가? 코치는 사람들이 자신에 대해 더 많은 것을 알 수 있도록 평가 도구를 자주 사용할 것이다.

그 다음은 **비전**이다. 코치는 인생의 비전 혹은 인생의 사명 선언서를 만드는 데 있어 사람들과 조직 또는 교회를 지원한다. 이를테면 코치는 "당신의 재능과 능력, 추진하는 열정, 하나님이 주신 독특한 개성을 생각해 보라. 당신 인생의 사명은 무엇인가"라고 물을 것이다. 이런 질문에 대답하려면 시간이 걸릴 것이다. 그러나 명확한 비전이 없으면 사람들과 조직들 그리고 교회나 정부조차도 방향성 없이 표류하게 된다.

어떤 때에는 코치들이 사람들을 도와 **목표**를 세우고 그 목표에 도달할 방법을 계획할 것이다.

장애물이 길을 막을 때 코치는 도전하고 격려하고 책임지게 함으로써 고객이 장애물에서 벗어나 성공을 경험할 수 있게 한다. 코치는 당신의 눈을 막고 있는 것을 제거하여 인식하지 못했던 것을 보게 하고 당신이 앞으로 나아가는 데 도움을 준다. 당신을 위해 존재하는 크리스천 코치는 기도하는 마음으로 당신의 고민을 경청하고, 당신에게 질문을 해서 상황을 정확하게 볼 수 있게 하며, 당신이 장애물에서 벗어나게 하고, 하나님이 주신 가능성을 깨닫게 하며, 최선을 다할 수 있게 한다.

Copyright© Gary R. Collins, 2009, used with permission

부록 D ·· 코칭 계약서

코칭은 코치와 코칭을 원하는 사람 간의 지속적인 관계다. 우리는 다음 사항에 동의한다.

1. 코칭은 심리 치료, 상담, 조언하기, 정신 건강 돌보기, 또는 약물 중독에 대한 치료가 아니다. 코치는 면허를 소지한 정신 건강 전문가의 역할을 담당하지 않으며, 코칭은 상담이나 정신의학적 개입, 정신 질환 치료, 과거의 학대로부터의 회복, 의학적 조언, 재정 원조, 법률 상담 또는 기타 전문적 서비스를 목표로 하지 않는다.
2. 코칭은 기본적으로 환경에 잘 적응하며 정서적으로 건강하고 효과적으로 역할을 감당하고 있으며 자신의 삶에 변화를 일으키고자 하는 사람들을 위한 것이다.
3. 코칭은 코칭받는 사람이 깊이 생각해 보기 원하는 문제를 다루기 위해 고안된 것이다. 이런 문제들에는 경력 개발, 관계 향상, 영적 성장, 생활방식 관리, 삶의 균형, 과도기 통과, 단기 또는 장기 목표 달성 등이 포함될 수 있다(그러나 이런 것에 국한하지는 않는다).

4. 코칭은 언제든지 한쪽이 관계를 종료할 수 있지만, 몇 개월이 걸릴 수도 있는 지속적인 관계가 될 것이다. 코칭의 일부 또는 전부가 전화 연락을 통해 이뤄질 수 있다.

5. 코칭에는 브레인스토밍, 가치관 명료화하기, 필기 과제 완성, 교육, 목표 세우기, 행동 계획 구체화하기, 책임지기, 요구하기, 행동 변화에 대한 합의, 생활방식 점검, 질문하기가 포함될 수 있다.

6. 코칭은 양측이 의사 소통에 솔직하고 직설적일 때 가장 효과적이다.

7. 코칭은 비밀이 보장되는 관계이며, 코치는 비밀을 지키는 것이 위법이거나 고객 또는 다른 이를 위험에 빠뜨릴 수 있는 상황이 아닌 한, 모든 정보에 대해 철저히 비밀을 보장할 것에 동의한다.

8. 코칭은 각 사람이 자신의 가치관과 신념에 따른다는 가정하에 이뤄진다. 크리스천 코치는 예수 그리스도의 헌신된 성도로서 이 헌신에 따르는 삶을 추구한다. 크리스천 코치는 이 사실을 정직하게 밝힌다. 그러나 상대방의 다른 가치와 신념을 존중한다. 크리스천 코치는 자신의 가치관을 다른 사람에게 강요하거나 개종시키거나 비난하지 않고, 비슷한 가치관과 신념을 갖지 않은 사람들에 대해 코칭 서비스를 거부하지 않는다.

9. 이 계약의 목적을 위해 (고객의 이름을 기재)와 (코치의 이름을 기재)는 (시작 일자를 기재)부터 시작해서 최소한 4회를 기본으로 만나는 데 합의한다. 코칭료는 회당 _____ 원으로 하며, 매회 종료 후 또는 매월 말에 지불하기로 한다. 각 코칭 시간은 최소 45분이며, 연장 시 추가 비용은 가산되지 않는다. 미리 정해진 계약 기간이나 코칭 빈도수는 없다. 이런 사항은 관계가 진전됨에 따라 결정될 것이다. 양측은 상대방의 일정을 수용하려는 노력을 해야 한다. 이 계약은 상호 합의로 연장될 수 있고, 일방에 의해 언제든지 종료될 수 있다.

10. 아래 난에 서명한 양측은 약속을 취소해야 할 때 상대방에게 고지하는

데 동의한다. 특별한 경우를 제외하고 약속 취소는 예정된 약속 시간 24시간 전에 전달해야 한다.

11. 아래 난에 서명한 당사자들은 이 계약이 코칭 관계에 대한 상호 이해를 표시한다는 데 동의한다.

서명 _____   날짜 _____

서명 _____   날짜 _____

부록 E ·· 개인 정보 양식

코칭을 시작할 때 코치에게 당신에 관한 몇 가지 정보를 제공하면 더욱 효과적이고 효율적입니다. **이것은 비밀이 보장되며, 대답하고 싶지 않은 칸은 비워 두어도 됩니다.** 그러나 당신이 많은 정보를 제공할수록 코치가 당신을 더 잘 알게 되며 최고의 코칭 경험을 제공할 수 있을 것입니다. 이 양식을 컴퓨터로 작성한 후 이메일(코치의 이메일 주소 기재)로 보내도 됩니다.

성명:
코치가 불러 주기 원하는 이름:
주소:
자택 전화:
직장 전화:
휴대폰:
팩스:
이메일 주소:
직업:

고용주 성명:

생년월일:

결혼 여부:

배우자:

자녀들의 이름과 나이:

다음 질문들 중에서 대답하고 싶은 것에 대해 적되 필요한 만큼 충분히 적어도 좋습니다.

당신의 일대기를 간단히 적어 주십시오. 당신이 알려 주고 싶은 어떤 배경 이야기도 좋습니다.

당신이 코칭을 원하는 이유는 무엇입니까? 당신이 다루고 싶은 문제는 구체적으로 무엇입니까?

이전에 코칭을 받아 본 적이 있습니까? 만일 그렇다면 코칭받은 경험에 대해 기술해 주십시오.

지금 상담 혹은 정신 치료를 받고 있거나 이전에 받아 본 적이 있다면 기술해 주십시오.

당신의 영성에 대해 기술해 주십시오. 당신과 하나님의 관계는 어떻습니까? 하나님이 당신에게 도전을 주거나 주의를 환기시키거나 관심을 집중시키려 하신다는 것을 당신은 어떻게 느낍니까?

지금 당신의 삶에서 일어나고 있는 중요한 일들은 무엇입니까?

앞으로 1년 후 당신의 삶이 어떻게 달라지기를 원하십니까?

그런 변화 또는 목표를 이루어 가는 데 방해가 되는 것은 무엇입니까?

지금 당신이 자꾸 미루고 있는 것을 세 가지 적어 보십시오.

만일 우리가 함께 작업한다면 당신은 어떤 경우에, 어떤 식으로 코치인 저를 방해할 수 있을까요? 당신이 그렇게 하는 것을 멈추도록 제가 어떻게 도울 수 있을까요?

당신이 코칭받는 것에 대해 불안하게 느끼는 점은 무엇입니까?

이 밖에 덧붙이고 싶은 말이 있으면 적어 주십시오.

부록 F ·· 가치관 파악하기

가치관은 우리 삶에 닻을 내린 기본적인 신념이며, 우리에게 가장 중요한 것들입니다. 또 우리가 누구인지를 가장 잘 설명해 주는, 타협할 수 없는 특성들입니다. 다음 목록을 보고 당신의 가치관을 가장 잘 보여 주는 단어나 문구에 동그라미를 치십시오. 만일 목록에 없으면 빈 칸에 적어 넣으십시오. 12-15개를 고르십시오. 당신에게 부합하는 다른 가치들이 있을지 모르지만, 이 목록의 단어들은 당신을 가장 잘 설명해 주는 것들입니다(아래에 열거된 단어나 문구들은 중요도 순이 아닙니다).

성취	확신	야망
진정성	아름다움	통제
경력	신중	협동
본보기 되기	소통	공동체
동정심	능력	경쟁
창의성	결단력	근면
효율성	성경적 가르침대로 일관하기	우아함

격려	계몽	탁월함
성실	가족	용서
진취성	자유	검소
성취	재미	온유
진실	좋은 취향	성장
열심히 일함	정직	겸손
유머	사람들에게 충격 주기	독립
영향력	사람들을 감동시킴	도덕성
기쁨	가식 없음	사랑
배우기를 좋아함	충성	돈 벌기
결혼	멘토링	양육
순종	정리 정돈	인내
평화	완벽	끈기
개인적 능력	육체적 활기	생산성
순수함	우수함	인정
휴식	삶에 대한 존중	사람에 대한 존중
환경에 대한 존중	위험 감수	안전
자존감	자기 표현	민감성
섬김	봉사	성적 만족
침묵	신실함	고독
영적 성장	안정성	성공
절제	관용	말조심
평온함	신뢰	진실
승리	예배	

부록 F 가치관 파악하기

부록 G ·· 은사 파악하기

로마서 12:6-8, 고린도전서 12:8-30, 에베소서 4:11-12, 베드로전서 4:11에서 성경은 하나님이 그분의 뜻에 따라 성도 각자에게 주신 은사에 관해 말하고 있습니다. 이러한 은사의 목적은 우리가 경력을 쌓거나 성공하는 것을 돕기 위한 것이 아닙니다. 은사들은 "그리스의 몸을 세우려"(에베소서 4:12)는 한 가지 목적을 위해 주어집니다.

그리스도인들은 은사를 활용해 섬기는 삶을 살 때 가장 큰 성취감을 느낍니다. 우리가 가진 은사를 이해할 때, 우리는 우리 자신과, 하나님이 어떻게 우리에게 독특하게 능력을 허락하셨는지를 더 잘 이해할 수 있습니다.

우리는 어떻게 우리의 영적 은사를 알 수 있을까요? 목록 작성 접근법과 체크 리스트 접근법이라는 두 가지 방법이 있습니다. 이 두 가지가 서로 일치하는지 보고 싶다면 둘 다 할 수 있습니다.

이 평가를 시작하기 전에, 성령께서 인도하셔서 하나님이 당신에게 주신 은사를 알게 해 달라고 기도하십시오.

A. 목록 작성 접근법. 대다수 기독교 서점에서 구할 수 있는 표준화된 은사 목록

작성지 중에서 한 가지를 선택하십시오. 두 가지를 소개합니다.

- 브루스 L. 버그비, 「네트워크 방식으로 은사 발견하기」(Discover Your Spiritual Gifts the Network Way, Grand Rapids, MI:Zondervan, 2005).
- 피터 와그너, 「은사 발견」(Discover Your Spiritual Gifts, Ventura CA: Regal Books, 2005).

B. 체크 리스트 접근법. 다음 목록을 살펴본 후 당신에게 해당하는 것으로 보이는 항목에 표시하십시오.

영적 은사

_____ 행정   _____ 사도직
_____ 장인 정신   _____ 창의적 의사 소통
_____ 분별력   _____ 격려
_____ 복음 전도   _____ 믿음
_____ 구제   _____ 돕기
_____ 접대   _____ 중보기도
_____ 지식   _____ 리더십
_____ 긍휼   _____ 예언
_____ 목양   _____ 가르침
_____ 지혜   _____ 신유*
_____ 통역*   _____ 기적*
_____ 방언*   _____ 봉사**
_____ 상담**   _____ 음악**
_____ 독신**

* 이 은사들은 보다 쉽게 확인할 수 있기 때문에 어떤 목록에는 들어 있지 않습니다.
** 이 은사들은 성경에 명시되어 있지는 않지만 일부 그리스도인들은 은사로 여기고 있습니다.

이제 당신이 표시한 항목들을 다시 한 번 살펴보고 각 항목의 왼쪽 빈 칸에 번호를 매기십시오. 당신의 삶에서 매우 강하게 나타나며 당신을 잘 설명하는 것이라면 1, 중간 정도 강하게 나타나며 당신을 그 정도로 설명하는 것이라면 2, 약하게 나타나며 당신을 그 정도로 설명하는 것이라면 3을 적어 넣으십시오.

그런 다음, 당신을 잘 아는 세 사람에게 동일한 목록을 주고 같은 방식으로 표시해 보라고 요청하십시오.

목록에서 1이라는 번호가 적힌 항목들을 아래에 적어 보십시오. 이것들이 당신의 은사일 것입니다.

부록 H ·· 사명 선언서를 명료화하기

1. 당신의 소명과 사명에 대해 기도하십시오. 하나님께 당신에 대한 그분의 목적을 드러내 달라고 간구하십시오. 어떤 결론을 얻으셨나요?

2. 당신의 인생에서 부르심을 받았다는 것을 느끼며 당신이 목적 위에 있다는 것을 알았던 때가 언제였는지 그 사례들을 열거해 보십시오. 각각의 경우, 그 경험이 그토록 특별했던 이유에 대해서 써 보십시오. 에릭 리들은 달릴 때 하나님의 기쁨을 느꼈습니다. 만일 당신이 경험했거나 행동했던 것 중에 이렇게 하나님의 기쁨을 느꼈던 적이 있었습니까? 이런 생각을 해 보는 것이 당신 자신과 인생의 사명에 대해서 무엇을 말해 줍니까?

3. 2번 질문에서 작성한 목록의 주제들을 살펴보십시오. 그 경험들에서 비슷한 점이 무엇입니까? 당신이 사명 선언서를 작성하는 데 이것이 어떻게 도움이 될 수 있습니까?

4. 2, 3번 질문에 다시 답하되, 다만 당신이 대단한 성공을 거두고 인정을 받았

거나 혹은 순수하게 하나님의 은총을 받은 것으로 느꼈던 때가 언제였는지 사례 목록을 가지고 시작하십시오.

5. 이 문장을 완성해 보십시오. 나는 _____하기 위해 _____한 다. 두 번째 칸에는 당신의 강점, 열정, 재능, 가치관에 근거해서 가장 잘하는 것을 쓰십시오. 첫 번째 칸에는 당신이 이것을 왜 해야 하는지 쓰십시오. 몇 가지 예를 들면,
   - 나는 장애아들을 돕기 위해 가르친다.
   - 나는 도심 지역의 아이들에게 희망과 삶의 기술을 가르치기 위해 멘토링한다.
   - 나는 의사들이 암을 치료하는 것을 돕기 위해 연구한다.
   - 나는 그리스도를 섬기기 위해 교회와 이웃 주변에서 일하며 그들을 돕고 향상시킨다.

6. 당신의 세계관, 핵심 가치, 열정, 강점, 성격상 특징, 은사에 대한 기본적인 목록을 작성하십시오. 그것을 짧은 두 문장으로 요약해 보십시오. 이것은 당신 인생의 사명에 대해 무엇을 말해 줍니까?

7. 당신을 가장 잘 아는 사람들에게 당신 인생의 사명이 무엇이라고 보는지 물어 보고, 그들의 대답을 모아 보십시오. 당신 주변에 있는 사람들은 하나님이 당신의 삶에서 어떤 일을 하고 계시며, 그분이 당신을 어떻게 쓰고 계시는지 가장 잘 아는 정보원일 것입니다.

부록 I ·· 10년 후 편지 쓰기

사업가인 톰 채플은 「거꾸로 관리하기」(*Managing Upside Down*)에서 이런 연습을 제안했습니다.[1] 당신이 이르고자 하는 목표 지점을 명확하게 하고 사명 선언서를 작성하는 데 도움이 될 매우 효과적인 연습입니다.

친한 친구에게 편지를 쓰되, 날짜는 10년 후 오늘로 적으십시오.[2] 모든 것이 당신의 꿈과 소원대로 이루어졌다고 가정하십시오. 이제 그 시점에서 오늘에 이르기까지 10년 동안 있었던 일들을 구체적으로 요약해 보십시오. 승진, 업적, 성취, 성장한 영역, 영적 변화에 관한 내용도 포함하십시오.

솔직하게 쓰는 것이 당신에게 도움이 됩니다. 편지를 다 쓰고 나서 아래 글을 계속 읽으시기 바랍니다.

편지를 다 썼으면, 이 편지를 다른 사람에게 읽어 주십시오. 가능하면 편지 쓸 때 수신인으로 정한 사람이 좋습니다. 그러고 나서 토론하십시오.

- 친구는 어떤 반응을 했습니까?

- 편지의 내용을 나눴을 때 당신의 기분은 어땠습니까?
- 이 편지로 판단해 볼 때 무엇이 당신에게 가장 중요한 것 같습니까?
- 당신이 쓴 것 중에 가장 마음에 드는 것은 무엇입니까?
- 당신을 실망시킨 것은 무엇입니까?
- 편지는 하나님과 당신의 관계에 대해 무엇을 알려 줍니까?
- 당신의 미래 방향을 명확하게 하는 데 이 연습은 어떤 도움이 되었습니까?
- 편지의 내용을 현실로 이루기 위해 당신은 무엇을 할 수 있습니까?
- 이 편지는 당신의 인생 목적에 대해 무엇을 말해 줍니까?

부록 J ·· 에너지를 소진시키는 것들

빈 칸에 당신의 삶에서 에너지를 소진시키는 것들을 적어 보십시오. 필요하면 종이를 몇 장 더 써도 좋습니다.

에너지를 소진시키는 사람들

1. _____ _____
2. _____ _____
3. _____ _____
4. _____ _____
5. _____ _____

에너지를 소진시키는 감정들

1. _____ _____
2. _____ _____
3. _____ _____
4. _____ _____

5. _____ _____

직장에서 에너지를 소진시키는 것들

1. _____ _____
2. _____ _____
3. _____ _____
4. _____ _____
5. _____ _____

집에서 에너지를 소진시키는 것들

1. _____ _____
2. _____ _____
3. _____ _____
4. _____ _____
5. _____ _____

기타 에너지를 소진시키는 것들

1. _____ _____
2. _____ _____
3. _____ _____
4. _____ _____
5. _____ _____

목록을 완성했으면, 앞으로 돌아가서 각 번호의 오른쪽 빈 칸에 글자를 표기하십시오. 당신이 감수할 수 있는 항목 옆에는 O, 행동을 취해야 할 항목 옆에는

A라고 쓰십시오.

아래 여백에는 A로 표시된 것들을 줄이기 위해 당신이 취할 수 있는 행동들을 적어 보십시오.

부록 K ·· 코치 찾기

코치들은 제공하는 서비스의 질도 그들이 받은 훈련도 다릅니다. 코치를 고르는 가장 좋은 방법은 당신이 존경하는 사람에게 추천을 받는 것입니다. 만일 어떤 코치를 마음에 두었다면, 그가 당신이 원하는 자격을 갖추었는지 그 코치의 고객을 만나 대화를 나눠 보십시오. 코치들 대다수가 웹사이트를 두고 있으므로 어떤 코치와 함께 일하고 싶은지 살펴보고 결정하십시오.

코치를 찾을 때 고려할 사항은 다음과 같습니다.

- 코치가 갖추었기를 바라는 훈련과 경험의 수준에 대해 생각해 보십시오. 코칭 서비스를 광고하는 많은 코치들이 있는데, 그들 중에는 훈련받은 코치도 있고, 훈련받지 않은 이들도 있습니다. 그들은 훈련의 질과 경험 또는 전문성의 수준에 현격한 차이가 있습니다.
- 코칭할 때 다루고 싶은 문제들에 대해 좀 더 생각해 보십시오. 당신이 고려하고 있는 코치가 그 문제를 가장 잘 도와줄 수 있습니까?
- 코치의 가치관, 세계관, 그리스도인으로서의 헌신에 대한 증거를 찾아보십시오. 이런 것들이 당신에게 얼마나 중요합니까?

대다수 코치들은 잠재 고객이 코칭을 시작할 것인지 고려해 볼 수 있도록 전화 상담이 가능한 시간이나 날짜를 지정해 두고 있습니다. 그러므로 상담 시간을 정하기 위해 서로 전화나 이메일로 연락하는 것이 가장 좋습니다. 이렇게 서로를 알아 가는 대화는 대개 30분 정도 무료로 진행됩니다. 만일 처음 연락한 코치에게 편안함을 느끼지 못한다면, 다른 코치와 더 상담해 보는 것이 좋습니다. 대화를 나누면서 고려할 사항은 다음과 같습니다.

- 당신이 그 코치와 이야기하는 것이 편안한지 아닌지를 생각해 보십시오. 대개 코치와 고객 모두 좋은 작업 관계를 만들 수 있다고 느끼는 것이 가장 좋습니다. 그러므로 당신이 더불어 코칭 작업을 잘할 수 있을 것 같은 코치를 찾으십시오.
- 그의 열정, 진정성, 품격, 예의, 자의식, 세계관, 유머, 그리고 태도에 주의를 기울이십시오.
- 코치가 당신에게 묻는 질문과 그 질문을 어떤 식으로 묻는지를 잘 들어 보십시오. 당신이 그를 코치로 고용하면 앞으로 그는 그런 방식으로 당신에게 질문할 가능성이 높습니다.
- 코치가 얼마나 많은 훈련 또는 경험을 갖고 있는지 파악해 보십시오. 그가 당신의 문제에 도움을 줄 만한 기술을 갖고 있습니까? 그 사람이 코칭 분야에 입문하게 된 이유와 그가 코칭해 온 상황의 유형에 대해 물어 보십시오. 그 코치가 이런 질문들을 받고 대답을 얼버무리거나, 자신은 누구든 어떤 도움이 필요하든 도울 능력이 있다고 주장한다면 주의하십시오.
- 코칭료에 무엇이 포함되어 있는지, 코칭 기간 약속이 필요한지(가령 최소한 석 달 동안 코칭), 어떤 선택이 가능한지 물어 보십시오. 코칭료는 보통 구체적인 개월 수를 정해, 월 단위로 지불하며 선불인 경우가 많습니다. 당신은 어떤 방법으로 코칭을 종결할 생각입니까?

- 만일 두 사람 이상의 코치와 상담했다면 그들 모두에게 당신의 최종 결정 내용을 알려 주십시오. 이것은 기본적인 예의입니다.

이 질문들은 당신이 가망 코치에게 물어볼 수 있는 것들입니다. 만일 당신이 코치가 된다면 다른 사람들이 당신에게 이런 질문들을 할 수 있다는 것을 명심하십시오. 이 질문들은 코치와 고객이 서로 화합하고 신뢰하는 관계를 정립할 수 있도록 고안된 것입니다.[1]

주

1장 ** 코칭이란 무엇인가

1) Betty Friedan, *The Fountain of Age* (New York: Simon & Schuster, 1993), p. 13.
2) 이는 David Logan과 John King의 결론이다. *The Coaching Revolution: How Visionary Managers Are Using Coaching to Empower People and Unlock Their Full Potential* (Holbrook, MA: Adams Media Corporation, 2001).
3) Don Shula and Ken Blanchard, *Everyone's a Coach* (Grand Rapids, MI: Zondervan, 1995), p. 12.
4) Betsy Morris, "So You're a Player. Do You Need a Coach?" *Fortune* 141, no. 4 (February 2000): pp. 144-145.
5) 이 질문은 International Coach Federation 웹사이트에서 가져온 것이다. 웹 주소는 때로 바뀌곤 하는데, 이 글을 쓸 당시는 www.coachfederation.org였다. 이 사이트는 코칭 프로그램과 인증 자격에 대한 정보를 제공한다. Coachville의 웹 주소는 www.coachville.com이다. Association for Coaching(www.associationforcoaching.org), European Mentoring and Coaching Council(www.emccouncil.org), Christian Coaches Network(www.christiancoaches.com)도 방문해 보라.
6) Rey Carr가 실시한 연구로 2007년 Peer Resources 웹사이트에 실려 있다. www.peer.ca/coach.html.
7) David Logan and John King, *The Coaching Revolution: How Visionary Managers Are Using Coaching to Empower People and Unlock Their Full Potential*

(Holbrook, MA: Adams Media Corporation, 2001).
8) Martin Seligman 박사는 긍정심리학의 창시자로 널리 알려져 있다. Martin E. P. Seligman and Mihaly Csikszentmihalyi, "Positive Psychology: An Introduction", *American Psychologist* 55 (January 2000): pp. 5-14. *American Psychologist*는 미국 심리학회의 공식 간행물이다. 2000년 첫 번째 호는 간행물 전체가 전적으로 긍정심리학을 다루고 있어 매우 중요하다.
9) Ted W. Engstrom with Norman B. Rohrer, *The Fine Art of Mentoring: Passing on to Others What God Has Given to You* (Brentwood, TN: Wolgemuth & Hyatt, 1989), p. 4. 멘토링에 대한 Engstrom의 후기 견해에 대한 논의는 그가 죽기 얼마 전에 출간되었다. Ted. W. Engstrom and Ron Jenson, *The Making of a Mentor* (Waynesboro, GA: Authentic Media [in partnership with World Vision], 2005)를 보라.
10) Morris, p. 146. 물론 많은 회사들이 외부 코치를 고용하기보다는 사내에 코치를 고용하기도 한다. *Harvard Business Review* 최신호의 한 기사에 따르면 멘토링은 비즈니스계에서 그 인기가 점차 사그라들고 있는데, "과도한 경쟁으로 인한 커다란 타격과 빠른 성장" 때문이나, 지금 그 어느 때보다 멘토링이 필요하다. 코칭도 마찬가지라고 할 수 있다. Thomas J. DeLong, John J. Gabarro, and Robert J. Lees, "Why Mentoring Matters in a Hypercompetitive World", *Harvard Business Review* 86 (January 2008): pp. 115-121을 보라.
11) 코칭받는 사람에게 어떤 명칭을 사용해야 하는가? 지금까지 나는 책에서 '프로테제'(protégé), '코칭받는 사람', '고객'과 같은 용어를 사용해 왔다. 이 책의 초판에서 나는 코칭받는 사람을 지칭하는 용어로 대다수 코치가 '고객'을 사용한다는 것을 인정했다. 그러나 이 용어는 코칭 서비스에 대해 코칭료를 청구하는 전문 코치에게 가장 적합하다. 나는 '코치이'(coachee)라는 용어를 거부하는데, 이는 귀여운 표현이어서 코칭 문헌에 거의 등장하지 않는다. 그 대신 나는 '코칭받는 사람'(person being coached)과 이를 압축한 'PBC'라는 용어를 사용했다. 분명히 일반적으로는 '고객'이라는 용어를 선호한다. 심지어 비공식적으로 코칭을 받고 비용을 지불하지 않는 상황에서도 이 용어를 사용한다. 나는 이 책에서 '고객'이라는 용어를 보다 폭넓은 의미로 사용할 것이다.
12) Institute for Life Coach Training, www.lifecoaching.com
13) Logan and King. 인터넷을 검색해 보면 코칭 혁명에 대한 자료를 제공하는 수천 개의 코칭 소식지와 인터넷 자료실이 있다. 모든 작가들이 International Coach

Federation를 호의적이거나 긍정적인 관점으로 보는 것은 아니다. 코칭, 코칭 트렌드, 소식지, 코치 훈련 프로그램에 대한 최신 자료들에 대해서는 www.peer.ca/coach.html을 보라.
14) McCluskey가 크리스천 코치로서, 심리 치료사에서 코치로 전환한 사람으로서 남긴 간략한 저술에 대해서는 Christopher McCluskey, "Caring from a Distance: Technology, Coaching, and Life Management", *Christian Counseling Today* 8, no.1 (2000): pp. 20-22이나 그의 웹사이트 www.christian-living.com을 보라.
15) Laurie Beth Jones, *Jesus, Life Coach: Learn from the Best* (Nashville: Thomas Nelson, 2004).「인생코치, 예수」(규장).
16) 요 3:16; 10:10을 보라.
17) 블랙커비는 이를 "영적 리더의 과업"으로 설명한다. Henry and Richard Blackaby, *Spiritual Leadership: Moving People on to God's Agenda* (Nashville: Broadman, Holnan, 2001), pp. 20-21.「영적 리더십」(두란노).
18) Rick Warren, *The Purpose-Driven Church: Growth Without Compromising Your Message and Mission* (Grand Rapids, MI: Zondervan, 1995), pp. 13-14.「목적이 이끄는 교회」(디모데).
19) 행 17:10-11을 보라.
20) 엡 1:7-8; 2:9; 요 3:16; 10:10; 요일 1:7-9을 보라.
21) James Flaherty, *Coaching: Evoking Excellence in Others*, 2nd ed.(Oxford: Butterworth-Heinemann, 2005).

2장 ·· 좋은 코치의 조건

1) 아버지 Larry Ebert 박사의 이야기를 들려주고 이 책에 실을 수 있도록 허락해 준 내 친구 Jon Ebert 박사에게 감사드린다.
2) 신뢰에 대한 도전적이고 읽어 볼 만한 논의로는 Stephen M. R. Covey, *The Speed of Trust: The One Thing That Changes Everything* (New York: Free Press, 2006)을 보라.「신뢰의 속도」(김영사).
3) Tony Stoltzfus, *Leadership Coaching: The Disciplines, Skills, and Heart of a Coach* (Longwood, FL: Xulon, 2005), p. 52.
4) Marshall Goldsmith, "Changing Leadership Behavior," in Howard Morgan, Phil Harkins, and Marshall Goldsmith, eds., *Profiles in Coaching* (Burlington, MA: Linkage Press, 2003), p. 45.

5) 어떤 저자들은 상담가가 최고의 코치가 된다고 주장하지 않고, 상담 훈련이 코치가 되고 싶어 하는 사람들에게 유익하다고 주장하기도 한다. 이를테면 Jefferey E. Auerback, *Personal and Executive Coaching: The Complete Guide for Mental health Professionals* (Ventura, CA: Executive College Press, 2001); Patrick Williams and Deborah C. Davis, *Therapist as Life Coach: An Introduction for Therapists and Other Helping Professionals*, rev. ed.(New York: Norton, 2007)을 보라.
6) Steven Berglass, "The Very real Dangers of Executive Coaching", *Harvard Business Review* 80, no. 6 (June 2002): pp. 86-93.
7) 사람이 어떻게 변화하는지에 관해서는 다음 장에서 논의할 것이다. Alan Deutschman, *Change or Die: The Three Keys to Change at Work and in Life* (New York: Regan/HarperCollins, 2007)에 요약된 연구 결과에 따르면, 지속적인 변화는 외부 권위에 따르는 강제력이나 두려움으로 일어나지 않는다. 변화는 대부분 희망을 불어넣는 관계와 공동체에서 온다. 「변하지 않으면 죽는다」(황금가지).
8) John Whitmore, *Coaching for Performance*, 3rd ed. (London: Nicholas Brealey Publishing, 2002), p. 15.「성과 향상을 위한 코칭 리더십」(김영사).
9) 이것은 Dan Kimball의 책 제목이기도 하다. *They Like Jesus but Not the Church: Insights from Emerging Generations* (Grand Rapids, MI: Zondervan, 2007). 「그들이 꿈꾸는 교회」(미션월드라이브러리). Bruce Bickel and Stan Jants, *I'm Fine with God: It's Christians I Can't Stand* (Eugene, OR: Harvard House, 2008)도 보라.
10) Carol Wilson, *Best Practice in Performance Coaching: A Handbook for Leaders, Coaches, HR Professionals, and Organizations* (London: Kogan Page, 2007).
11) Andy Stanley, *Making Vision Stick* (Grand Rapids, MI: Zondervan, 2007), 16.

3장 ·· 코칭은 변화를 일으킨다

1) Alan Deutschman, *Change or Die: The Three Keys to Change at Work and in Life* (New York: HarperCollins, 2007).
2) Alan Deutschman, "Making Change", *Fast Company* 94 (May 2005): p. 54.
3) Deuschman, "Making Change", p. 62. 또한 Roderick Gilkey and Clint Kilts, "Congnitive Fitness: New Research in Neuroscience Shows How to Stay Sharp by Exercising Your Brain", *Harvard Business Review* 85, no. 11(November 2007): pp. 53-66을 보라.
4) James O'Toole, *Leading Change: Overcoming the Ideology of Comfort and the*

Tyranny of Custom (San Francisco: Jossey-Bass, 1995), pp. 73-74, 137.
5) Robert B. Reich, "How to Detect Change Resisters: It's in Their Talk", *Fast Company*, no. 39 (October 2000): p. 150의 내용을 수정 인용한 것이다.
6) Deutschman, *Change or Die*, p. 15.
7) 같은 책, p. 15.
8) 자기 변화와 변화를 일으키는 (네 개가 아닌) 일곱 '지레'를 포함하여 변화에 관해 심도 있게 논의한 Howard Gardner, *Changing Minds: The Art and Science of Changing Our Own and Other People's Minds* (Boston: Harvard Business School Press, 2004)를 보라.「체인징 마인드」(재인).
9) Merriam-Webster Online Dictionary, s.v. "metamorphosis", www.merriam-webster.com/dictionary/metamorphosis.
10) 롬 12:2을 보라.
11) 한 예로 다음을 보라. Joseph Umidi, *Transfprnational Coaching* (Fairfax, VA: Xulon, 2005)「변화와 성장의 에너지, 코칭」(NCD); Cherrie Carter-Scott and Lynn U. Stewart, *Transformational Life Coaching* (Deerfield Beach, FL: HCI, 2007); Thomas G. Crane and Lerissa Nancy Patrick, *The Heart of Coaching: Using Transformational Coaching to Create a High Performance Coaching Culture*, 3rd ed. (San Diego: FTA Press, 2007).
12) James O. Prochaska, John C. Norcross, and Carlo DeClemente, *Changing for Good: A Revolutionary Six-Stage Program for Overcoming Bad Habits and Moving Your Life Forward* (New York: HarperCollins, 1994).
13) David Rock and Jeffrey Schwartz, "The Neuroscience of Leadership" (May 30, 2006): p. 3, www.strategy-business.com. David Rock, "The Neuroscience of Coaching: New Discoveries Explain How and Why Coaching Works," recorded audio presentation, International Coach Federation Twelfth Annual Conference, October 31, 2007을 보라. 이 자료는 www.coachfederation.org에서 얻을 수 있다.
14) Rock and Schwarts, p. 5.
15) 같은 책, p. 4.
16) Jeffrey A. Kottler, *Making Change Last* (Philadelphia: Brunner-Routledge, 2001).
17) 같은 책, p. 107.
18) Dan Heath and Chip Heath, "Make Goals Not Resolutions," *Fast Company* 122 (February 2008): p. 59.

19) 문단 전체는 Heath와 Heath의 글을 수정 인용한 것이다.
20) 재발 방지를 위한 다음의 원리들은 M.D. Spiegler and D. Guevremont, *Contemporary Behavior Therapy*, 4th ed. (Belmont, CA: Wadsworth, 2003)에서 도입한 것이다.
21) 이어지는 결론은 Kottler의 책 7장에서 인용한 것이다.
22) 엡 3:16.
23) 빌 3:3; 4:13을 보라.
24) 국가, 단체, 개인의 변화에 관한 심리학적으로 중요하고 심도 있는 논의로는 Gardner, *Chainging Minds*를 보라. 또한 Bill O'Hanlon, *Change 101: A Practical Guide to Creating Change in Life of Therapy* (New York: Norton, 2006)를 보라.
25) 행 10:9-17을 보라.
26) 행 10:15을 보라.
27) 행 10:34-45을 보라.
28) 행 11:18을 보라.

4장 ·· 코칭은 리더십을 혁신한다

1) 삼상 16:8-13을 보라.
2) 욘 1:3을 보라.
3) 이것은 Mark Sanborn이 쓴 책의 주제다. *You Don't Need a Title to Be a Leader* (New York: Doubleday, 2006).
4) "코칭에 관해 더 배우기"에 덧붙여, 사람들이 Ken Blanchard 조직 내에서 코칭을 하려고 한 주된 이유들이다. Madeleine Homan and Linda J. Miller, *Coaching in Organizations: Best Practice from the Ken Blanchard Companies* (New York: Wiley, 2008), p. 139.
5) Warren Bennis, *Leading People Is Like Herding Cats: Warren Bennis on Leadership* (Provo, UT: Executive Excellence Publishing, 1997), p. 64.
6) Don Shula and Ken Blanchard, *Everyone's a coach* (Grand Rapids, MI: Zondervan, 1995), p. 51.
7) Robert B. Kaiser, Robert Hogan, and S. Bartholomew Craig, "Leadership and the Fate of Organizations", *American Psychologist* 63 (February-March 2008): pp. 96-110.
8) Steve Ogne and Tim Roehl, *TransforMissional Coaching: Empowering Leaders*

in a Changing Ministry World (Nashville: Broadman, Holman, 2008), pp. 29-30.
9) Madeleine Homan and Linda J. Miller, Coaching in Organizations: Best Practice from the Ken Blanchard Companies (New York: Wiley, 2008), p. 141.
10) Daniel White, Coaching Leaders: Guiding People Who Guide Others (San Francisco: Jossey-Bass, 2005); and Brian Underhill, Kimcee McAnally, and John J. Koriah, Executive Coaching for Results: The Definitive Guide to Developing Organizational Leaders (San Francisco: Barrett-Koehler, 2007).
11) 나는 들소들의 리더는 대부분 수컷일 것이라고 생각한다. 그 녀석들은 인간 남자들이 마침내 깨달은 것을 아직 깨치지 못했다. 능력 있는 리더십은 특정한 성(性)에 국한되지 않는다.
12) 들소 리더와 기러기 리더 간의 대조는 James A. Belasco and Ralph C. Stayer, Flight of the Buffalo: Soaring to Excellence: Learning to Let Employees Lead (New York: Time Warner, 1993)에 설명되어 있다.
13) Warren G. Bennis and Robert J. Thomas, Geeks and Geezers: How Era, Values, and Defining Moments Shape Leaders (Boston: Harvard Business School Press, 2002), p. 98.
14) Daniel Goleman, Emotional Intelligence: Why It Can Matter More Than IQ, 10th anniversary ed. (New York: Bantam, 2006); Daniel Goleman, Richard Boyatzis, and Annie McKee, Primal Leadership: Realizing the Power of Emotional Intelligence (Boston: Boston: Harvard Business School Publishing, 2002).
15) Daniel Goleman, Social Intelligence: The New Science of Human Relationships (New York: Bantam, 2006). 「SQ 사회지능」(웅진지식하우스).
16) Daniel Goleman and Richard Boyatzis, "Social Intelligence and Biology of Leadership", Harvard Business Review 86, no. 9 (September 2008): pp. 74-81.
17) 같은 책, p. 80.
18) Tim Stafford, "The Business of the Kingdom", Christianity Today 33, no. 13 (November 15, 1999): p. 45.
19) 같은 책, p. 50.
20) Pete Hammett, "The Paradox of Gifted Leadership: Developing the Generation of Leaders", Industrial and Commercial Training 40, no. 1 (2008): pp. 3-9.

5장 ·· 코칭 관계

1) *Christian Counseling Today* 지는 American Association of Christian Counselors가 발행하는 계간지였다.
2) Laura Whitworth, Karen Kimsey-House, Henry Kimsey-House, and Phillip Sandahl, *Co-Active Coaching: New Skills for Coaching People Toward Success in Work and Life*, 2nd ed. (Mountain View, CA: Davise-Black Publishing, 2007).
3) 같은 책, xix.
4) 같은 책, p. 5.
5) Steven J. Stowell and Matt M. Starcevich, *The Coach: Creating Partnerships for a Competitive Edge* (Sandy, UT: Center for Management and Organizational Effectiveness, 1988), p. 46.
6) 눅 24:13-33을 보라.
7) 롬 11:33; 약 1:17을 보라.
8) 마 7:24-25을 보라.
9) 골 1:16-17을 보라.
10) 빌 1:6을 보라.
11) Gray J. Oliver, Monte Hasz, and Matthew Richburg, *Promoting Change Through Brief Therapy in Christian Counseling* (Wheaton, IL: Tyndale, 1997), p. 105.
12) 부록 B에 있는 목록과 질문들은 Frederic M. Hudson, "Who Can Be a Client?", *The Handbook of Coaching* (San Francisco: Jossey-Bass, 1999), p. 25을 수정 인용한 것이다.
13) 요 4:4-12; 8:3-11을 보라.
14) 이 책을 쓸 때, 유료 코칭을 제한할 어떠한 법적 근거도 존재하지 않았다. 그러나 전문가의 기준, 코치 자격증, 보수 기준에 관해 여러 곳에서 논의가 진행되고 있다. 현재 많은 나라에서 법적 통제를 하고 있는 상담 서비스와 같은 방식으로 코칭 서비스 비용을 규제할 것이며 이는 시간문제인 듯 보인다.
15) 환영 자료 모음에 포함할 만한 샘플 항목은 Patrick Williams and Deborah C. Davis, Therapist as Life Coach, rev. ed. (New York: Norton, 2007), pp. 213-228을 보라.
16) James Collins, "Built to Flip", Fast Company, no. 30 (January-February 2000): 140.
17) 히브리서 12:1-3을 보라.

6장 ·· 코칭의 기술: 경청, 질문, 반응

1) 이 말을 듣고 나는 움찔했지만, 부정적인 반응은 자제할 수 있었다. 이들이 코칭을 배우는 초보 훈련생들이라는 점을 떠올렸다. 이 글에서 묘사한 코칭 시간이 있던 날은 훈련생들이 집에 돌아갈 채비를 거의 마친, 그 주 마지막 날이었다. 훈련을 평가하던 중, 참가자들에게 경청하기, 질문하기, 반응하기에 대한 구체적인 훈련이 필요하다는 것을 깨달았다. 몇 주 후 모든 훈련생들은 기차, 버스, 비행기를 타고 훈련받던 곳으로 돌아와 오로지 코칭 기술에만 초점을 맞춘 1일 집중 세미나를 받았다. 그들은 훈련에서 이미 배웠던 것을 기반으로 크게 발전했다. 나는 훈련생들(또는 이 책의 독자들)이 경청하고 적절한 반응을 구사하는 데 전문가가 될 것이라고 생각하면 안 된다는 사실을 값비싼 대가를 치르고 배웠다. 이런 코칭 기술들이 이 장의 핵심이다.

2) 이 점에서 나는 Laura Whitworth, Karen Kimsey-house, Henry Kimsey-House, Philip Snadahl, *Co-Active Coaching*, 2nd ed.(Mountain View, CA:Davies-Black Publishing, 2007)에서 도움을 받았다. 이 책의 저자 겸 코치들은, 듣는 사람에게 해당되는 사실들을 듣는 1단계 경청과, 듣는 사람의 의식이 전적으로 고객에게 맞춰져 있는 2단계 경청의 차이를 구분한다. 이 두 가지 경청은 이 글에서 논의하는 일상적(informal) 경청과 적극적(active) 경청에 해당한다. 위의 책은 저자들이 포괄적(global)경청이라고 하고 다른 사람들은 직관적(intuitive) 경청이라고 하는 3단계 경청에 대해서도 설명한다.

3) Patrick Williams and Deborah C. Davis, *Therapist as Life Coach*, rev. ed. (New York: Norton, 2007), p. 5.

4) 강력한 질문에 대한 탁월하고 실용적인 지침이 필요하면 Tony Stoltzfus, *Coaching Questions: A Coach's Guide to Powerful Asking Skills* (Virginia Beach, VA: Pegasus Creative Arts, 2008), www.Coach22.com을 보라. 저자는 존경받는 크리스천 코치 겸 코치 트레이너이며 그의 책은 분야별로 정리된 수백 가지 강력한 질문의 예를 담고 있다.

5) Dr. DeShazer의 아내와 Solution Focused Brief Therapy의 공동 설립자가 이것을 코칭에 결합해 왔다는 기록은 Insoo Kim Berg and Peter Szabo, *Brief Coaching for Lasting Solutions* (New York: Norton, 2005)에 있다.

6) Laura Whitworth, Karen Kimsey-House, Henry Kimsey-House, and Phippip Dandahl, *Co-Active Coaching*, 2nd ed. (Mountain View, CA: Davies-Black Publishing, 2007), 97.

7장 ·· 코칭 모델과 문제들

1) 여러 가지 유용한 코칭 모델이 있다. 서로 다른 모델들을 살펴보고 각각을 평가하여 당신과 고객에게 어떤 모델이 가장 좋을지 결정하는 것은 가치 있는 작업일 것이다. 다른 코칭 모델들에 관해 상세하게 요약하고 평가하는 것은 이 책의 범주를 벗어난다. 대신에 독자들이 코칭할 때 더 찾아보고 따라해 볼 만한 유용한 여러 모델들이 있음을 전제하고, 한 가지 모델을 구체적으로 보여 주고자 한다.
2) 다른 코칭 모델을 대안으로 생각한다면 www.christiancoachingbook.com을 보라.
3) 이 책의 초판을 읽은 독자들은 이 모델이 예전과 달라졌음을 알 것이다. 처음 모델의 여섯 영역을 넷으로 수정했다. 이전 모델의 '문제'와 '인식'을 '인식'으로 합쳤다. '전략'과 '실천'도 하나로 합쳤다.
4) Laura Whitworth, Karen Kimsey-House, Henry Kimsey-House, and Phippip Dandahl, *Co-Active Coaching*, 2nd ed. (Mountain View, CA: Davies-Black Publishing, 2007), p. 166.

8장 ·· 현재를 파악하기

1) *Harvard Business Review*에 실린 "금붕어는 과거조차 볼 수 없고, 미래는 말할 것도 없지만…당신은 볼 수 있다"는 광고에서 이런 변화 요소를 배웠다. 놀랍게도 이 중요한 문제를 다룬 웹사이트를 발견했다. www.sas.com/goldfish에 가 보면 금붕어도 기본적인 길들이기가 가능하다는 것을 알 수 있다. 금붕어는 생각보다는 긴 기억력을 갖고 있는 것이 틀림없다. 물론 이는 코칭과 아무 상관이 없다!
2) Lou Tice with Joyce Quick, *Personal Coaching for Results: How to Mentor and Inspire Others to Amazing Growth* (Nashville: Thomas Nelson, 1997), p. 80.
3) 욘 1:1-3을 보라.
4) 부록에 있는 여러 양식들은 www.garycollins.com 또는 www.christiancoachingbook.com에서 내려 받아 코칭에 사용할 수 있다.
5) 막 5:24-34을 보라.
6) Keith Yamashita and Sandra Spataro, *Unstuck: A Tool for Yourself, Your Team, and Your World* (New York: Portfolio, 2004), pp. 30-46에서 수정 인용했다.
7) 곤경에서 빠져나오는 것에 대한 보다 심도 있는 논의는 Timothy Butler, *Getting Unstuck: How Dead Ends Become New Paths* (Boston: Harvard Business School Press, 2007)를 보라.
8) Graham Jones, "How the Best of the Best Get Better and Better", *Harvard Business*

Review 86 (June 2008): pp. 123-127.
9) 특별한 언급이 없는 경우, 이 문단에 나오는 세계관에 대한 관점은 나의 초기 저서 The Biblical Basis of Christian Counseling (Colorado Springs, CO: NavPress, 1993), pp. 12-24에서 인용한 것이다.
10) 예외적인 경우는 Daniel White, Coaching Leaders: Guiding People Who Guide Others (San Francisco: Jossey-Bass, 2006)의 '정신 모형'에 관한 논의다. 화이트가 논한 정신 모형은 우리가 '세계관'이라 부르는 것이다.
11) 고후 5:17을 보라.
12) 갈 5:22-23을 보라.
13) Bill Parcells with Jeff Coplon, Finding a Way to Win: The Principles of Leadership, Teamwork, and Motivation (New York: Doubleday, 1995).
14) Noel M. Tichy, The Leadership Engine: How Winning Companies Build Leaders at Every Level (New York: HarperCollins, 1997).
15) 이런 창의적인 연습이 어떻게 가치관을 명확하게 하는 데 사용되는지에 관한 구체적인 설명은 다음을 보라. Hyrum W. Smith, The 10 Natural Laws of Successful Time and Life Management: Proven Strategies for Increased Productivity and Inner Peace (New York: Warner Books, 1994), pp. 48-55.
16) Laura whitwoth, Karen Kimsey-House, Henry Kimsey-House, and Phillip Sandahl, Co-Active Coaching, 2nd ed. (Mountain View, CA: Davies-Black, 2007).

9장 ** 사람을 파악하기

1) Anthony M. Grant, "Personal Life Coaching for Coaches-in-Training Enhances Goal Attainment, Insight, and Learning", Coaching: An International Journal of Theory, Research, and Practice 1 (March 2008): p. 54.
2) Richard Chang, The Passion Plan: A Step-by-Step Guide to Discovering, Developing, and Living Your Passion (San Francisco: Jossey-Bass, 2000), p. 16. 「열정 플랜」(하이파이브).
3) 갈 5:20; 빌 1:17; 2:3; 약 3:14, 16은 이기적인 야망을 언급한다.
4) 고전 9:16을 보라.
5) 이 문단에 나오는 소명에 대한 생각을 나누어 준 내 친구 Tony Stoltzfus에게 감사드린다.

6) Susan Britton Whitcomb는 경력 관리 코칭 수업을 통해 쉼 없이, 에너지 소비 없이 열정만으로 나아갈 수 없다는 것을 다시 한 번 깨닫게 해주었다.
7) 파리 올림픽 이후 에릭 리들은 선교사가 되어 중국으로 갔다. 일본이 침략한 뒤, 그는 투옥되었지만 다른 수감자들을 대상으로 사역할 수 있었다. 에릭 리들은 뇌종양으로 43세에 사망했는데, 1945년 중국이 해방되기 불과 6개월 전이었다.
8) 엡 2:8, 13을 보라.
9) 엡 2:10을 보라.
10) 엡 5:10; 고전 10:31을 보라.
11) 느헤미야의 기도는 느 1:5-11에 요약되어 있다. 짧은 기도는 2:4에 나온다.
12) 느 2:4-8을 보라.
13) 마이크가 첫 정보 수집 여행을 마치고 돌아왔을 때, 하나님은 놀라운 방법으로 수업료를 채워 주셨다. 이 글을 쓸 무렵 마이크는 자신의 열정에 따라 전 세계의 학대받고 착취당하는 아동들을 위한 일을 계속하며 박사 과정을 밟았다.
14) 느 4:8-9을 보라.
15) 세상에서 가장 영향력 있는 리더와 운동가들 중에는 열정을 가졌지만 높은 명예나 권력에 이르지 못한 사람들도 있다. Mark Sanborn, *You Don't Need a Title to Be a Leader* (New York: Doubleday, 2006)를 보라.
16) Richard J. Leider, *The Power of Purpose: Creating Meaning in Your Life and Work* (San Francisco: Berrett-Koehler, 1997), p. 103.
17) Howard Gardner, *Multiple Intelligences: New Horizons in Theory and Practice* (New York : Basic Books, 2006) 「다중지능」(웅진지식하우스); Daniel Goleman, *Social Intelligence: The New Science of Human Relationships* (New York: Bantam, 2006).
18) Daniel Goleman and Richard Boyatzis, "Social Intelligence and the Biology of Leadership", Harvard Business Review 86 (September 2008): pp. 74-81.
19) 같은 책, p. 80.
20) 같은 책, p. 78.
21) Albert L. Winseman, Donald O. Clifton, and Curt Liesveld, *Living Your Strengths* (New York: Gallup, 2004), x.
22) 이를테면 다음을 보라. Curt Coffman and Gabriel Gonzalez-Molina, *Follow This Path* (New York: Warner Books, 2002); Marcus Buckingham and Donald O. Clifton, Now, Discover Your Strengths (New York: Free Ress, 2001) 「위대한

나의 발견 강점 혁명』(청림출판); Marcus Buckingham, *Go Put Your Strengths to Work* (New York: Free Press, 2007).
23) 다음의 두 책은 온라인에서 제공하는 강점 발견 측정 도구를 포함해 책값을 매겼다. John Trent, Rodney Cox, and Eric Tooker, *Leading from Your Strengths* (Nashville: Broadman, Holman, 2004); Tom Rath, *Strengths Finder 2.0* (New York: Gallup Press, 2007). 무료 온라인 측정 도구를 찾는다면 www.authentichappiness.com 에 가 보라.
24) 고전 12:31을 보라.
25) 고전 12:2; 엡 4:11-12을 보라.
26) Henry and Mel Blackaby, *What's So Spiritual About Your gift?* (Sisters, OR: Multnomah, 2004).「내 힘으로 일하는 사람 하나님 힘으로 일하는 사람」(디모데).
27) 삿 6-7장을 보라.

10장 ** 비전을 명료화하기

1) Burt Nanus, *Visionary Leadership* (San Francisco: Jossey-Bass, 1995), p. 3.
2) Neil H. Snyder, James J. Dowd Jr., and Dianne Morse Houghton, *Vision, Values and Courage: Leadership for Quality Management* (New York: Free Press, 1994), p. 75.
3) 마 28:19을 보라.
4) 시 138:8; 139:13-16을 보라.
5) Rick Warren, *The Purpose-Driven Church: Growth Without Compromising Your Message and Mission* (Grand Rapids, MI: Zondervan, 1995), p. 98.
6) Andy Stanley, *Visioneering: God's Blueprint for Developing and Maintaining Personal Vision* (Grand Rapids, MI: Zondervan, 2005), 26.「비저니어링」(디모데).
7) Andy Stanley, *Visioneering*; Andy Stanley, *Making Vision Stick* (Grand Rapids, MI: Zondervan, 2007); George Barna, The Power of Vision (Ventura, CA: Regal, 2003); and Burt Nanus, *Visionary Leadership* (San Francisco: Jossey-Bass, 1995).
8) 행 8:9-11, 18-23.
9) George Barna, *Turning Vision into Action* (Ventura, CA: Regal, 1996), p. 36.
10) Andy Stanley, *Making Vision Stick* (Grand Rapids, MI: Zondervan, 2007), p. 18.
11) 느 4장을 보라.
12) Rick Warren, 2008년 10월 22일 받은 이메일.

11장 ** 사명을 지니고 나아가기

1) Warren Bennis and Patricia Word Biederman, *Organizing Genius: The Secrets of Creative Collaboration* (Reading, MA: Addison-Wesley, 1997), p. 64.
2) Rick Warren, *The Purpose-Driven Church: Growth Without Compromising Your Message and Mission* (Grand Rapids, MI: Zondervan, 1995).
3) 같은 책, p. 87.
4) 마 22:37-40을 보라.
5) 마 28:19-20을 보라.
6) Warren, pp. 1-3.
7) 같은 책, p. 124.
8) Nikos Mourkogiannis, *Purpose: The Starting Point of Great Companies* (New York: Palgrave Macmillan, 2006).
9) Rodd Wagner and James K. Harter, *12: The Elements of Great Managing* (New York: Gallup, 2006). 이 책의 결론은 Gallup이 전 세계의 일터 1천만 곳을 인터뷰한 결과를 바탕으로 했다. 8번째 요소는 회사의 사명과 관련되어 있다.
10) Laurie Beth Jones, *The Path: Creating Your Mission Statement for Work and for Life* (New York: Hyperion, 1998).
11) Jones, pp. 3-4.
12) Richard Warren, *The Power of Purpose: Creating Meaning in Your Life and Work* (San Francisco: Berrett-Koehler, 1997).
13) Rick Warren, *The Purpose-Driven Life: 7 Steps for Discovering and Fulfilling Yours Life Mission* (Grand Rapids, MI: Zondervan, 2000).
14) 창 12:1.
15) 이 대화는 요한복음 21:15-19을 기록한 것이다. 17절을 보면 베드로가 그의 사랑을 반복하여 확인하시는 예수님의 질문에 상처받은 것을 알 수 있다.
16) John White More, *Coaching for Performance*, 3rd ed. (London: Nicholas Brealey, 2002), pp. 148-150. Richard Leide, *Power of Purpose*도 보라.

12장 ** 실행을 위한 코칭: 목표 설정과 전략

1) 잠 16:9; 20:24을 보라.
2) 잠 15:22; 20:18; 21:5을 보라.
3) 나와 함께 인생 계획을 세운 지 약 1년 후, 내 코치는 소그룹 워크숍을 제안했고 우리

중 여섯 명에게 인생 계획 코칭을 하는 법을 가르쳤다. 비즈니스 코치 Daniel Harkavy는 인생 계획 세우기를 "코칭 리더의 가장 강력한 도구"라 설명한다. 그는 코치와 이틀간 집중적인 시간을 갖기보다 차라리 하루 동안 인생 계획을 작성하라고 제안한다. Daniel Harkavy, *Becoming a Coaching Leader* (Nashville: Thomas Nelson, 2007), pp. 57-73.

4) 비즈니스계에서 나온 구체적인 논의는 Larry Bossidy and Ram Charan, *Execution: The Discipline of Getting Things Done* (New York: Crown Business, 2002), p. 14를 보라. 「실행에 집중하라」(21세기북스).

5) 같은 책, p. 35.
6) 수 3:4을 보라.
7) 수 3:5.
8) 수 3:3-4을 보라.
9) 수 3:9-17을 보라.
10) 잠 3:5-6을 보라.
11) 시 32:8을 보라.
12) 마 28:20을 보라.
13) 요 14:26; 16:7을 보라.
14) 출 3:10; 16:18을 보라.
15) Janes C. Collins and Jerry I. Porras, *Build to Last: Successfu Habits of Visionary Companies* (New York: HaperCollins, 1994), pp. 91-114. 「성공하는 기업들의 8가지 습관」(김영사).
16) John Whitmore, *Coaching for Performance*, 3rd ed. (London: Nicholas Brealey Publishing, 2002) p. 83.
17) Bossidy and Charan, p. 214.
18) 눅 10:1-23을 보라. 막 6:7-13, 30-31은 유사한 상황을 기록하고 있는데, 예수님은 열두 제자들을 파송하고 그들이 돌아오면 쉬면서 경험한 일들을 돌아보게 하고 피드백을 주셨을 가능성이 크다.
19) Quebec Sherbrook에 있는 ETFS Travel and Health Care Solutions에서 일했던 Russ Hopkins에게 감사한다. 이 문장은 그가 쓴 것이다.
20) 마 28:18을 보라.
21) 고객이 '마치…한 것처럼' 격려하는 것은 최근 부각된 표준적인 코칭 기술이다.
22) 요 14:1, 15, 26-27; 16:33을 보라.

13장 ·· 장애물 통과하기

1) Ferdinand F. Fournies, *Why Employees Don't Do What They're Supposed to Do and What to Do About it*, rev. ed. (New York: McGraw-Hill, 2007); *Coaching for Improved Work Performance*, rev. ed. (New York: McGraw-Hill, 2000).
2) 이는 이 저자들이 '재미있게' 제시한다. Laura Whitworth, Karen Kimsey-House, Henry Kimsey-House, and Phillip Sandahl in *Co-Active Coaching*, 2nd ed. (Mountain View, CA: Davies-Black, 2007), p. 147.
3) Diane Menendez는 1988년부터 전문 코치로 활동해 왔다. Institute of Life Coach Training에서 강의하고, 임원 고객들을 코칭하여 목표에 도달하고 보다 풍성하고 만족스러운 삶을 영위해 가도록 했다. Pat Williams와 *Becoming a Professional Life Coach: Lessons from the Institute for Life Coaching Training* (New York: Norton, 2007)를 공저했다.
4) W. Timothy Gallwey, *The Inner Game of Tennis* (New York: Random House, 1975).「테니스 이너게임」(푸른물고기).
5) W. Timothy Gallwey, *The Inner Game of Work: Focus, Learning, Pleasure, and Mobility in the Workplace* (New York: Random House, 2000).「이너게임: 배우며 즐겁게 일하는 법」(오즈컨설팅).
6) 코칭의 신경생리학은 향후 몇 년 내에 코치의 역할에 영향을 끼칠 만한 매우 중요한 주제다. 이에 관한 문헌을 계속 읽고 있지만, 행동에 대한 신경생리학적 근거를 다룬 연구 자료가 많이 나오고 그 내용도 빠르게 변한다. 2007 International Coach Federation 컨퍼런스에서 David Rock이 한 강연을 들으면 좋은 시작이 될 것이다. 연설 제목은 "코칭의 신경과학: 코칭이 효과를 발휘하는 방법과 이유를 설명하는 새로운 발견"이며, 테이프는 www.audiotapes.com에서 구할 수 있다.
7) 이 개념은 Richard D. Carson, *Taming Your Gremlin* (New York: Harper & Row, 1983)에서 가장 분명하게 다루었다.
8) 빌 4:13을 보라.
9) 고후 12:10을 보라.
10) 벧후 1:3을 보라.
11) 잠 3:5-6을 보라.
12) Jessica Gould, "Get Real: Feel Like an Imposter? You're Not Alone", *Monitor on Psychology*, no. 39 (July-August 2008): pp. 76-78.
13) David B. Ellis에 따르면 이것은 코칭에서 가장 일반적인 실수다. *Life Coaching: A*

Manual for Helping Professionals (Banceyfelin, Carmarthen, Wales: Crown House, 2007), p. 116.

14장 ᆢ 과도기 코칭과 라이프 코칭

1) Dave Ellis, *Life Coaching: A Manual for professionals* (Bethel, CT: Crown House, 2006), 1장.
2) Christian Coaches Network에 관한 정보를 보려면 www.christiancoachesnetwork.com에 가 보라. coach@judysantos.com으로 Santos에게 연락해도 된다.
3) Judy Santos, C.C.N. Communiqué: A Monthly Publication of the Christian Coaches Network, August 2000. 허락을 받아 수정 인용했다.
4) 이 연구의 일부는 Nadya A. Fouad and John Bynner, "Work Transitions", *American Psychologist* 63 (2008): pp. 241-251에 요약되어 있다.
5) 같은 책, p. 248.
6) 같은 책, p. 249.
7) Frederic M. Hudson, *The Adult Years: Mastering the Art of Self-Renewal*, rev. ed. (San Francisco: Jossey-Bass, 1999), pp. 99-123을 수정 인용했다.
8) Frederic M. Hudson, *The Handbook of Coaching* (San Francisco: Jossey-Bass, 1999), p. 111.
9) 이 이론은 Frederic M. Hudson, *The Handbook of Coaching*, pp. 105-115, 201-235에 요약되어 있다. 더 자세한 논의는 Frederic M. Hudson, *The Adult Years*, pp. 99-123를 보라.
10) Frederic M. Hudson, *The Adult Years*, pp. 53-98을 수정 인용했다.
11) Laura Whitworth, Henry Kimsey-House, and Phillip Sandahl, *Co-Active Coaching* (Palo Alto, CA: Davies-Black, 1998).
12) 같은 책, p. 127, 128, 141.
13) Institute for Life Coach Training에서 하는 Professional Christian Coaching Program에 대한 정보를 더 알고 싶으면 www.christianliving.com에 가 보라. Christopher McCluskey와 연락하려면 chris@christian-living.com로 하라.

15장 ᆢ 관계 코칭과 결혼 코칭

1) Ricky Byrdsong with Dave and Neta Jackson, *Coaching Your Kids in the Game of Life* (Minneapolis: Bethany House, 2000), p. 21.

2) 같은 책, p. 21.
3) 결혼 코칭과 결혼 코칭 훈련에 대한 더 많은 정보는 Jeff와 Jill Williams에게 요청하면 된다. 상담, 강의, 훈련, 코칭 서비스에 관심이 있다면 301-515-1218 또는 Jeff@GraceAndTrustRelationship.com로 연락하라.
4) 결혼 코칭에 대한 Jeff의 정의는 Tony Stoltzfus, *Leadership Coaching: The Disciplines, Skills, and Heart of a Coach* (Longwood, FL: Xulon, 2005)에 나온 개념과 기술에 크게 영향받은 것이다.

16장 ·· 경력 코칭

1) Nadya A. Fouad and John Bynner, "Work Transitions", *American Psychologist* 63 (2008): pp. 241-251.
2) Nadya and Bynner.
3) Keith Webb, "Career Coaching", in Tony Stoltzfus, *Coaching Questions: A Coach's Guide to Powerful Asking Skills* (Virginia Beach, VA: Pegasus Creative Arts, 2008), p. 86, www.Coach22.com.
4) www.Careercoachacademy.com.
5) The Career Coach Academy에도 훈련의 일부로 크리스천 훈련 과정이 있다.
6) Susan Britton Witcomb, *The Christian's Career Journey: Finding the Job God Designed for You* (Indianapolis: Jist Publishing, 2008).
7) www.leadershipcoachacademy.com.
8) 골 3:23.
9) www.leadersecrets.com.
10) Daniel H. Pink, *Free Agent Nation: How America's New Independent Workers Are Transforming the Way We Live* (New York: Warner Books, 2001), 표지 문구에서 인용.
11) Douglas T. Hall, *Careers In and Out of Organizations* (Thousand Oaks, CA: Sage Publications, 2002).
12) Fouad and Bynner, p. 244, 247.

17장 ·· 임원 코칭과 비즈니스 코칭

1) Sharon B. Merriam and Brendan Leahy, "Learning Transfer: A Review of the Research in Adult Education and Training", *PAACE Journal of Lifelong Learning* 14

(2005): pp. 1-24.
2) 같은 책, pp. 14-16.
3) Gerald Oliverro, K. Denis Bane, and Richard E. Kopelman, "Executive Coaching as a Transfer of Training Tool: Effects on Productivity in a Public Agency", *Public Personnel Management* 26 (Winter 1997): pp. 461-469.
4) 이 단락은 임원 코칭에 관한 훌륭한 기사에서 인용한 것이다. Douglas F. Hall, Karen L. Otazo, and George P. Hollenbeck, "Behind Closed Doors: What Really Happens in Executive Coaching." *Organizational Dynamics* 27 (1999): pp. 39-52.
5) Richard R. Kilburg, *Executive Coaching: Developing Managerial Wisdom in a World of Chaos* (Washington, DC: American Psychological Association, 2000).
6) Mary Beth O'Neill, *Executive Coaching with Backbone and Heart*, 2nd ed. (New York: Wiley, 2007), p. 5.
7) www.CA-Ministries.com.
8) www.KenBlanchard.com 혹은 www.Coaching.com.
9) Madeleine Homan and Linda J. Miller, *Coaching in Organizations: Best Coaching Practices from the Ken Blanchard Companies* (New York: Wiley, 2008).
10) www.InterLinkTC.com. Linda.Miller@CA-Ministries.com로 연락할 수도 있다.
11) marcel.henderson@googlemail.com.
12) Michael Watkins, *The First 90 Days: Critical Success Strategies for New Leaders at All Levels* (Boston: Harvard Business School Press, 2003).
13) www.billzipp.com. Bill은 Leadership Link의 사장이며 Stephen G. Fairley와 함께 *The Business Coaching Toolkit: Top Ten Strategies for Solving the Toughest Dilemmas Facing Organizations* (Hoboken, NJ: Wiley, 2008)를 저술했다.
14) Bill Zipp, "Small Business Coaching", in Tony Stoltzfus, *Coaching Questions: A Coach's Guide to Powerful Asking Skills* (Virginia Beach, VA: Pegasus Creative Arts, 2008), p. 84, www.Coach22.com.
15) Gary와 그의 회사에 대해 더 알려면 www.gewood.com을 보라.
16) 더 많은 정보를 원한다면 www.leaderandprofessional.com을 보라.
17) 행 20:26, 24.
18) 마 5:16.

18장 ·· 교회, 영성 그리고 코칭

1) Dan Kimball, *They Like Jesus but Not the Church* (Grand Rapids, MI: Zondervan, 2007); David Kinnaman and Gabe Lyons, *Unchristian: What a New Generation Really Thinks About Christianity* (Grand Rapids, MI: Baker, 2007).
2) 변화하고 있는 교회에 대한 관점은 Robert E. Webber, *The Younger Evangelicals* (Grand Rapids, MI: Baker, 2002)에 영향받은 것이다. 이런 주제의 일부는 Steve Ogne and Tim Roehl, *TransforMissional Coaching* (Nashville: Broadma, Holman, 2008), pp. 1-21에서 간단히 논의되었고 코칭에 적용되었다.
3) Robert Lewis and Wayne Codeiro, *Culture Shift: Transforming Your Church from the Inside Out* (San Francisco: Jossey-Bass, 2005), p. 19.
4) 교회에 적용된 강점 기반의 코칭에 관해 더 알고 싶으면 Albert L. Winseman, Donald O. Clifton, and Curt Liesveld, *Living Your Strengths: Discover Your God-given Talents and Inspire Your Community* (New York: Gallup, 2004)를 보라.
5) 여기서 언급한 리더들 외에도 많은 저자들이 코칭과 사역에 관련된 유용한 자료를 개발해 왔다. Steve Ogne and Tim Roehl, *TransforMissional Coaching* (Nashville: Broadman, Holman, 2008); *Christian Coaching Magazine*(www.christiancoachingmag.com)의 공동 창업자 Roger Erving and Jerome Daley; Jane Creswell, *Christ-Centered Coaching: 7 Benefits for Ministry Leaders* (St. Louis: Lake Hickory Resources, 2006), Linda J. Miller and Chad W. Hall, *Coaching Christian Leaders: A Practical Guide* (ST. Louis: Chalice Press, 2007); Tony Stoltzfus, www.christiancoachingcenter.com.
6) Fran LaMattina는 Franla@bellsouth.net으로 연락할 수 있다.
7) Andy Stanley, *Visioneering* (Sisters, OR: Multnomah, 1999).
8) Andy Stanley, *The Next Generation Leader: 5 Essentials for Those Who Will Shape the Future* (Sisters OR: Multnomah, 2006), pp. 88-89. 「넥스트」(국제제자훈련원).
9) 웹사이트는 www.Coach22.com. *Leadership Coaching: The Disciplines, Skills, and Heart of a Christian Coach*와 *Coaching Questions: A coach's Guide to Powerful Asking Skills* 같은 책들이 포함된다. 두 권 모두 자비 출판한 책으로 웹사이트에서 구입할 수 있다.
10) www.CoachingPastors.com. 또 다른 관점이 필요하면 www.coaching4clergy.com을 보라.
11) 동료 코칭 프로그램에 대한 정보는 www.Coach22.com/peerCoaching.html과

www.peer.ca를 보라.

12) www.stephenministries.org.

13) www.coachingmission.com. 그들의 목표는 선교사들과 리더들을 위한 코칭을 지원하는 것이다.

14) Michael R. Baer, *Business as Mission* (Seattle: YWAM Publishing, 2006).

15) David G. Better, *Sacred Companion: The Gift of Spiritual Friendship and Direction* (Downers Grave, IL: InterVarsity, 2002), p. 95.

16) William A. Barry and William J. Connolly, *The Practice of Spiritual Direction* (San Francisco: HarperCollins, 1986), p. 136.

17) www.professionalchristiancoaching.com.

19장 ** 직업과 사업으로서의 코칭

1) Bruce Wilkinson with David and Heather Koop, *The Dream Giver* (Sisters, OR: Multnomah, 2003), p. 70. 이 문단에서 나는 Wilkinson이 쓴 '꿈을 주시는 분'이나 '익숙한 땅'과 같은 용어를 그대로 사용했다. 「꿈을 주시는 분」(디모데).

2) 같은 책, p. 70.

3) www.christiancoachingbook.com 을 보라.

4) 주 2를 보라.

5) 이를테면 훈련받은 상담가의 경우 일반적인 코칭 훈련은 상담 치료사들을 위해 특별히 고안된 코칭 훈련보다 도움이 덜 될 수 있다. www.executivecoachcollege.com 을 보라. 이 웹사이트는 "대학원 학위를 가진 전문 코치 훈련의 선두주자"로 꼽힌다. Institute of Life Coach Training(www.lifecoachtraining.com)은 처음에는 상담 치료사들을 위한 훈련 기관으로 시작했지만, 최근에는 전문 상담가보다는 코치 훈련을 받고 싶어 하는 일반인에게 초점을 맞추려는 경향이 있다. 대다수 훈련생들이 상담 치료사이고 대부분 대학 졸업자다.

6) 이 합계는 www.peer.ca에서 가져왔다.

7) www.peer.ca에 가서 코칭에 대한 정보를 찾아보라.

8) www.coachfederation.org

9) 이것이 2008년 출간된 *International Dublin Declaration on Coaching*의 결론이다. 본문을 얻는 가장 좋은 방법은 인터넷에서 Dublin Declaration on Coaching을 검색하는 것이다. 코칭 윤리에 관한 더 구체적인 정보는 다음을 보라. Patrick Williams and Sharon K, Anderson, eds. *Law and Ethics in Coaching: How to*

Solve and Avoid Difficult Problems in Your Practice (New York: Wiley, 2006).
10) Steve Ogne and Tim Roehl, *TransforMissional Coaching: Empowering Leaders in a Changing Ministry World* (Nashville: Broadman, Holman, 2008), p. 262.
11) 2장을 보라.
12) Christian Coaches Network에서 허락받아 재인용한 것이다.
13) Judy Santos와의 개인적인 대화에서 인용.
14) 이를테면 다음을 보라. Stephen G. Fairley and Chris E. Stout, *Getting Started in Personal and Executive Coaching: How to Create a Thriving Coaching Practice* (New York: Wiley, 2004); Lynn Grodzwki and Wendy Allen, *The Business and Practice of Coaching: Finding Your Niche, Making Money, and Attracting Ideal Clients* (New York: Norton, 2005).
15) Wilkinson, Koop, Koop, pp. 130-134.
16) 나는 Wilkinson이 이런 사람들을 '응원자'(Busters)라고 부른 이유를 잘 모르겠다. 이 용어는 베이비부머 세대 다음에 나온 '베이비 버스터'(Baby Busters)를 가리킨 말로 이제는 사용하지 않는다. 이 단어는 '방해꾼'(Bullies)과 '친구'(Buddies)에 이어 B로 시작하는 단어를 찾으려 한 시도에 불과하다. 이 책에서 설명했듯이 '건축자'(Builders)라는 단어가 더 낫다. 건축자는 변함없는 지지를 보내는 사람들이다. "이들은 거의 언제나 꿈꾸는 사람과 함께 경험한다." 이들은 "내가 보지 못한 것들을 보고, 믿지 못하는 것을 믿어 주고, 할 수 없었던 것들을 할 수 있게 해주는" 윌킨슨의 친구처럼 꿈의 챔피언들이다. *The Dream Giver*, pp. 105-106을 보라.

20장 ·· 다문화 상황에서 코칭하기

1) www.ccl.org.
2) Sharon Ting and Doug Riddle, "A Framework for Leadership Development Coaching", in Sharon Ting and Peter Scisco, eds., *The CCL Handbook of Coaching: A Guide for the Leader Coach* (San Francisco: Jossey-Bass, 2006), p. 46.
3) CCL 모델의 다문화적 함의에 관한 아래 논의는 다음에서 수정 인용한 것이다. Lynn Delay and Maxine Dalton, "Coaching Across Cultures", in Sharon Ting and Peter Scisco, eds., *The CCL Handbook of Coaching: A Guide for the Leader Coach*, pp. 122-148.
4) Lynn DeLay and Maxine Dalton, "Coaching Across Cultures", in Sharon Ting and Peter Scisco, eds., *The CCL Handbook of Coaching: A Guide for the Leader*

Coach, p. 141.
5) 같은 책, p. 125.
6) 이는 나이 든 교사, 목사, 교수들이 지닌 관점임을 주목할 필요가 있다. 반대로 젊은이들은 특히 강사가 격려할 때 보다 적극적으로 상호 작용을 하려고 한다.
7) 현재 다문화 상황에서의 코칭에 관한 깊이 있는 책은 거의 없다. Phillipe Rosinski, *Coaching Across Cultures: New Tools for Leveraging National, Corporate, and Professional Differences* (Boston: Nicholas Brealey, 2003)을 보라.
8) Tina Stoltzfus and Paul Hillhouse, "Cross-Cultural Coaching", in Tony Stoltzfus, *Coaching Questions* (Virginia Beach, VA: Pegasus Creative Arts, 2008), pp. 96-97, www.Coach22.com.
9) 자신이 포스트모던적이고, 이 세대와 결속되어 있고, 이머징 세대이며, 선교적이라고 하는 사람과 시간을 보내는 것이 이 세대를 배우는 가장 좋은 방법이다. 나는 신학의 다양성과 때로는 "도덕과 윤리의 덜 거룩한 체계"를 가진 발전하는 선교적 이머징 교회를 배우려 노력해 왔다. 나는 이 운동을 하는 모든 사람에게 동의하지는 않지만 그들의 조부모나 베이비붐 세대의 부모들이 전통적이라고 생각하는 것과는 다른 방식으로 자신의 세대에 접촉하려 하는 이들에게 박수를 보낸다.
10) 모든 젊은이들이 포스트모더니즘에 영향받은 것은 아니고 포스트모던한 관점을 지닌 모든 사람이 젊은 것은 아니라는 사실을 인식하는 것은 중요하다.
11) Earl Creps, *Reverse Mentoring: How Young Leaders Can Transform the Church and Why We Should Let Them* (San Francisco: Jossey-Bass, 2008). Earl Creps, *Off-Road Disciplines: Spiritual Adventures of Missional Leaders* (San Francisco: Jossey-Bass, 2006).
12) 다음 문단은 내가 이 세대의 구성원들과 교류한 것에 기초한 것이다. 이 주제에 관해 가르치며 세미나에 참가한 이들과 교류하고, 포스트모던에 영향받은 현 세대와 접촉할 방도를 찾는 사역을 이해하고, 많은 책을 읽은 것이 가장 도움이 되었다. 나머지 부분은 Steve Ogne and Tim Roehl, *TransforMissional Coaching: Empowering Leaders in a Changing Ministry World* (Nashville: Broadman, Holman, 2008)에서 차용했다. 이 책은 내가 본 크리스천 코칭 책으로는 유일하게 코칭과 포스트모던 리더를 직접적으로 다루고 있다. 11장 "Young and Restless: The Challenge of Empowering Postmodern Leaders"를 보라.
13) Steve Ogne and Tim Roehl, *TransforMissional Coaching: Empowering Leaders in a Changing Ministry World* (Nashville: Broadman, Holman, 2008), p. 219, 220.

14) 부족 코칭 접근은 위의 책 pp. 224-225에서 잘 설명한다. 또한 William Tenny-Brittian, "Coaching the Postmodern Leader" (paper submitted to Northwest Graduate School, 2003)에서 수정 인용했다.
15) Dan Kimball, *They Like Jesus but Not the Church: Insights from Emerging Generations* (Grand Rapids, MI: Zondervan, 2007).
16) Lillibridge 박사의 PeopleMap에 관한 정보는 www.peoplemap.org 또는 peoplemap@aol.org를 보라.
17) Madeleine Homan and Linda J. Miller, *Coaching in Organizations: Best Coaching Practices from the Ken Blanchard Companies* (New York: Wiley, 2008), pp. 16-17.

21장 ·· 코칭의 도전

1) Steven Berglas, "The Very Real Dangers of Executive Coaching", *Harvard Business Review* 80 (June 2002): pp. 87-92.
2) Anthony M. Grant, "Reflections on Coaching Psychology", in Joseph O'Connor and Andrea Lages, *How Coaching Works* (London: A & C Black, 2007), p. 213.
3) The Christian Counseling Network, The International Coach Federation, 그리고 전 세계에 있는 유사한 기관들은 코칭 기준의 향상과 코칭의 발전을 자극하기 위해 결성되었다.
4) Brian O. Underhill, Kimcee McAnally, and John J. Koriah, *Executive Coaching for Results* (San Francisco: Berrett-Koehler, 2007), pp. 114-115.
5) 이런 결론은 호주에서 행한 조사 연구에 기반한 것이며 Anthony Grant의 "Reflections"를 통해 발표되었다.
6) "대략 조직의 65퍼센트는 리더의 [코칭] 만족도를 리더와 함께 비공식적으로 점검한다고 말했다." 이는 "Measuring Impact"라는 제목의 장에 실려 있다. Underhill, McAnally, and Koriad, *Executive Coaching*, p. 96.
7) Diane R. Stober and Anthony M. Grant, eds., *Evidence Based Coaching Handbook: Putting Best Practice to Work for Your Clients* (New York: Wiley, 2006), p. 6.
8) 같은 책, p. 5.
9) 이에 관해서는 다음 장에서 Dublin Coaching Declaration on Coaching을 검토하며 자세히 논의할 것이다.
10) 기독교적 관점에서 본 코칭의 전문성에 관한 기사로는 Christopher McClusky,

"Professional Christian Coaching: How Christian? How Professional?" *Journal of Christian Coaching* 1 (Summer 2008): pp. 18-21를 보라.

11) Joseph O'Connor and Andrea Lages, *How Coaching Works* (London: A & C Black, 2007), p. 43.

12) 같은 책, p. 43.

13) 요 10:10; 3:16을 보라.

14) Christopher McCluskey, "A Christian Therapist-Turned-Coach Discusses His Journey and the Field of Life Coaching", *Journal of Psychology & Christianity* 27 (Fall 2008), pp. 266-269.

15) 방법론이 그다지 엄격하지 않고 연구 결과는 오래된 것일지 모르나, 코칭 비즈니스를 시작하는 어려움을 냉철하게 다룬 것으로는 Stephen G. Fairley and Chris E. Stout, *Getting Started in Personal and Executive Coaching* (New York: Wiley, 2004)의 서문을 보라.

22장 •• 코칭의 미래

1) *Dublin Coaching Declaration on Coaching including Appendices*는 30쪽짜리 문서로 온라인에서 무료로 얻을 수 있다. 최종 보고서는 2008년 9월 1일에 나온 버전 1.4이다. 이 문서를 내려 받으려면 인터넷에서 Dublin Declaration on Coaching을 검색하라.

2) David Logan and John King, *The Coaching Revolution: How Visionary Managers Are Using Coaching to Empower People and Unlock Their Full Potential* (Holbrook, MA: Adams Media Corporation, 2001). 이 책은 1장에서 언급한 바 있다.

3) 이를테면 Laurie Beth Jones, *Jesus, Life Coach: Learn from the Best* (Nashville: Thomas Nelson, 2004)를 보라.

4) Linda J. Miller and Chad W. Hall, *Coaching Christian Leaders: A Practical Guide* (St. Louis: Chalice Press, 2007), p. 123.

5) Stratford Sherman and Alyssa Freas, "The Wild West of Executive Coaching", *Harvard Business Review* 82 (November 2004): p. 1.

6) Bandy가 2000년 초에 설득력 있게 논증했다. Thomas G. Bandy, *Coaching Change: Breaking Down Resistance, Building Up Hope* (Nashville: Abingdon, 2000), p. 10.

7) Thomas G. Bandy, *Coaching Change: Breaking Down Resistance, Building Up*

Hope (Nashville: Abingdon, 2000), p. 51. Jim Herrington, Mike Bonem, and James H. Furr, *Leading Congregational Change: A Practical Guide for Transformational Journey* (San Francisco: Jossey-Bass, 2000).

8) Cheryl Rechardson의 최근 책은 *The Art of Self-Care: Transform Your Life One Month at a Time* (Carlsbad, CA: Hay House, 2009)이다. Joseph J. Luciani, *The Power of Self-Coaching: The Five Essential Steps to Creating the Life You Want* (New York: Wiley, 2004); Terri Levine, *Coaching Is for Everyone: Learn How to Be Your Own Coach at Any Age* (Garden City, NY: Morgan James Publishing, 2008); Talane Miedaner, *Coach Yourself to Sucess: 101 Tips from a Personal Coach for Reaching Your Goals at Work and in Life* (Lincolnwood, IL: Contemporary Books, 2000) 등을 보라.
9) Cheryl Richardson, *Life Makeovers* (New York: Broadway Books 2000), p. 6.
10) 벧후 1:5-8을 보라.
11) 벧후 1:3을 보라.
12) Randy Pausch, *The Last Lecture* (New York: Hyperion, 2008), pp. 148-149.

부록 H ·· 사명 선언서를 명료화하기
1) 이런 활동들의 일부는 Pat Williams와 Diane Menendez 그리고 Laura Whitworth, Karen Kimsey-House, Henry Kimsey-House, Phillip Sandahl가 쓴 책들에서 인용했다.

부록 I ·· 10년 후 편지 쓰기
1) Tom Chappell, *Managing Upside Down: The Seven Intentions of Values-Centered Leadership* (New York: William Morrow, 1999), pp. 118-119.
2) 당신이 원한다면 10년 후 편지 대신 3년 또는 5년 후 편지를 쓰라.

부록 K ·· 코치 찾기
1) 이 부록에 대해 조언해 준 Christian Coaches Network의 Judy Santos에게 감사드린다.

찾아보기

Allen, Wendy(웬디 앨런) 391
Armstrong, Lance(랜스 암스트롱) 267
Augustinus(아우구스티누스) 283

Bandy, Thomas(토머스 밴디) 158, 381, 439
Bannister, Roger(로저 배니스터) 178
Bennis, Warren(워렌 베니스) 60, 96, 102, 107
Birdsong Ricky(리키 버드송) 319-321, 326
Blackaby, Henry and Mel(헨리와 멜 블랙커비) 210, 211-212
Blanchard, Ken(켄 블랜차드) 66, 104, 344, 413
Bossidy, Larry(래리 보시디) 271
Branton, Nancy(낸시 브랜튼) 333
Bresser, Frank(프랭크 브레서) 62
Buckingham, Marcus(마커스 버킹엄) 208, 252
Bush, Vannevar(바네바 부시) 240

Caleb(갈렙) 194, 217
Callendine, George(조지 캘런다인) 24-25
Carr, Ray(레이 카) 383
Chang, Richard(리처드 창) 193, 201
Charan, Ram(램 차란) 271

Collins, Dave(데이브 콜린스) 236
Collins, Jim(짐 콜린스) 128
Cosby, Bill(빌 코스비) 269
Creps, Earl(얼 크렙스) 408

Dalton, Maxine(맥신 달튼) 403
David(다윗) 93
DeLay, Lynne(린 딜레이) 403
de Shazer, Steve(스티브 드 세이저) 144
Deutschman, Alan(앨런 도이치먼) 72, 77-79
Disney, Walt(월트 디즈니) 222
Drucker, Peter(피터 드러커) 105-106

Ebert, Jon(존 에버트) 12, 47
Egan, Gerard(제러드 이건) 143
Eiffel, Gustave(구스타프 에펠) 239
Ellis, Dave(데이브 엘리스) 49, 171, 302
Engstrom, Ted(테드 잉스트롬) 32
Esther(에스더) 91

Flaherty, James(제임스 플래허티) 44
Fournies, Ferdinand(퍼낸디드 포니스) 280
Friedan, Betty(배티 프리단) 23

Gallway, Timothy(티모시 골웨이) 287
Gandhi, Mahatma(마하트마 간디) 222
Gardner, Howard(하워드 가드너) 206
Gates, Bill(빌 게이츠) 222
Gideon(기드온) 211
Goldsmith, Marshall(마셜 골드스미스) 56-57
Goleman, Daniel(대니얼 골먼) 104-105, 206
Gorbachev, Mikhail(미하일 고르바초프) 74
Graham, Billy(빌리 그레이엄) 222
Grant, Anthony(앤서니 그랜트) 417, 420, 423
Grodzwki, Lynn(린 그로드즈키) 391

Harkavy, Daniel(대니얼 하커비) 57, 68, 221
Henderson, Marcel(마르셀 헨더슨) 12, 348-349
Hillhouse, Paul(폴 힐하우스) 405, 406
Hodges, Phil(필 하지스) 66, 104,
Hofer, Marjorie Wall(마조리 월 호퍼) 335-336, 435
Horst, Tina Stoltzfus(티나 스톨츠퍼스 호스트) 12, 368, 405, 406
Hudson, Frederic(프레드릭 허드슨) 26, 293, 308-309, 311
Hybels, Bill(빌 하이벨스) 56, 66, 104, 162, 231

Jackson, Phil(필 잭슨) 67
Jeremiah(예레미야) 194, 234
Jesus Christ(예수 그리스도) 35, 37, 39, 40, 41, 42, 56, 60-61, 69, 88-90, 103, 108, 117, 118, 125, 142-143, 149, 153, 158, 166, 174, 200, 220, 253, 265, 274-275, 277, 306, 331, 351, 356, 360, 390, 424, 429, 438
Johnson, Lyndon(린든 존슨) 267
Jonah(요나) 93, 169
Jones, Lauri Beth(로리 베스 존스) 241, 242, 251, 429,
Jordan, Michael(마이클 조던) 66
Joshua(여호수아) 191, 194, 217, 262-263

Kennedy, John F.(존 F. 케네디) 240, 267
Kimsey-House, Karren and Henry(캐런과 헨리 킴지하우스) 115, 134, 161
King, Martin Luther, Jr.(마틴 루터 킹 주니어) 222
Kottler, Jeffrey(제프리 코틀러) 85-86, 88
Kouzes, James(제임스 쿠제스) 276

Lages, Andrea(앤드리어 레이지스) 141, 146
Lamattina, Fran(프랜 라마티나) 12, 362-363
Leider, Richard(리처드 라이더) 72, 204
Leonard, Thomas(토머스 레너드) 382
Leung, Lowrence(로렌스 렁) 121
Liddle, Eric(에릭 리들) 196, 482
Lillibridge, Michael(마이클 릴리브릿지) 412

Maxwell, John(존 맥스웰) 217
McCluskey, Christopher(크리스토퍼 맥클러스키) 12, 36-37, 312-314, 372-373, 425
McGill, Mike(마이크 맥길) 203
Menendez, Diane(다이앤 메넨데즈) 34, 85, 126, 186, 188, 285, 286
Miller, Linda(린다 밀러) 12, 343, 344-6, 429
Moses(모세) 59, 93, 191, 217-218, 224, 265-266

Nanus, Burt(버트 나누스) 216
Nehemiah(느헤미야) 91, 191, 194, 201-203, 205, 232, 482
Nelson, Alan(앨런 넬슨) 97, 99

Obama, Barak(버락 오바마) 71, 267, 408
O'Connor, Joseph(조지프 오코너) 141, 146
Ogne, Steve(스티브 오그네) 97-98, 99, 100, 384, 409
O'Hanlon, Bill(빌 오한론) 91
Ornish, Dean(딘 오니시) 117

Ortberg, John(존 오트버그) 374
O'Toole, James(제임스 오툴) 73, 86

Parcells, Bill(빌 파셀스) 182
Patterson, C. H.(C. H. 패터슨) 74
Paul, the apostle(사도 바울) 80, 88, 191, 194, 211, 216, 229, 356, 360, 393, 425,
Peter, the apostle(사도 베드로) 76, 89-92, 194, 253, 303, 425, 437-438, 484
Porras, Jerry(제리 포라스) 267
Porter, Michael E.(마이클 E. 포터) 277
Posner, Barry(배리 포스너) 276

Richardson, Cheryl(셰릴 리처드슨) 436-437
Roehl, Tim(팀 로엘) 97-98, 99, 100
Rogers, Carl(칼 로저스) 41, 424
Roosevelt, Franklin(프랭클린 루즈벨트) 73

Sandahl, Phillip(필립 샌달) 115, 134, 161
Santos, Judy(주디 산토스) 76, 305-307, 391
Saul of Tarsus(다소의 사울) 93, 224
Shula, Don(돈 슐라) 25, 96, 183
Singleton, William Dean(윌리엄 딘 싱글턴) 248
Solomon(솔로몬) 261
Stanley, Andy(앤디 스탠리) 14, 226, 228, 229, 230, 231, 237, 363
Stoltzfus, Tony(토니 스톨츠퍼스) 12, 33, 54, 166, 364-367
Sweet, Leonard(레너드 스윗) 67, 385

Tenny-Brittian, William(윌리엄 테니브리튼) 410, 412
Teresa, Mother(테레사 수녀) 222
Tichy, Noel M.(노엘 M. 티치) 182
Ting, Sharon(섀런 팅) 412
Twain, Mark(마크 트웨인) 92

Underhill, Brian O.(브라이언 O. 언더힐) 431

Ward, Ted(테드 워드) 170
Warren, Rick(릭 워렌) 38, 224, 233-234, 240-241, 243
Welch, Jack(잭 웰치) 28
Whitcomb, Susan Britton(수잔 브리튼 휘트컴) 12, 330-331, 333, 334
White, Daniel(대니얼 화이트) 81, 179, 481
Whitmore, Sir John(존 휘트모어) 32, 62, 254-255, 269-270
Whitworth, Laura(로라 휘트워스) 115, 134, 161, 242, 273, 311
Wilkinson, Bruce(브루스 윌킨슨) 103, 194, 379, 395
Williams, Jeff(제프 윌리엄스) 12, 321, 322-323
Williams, Jill(질 윌리엄스) 323
Williams, Patrick(패트릭 윌리엄스) 34, 85, 126, 186, 188
Wilson, Carol(캐럴 윌슨) 62
Wong, Eva(에바 웡) 121
Wood, Gary(게리 우드) 12, 351-353, 355, 356

Yamashita, Keith(키이스 야마시타) 177
Yancey, Philip(필립 얀시) 197

Zipp, Bill(빌 집) 351

10년 후 편지(ten-year letter) 463-464
GROW 코칭 접근법(Grow approach to coaching) 254
SWOT 분석(SWOT) 244-247

가치관(values) 40, 43, 51, 83, 90, 113, 133, 138, 142, 148, 154, 180-190, 230, 242, 400
경력과(career and) 330, 331, 337
고객의(in clients) 106, 113, 115, 133, 138, 142, 156, 170, 173
기독교적(christian) 359, 374, 390, 409
동기부여와(motivation and) 148, 181-183

명확히 하기(clarification) 43, 173, 181-185,
문화와(culture and) 400, 403
발견하기(finding) 185-187
변화와(change and) 188-190
비전, 목표 그리고(vision, goals, and) 305, 322, 375
사명과(mission and) 188
삶의 균형과(life balance and) 313-314
성경적(biblical) 90, 185, 439
의 변화(changing) 188-190
의 중요성(importance of) 180-185
전통적(traditional) 74, 90
충돌(conflicts) 188
코치와(coach and) 40, 51, 154, 318, 401, 403
코칭과(coaching and) 185-190, 310, 423-424
감정적 문제와 코칭(emotional problems and coaching) 122, 416, 정신 병리학을 보라.
강점(strength) 39, 51, 61, 84, 138, 148, 157, 195, 211, 259, 260, 276, 395, 462
경력과(career and) 330-332
발견하기(finding) 207-210
비전과(vision and) 212, 227
사명과(mission and) 243
영적 은사와(spiritual gifts and) 210-212
강점에 기반한 코칭(strength-based coaching) 209
개인 정보 양식(personal information form) 126, 171, 453-455
격려(encouragement) 25, 30, 32, 34, 37, 41, 60, 63, 156, 170, 185
동기부여로서(as motivation) 118, 147
변화와(change and) 73, 78, 85, 119
비전과(vision and) 218, 226, 228, 230
영성과(spirituality and) 370, 375
지원 체계와(support systems and) 87-88, 164

결혼 코칭(marriage coaching) 322-326
설명(description) 324-326
정의(definition) 322-324
겸손(humility) 50, 96, 185, 406
경계선(한계선, boundaries) 126, 263, 282, 286, 326, 334, 434
경력(career, careers) 24, 27, 58, 65, 108, 113, 116, 157, 171, 188, 211, 233, 236, 263, 267, 290, 337, 338
변화무쌍한(protean) 337-338
사냥꾼(hunters) 332
정복자(conquerors) 332
탐색자(explorers) 332
경력 코치 아카데미(Career Coach Academy) 331, 333
경력 코칭(career coaching) 36, 322, 329-339
개발(development) 334
과 경력 상담(counseling and) 335
목표(goals) 330
정의(defined) 333-334
경청(listening) 30, 32, 52, 63, 69, 82, 99, 114, 116, 124, 133-139
목표(goals) 115
일상적인(informal) 134-135
장애물(obstacles) 137-138
적극적(active) 135-136
주의 깊은(attentive) 133-139
직관적(intuitive) 136-137
초점 맞춘(focused) 114
계획(plan), 계획 세우기(planning) 64, 68, 83, 86, 160, 161, 170, 177, 203, 250, 251, 252, 260, 261, 269, 271, 272, 310, 314, 409
경력과(career and) 331
과도기와(transitions and) 308-310
기도와(prayer and) 203
변화와(change and) 82-83, 270-271
인생(life) 259, 335
장기(long-range) 233, 234

전략적(strategic) 33, 309, 310
하나님의(divine, God's) 40, 204, 227, 242, 265
행동(action) 63, 149, 160, 161, 232, 233, 251, 252, 255, 268, 269, 271, 275, 348, 399, 435, 440, 451
고객 평가와 코칭(evaluating the client and coaching) 112, 121, 122-123, 211, 252
곤경에 빠지기와 곤경에서 벗어나기(stuck and getting unstuck) 175-177
공동체(community) 31, 37, 38, 69, 98, 100, 105-107, 199, 209, 259, 271, 309, 371, 410
과도기(transitions) 24, 27, 35, 52, 65, 71, 301-310, 318, 338, 393, 437, 446, 447, 450
　를 수월하게 보내는 방법(easing) 306
　를 통과해 나아가기(walking through) 303-309
　변화와(change and) 308-311
　비자발적(involuntary) 304
　의 중요성(importance of) 304
　자발적(voluntary) 304
과도하게 낙천적인 계획 증후군(OOPS) 283
관계(relationship, relationships) 67, 103-104
관계 코칭(relationship coaching) 321-322, 326, 332, 387
관점을 새롭게 하기(reframing) 78, 79
국제 코치 연맹(International Coach Federation) 27, 36, 384, 436
국제 코칭 선교회(Coaching Mission International) 405, 406
권한 위임, 능력 부여(empowering) 97, 244, 275-276, 432
균형(balance), 인생의 균형을 보라.
그렘린(gremlins) 162, 288, 290, 292, 294, 393
긍정심리학(positive psychology) 29, 30, 472
기도(prayer) 52, 69, 91, 153, 199, 203, 220, 224

고객을 위한 코치의(by coaches for clients) 154, 350, 357
과도기와(transitions and) 306
느헤미야의(Nehemiah's) 203
세계관과(worldviews and)
영적 코칭과(spiritual coaching and)
의 힘(power of) 265
자기 인식과(self-awareness and) 52
코치의 자기 돌봄과(coach's self-care and) 434
기업 코칭(corporate coaching), 임원 코칭과 기업 코칭을 보라.

단기 전략적 치료(brief strategic therapy) 30
대위임령(Great commission), 위대한 명령을 보라.
더블린 코칭 선언(Dublin Declaration on Coaching) 427, 428
두뇌(신경) 회로와 코칭(brain[neural] circuits and coaching) 84, 105, 206-207, 289
두려움(fear) 76, 78, 79, 82, 164, 178, 227, 280, 282, 288, 289, 293, 303, 380
디브리핑(debriefing) 149

라이프 코칭(life coaching) 36, 49, 108, 194, 303, 311, 322, 417
　경력과(career and) 332
　삶의 균형과(life balance and) 314-318
리더(leaders), 리더십(leadership) 26, 32, 50, 53, 56, 57, 59-61, 66, 67, 68, 91, 93, 94, 95-108, 113, 131, 157, 191, 192, 206, 216, 217, 218, 219, 220, 225, 244, 249, 250, 272, 345, 352, 355, 421, 439
　공동체와(community and) 98, 100, 105-107
　교회(church) 24, 31, 38, 189, 207, 361, 365, 409, 430
　느헤미야와(Nehemiah and) 191, 202-203

다음 세대(next-generation) 244, 363, 407-411
소그룹(small group) 35, 362, 367, 392, 393
영적(spiritual) 150, 189
유형(style) 60, 97, 100, 157, 272
코칭과(coaching and) 95, 103-106, 363
리더십 코치 아카데미(Leadership Coach Academy) 333
리더십 코칭(leadership coaching) 33, 54, 98, 99, 108, 166, 387

마케팅(marketing) 31, 351, 382, 391, 392, 394
멘토(mentor), 멘토링(mentoring) 30, 32-34, 49, 79, 95, 107, 112, 123, 236, 274, 302, 363, 366, 400, 408, 411, 429, 432, 444
목적 선언서(purpose statements) 242, 243, 244, 250
목적이 이끄는 삶(purpose-driven life) 240-243, 313
목적이 이끄는 코칭(purpose-driven coaching) 250-254
목표(goals) 25, 30, 35, 40, 43-45, 95, 104, 112, 118, 129, 159, 160, 166, 218, 233, 252, 254, 263-266, 268, 271, 288, 310
경청과(listening and) 115
그리스도인의(christian) 200
미래(future) 106, 212, 218, 448
변화된(changed) 288
변화와(change and) 70, 83, 139
비전과(vision and) 233, 288, 436
성취 가능한(attainable) 86-87, 252
크고 위험하고 담대한 목표(BHAG) 267-268, 271
행동과(action and) 268-272
목표 설정(goal setting) 45, 68, 254, 263-266
단계(steps of) 264

문화(culture, cultures) 207, 327, 399, 401, 412
교회(church) 361
성격(personalities) 205-207
세속(secular) 98
의 인식(awareness of) 404-405
정의(definition) 400
지침(guidelines) 403-407
코칭과(coaching and) 412-414, 431
미국 기독교 상담가 협회(American Association Christian Counselors) 94-95, 268

변태(metamorphosis) 90
변화(change) 69, 71-92, 267
가치관과(values and) 188-190
경력(career) 338
에 대한 두려움(of fear) 82, 293, 294
저항(resistance), 저항자(resisters) 75, 86, 90
포용가(embracers of) 74-75
혁신가(innovators) 74-75
변화무쌍한 경력자(protean careers) 338
변화에 저항하는 사람과의 대화(changeresister talk) 76
변혁을 일으키는 코칭(transformational coaching) 90
부정심리학(negative psychology) 28, 29, 30
부족 코칭(tribal coaching) 410
브레인스토밍(brainstorming) 148-149, 264, 451
비전(vision) 30, 35, 43, 67
발견된(discovered) 224
비전을 명료화하기(clarifying vision) 215-237
사명과(mission and) 263
열정과(passion and) 262
살리기(keeping vision alive) 228-232
을 품은 사람(people with) 223, 226-227
정의(definition) 157
죽어가는(dying) 228, 232

창조된(created) 223
발견하기(finding) 221-228
코치가 설정해 주는(from coach)
평가하기(evaluating) 227
비전 선언서(vision statement) 244, 260
비즈니스 코칭(business coaching) 322, 351, 353, 또한 임원 코칭과 기업 코칭을 보라.

사기꾼 증후군(imposter syndrome) 294
사명(mission), 사명 선언서(mission statement) 24, 40, 43, 51, 57, 63, 112, 195, 221, 240-244, 247, 251, 260, 279, 365, 385, 또한 인생 목적을 보라.
　효과적인(effective) 244
　명료화하기(clarifying mission statement) 461-462
사회지능(social intelligence) 104-105
삶의 균형(life balance) 310, 314-318, 450
　놀이와(play and) 314-318
　예배와(worship and) 314-318
　일과(work and) 314-318
　정의(definition of) 312
상담(counseling) 29, 41, 65, 122, 133, 146, 191, 305, 335
상담과 코칭(counseling and coaching) 28-30, 334, 446-447
생각 확장하기(stretching) 266-268
생활방식(lifestyle) 26, 40, 86, 87, 113, 115, 118, 125, 169, 245, 261, 310, 312, 313, 327, 330, 337, 351, 388, 433, 442, 445, 447, 450, 451
서비스마스터사(ServiceMaster) 183
서커스, 태양의 서커스(circus, Cirque du Soleil) 215, 216
선교로서의 코칭(coaching as mission) 367, 368
섬기는 리더십(servant leadership) 60, 103, 104
성령(Holy Spirit) 38, 40, 54, 57, 69, 88, 89, 90, 106, 153, 181, 190, 200, 203, 205, 210-212, 224, 225, 265, 275, 335, 347, 349, 363, 370, 374, 425, 432, 436, 438
성령의 열매(fruits of the Spirit) 181
성품과 코칭(personality and coaching) 50-58, 104-105
세계관(worldviews) 57, 173, 178-180, 412, 448
셀프 코칭(self-coaching) 434-438
소기업 코칭(small-business coaching) 351
소망(hope) 65, 125, 133, 136, 170, 173, 217, 222, 259, 274, 448
소명(call, calling) 28, 40, 98, 158, 195, 315, 331, 334, 356, 366, 369, 374, 461
소진(burnout) 59, 72, 92, 195, 201, 284, 355, 356, 362, 365, 434, 465-467
소통(communication) 46, 54, 63, 67, 134, 147, 176, 322, 323, 324, 346, 354, 360, 399, 402, 411, 431, 451
스트레스(stress), 스트레스 관리(stress management) 26, 46, 56, 58, 177, 180, 274, 284, 302, 310, 311, 445
습관(habits) 55, 66, 68, 77, 81, 83, 84, 137, 170, 276, 289
신념(beliefs) 38, 41, 57, 63, 71, 74, 136, 154, 173, 178, 180, 230, 400, 403, 423, 451, 456
신뢰(trust) 36, 51, 53, 61, 63, 67, 81, 96, 101, 103, 113, 118, 204, 236, 262, 288, 309, 345, 354, 385, 386, 397, 419, 424
신뢰 쌓기(confidence building) 125, 407
심리학(psychology) 29, 57, 131, 172, 247, 391, 423, 428

아메바 경영 이론(amoeba theory of management) 44
에너지를 공급하는 것들(energy gainers) 286
에너지를 소진시키는 것들(energy drainers) 434, 465-467

여정(journeying) 31, 69, 107, 162, 186, 235, 265, 380
열정(passion) 39, 43, 83, 97, 102, 133, 137, 148, 166, 173, 192-205
   목적과(purpose and) 176, 201, 205, 309
   소명과(calling and) 195, 200, 201
   의 추구(pursuit of) 192-196
   의 정의(definition of) 192
   찾기(finding) 196-199
   코칭과(coaching and) 199-205
영적 은사(spiritual gifts) 51, 173, 192, 210-212, 227, 244, 459
영적 지도(spiritual direction) 30, 362, 370
영적 코칭(spiritual coaching) 69, 369-374
영혼의 친구들(soul friends) 374-375
요청하기(requesting) 149
용서(forgiveness) 29, 295, 337
운동 코치(athletic coach) 66, 430
위대한 명령(Great commission) 241
위험(risk), 위험 감수(risk taking) 44, 45, 55, 76, 77, 101, 103, 123, 162, 201, 203, 248, 267, 271, 272, 276
유럽 멘토링과 코칭 협회(Europe Mentoring and Coaching Council) 27
윤리 규정(code of ethics) 390, 422
응원하기(standing for) 273-274
이머징 교회(emerging church) 360, 493
인생 계획(life plan) 259, 335
인생 그래프(Graph of Life) 127, 172, 441-442
인생의 계절(seasons of life) 302
인생의 목적(life purpose) 39, 242-243, 244
인식(awareness) 51, 62-63, 154-157
   사람에 대한(of people, persons) 156-157
   현재에 대한(of present) 155-156
임원 코칭과 기업 코칭(executive and corporate coaching) 55, 98, 342, 343, 348, 349, 387
   리더(leaders) 98, 343
   불신자와(nonbelievers and) 347

신뢰도(credibility) 344
   역량(competence in) 349, 353
   정의(definition)와 설명(description of) 343
자기 인식(self-awareness) 51, 64, 104, 191, 330, 403-404
재구성하기(reframing) 58, 286
재발(relapse) 285
저항(resistance) 72, 73, 74, 75, 76, 77, 78, 86, 90, 116, 117, 254, 287, 293, 403, 406, 426, 또한 변화 저항을 보라.
전략(strategy) 159-162, 164, 177, 254
정서지능(emotional intelligence) 104-105
정신 모형(mental model) 178, 179, 481, 또한 세계관을 보라.
정신 병리학(psychopathology) 30, 58
정체성(identity) 176, 180, 291, 406
제자 훈련(discipling) 30, 31, 34-35, 123
조언(advice) 31, 34, 40, 72, 84, 112, 138, 141, 149, 150, 295, 369, 374, 388, 402, 411, 450
죄(sin) 39, 54, 129, 203, 331, 424, 429
지원(support) 69, 87-88, 90, 118, 159, 202, 250, 295, 398, 399
직장(work), 직장인(workers) 302, 315, 326, 393
질문(questions), 질문하기(questioning) 58, 84, 115, 116, 121, 124, 135, 139-146
   강력한(powerful) 38, 58, 63, 133, 141-143
   과제(homework) 145-146
   기적의(miracle) 144-145
   열린(open-ended) 63, 141, 142
질문지(questionnaire) 123, 127, 172, 173, 202, 420
집단 문화(group culture) 207
집단 사고(groupthink) 163
창의적 리더십 센터(Center for Creative Leader-

ship) 397, 399, 403
책임(accountability) 44, 62, 63, 64, 68, 83, 118, 177, 276-277, 282
친밀감(rapport), 친밀감 형성하기(rapport building) 54, 112, 117, 123,

커뮤니케이션(communication), 소통을 보라.
컨설팅과 코칭(consulting and coaching) 31-32
코치(coach), 코칭(coaching)
    계약서(agreement) 450-452
    관계(relationship) 112-117, 334, 390, 443
    기술(skills) 79, 97, 99, 108, 131-150
    기초(foundation) 23-108
    다문화(cross-cultural) 397, 400-407, 406, 408
    도전(challenge) 415-426
    동료(peer) 410, 432
    멘토링과(mentoring and) 32
    모델(models) 141, 151-165, 207, 222, 254, 327, 421
    목적(purpose) 37-38, 62, 103
    목적이 이끄는(purpose-driven) 250-254
    목회자(pastors) 35
    방법(methods), 코칭 기술을 보라.
    사업(business) 391-394
    사역과(ministry and) 362, 364-369, 403
    상담과(counseling and) 28-30, 325, 335
    설명서(facts) 445-449
    소그룹(small groups) 361, 362, 366, 367
    시너지(synergy) 54, 352
    신용(credibility) 346-347, 384-387
    심리적 문제(psychological disorders) 58, 122
    윤리(ethics) 389-390, 428
    의 미래(future of) 427-440
    의 역할(role of) 41, 173, 226, 231, 343, 374
    의 인기(popularity of) 35-36, 65

    의 특징(characteristics of) 51-58
    인증(certification) 27, 36, 380, 383-384, 419
    전문 분야(specialties in) 301-375
    전문(professional) 41, 108, 164, 369, 380, 415, 425
    정의(definition) 25, 27, 112, 120, 121
    첨단 기술과(technology and) 431
    컨설팅과(consulting and) 31-32
    코치 되기(becoming a coach) 382-384
    핵심 역량(core competencies) 428
    활동(코치가 하는 일, activities) 64-69
    효과에 대한 연구(research regarding effectiveness) 389, 420-422
코치 찾기(finding a coach) 383, 468-470
코치빌(Coachville) 27
코칭 문화(coaching cultures) 412-414, 431
코칭에 대한 전제(assumptions about coaching) 31, 117, 118, 122, 126, 149, 423
코칭으로 이끌기(leading through coaching) 102-108
코칭의 내적 장벽들(internal barriers to coaching) 287-291
코칭의 미래(future of coaching) 427-440
코칭의 외적 장벽들(external barriers to coaching) 282-284
코칭의 장벽(barriers in coaching), 코칭의 장애물을 보라.
코칭의 장애물(obstacles in coaching) 279-297
    경청의(to listening) 137-138
    내적 장벽들(internal barriers) 287-291
    에너지를 소진시키는 장애물(energy drainer obstacles) 284-287
    외적 장벽들(external barriers) 282-284
    장애물 통과하기(getting past obstacles) 292-293
    코치 안에 있는(in coaches) 293-296

코칭의 주제(issues in coaching) 63, 120, 122, 410
코칭의 틈새(niches in coaching) 387, 388, 393
코칭 협회(Association of Coaching) 27
크리스천 코치 네트워크(Christian Coach Network) 27, 76, 303, 306, 390
크리스천 코칭(Christian Coaching)
    목적(purpose of) 37
    성경과(Bible and) 423-424
    실무(practice of) 359-375
    정의(definition) 37, 39, 69, 446
    특징(uniqueness of) 36-42

탈무드(Talmud) 290
팀(team, teams) 25, 30, 43, 47, 57, 60, 61, 66-67, 68, 94, 101, 116, 176, 188, 207, 230, 237, 240, 268, 323, 353, 398, 410, 432

파트너십(partnership) 28, 45, 103, 112-117, 118, 126, 153, 272, 303, 368, 400, 447
평가 도구(assessment tools) 58, 172, 174, 334, 398, 448
포스트모던(postmodern), 포스트모더니즘(postmodernism) 97, 99, 100, 106, 359, 360, 407, 409, 411, 412, 439
피드백(feedback)
    360도 피드백(360 feedback) 420-421
    격려와(encouragement and) 147
    결과에 근거한(results-based) 146
    결여(lack of) 281
    긍정적이고 교정적인(positive and corrective) 274-275
    목표와(goals and) 86
    의 가치(value of) 275
    주기(giving) 274-275, 366
    코칭과(coaching and) 52, 55, 63, 86, 97, 139, 147, 272, 275, 287, 294, 342-343, 349, 366, 398, 413

피플맵(PeopleMap) 412

합의(agreement) 60-61, 103, 123-127, 153, 264, 269, 288, 451
행동 계획(action plan) 63, 160, 161, 232, 233, 251, 252, 255, 268, 269, 271, 275, 348, 399, 435, 440, 451, 또한 계획, 계획 세우기를 보라.
헌신(commitment) 26, 31, 39, 40, 41, 49, 50, 51, 59, 67, 86, 95, 105, 108, 112, 154, 161, 178, 196, 201-202, 211, 219, 220, 227, 229, 250, 252-253, 269, 278, 333, 356, 370
    평가(questions for evaluating) 252
혁신(innovation) 61, 101, 215, 355, 429-432
현재 상황(present circumstance) 121, 173, 174-175
호기심(curiosity) 53, 115, 116, 124, 143, 155
훈련(training) 25, 27, 30, 35, 37, 46, 127, 131, 171, 331, 342, 363, 365, 366, 383, 392, 403, 417, 419, 422, 430, 432
    과 코칭을 함께 받은(plus coaching) 192, 342
    코치(for coaches) 66, 69, 107, 131, 363, 413
희망(hope) 121, 137, 143, 144, 147, 277-278, 293, 439, 소망도 보라.
    격려와(encouragement and) 147
    경청과(listening and) 137
    긍정심리학과(positive psychology and) 29
    미래(future) 293
    변화와(change and) 78, 79, 121, 293
    코칭과(coaching and) 439
희망 없는(hopeless) 176, 439

지은이 양형주는 캘리포니아 주립대에서 철학을, 장로회신학대학원에서 목회학을 공부했고, 동 대학원에서 신약학 박사 학위를 받았다. 명성교회, 천양중앙교회, 동안교회 청년디렉터를 거쳐, 현재 초원교회에서 목회하고 있다. 한국코치협회 인증 코치로 코칭 사역을 하고 있으며, 한남대, 배재대, 대전신학교 등에서 강의하고 있다. 「키워드로 풀어가는 청년사역」, 「청년 리더 사역 핵심 파일」, 「내 인생에 비전이 보인다」(이상 홍성사) 등을 저술했고, 「신약의 본문」(한국성서학연구소)을 공역했다.

옮긴이 이규창은 현재 (주)모그에듀케이션의 코칭연구소장으로 재직 중이며, 기업, 대학, 교회에서 강의와 코칭 사역을 하고 있다. 서울대학교에서 영문학을 공부한 후, 조선일보 기자, 벤처기업 대표이사 등을 거쳐 2003년부터 전문 코치로 일해 왔다. (사)한국코치협회를 설립해 부회장을 지냈으며, 목회자들을 위한 크리스천 코칭 워크숍을 통해 전문 코치 양성에 주력하고 있다.

게리 콜린스의 코칭 바이블

초판 발행 2011년 12월 14일
초판 10쇄 2025년 8월 20일

지은이 게리 콜린스
옮긴이 양형주·이규창
펴낸이 정모세

편집 이성민 이혜영 심혜인 설요한 박예찬
디자인 한현아 서런나 | 마케팅 오인표 | 영업·제작 정성운 이은주 조수영
경영지원 이혜선 이은희 | 물류 박세율 정용탁 김대훈

펴낸곳 한국기독학생회출판부 | 등록번호 제2001-000198호(1978.6.1)
주소 04031 서울시 마포구 동교로 156-10
대표 전화 (02) 337-2257 | 팩스 (02) 337-2258
영업 전화 (02) 338-2282 | 팩스 080-915-1515
홈페이지 http://www.ivp.co.kr | 이메일 ivp@ivp.co.kr
ISBN 978-89-328-1330-1

ⓒ 한국기독학생회출판부 2011

책값은 뒤표지에 있습니다.
무단 전재와 복제를 금합니다.